KB145059

C++를 사용한 언리얼 엔진 4 개발 2/e

C++를 사용한 언리얼 엔진 4 개발 2/e

100여 개의 레시피를 통해 배우는 언리얼 4 게임 개발 가이드

존 도란 · 윌리엄 셰리프 · 스테판 화이틀 지음   조경빈 옮김

i!i
에이콘

에이콘출판의 기틀을 마련하신 故 정완재 선생님 (1935-2004)

| 지은이 소개 |

존 도란 John P. Doran

일리노이주 피오리아에 거주하는 열정적이고 노련한 테크니컬 게임 디자이너, 소프트
웨어 엔지니어, 작가다. 게임 디자이너부터 리드 UI 프로그래머까지 10년 이상 다양한
역할을 맡으며 게임 개발에 관한 광범위하고 전문적인 실무 지식을 쌓았다. 싱가포르,
한국, 미국에서 게임 개발 교육 관련 강의를 해왔으며, 지금까지 게임 개발에 관련된
10권 이상의 책을 썼다.

현재 브래들리 대학교Bradley University에서 강사로 일하고 있으며, 이전에는 수상 경력이
있는 비디오 작가였다.

윌리엄 셰리프 William Sherif

게임 프로그래밍부터 웹 프로그래밍까지 프로그래밍 세계에서 8년 이상 경험을 쌓은
C++ 프로그래머다. 대학 강사(세션)로 7년간 근무했으며, 아이튠즈 스토어에 '스트럼
Strum', 'MARSHALL OF THE ELITE SQUADRON' 등과 같은 여러 앱을 출시했다. 또
한 이해하기 쉬운 방식으로 강의 자료를 제작해 호평을 받기도 했다.

스테판 화이틀 Stephen Whittle

10년에 가까운 개발 경험이 있는 게임 개발자 겸 교육자로, 언리얼 엔진을 사용해왔다. 엔진의 커뮤니티 공헌자로서, 공개 릴리스 이후 거의 모든 주요 버전의 엔진을 대상으로 기능 또는 버그 수정 작업을 진행했다.

아그네 스크립카이테^{Agne Skripkaite}

가상현실(VR) 애플리케이션에 특히 관심이 많은 언리얼 엔진 4 소프트웨어 엔지니어
다. 에딘버러 대학교^{University of Edinburgh}에서 우등으로 BSc 물리학 학위를 받았으며, 칼
텍^{Caltech}의 물리학 박사 프로그램을 통해 풀타임 엔지니어가 됐다. 지난 몇 년 동안 대
규모 개발 조직에 속한 2인 엔지니어 팀의 일원으로 룸 스케일 및 좌석식 VR 게임을
개발했다. 또한 좌석식 VR 애플리케이션 분야의 사용자 편의 및 멀미 완화 전문가로
도 활동했다.

| 옮긴이 소개 |

조경빈(cgmaniax@gmail.com)

인프라웨어에서 웹 브라우저 엔진 개발에 참여했으며, 현재는 게임 개발사인 I&V 게임즈에서 신작 개발에 전념하고 있다. 형식에 얽매이기보다는 자유로움 속에서 효율을 찾는 과정에 관심이 많다. 대학 시절부터 다수의 전시회에 출품해왔으며 공모전 입상 경력이 있다. SKT T스토어 제1회 공모전 스마트폰 게임 부문에서 입상하기도 했고, 개인 자격으로 애플 앱스토어에 10개 이상의 앱을 등록해 미국 앱스토어에서 카테고리 1위에 오르는 등 다양한 실험도 해왔다. 국내 최초의 유니티 관련 서적인 『유니티 게임 엔진 한글 메뉴얼』(2010)을 번역했으며, 이후 에이콘출판사에서 출간한 다수의 책을 번역했다.

| 옮긴이의 말 |

세계 최고의 3D 엔진으로 평가받는 언리얼 엔진은 에픽게임즈^{Epic Games}에서 개발했으며, 그래픽 성능과 다양한 옵션, 시장 변화에 빠르게 대응하는 모습 등으로 게임 엔진 산업을 주도하고 있다. PC나 콘솔, 모바일용 기기에서 돌아가는 대작 게임에 주로 활용되던 언리얼 엔진은 이제 그 영역을 가상현실이나 영화, 애니메이션, 건축 설계 등으로 계속 확장해나가고 있다.

1998년 언리얼 엔진 1을 사용한 첫 출시작 〈언리얼^{Unreal}〉은 항상 압도적인 그래픽이라는 수식어를 달고 다니면서 시장에 큰 반향을 일으켰다. 유니티와 같은 경쟁 엔진의 기세가 만만치 않은 지금까지도 최고의 성능이란 수식어는 언제나 언리얼 엔진의 차지가 되고 있다.

게임 산업의 규모는 매년 커지고 있으며, 여기에 여러 가지 사회적인 분위기가 겹치면서 앞으로도 게임 산업은 성장을 거듭할 것으로 기대된다. 예전보다 점점 더 많은 사람이 현실보다는 온라인에서 더 오랜 시간을 함께 보내고 있으며, 게임 세상 안에서 삶의 일부를 공유하는 시간도 점차 길어지고 있다. 또한 게이머와 비게이머의 경계가 점점 사라지고 있으며, 누구나 손안에 게임기를 들고 다니는 세상이 된 지 이미 오래다. 이런 세상을 지탱하는 큰 역할을 언리얼 엔진이 담당하고 있는 것이다.

현재 게임 엔진 시장은 사실상 유니티와 언리얼의 '양강 구도'로 평가된다. 유니티가 개발 편의성에 중점을 두고 있다면, 언리얼은 최고의 그래픽 성능에 중점을 두고 있다. 따라서 어떤 게임을 만드는지에 따라 엔진을 선택하는 분위기다. 캐주얼 성향이 강한 게임은 대체로 유니티 엔진을 사용해 개발 효율을 높이는 전략을 택하고, 그래픽 성능에 중점을 두는 게임은 언리얼 엔진을 사용하는 전략을 택하는 것이 일반적이다.

국내에서는 〈리니지2〉가 언리얼 엔진 2를 사용하면서 언리얼 엔진이 유명해지기 시작했으며, 이후 웬만한 중대형 게임 개발사들이 마치 경쟁이라도 하듯이 앞다퉈 언리얼 엔진으로 게임을 개발하기 시작했다. 또한 게임을 소개할 때도 언리얼 엔진을 사용했다는 것을 광고할 정도로 언리얼 엔진은 높은 브랜드 파워를 갖고 있으며, 이로써 대작이라는 이미지를 게임에 심어줄 뿐 아니라 그래픽 품질에 대한 신뢰도도 높여준다.

유니티 엔진에 비해 진입 장벽이 높을 것으로 막연히 걱정하는 개발자들도 적지는 않지만, 다양하고 자세한 레시피를 통해 언리얼 엔진의 각 요소를 설명하는 이 책의 내용을 잘 따라온다면 언리얼이 그렇게 어렵기만 한 것은 아니라는 사실을 쉽게 알 수 있다.

기억이 정확하다면, 이 책은 내가 번역한 에이콘출판사의 열 번째 책이다. 첫 책을 작업하면서 열 권의 책을 번역하는 것을 개인적인 목표로 삼았는데, 어느덧 목표를 달성했다는 것이 신기할 따름이다. 한결같이 믿어주시는 권성준 사장님을 비롯한 에이콘출판사의 모든 분께 진심으로 감사드린다. 그리고 지금 이 글을 읽고 계신 독자 여러분께도 감사드린다. 부디 이 책이 언리얼 개발자로 성장해나가는 데 큰 도움이 되길 기대한다.

차례

1장   UE4 개발 도구   25

| 들어가며 |

언리얼 엔진 4$^{\text{Unreal Engine 4}}$(UE4)는 게임 개발자를 위해 게임 개발자가 만든 완전한 게임 개발 도구 모음이다. 100개가 넘는 실용적인 레시피를 소개하는 이 책은 UE 4.21로 게임을 개발하는 동안 C++ 스크립팅이 갖고 있는 잠재력을 끌어내는 가이드다. 언리얼 편집기 내에서 C++ 클래스를 추가하고 편집하는 방법을 보여주며, (언리얼의 주요 강점 중 하나인) 프로그래머가 개발한 액터^{actor}와 컴포넌트^{component}를 디자이너가 커스터마이즈^{customize}할 수 있는 방법을 알아본다. 또한 이 강력한 게임 엔진에 포함된 많은 도구와 함께 C++를 사용하는 이점을 이해하는 데도 도움이 된다. 객체지향 레시피가 혼합된 이 책은 UE4로 게임용 코드를 작성하고 C++를 사용해 게임 및 개발 환경을 구성하는 방법에 대해 실행 가능한 정보를 제공한다. 책이 끝날 무렵이면, C++를 스크립팅 언어로 사용하는 UE4를 사용해 최고의 개발자가 될 수 있다!

이 책의 대상 독자

게임 디자인과 C++의 기본 사항을 이해하고 있으면서 언리얼로 만드는 게임에 네이티브 코드를 통합하고자 하는 게임 개발자를 대상으로 한다.

특히 엔진을 확장하거나, 디자이너를 위한 제어가 쉽고 유연한 레벨 구성 시스템을 제공하려는 프로그래머에게 적합하다.

이 책에서 다루는 내용

1장. UE4 개발 도구 UE4 게임 개발을 시작하는 데 필요한 기본 레시피와 게임 코드를 작성하는 데 사용하는 기본 도구를 설명한다.

2장. 클래스 생성 UE4 블루프린트 편집기와 잘 통합되는 C++ 클래스 및 구조체 생성 방법을 다룬다. 이러한 클래스는 UCLASS라고 하는 일반 C++ 클래스의 블루프린트용 버전이다.

3장. 메모리 관리, 스마트 포인터, 디버깅 세 가지 유형의 포인터를 모두 사용하는 독자를 대상으로 하며, 자동 가지비 컬렉션automatic garbage collection과 관련한 몇 가지 일반적인 함정을 다룬다. 또한 크래시crash를 분석하거나 기능이 제대로 구현됐는지 확인하고자 비주얼 스튜디오 또는 XCode를 사용하는 방법을 알아본다.

4장. 액터와 컴포넌트 커스텀 액터와 컴포넌트가 하는 역할, 상호작용 방식 및 생성 방법을 다룬다.

5장. 이벤트와 델리게이트 처리 델리게이트delegate, 이벤트event, 이벤트 처리를 다루며, 자신만의 구현을 생성하는 방법도 설명한다.

6장. 입력과 충돌 UE4에서 사용자 입력과 C++ 함수를 연결하는 방법을 설명하며 C++로 충돌을 처리하는 방법도 다룬다. 또한 사용자 입력과 충돌 같은 게임 이벤트를 다루는 기본 처리도 제공함으로써 디자이너가 필요에 따라 블루프린트를 사용해 재정의할 수 있도록 한다.

7장. 클래스와 인터페이스 간의 통신: 파트 1 자신만의 UInterface를 작성하는 방법을 설명하며, C++를 사용해 커플링을 최소화하고 코드를 간결하게 유지하는 방법도 알려준다.

8장. 클래스와 인터페이스 간의 통신: 파트 2 7장에서 다룬 내용의 연장선으로, 블루프린트를 활용해 UInterface가 작동하도록 만드는 방법을 자세히 다룬다.

9장. C++와 언리얼 편집기 연동: 파트 1 커스텀 블루프린트와 애니메이션 노드를 생성해 편집기를 커스터마이즈하는 방법을 설명한다.

10장. C++와 언리얼 편집기 연동: 파트 2 사용자가 생성한 타입을 검사하기 위해 커스텀 편집기 창과 커스텀 디테일 패널을 구현하는 방법을 설명한다.

11장. UE4 API 사용하기 프로그래머가 엔진에게 무엇을 해야 할지 지시하는 방법인 API를 설명한다. 각 모듈은 API를 제공하며, API를 사용하려면 빌드에서 사용할 모든 API를 ProjectName.Build.cs 파일에 나열해야 한다.

12장. UE4에서의 멀티플레이어 네트워킹 네트워크를 통해 속성과 기능을 복제하는 방법을 설명한다. 또한 서버와 클라이언트를 동시에 테스트하는 방법도 다룬다.

13장. NPC 제어를 위한 AI 간단한 인공지능(AI)을 보유한 NPC 캐릭터를 제어하는 방법을 다룬다.

14장. 사용자 인터페이스 – UI와 UMG 플레이어에게 피드백을 표시하는 것은 게임 디자인에서 가장 중요한 요소 중 하나이며, 일반적으로 게임 내에서 일종의 HUD 또는 메뉴를 제공한다.

준비 사항

- 이 책은 C++ 프로그래밍 언어와 여러 프로그래밍 연산자의 의미를 이해하고 있으며 객체지향 프로그래밍Object-Oriented Programming(OOP)에 대한 기본 지식을 갖췄다는 전제하에 설명을 진행한다.

- 언리얼 편집기에 익숙하다면 좋겠지만, 그렇지 않더라도 문제없다.

예제 코드 파일 다운로드

이 책의 예제 코드는 https://github.com/PacktPublishing/Unreal-Engine-4.x-Scripting-with-C-Cookbook---Second-edition에서 다운로드할 수 있다. 또한 에이콘출판사의 도서정보 페이지인 http://www.acornpub.co.kr/book/unreal4-cookbook2에서도 동일한 파일을 다운로드할 수 있다.

컬러 이미지 다운로드

이 책에 사용된 스크린샷과 다이어그램의 컬러 이미지를 담은 PDF 파일이 별도로 제공된다. https://www.packtpub.com/sites/default/files/downloads/9781789809503_ColorImages.pdf와 에이콘출판사의 도서정보 페이지인 http://www.acornpub.co.kr/book/unreal4-cookbook2에서 컬러 이미지를 다운로드할 수 있다.

편집 규약

독자의 이해를 돕고자 다루는 정보에 따라 글꼴 스타일을 다르게 적용했다. 이러한 스타일의 예와 의미는 다음과 같다.

텍스트에서 코드 단어는 다음과 같이 표기한다. "UPROPERTY() 선언이 없으면 TArray가 제대로 동작하지 않는다."

코드 블록은 다음과 같이 표기한다.

```
FString name = "Tim";
int32 mana = 450;
FString string = FString::Printf( TEXT( "Name = %s Mana =
  %d" ), *name, mana );
```

코드 블록에서 유의해야 할 부분이 있다면 다음과 같이 굵은 글꼴로 표기한다.

```cpp
#include "Chapter_01GameModeBase.h"

void AChapter_01GameModeBase::BeginPlay()
{
  Super::BeginPlay();
}
```

화면상에 표시되는 메뉴나 버튼은 다음과 같이 표기한다. "Create Class를 클릭하면 컴파일을 마친 후 파일이 생성된다."

> ⓘ 경고나 중요한 노트는 이와 같이 나타낸다.

> 💡TIP 팁과 요령은 이와 같이 나타낸다.

절

이 책에서는 몇 가지 절^{section} 제목을 반복적으로 사용한다(준비, 예제 구현, 예제 분석, 부연 설명, 참고 사항). 각 레시피는 명확한 설명을 제공하고자 다음과 같은 절 제목을 사용했다.

준비

이 절에서는 레시피의 주제를 알려주고 레시피에 필요한 소프트웨어를 설정하는 방법이나 사전 설정을 수행하는 방법을 설명한다.

예제 구현

이 절은 레시피를 수행하는 데 필요한 단계를 포함한다.

예제 분석

이 절은 일반적으로 이전 절에서 발생한 것을 자세히 설명한다.

부연 설명

이 절은 레시피에 대한 지식을 넓힐 수 있는 레시피 관련 추가 정보를 담고 있다.

참고 사항

이 절에서는 레시피를 이해하는 데 유용한 정보 링크를 제공한다.

고객 지원

문의: 이 책과 관련해 문의 사항이 있다면 questions@packtpub.com으로 이메일을 보내주길 바란다. 한국어판에 관한 질문은 이 책의 옮긴이나 에이콘출판사 편집 팀 (editor@acornpub.co.kr)으로 문의할 수 있다.

정오표: 내용을 정확하게 전달하기 위해 최선을 다했지만, 실수가 있을 수 있다. 이 책에서 문제점을 발견했다면 출판사로 알려주길 바란다. www.packtpub.com/submit -errata에서 책 제목을 선택하고 Errata Submission Form 링크를 클릭한 후 세부 사항을 입력하면 된다.

한국어판의 정오표는 에이콘출판사의 도서정보 페이지 http://www.acornpub.co. kr/book/unreal4-cookbook2에서 찾아볼 수 있다.

UE4 개발 도구

1장에서는 언리얼 엔진 4(UE4)를 사용한 게임 개발을 시작하는 기본적인 예제의 개요를 살펴본다. 또한 게임의 코드를 만드는 데 사용할 기본적인 도구도 설명한다. 다음은 1장에서 다룰 내용이다.

- 비주얼 스튜디오 설치
- 비주얼 스튜디오로 첫 C++ 프로젝트 생성
- 비주얼 스튜디오에서 코드 폰트와 색상 변경
- 익스텐션^{extension} – 비주얼 스튜디오에서 컬러 테마 변경
- 비주얼 스튜디오에서 코드 포매팅^{code formatting}(자동 완성 설정)
- 비주얼 스튜디오의 단축키
- 비주얼 스튜디오의 마우스 확장 기능 사용
- UE4 – 설치

- UE4 – 첫 프로젝트
- UE4 – 첫 레벨 생성
- UE4 – 핫 리로딩^{hot reloading}
- UE4 – UE_LOG를 사용한 로깅^{logging}
- UE4 – FString과 다른 변수로부터 FString 만들기

소개

게임 개발은 애셋^{asset}과 코드^{code}를 조합해야 하는 정교한 작업이다. 애셋과 코드를 만들려면 아트 툴^{art tool}과 사운드 툴^{sound tool}, 레벨 편집 도구^{level-editing tool}, 코드 편집 도구 ^{code-editing tool} 등 고급 기능을 갖춘 도구가 필요하다. 1장에서는 애셋 생성과 코드 작성에 적합한 도구를 찾는 방법을 살펴보자. 애셋은 모든 시각적 미술 작업(2D 스프라이트, 3D 모델), 오디오(음악과 효과음), 게임 레벨을 포함한다. 코드는 이런 애셋을 어떻게 묶어서 게임 월드와 레벨을 만들고 게임 월드를 어떻게 동작시키는지에 대해 컴퓨터에 지시하는 텍스트(보통 C++)를 말한다. 각 작업을 수행하는 데 사용할 수 있는 도구는 수십 개에 달하지만, 각 작업별로 몇 개씩 살펴보고 권장 사항을 만들 것이다. 특히 게임 편집 도구들은 대개 강력한 CPU와 많은 메모리, 고성능의 GPU가 필요한 프로그램이다. 애셋과 작업을 보호하고 관리하는 것도 필요한 작업인데, 이를 위해 원격 서버에 작업을 백업하는 방법인 소스 제어도 살펴볼 것이다. UE4 프로그래밍에 대한 소개도 포함하며, 기본적인 로깅과 라이브러리 사용 방법도 살펴본다. 또한 게임 개발을 위해서는 치밀한 계획 관리도 필요하므로 작업 관리 소프트웨어도 살펴보자.

기술적 요구 사항

UE4의 FAQ 페이지에서 설명하듯이, 윈도우 7 64비트 데스크톱 PC나 맥 OS X 10.9.2 이상의 맥^{Mac}, 8GB RAM, 쿼드코어 인텔^{Intel} 또는 AMD 프로세서, DX11 호환 비디오 카드를 갖춘 환경이면 좋다. UE4가 이러한 권장 사항보다 낮은 데스크톱과 랩

톱에서도 실행되기는 하지만, 성능이 제한될 수 있다.

맥 컴퓨터용 비주얼 스튜디오는 C++를 지원하지 않으므로 비주얼 스튜디오 코드나 Xcode와 같은 다른 IDE를 사용해야 한다.

비주얼 스튜디오 설치

비주얼 스튜디오는 UE4 게임에서 C++ 코드를 작성할 때 반드시 필요한 패키지다.

준비

UE4 애플리케이션을 만들고자 C++ 코딩 환경부터 설정하자. 비주얼 스튜디오 2017을 다운로드한 후 설치하고 UE4 C++ 코딩 환경으로 설정하자.

예제 구현

1. https://www.visualstudio.com/en-us/products/visual-studio-community-vs.aspx에서 Download VS Community 2017을 클릭하면 ~1,250KB 크기의 로더/인스톨러를 다운로드할 수 있다.

2. 인스톨러를 실행하고 PC에 설치할 비주얼 스튜디오 2017의 컴포넌트 설치 창까지 진행하자. 더 많은 기능을 선택할수록 설치 용량이 늘어난다는 점을 기억하자.

3. C++ 지원이 이제 더 이상 기본 옵션이 아니므로 설치하려면 선택해야 한다. Workloads 절 아래에서 스크롤을 Mobile & Gaming까지 내린 후 Game development with C++ 옵션을 체크한다.

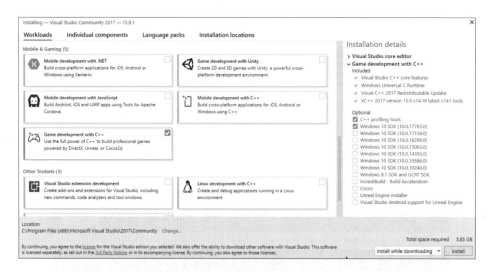

4. 비주얼 스튜디오에 추가할 항목을 모두 선택했으면 Install 버튼을 클릭하자. 인스톨러는 필요한 컴포넌트를 다운로드하고 설치를 계속 진행할 것이다. 인스톨 과정을 마치면 재시작 여부를 묻는데, 재시작을 선택하자.

5. 비주얼 스튜디오 2017을 다운로드해 설치한 후 실행하면 다음과 같은 Sign in 대화상자가 나타난다.

마이크로소프트Microsoft 계정으로 Sign in을 하거나 Sign up을 선택해 새 계정을 만들면 된다. 이때 계정은 윈도우 10에 로그인할 때 사용하는 계정과 같다. 로그인하거나 가입하면 비주얼 스튜디오 자체에 로그인할 수 있다. 데스크톱 코드 편집 프로그램에 로그인하는 것이 이상하게 보일 수 있지만, 이 로그인 정보는 소스 컨트롤 저장소에 접근하는 데 사용된다. 비주얼 스튜디오에 처음 로그인하면 Visualstudio.com에서 호스팅하는 소스 저장소(https://visualstudio.microsoft.com/)의 고유 URL을 선택(한 번만)할 수 있다.

예제 분석

비주얼 스튜디오는 환상적인 코드 편집 도구이며 즐거운 코딩을 경험하게 해준다. 다음 레시피에서는 자신만의 코드를 만들고 컴파일하는 방법을 다룰 것이다.

> 비주얼 스튜디오를 C++와 UE4 작업에 어울리게 설정하는 데 필요한 정보는 https://docs.
> unrealengine.com/en-us/Programming/Development/VisualStudioSetup에서 찾을
> 수 있다.

비주얼 스튜디오로 첫 C++ 프로젝트 만들기

비주얼 스튜디오에서 코드를 컴파일하고 실행하려면 프로젝트 내에서 코드를 실행해야 한다.

준비

이번 레시피에서는 실제 실행 가능한 프로젝트를 만들어볼 것이다. 비주얼 스튜디오에서 프로젝트를 만들면 코드를 관리하고 정리하고 컴파일할 수 있다.

예제 구현

비주얼 스튜디오에서 코드의 각 그룹은 프로젝트Project라 불리는 곳에 저장된다. 비주얼 스튜디오에서는 각 코드 그룹이 프로젝트라는 것에 포함돼 있다. 프로젝트는 실행 파일(.exe) 또는 라이브러리(.lib 또는 .dll)를 생성하는 코드와 애셋으로 구성된 빌드 가능한 집합체다. 여러 프로젝트 그룹은 하나의 솔루션Solution에 속할 수 있다. 먼저 비주얼 스튜디오 콘솔 애플리케이션을 위한 솔루션과 프로젝트를 구성한 다음 UE4 샘플 프로젝트와 솔루션을 구성해보자.

1. 비주얼 스튜디오를 열고 File ➤ New ➤ Project...로 이동한다.

2. 다음과 같은 대화상자를 볼 수 있다.

3. 왼쪽 패널에서 Visual C++를 선택하고 중앙 패널에서 Windows Console Application을 선택한다. 아래쪽 입력 상자에 프로젝트 이름을 입력한 후 OK를 클릭한다.

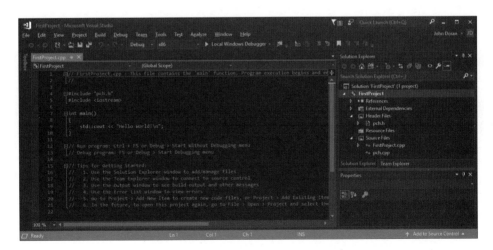

애플리케이션 마법사$^{application\ wizard}$를 마치면 첫 프로젝트가 생성되며, 솔루션 과 프로젝트가 모두 생성될 것이다.

4. 솔루션과 프로젝트를 확인하려면 솔루션 탐색기$^{Solution\ Explorer}$가 필요한데, 메 뉴에서 **View ➤ Solution Explorer**(또는 Ctrl + Alt + L)를 선택하면 된다. 솔루션 탐 색기는 일반적으로 다음 그림처럼 메인 편집창의 오른쪽에 위치한다.

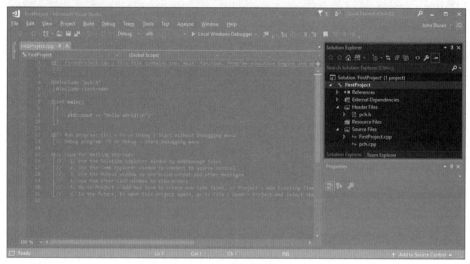

솔루션 탐색기 위치

 각 창의 위치는 원하는 형태로 변경할 수 있으며, 만일 원래의 기본 설정으로 돌아가고 싶다 면 메뉴에서 Window ➤ Reset Window Layout을 선택한다.

솔루션 탐색기에서 프로젝트를 구성하는 모든 파일을 볼 수 있다. 이 기본 솔 루션은 이미 몇 개의 파일을 포함하고 있는데, 직접 추가하거나 제거할 수 있 다. 프로젝트의 규모가 커짐에 따라 점점 더 많은 파일이 프로젝트에 포함된 다. Source Files 폴더에서 FirstProject.cpp 파일을 확인할 수 있으며 내용은 다음과 같다.

```
// FirstProject.cpp : This file contains the 'main' function.
// Program execution begins and ends there.

#include "pch.h"
#include <iostream>

int main()
{
    std::cout << "Hello World!\n";
}

// Run program: Ctrl + F5 or Debug > Start Without Debugging menu
// Debug program: F5 or Debug > Start Debugging menu

// Tips for Getting Started:
// 1. Use the Solution Explorer window to add/manage files
// 2. Use the Team Explorer window to connect to source control
// 3. Use the Output window to see build output and other messages
// 4. Use the Error List window to view errors
// 5. Go to Project > Add New Item to create new code files, or Project > Add
Existing Item to add existing code files to the project
// 6. In the future, to open this project again, go to File > Open > Project
and select the .sln file
```

5. 프로젝트를 빌드하고자 Ctrl + Shift + B를 누른 후 F5를 눌러 프로젝트를 실행한다.

6. 실행 가능한 파일이 생성됐으며, 다음과 같이 콘솔창에서 프로그램 실행 결과를 확인할 수 있다.

실행 파일을 만드는 과정은 C++ 코드로 만들어진 텍스트 언어를 이진binary 파일로 만드는 것이다. 파일을 실행하면 게임 프로그램이 실행된다. 실행되는 내용은 코드 텍스트 내에 있는 main() 함수의 {와 } 사이에 있는 내용이다.

부연 설명

빌드 설정은 프로그램을 빌드하는 스타일을 말하며, 반드시 알아둬야 하는 중요한 두 가지 빌드 설정은 Debug와 Release다. 현재 선택된 Build 설정의 기본 위치는 편집기 상단과 툴바 아래다.

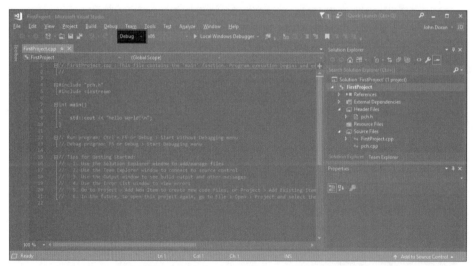

현재 선택된 빌드 설정(Build Configuration)이 표시되는 위치

어떤 설정을 선택하는지에 따라 서로 다른 컴파일러 옵션을 사용한다. Debug 설정은 일반적으로 컴파일 속도를 높이고자 최적화를 해제하는 기능뿐만 아니라 다양한 디버그 정보를 포함한다. Release 설정은 크기나 속도에 최적화하며 빌드 시간은 좀 더 오래 걸린다. 빌드 결과물의 크기는 좀 더 작고 실행 속도는 더 빠르다. 라인 단위로 이

동하면서 디버깅하고자 할 때는 Release 빌드보다는 Debug 빌드가 좋은 선택이다.

비주얼 스튜디오에서 코드 폰트와 색상 변경

모니터의 해상도가 너무 높거나 낮은 상황에 대비하기 위해 비주얼 스튜디오 편집기의 폰트 설정을 변경하는 것은 필수적인 기능이다.

준비

비주얼 스튜디오는 사용자 정의를 하기에 매우 편리한 코드 편집기다. 화면에 비해 글꼴이 너무 작게 보인다면 **Ctrl** 키를 누른 상태에서 마우스 휠로 크기를 늘리거나 줄일 수 있지만, 기본값 자체를 변경하고 싶을 때가 있다. 또는 폰트의 크기뿐만 아니라 색상도 바꾸고 싶을 수 있다. 또한 키워드의 색상과 텍스트 배경색을 모두 직접 지정하고 싶을 수도 있다. 이 절에서 설명할 **Fonts and Colors** 대화상자를 사용하면 원하는 대로 편집기를 구성할 수 있다.

```cpp
#include "pch.h"
#include <iostream>

int main()
{
    std::cout << "Hello World!\n";
}
```

예제 구현

1. 비주얼 스튜디오에서 Tools > Options...로 이동한다.

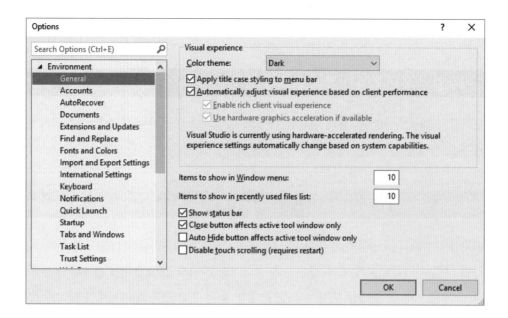

2. 대화상자에서 Environment ➤ Fonts and Colors를 선택하면 다음과 같다.

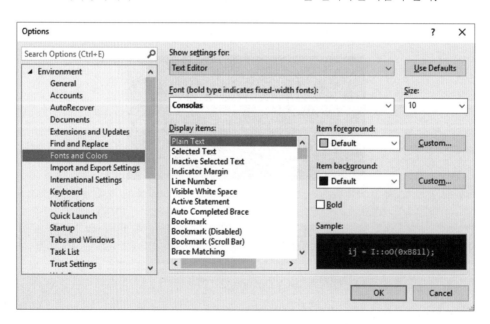

3. Text Editor/Plain Text의 폰트와 폰트 크기를 설정하고 OK를 누르면 코드 편집
   기에 스타일이 반영된다.

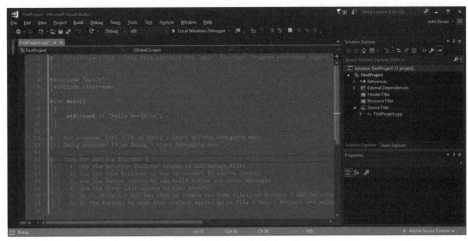

폰트와 색상 변경

Text Editor/Plain Text는 편집기 내의 모든 코드 텍스트에 대한 폰트와 폰트 크기다. 폰
트의 크기를 변경하면 코딩창에 입력한 모든 텍스트의 크기가 변경된다. 참고로, 언어
의 종류(C, C++, C# 등)가 무엇인지는 관계없다.

테마에 따라 갖고 있는 기본 설정으로 되돌아가려면 Show settings for: 옵션 우측에 있는
Use Defaults 버튼을 누른다.

각 항목별로 텍스트와 배경의 색상을 지정할 수 있다. 모든 언어를 대상으로 Text
Editor/Keyword 설정을 적용하거나 Text Editor/C++ Functions처럼 C++에만 적용할 수
도 있다. OK를 클릭하면 코드 편집기에 적용된 색상 변화를 확인할 수 있다.

Output Window의 폰트 크기를 변경할 수도 있다. 다음 그림처럼 Show settings for: 아
래에 있는 드롭다운에서 Output Window를 선택하자.

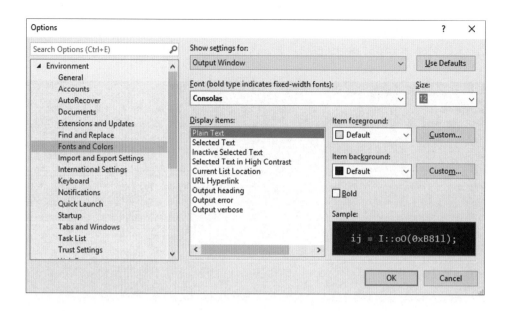

Output Window는 편집기 아래에 있는 작은 창이며 빌드 결과와 컴파일 에러를 보여준다.

Fonts and Colors 대화상자에서 설정을 내보내거나 미리 설정된 내용을 가져오는 것은 불가능하다. 하지만 Visual Studio Theme Editor Extension이라고 하는 도구를 사용할 수 있다. 이에 대해 좀 더 자세히 알고 싶다면, 1장의 '익스텐션 – 비주얼 스튜디오의 컬러 테마 변경하기' 레시피를 참고해 커스텀 컬러 테마를 추출하거나 적용할 수 있다.

이런 이유로 이 대화상자에서 폰트 색상을 변경하지 않는 것이 좋다. 하지만 아쉽게도 이 책을 저술하는 현재 시점 기준으로 폰트와 모든 설정에 대해 폰트 크기를 변경하려면 이 대화상자를 사용해야 한다.

예제 분석

Fonts and Colors 대화상자는 텍스트 편집창뿐만 아니라 출력창 같은 부분도 변경한다. 이 기능을 잘 활용하면 코딩 환경이 한결 편해진다.

일단 Fonts and Colors 설정에 대해 원하는 환경을 구성하고 나면 이 설정을 저장해 다른 사람에게 전달해주거나 다른 컴퓨터에 설치된 비주얼 스튜디오에 적용하고 싶을 수도 있겠지만, 아쉽게도 이런 기능을 제공하지는 않는다. 그 대신 다음 레시피에서 다룰 Visual Studio Theme Editor Extension을 사용하면 이런 문제를 해결할 수 있다.

참고 사항

- '익스텐션 – 비주얼 스튜디오의 컬러 테마 변경하기' 레시피는 컬러 테마를 가져오고 내보내는 방법을 설명한다.

익스텐션 – 비주얼 스튜디오의 컬러 테마 변경하기

기본적으로 Fonts and Colors 대화상자에서 설정한 폰트 색상이나 배경 설정은 저장할 수 없다. 이 문제를 해결하기 위해 비주얼 스튜디오는 테마^{theme}라는 기능을 제공한다. Tools > Options > Environment > General 메뉴로 이동하면 미리 설정된 세 가지 테마 (Light, Blue, Dark) 중 하나를 고를 수 있다.

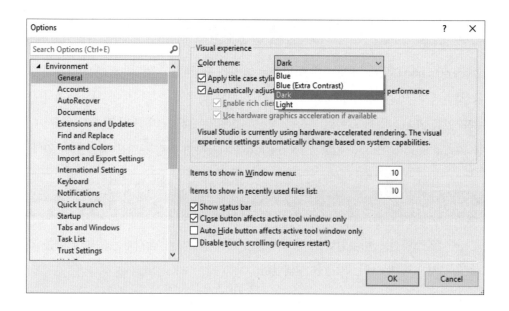

각 테마는 비주얼 스튜디오의 타이틀 막대 색상부터 편집기의 배경 색상에 이르기까지 테마 설정을 완전히 변경한다.

물론 직접 테마를 구성할 수도 있는데, 그렇게 하려면 익스텐션이 필요하다. 익스텐션이란 비주얼 스튜디오 내부에 설치돼 동작을 변경시키는 작은 프로그램을 말한다.

기본적으로 익스텐션의 도움 없이는 커스텀 색상 설정을 저장하거나 다른 곳에서 불러올 수 없다. 하지만 익스텐션을 사용하면 자신만의 컬러 테마를 저장하고 다른 사람과 공유할 수 있다. 또한 다른 사람이 만든 테마나 자신이 만든 테마를 새로운 비주얼 스튜디오에 적용할 수도 있다.

준비

1. Tools > Extensions and Updates...로 이동한다.
2. 대화상자 내부 왼쪽 패널에서 Online을 선택한 후 오른쪽 검색 상자에 'Theme Editor'를 입력하면, 검색 결과에 Color Theme Editor for Visual Studio가 나타난다.

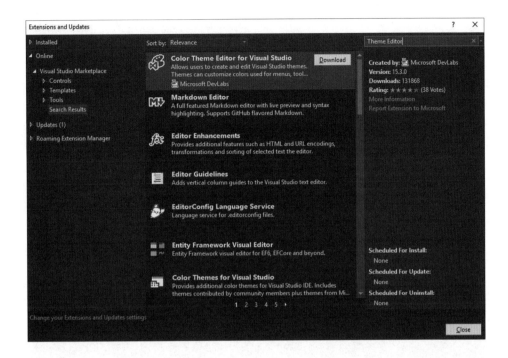

3. 목록 우측 구석에 있는 작은 **Download** 버튼을 클릭하자. 설치 대화상자 안내를 따라 플러그인을 설치하자. 창 아래에 설치가 예약된 모습을 확인할 수 있으며, 비주얼 스튜디오가 닫힐 때까지 설치를 대기한다.

4. 창과 비주얼 스튜디오를 닫고 프로젝트를 저장한다. 프로그램을 닫으면 VSIX 인스톨 창이 나타나며 설치 확인을 요청한다. **Modify** 버튼을 클릭하면 설치를 시작한다.

5. 설치가 끝나면 비주얼 스튜디오를 다시 열어 프로젝트를 불러온다. Start Page 의 Recent 항목을 활용하면 빠르게 최근 프로젝트를 열 수 있다.

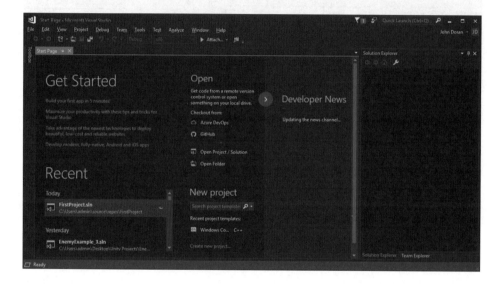

6. 재시작 후 Tools ▶ Customize Colors 메뉴로 이동해 Color Themes 편집기 페이 지를 열자.

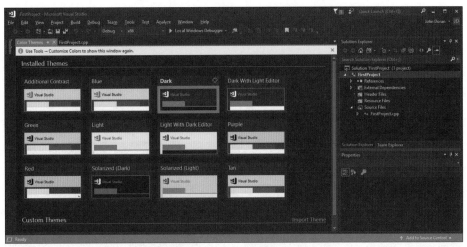

Color Themes 편집기 페이지

7. **Color Themes** 대화상자에서 기본 테마로 사용하고자 하는 테마의 오른쪽 위 구석에 있는 작은 팔레트 모양의 아이콘을 클릭하자(다음 스크린샷에서 보는 것처럼 여기서는 Light 테마를 선택했다).

8. 테마의 사본이 Color Themes 창의 아래쪽에 있는 **Custom Themes** 섹션에 나타난다. 커스텀 테마 위에 마우스를 올렸을 때 나타나는 중간 버튼인 **Edit Theme**

를 클릭해서 테마를 수정하자. 폰트의 색상부터 C++ 키워드 색상까지 모든 설정을 변경할 수 있다.

9. 가장 관심을 가질 만한 부분은 **C++ Text Editor** 섹션일 것이다. 모든 **C++ Text Editor** 옵션에 접근하려면 다음 스크린샷처럼 Theme Editor 창의 상단에 있는 **Show All Elements** 옵션을 선택해야 한다.

 C++와 관련한 편집기 설정을 보려면 Theme Editor 창에서 Show All Elements 옵션을 선택하자. 이 옵션을 선택하지 않으면 Chrome/GUI-type 수정만 할 수 있다.

10. 관심을 가질 만한 대부분의 설정은 **Text Editor ➤ C/C++** 아래에서 찾을 수 있으며, 일부는 **C++** 부제를 달고 있지 않다. 예를 들면, 편집창 내부의 main/plain 텍스트 설정은 **Text Editor ➤ Plain Text** 아래에서 찾을 수 있으며 **C++** 부제를 가지지는 않는다.

11. **Tools ➤ Options ➤ Environment ➤ General**에서 사용할 테마를 선택한다. 생성한 모든 테마는 드롭다운 메뉴에 등장한다.

예제 분석

플러그인을 불러오면 바로 비주얼 스튜디오에 통합된다. 직접 만든 테마를 내보낸 후 다른 사람과 매우 쉽게 공유할 수도 있다.

테마를 추가하면 Tools > Exensions and Updates... 내에 익스텐션으로 설치한다. 테마를 제거하고 싶다면 간단히 익스텐션에서 Uninstall을 선택하면 된다.

코드 포매팅과 자동 완성 설정

비주얼 스튜디오가 지원하는 코드 포매팅 기능은 즐거움을 안겨준다. 비주얼 스튜디오가 코드 텍스트를 어떻게 다룰지 설정하는 방법을 알아보자.

코드 포매팅을 잘해야 함께 작업하는 프로그래머가 코드의 내용과 구조를 좀 더 쉽게 이해하고 버그 발생 빈도를 줄일 수 있다. 비주얼 스튜디오 개발진도 이런 부분을 충분히 이해하고 있으므로 편집기에 자동 포매팅 기능을 추가해뒀다.

예제 구현

1. Tools > Options로 이동한 후 Text Editor > C/C++ 항목을 선택하면, 아래 그림처럼 Automatic brace completion 기능을 켜고 끌 수 있다.

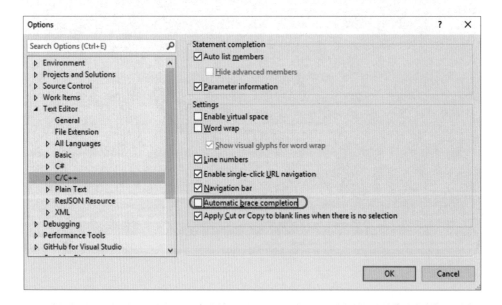

Automatic brace completion은 '{'를 입력했을 때 자동으로 '}'를 추가해주는 기능이다. 만일 편집기가 알아서 무언가를 추가하는 것이 거슬리는 사람이라면 이 기능을 원치 않을 수도 있다.

Auto list members 기능은 일반적으로 모두가 환영하는 기능이며, 타이핑을 시작하면 데이터 멤버의 목록을 깔끔한 대화상자로 추천해서 보여준다. 이 기능을 사용하면 변수 이름을 쉽게 찾을 수 있어서 기억해야 하는 부담이 줄어든다.

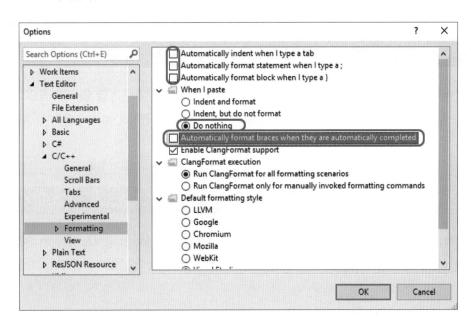

아무 때나 편집기 내에서 Ctrl + 스페이스바를 누르면 자동 리스트 팝업이 나타난다.

2. Text Editor ➤ C/C++ Formatting 아래로 가면 추가적인 자동 완성 옵션을 찾을 수 있다.

일단은 모든 옵션을 사용해보면서 정 거슬리는 기능 위주로 비활성화해나가는 방법을 추천한다.

 선택을 통해 하이라이트된 부분만 자동 포매팅을 적용하려면 Edit ❯ Advanced ❯ Format Selection(Ctrl + K, Ctrl + F)을 선택하면 된다.

예제 분석

기본 자동 완성과 자동 포매팅 기능이 성가시게 느껴질 수도 있다. 일단 작업을 시작하기 전에 팀원들과 함께 어떤 형태의 포매팅(공백space과 탭tab 중에서 어느 것을 쓸 것인지, 들여쓰기의 길이는 얼마로 할 것인지 등)을 사용할 것인지 논의한 후 비주얼 스튜디오 설정을 하는 것이 좋다.

비주얼 스튜디오 단축키

코딩과 프로젝트 탐색을 한결 빠르고 효율적으로 수행하는 데 유용한 몇 가지 단축키가 있다. 이번 레시피에서는 코딩 속도를 향상시키고자 일반적으로 사용하는 단축키를 살펴보자.

준비

시작하기에 앞서 비주얼 스튜디오가 설치돼 있어야 하며 기능을 살펴보기 위한 용도로 프로젝트가 하나 열려 있어야 한다.

다음은 매우 유용한 단축키들이다.

1. 코드의 특정 부분을 클릭한 후, 최소 열 줄 이상 떨어진 곳을 다시 클릭한다.
   이제 'Ctrl + −'(뒤로 탐색)를 눌러보자. 'Ctrl + −'와 'Ctrl + Shift + −'는 각각 마지
   막 있던 곳과 현재의 위치를 오갈 때 사용하는 단축키다.

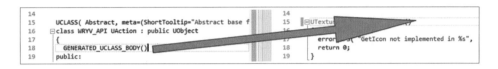

 앞에서 언급한 '−' 키는 숫자 0 근처에 있는 것이며, 숫자 키패드에 있는 키는 동작하지 않는다.
'Ctrl + −'를 사용해서 편집기를 돌아다녀보자. 열 줄 이상 떨어진 곳이라면 이 단축키로 옮겨
다닐 수 있으며, 심지어 파일이 달라도 이 기능은 동작한다.

예를 들어, 한 장소에서 코드를 편집하다가 원래 있던 위치로 되돌아가고 싶다면 'Ctrl + −'
키만 누르면 된다. 그리고 다시 원래 있던 곳으로 되돌아오려면 'Ctrl + Shift + −'를 누르면
된다. 이 기능이 동작하려면 두 위치가 최소 열 줄 이상은 떨어져 있거나 서로 다른 파일이어
야 한다. 다음 그림처럼 툴바에 있는 버튼을 사용해도 된다.

 툴바에 있는 뒤로 가기와 앞으로 가기 탐색 버튼은 'Ctrl + −'와 'Ctrl + Shift + −' 단축키와
동일한 기능을 수행한다.

2. 한 단어를 선택하려면 Ctrl + W를 누른다.

3. Ctrl + Shift + 오른쪽 방향 키(또는 왼쪽 방향키)를 누르면 각 방향에 따라 단어 단위로 선택할 수 있다.

4. Ctrl + C는 복사, Ctrl + X는 잘라내기, Ctrl + V는 붙여넣기다.

5. **클립보드 링**: 클립보드 링은 비주얼 스튜디오가 관리하는 스택 형태의 클립보드를 말한다. Ctrl + C를 누르면 텍스트가 유효 스택에 푸시되고, 다른 텍스트에서 Ctrl + C를 누르면 해당 텍스트는 클립보드 스택Clipboard Stack에 푸시된다. 알다시피 Ctrl + V는 스택 최상위 항목을 붙여넣는다. Ctrl + Shift + Insert 키를 누르면 스택에 있는 모든 항목을 확인할 수 있다. 이 전체 목록에서 붙여넣기 한 항목이 스택의 맨 위 항목으로 다시 이동한다. 이 기능은 좀 이상하게 느껴질 수 있지만 상황에 따라 유용할 수도 있다.

6. Ctrl + M은 다음 그림처럼 코드를 닫아 간결하게 표현한다.

```
⊟UTexture* UBuildAction::GetIcon()              ⊞UTexture* UBuildAction::GetIcon() { ... }
 {
   return Game->GetData( BuildingType ).Portrait;
 }
```

예제 분석

키보드 단축키를 사용하면 코딩하는 과정에서 마우스를 사용하는 횟수를 줄일 수 있으므로 작업 속도가 올라간다.

비주얼 스튜디오에서 마우스 활용

마우스를 사용하면 텍스트를 매우 편하게 선택할 수 있다. 이번 절에서는 마우스를 활용해 편리하게 코드를 편집하는 방법을 살펴보자.

1. 전체 단어를 선택하려면 **Ctrl** 키를 누른 상태에서 클릭한다.

```
FString::Printf( TEXT(
```

2. 상자 형태로 선택하려면 **Alt** 키를 누른 상태에서 마우스 왼쪽 버튼을 누른 채
   드래그한다.

```
// initialize a bunch of cooldow
FString name = FString::Printf(
Clock* clock = new Clock( name,
```

이렇게 선택한 후에 잘라내거나 복사할 수 있으며, 내용을 덮어 쓰기 형태로 수정할
수도 있다. 덮어 쓰기 형태로 수정할 때 여러 줄을 선택한 경우라면 각 줄에 해당 내용
이 반복된다.

예제 분석

마우스 클릭만으로는 어려운 일을 **Ctrl + Alt**의 도움을 받아서 멋지게 처리할 수 있다.

언리얼 엔진 4 설치

언리얼 엔진 4(UE4)를 제대로 설정하려면 여러 단계를 거쳐야 한다. 이번 레시피에서
는 엔진을 제대로 설치하고 설정하는 방법을 살펴본다.

준비

UE4를 설치하려면 최소 20GB 이상의 여유 공간이 필요하다. 각 프로젝트 또한 최소

1GB 이상을 차지하므로 이보다 더 큰 여유 공간(또는 별도의 하드 드라이브)이 필요하다고 보면 된다.

예제 구현

1. unrealengine.com에 방문한다.

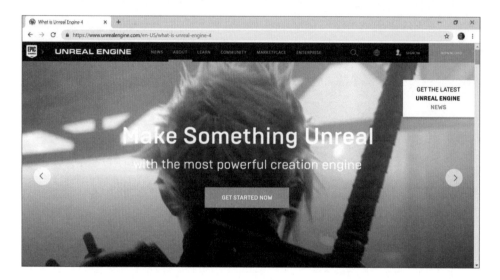

2. 화면 우측 상단에 있는 **Download** 버튼을 클릭하면 에픽게임즈 계정을 만들라는 지시가 나타난다. 이미 계정을 갖고 있다면 아래로 스크롤해 **Sign in**을 선택하면 된다.

3. EpicGamesLauncherInstaller-x.x.x-xxx.msi를 더블 클릭해서 에픽게임즈 런처^{Epic Games Launcher} 프로그램을 기본 위치에 설치하자.

4. 설치를 마치고 나면, 시작 메뉴나 바탕화면의 아이콘을 선택해 에픽게임즈 런처 프로그램을 열자.

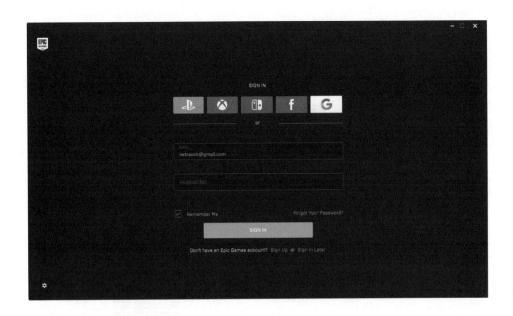

5. 새로 만들었거나 기존에 사용하던 계정으로 로그인을 마치면 런처 프로그램
   메인 화면을 볼 수 있다.

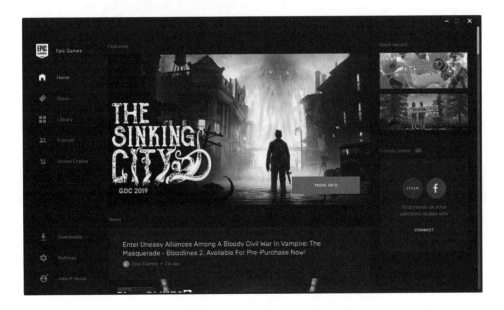

6. 화면의 좌측 상단에 있는 Unreal Engine을 클릭하자.

7. 시작 화면을 살펴보자. 지금 필요한 것은 엔진 설치이므로 다음 그림처럼 생긴 오렌지색 Install Engine 버튼을 클릭하자.

8. End Licence Agreement에 동의 여부를 묻는 팝업 대화상자가 나타난다. 이후 설치 위치를 지정한 후 Install 버튼을 클릭하자.

런처가 엔진 다운로드를 시작할 것이며, 약 7GB 정도의 크기이므로 제법 시간이 걸릴 수 있다. 다운로드를 마치면 다음과 같은 화면이 나타난다.

엔진 설치를 마치고 나면 Install Engine 버튼은 Launch Engine 버튼으로 바뀐다.

예제 분석

에픽게임즈 런처는 엔진을 시작하는 데 필요한 프로그램이며, 모든 프로젝트와 라이브러리의 사본을 Library 탭에 보관한다.

부연 설명

UE4를 사용한 작업을 진행하는 과정에서 무료 라이브러리 패키지를 Library > Vault 섹션에서 찾아볼 수 있다. 이를 위해 왼쪽 사이드에 있는 Library 항목을 선택한 후 아래로 스크롤하면 My Projects 아래에 있는 Vault를 찾을 수 있다.

UE4에서 첫 프로젝트 생성하기

UE4에서 프로젝트를 설정하려면 몇 단계의 작업이 필요하다. 원하는 설정을 제대로 하려면 옵션을 잘 정해야 한다. 첫 프로젝트를 구성할 때 이번 레시피를 잘 따르자.

UE4에서 생성한 각 프로젝트의 크기는 최소 1GB 이상이므로 어디에 프로젝트를 생성할지 충분히 고민한 후 결정해야 한다. UE4를 설치한 것과 동일한 드라이브에 설치하거나 별도의 드라이브 혹은 외장 드라이브 등을 선택해 설치할 수 있다.

예제 구현

1. 에픽게임즈 런처에서 화면 왼쪽에 있는 Launch Unreal Engine 4.21.2 버튼을 클릭하자. 엔진을 실행하면 새 프로젝트를 생성하거나 기존 프로젝트를 불러올 수 있다.

> ℹ️ 이 책을 읽는 시기에 따라 버전 번호는 다를 수 있지만, 진행 과정은 거의 비슷할 것이다.

2. New Project 탭을 선택한다.
3. 코드 작성에 C++를 사용할 것인지, 아니면 블루프린트blueprint만 사용할 것인지 결정할 수 있다.
   - 만일 블루프린트만 사용하기로 했다면 Blueprint 탭에서 사용할 템플릿을 선택해야 한다.
   - 블루프린트와 더불어 C++도 사용하기로 했다면 C++ 탭에서 기반이 되는 프로젝트 템플릿을 선택하면 된다.
   - 어떤 템플릿을 선택해야 하는지 잘 모르겠다면 Basic Code를 선택하는 것이 C++ 프로젝트에서 최선의 선택이 될 수 있다. 블루프린트만 사용하는 프로젝트라면 Blank가 좋은 선택이 될 수 있다. 참고로, 블루프린트는 언

리얼 내장 비주얼 스크립트 언어다.

이 책의 목적에 따라 앞으로는 항상 C++ 프로젝트를 사용할 것이다.

1. 템플릿 리스트 아래에 나타나는 세 개의 아이콘을 살펴보자. 여기서 설정할
   수 있는 옵션은 세 가지다.

   ○ 타깃을 데스크톱 또는 모바일 애플리케이션 중에서 선택할 수 있다.

   ○ 풀과 태양이 있는 아이콘을 사용하면 품질 설정을 변경할 수 있지만, 아마
     도 이 옵션을 사용할 일은 많지 않을 것이다. 이 품질 설정은 필요에 따라
     나중에 Engine > Engine Scalability Setting에서 다시 설정할 수 있다.

   ○ 마지막 옵션으로 Starter Content를 포함할지 정할 수 있다. 아마도 이 옵션
     은 사용하게 될 가능성이 높다. 이는 멋진 머티리얼material과 텍스처texture
     를 포함하고 있어서 초보자에게 매우 유용하다. 다만, 나중에 자신만의 프
     로젝트를 생성할 때가 되면 더는 필요하지 않게 될 가능성이 높다.

만일 Starter Content가 마음에 들지 않는다면 UE4 마켓플레이스에 방문해보자. 그곳에 가면 GameTextures Material Pack을 비롯한 멋진 무료 콘텐츠를 찾을 수 있다.

2. 프로젝트를 저장할 드라이브와 폴더를 선택한다. 각 프로젝트의 크기가 최소 1GB 이상이라는 사실을 기억하고 충분한 공간을 가진 드라이브를 선택해야 한다.

3. 프로젝트의 이름을 정하자. 가급적이면 고유하면서도 프로젝트의 성격을 잘 표현할 수 있는 이름이 좋다.

4. Creat를 누르면 UE4 편집기와 비주얼 스튜디오 2017 창이 뜰 것이다. 이제 프로젝트를 편집할 수 있다.

비주얼 스튜디오 2017을 여는 방법은 크게 두 가지인데, 그중 하나는 탐색기에서 ProjectName.sln을 더블 클릭하는 방법이고, 다른 하나는 UE4에서 File ＞ Open Visual Studio를 클릭하는 방법이다.

UE4에서 첫 레벨 생성하기

UE4가 제공하는 쉽고 멋진 UI를 사용하면 레벨을 만들 수 있다. 이번 레시피에서는 기본적인 편집기 사용법과 더불어 첫 프로젝트의 첫 레벨을 만드는 방법을 살펴본다.

준비

이전 레시피인 'UE4에서 첫 프로젝트 생성하기'를 마무리해보자. 프로젝트를 구성하고 나면 레벨 생성을 진행할 수 있다.

1. 프로젝트를 생성할 때 Starter Content를 포함했다면, 새 프로젝트를 시작할 때 기본으로 설정되는 레벨은 일부 기본 지오메트리^{geometry}와 풍경^{scenery}을 포함할 것이다.

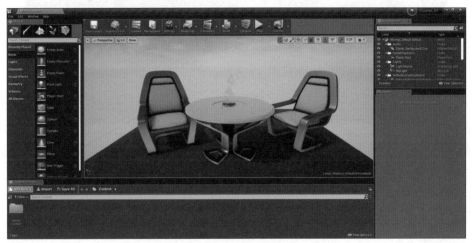

UE4의 MinimalDefault 레벨 및 인터페이스

물론, 이런 시작 설정을 꼭 사용해야 하는 것은 아니다. 만일 이를 원치 않는다면 삭제하거나 새로운 레벨을 만들어도 된다.

2. 새로운 레벨을 만들려면 File › New Level...을 클릭하자.

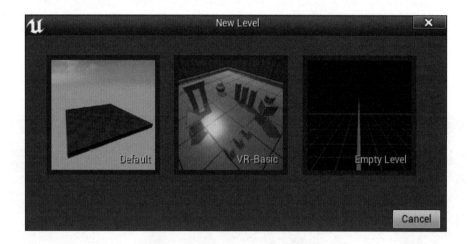

여기서는 레벨을 생성할 때 배경 하늘을 가지도록(Default) 할 수도 있고 갖지 않도록(Empty Level) 할 수도 있다.

 만일 배경 하늘이 없는 상태로 레벨을 생성했다면 반드시 광원(light)을 추가해야만 여기에 추가하는 지오메트리(geometry)를 볼 수 있다.

3. 프로젝트를 생성할 때 Starter Content를 불러왔거나 기타 콘텐츠를 불러왔다면 콘텐츠 브라우저(Content Browser)를 사용해 콘텐츠를 레벨로 가져올 수 있다. 원하는 콘텐츠를 콘텐츠 브라우저에서 레벨로 끌어다 놓고 저장한 후 Play 버튼을 사용해 게임을 시작하면 된다.

4. Modes 패널(Window › Modes)을 사용해 지오메트리를 레벨에 추가하자. 배치 가능한 지오메트리에 접근하려면 전구와 큐브 그림이 있는 가장 왼쪽 버튼을 클릭하면 된다.

기본적으로는 일반적인 지오메트리와 언리얼Unreal에서 사용하는 공용 기능을 포함하는 Basic 옵션이 선택돼 있다. 광원을 추가하려면 Modes 탭 좌측에 있는 서브 탭에서 Lights를 선택한 후 레벨로 끌어다 놓으면 된다.

UE4 – 핫 리로딩

언리얼 엔진 4 C++ 프로젝트를 생성했을 때, 비주얼 스튜디오와 언리얼 엔진 4가 동시에 열린 모습을 봤다. 이번 레시피에서는 비주얼 스튜디오에서 스크립트를 수정하고 코드를 컴파일해 변화를 관찰할 것이다.

준비

클래스를 변경했을 때 효과를 살펴보려면 실제로 클래스를 사용해야 한다. 언리얼은 기본적으로 이러한 클래스 중 하나를 자동으로 생성하므로(AChapter01_GameModeBase), 이 클래스를 활용해보자.

 1장의 레시피에서 언급하는 모든 'Chapter01'은 프로젝트 이름을 의미하며, 각자 이름은 다를 수도 있다.

1. 언리얼 편집기에서 Edit > Project Settings로 이동한 후 Project 항목 아래에서 Maps & Modes를 선택한다.
2. Default GameMode 아래에서 Chapter01_GameModeBase를 선택한다.

> 코드에서 클래스 이름은 AChapter01_GameModeBase이지만 언리얼의 메뉴에는 A가 없
> 다는 사실을 확인하자. 이는 언리얼의 클래스 네이밍 규칙이 Actor 클래스를 상속받는 모든
> 클래스에 항상 A를 붙이기 때문이다. 이와 관련된 내용은 나중에 더 자세히 다룬다.

게임 모드는 게임 타입의 규칙을 포함하는 클래스다.

> 게임 모드와 관련한 추가 정보는 https://docs.unrealengine.com/en-US/Gameplay/
> Framework/GameMode를 참고하자.

예제 구현

1. 비주얼 스튜디오의 솔루션 탐색기 아래에서 미리 생성된 파일들을 확인할 수
   있다. Games/Chapter_01/Source/Chapter_01 폴더를 열면 Chapter01Ga
   meModeBase.h와 .cpp 파일을 볼 수 있는데 .h 파일을 더블 클릭해서 열자.

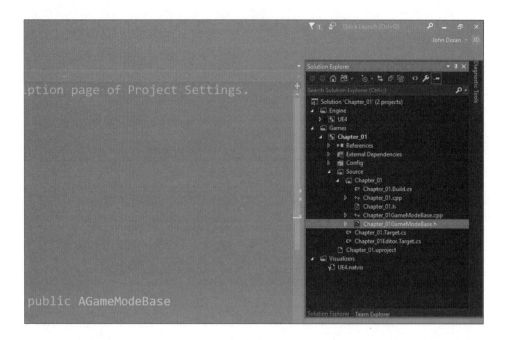

2. 다음 코드의 볼드체(굵은 글꼴) 부분을 파일에 추가하자.

```
// Project Settings의 Description 페이지에 저작권 고지를 작성하라

#pragma once

#include "CoreMinimal.h"
#include "GameFramework/GameModeBase.h"
#include "Chapter_01GameModeBase.generated.h"

/**
 *
 */
UCLASS()
class CHAPTER_01_API AChapter_01GameModeBase : public
AGameModeBase
{
  GENERATED_BODY()
public:
  void BeginPlay();
```

```
};
```

3. 이어서 .cpp 파일을 열고 다음을 추가하자.

```
// Project Settings의 Description 페이지에 저작권 고지를 작성하라

#include "Chapter_01GameModeBase.h"

void AChapter_01GameModeBase::BeginPlay()
{
  Super::BeginPlay();
}
```

지금 당장은 이 코드가 아무런 일도 하지 않지만, 앞으로 변화를 추가할 수 있
는 준비는 마쳤다.

4. 두 파일을 저장하고 언리얼 편집기로 돌아온 후 Compile 버튼을 클릭하자.

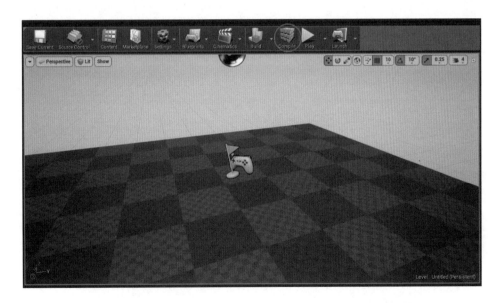

아무런 문제없이 잘 진행되면 화면 우측 하단에 다음과 같이 Compile Complete!라는
메시지가 나타난다.

비주얼 스튜디오의 솔루션 탐색기에서 프로젝트에 대고 마우스 오른쪽 버튼을 클릭한 후 **Build**를 선택하는 방식으로도 컴파일할 수 있다. 빌드가 끝난 후 언리얼 편집기로 돌아가면 자동으로 변경 사항을 불러온다.

코드 변경 사항이 발생할 때마다 컴파일하는 것을 기억해두자. 컴파일하지 않으면 프로젝트 변경 사항이 반영되지 않는다.

> ℹ️ 언리얼 엔진 4에서의 코드 컴파일과 관련한 추가 정보는 https://docs.unrealengine.com/en-US/Programming/QuickStart를 참고하자.

UE4 - UE_LOG를 사용해 로그 남기기

내부 게임 데이터 출력을 위해 로깅은 매우 중요하다. 로그 툴을 사용하면 UE4 편집기에서 제공하는 작은 **Output Log** 창에 정보를 출력할 수 있다.

준비

코딩을 하면서 때로는 디버그 정보를 UE 로그창에 출력하고 싶을 수 있다. 이때 `UE_LOG` 매크로를 사용하면 된다. 매크로macro는 이름을 부여한 작은 코드 조각이라고 생각하면 된다. 매크로를 코드에서 사용하면 컴파일 시점에 매크로로 정의한 코드로 변경된다. 프로그램을 개발할 때 로그 메시지를 남기는 일은 정보를 추적하는 과정에서 매우 중요하고 편리한 방법이다.

이번 레시피를 완성하려면 코드 파일이 있어야 한다. 언리얼에서 코딩하는 것이 처음이라면, 더 진행하기 전에 이전 레시피를 완성해야 한다.

예제 구현

1. 코드에서 다음과 같은 형식으로 로그를 입력하자.

```
UE_LOG(LogTemp, Warning, TEXT("Some warning message"));
```

예를 들어, 이 로그를 이전 레시피에 추가하려면 다음과 같이 할 수 있다.

```
#include "Chapter_01GameModeBase.h"

void AChapter_01GameModeBase::BeginPlay()
{
  Super::BeginPlay();

  // 기본적인 UE_LOG 메시지
  UE_LOG(LogTemp, Warning, TEXT("Some warning message"));
}
```

2. Window ➤ Developer Tools ➤ Output Log로 이동해 UE4 편집기 내부의 Output Log를 켜고 프로그램이 실행되는 동안 출력되는 로그 메시지를 확인하자.

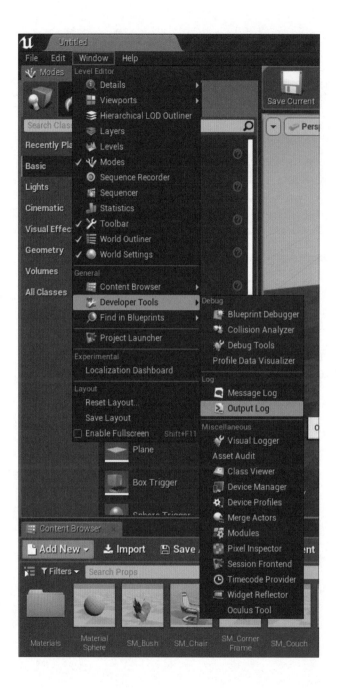

3. 상단 툴바에서 **Play** 버튼을 클릭해 게임을 실행하면, 다음과 같이 텍스트가 노란색으로 표시되는 모습을 확인할 수 있다.

 출력을 좀 더 보기 편하게 하려면 마우스 오른쪽 버튼을 클릭한 후 Clear Log를 선택해서 Output Log 창을 깨끗하게 지울 수 있다.

예제 분석

UE_LOG 매크로는 최소 세 개의 파라미터를 받는다.

- Log 카테고리(여기서는 LogTemp를 사용해 로그 메시지를 임시 로그에 표시했다.)
- Log 레벨(Warning을 사용해 노란색 경고 텍스트가 뜨도록 했다.)
- 로그 메시지 자체를 표현하는 텍스트 문자열

로그 메시지 텍스트 주변의 TEXT() 매크로가 텍스트를 UE_LOG에서 사용할 수 있는 형식으로 변환하므로 잊지 말자. 코딩에 익숙한 사람들을 위해 부연 설명하자면, TEXT() 매크로는 컴파일러가 유니코드^{Unicode}를 켠 상태에서 실행될 때 텍스트를 유니코드(L로 시작)로 변환한다.

UE_LOG는 또한 가변 인자를 받을 수도 있는데, C 언어에서의 printf() 함수를 생각해보면 된다.

```cpp
#include "Chapter_01GameModeBase.h"
void AChapter_01GameModeBase::BeginPlay()
{
  Super::BeginPlay();
  // 기본적인 UE_LOG 메시지
  UE_LOG(LogTemp, Warning, TEXT("Some warning message"));
  // 인자를 포함하는 UE_LOG 메시지
  int intVar = 5;
  float floatVar = 3.7f;
  FString fstringVar = "an fstring variable";
  UE_LOG(LogTemp, Warning, TEXT("Text, %d %f %s"), intVar, floatVar,
*fstringVar);
}
```

UE_LOG를 사용해 FString을 일반 C 스타일 TCHAR 포인터로 역참조할 때 FString 변수 바로 앞에 별표가 있는데, 이것은 포인터가 가리키는 실제 값으로 포인터를 변환하고 있음을 의미한다.

컴파일 시 유니코드를 사용하는 경우 TCHAR로 정의된 변수 타입은 내장 데이터 타입인 wchat_t로 변환된다. 컴파일 시 유니코드를 사용하지 않는다면(컴파일러에 _UNICODE가 정의되지 않은 경우) TCHAR는 표준 char 타입으로 처리된다.

TCHAR와 관련한 추가 정보와 C++에서의 문자열 처리에 관련된 내용이 궁금하다면 https://docs.microsoft.com/en-us/windows/desktop/learnwin32/working-with-strings#tchars를 참고하길 바란다.

더 이상 필요하지 않게 된 로그는 소스 코드에서 삭제하는 습관을 갖는 것이 좋다. 필요하지 않은 로그가 많이 남아있으면, 출력창은 로그로 넘치게 되고 정작 중요한 정보를 찾는 일이 어려워진다.

다수의 FString과 다른 변수들로부터 FString 만들기

UE4 환경에서 작업을 할 때 가끔은 여러 변수를 사용해 하나의 문자열을 만들어야 하는 상황이 발생한다. 이때 FString::Printf 또는 FString::Format 함수를 사용하면 쉽게 처리할 수 있다.

준비

내용을 진행하기 위해 UE4 C++ 코드를 입력할 수 있는 프로젝트가 필요하다. 문자열에 변수를 넣는 일은 프린팅printing을 사용하면 된다. 문자열에 변수를 넣는 일은 간단하고 직관적이지만, 자바스크립트에서처럼 타입에 신경 쓰지 않고 변수를 자동으로 변환해서 연결하는 것은 불가능하다.

예제 구현

이번 레시피에서는 두 가지 방법을 사용해 출력할 것이다. 일단 첫 번째는 FString::Printf()를 사용하는 방식이다.

1. 문자열에 포함하고자 하는 변수를 정하고 각 변수의 타입을 알아두자.
2. http://en.cppreference.com/w/cpp/io/c/fprintf 같은 printf 형식 정의 문서를 살펴보자. 출력하려는 변수마다 지정자가 무엇인지 노드로 지정해야 한다. 예를 들면, 문자열은 %s로 지정해야 한다.

3. 다음과 같은 코드를 작성하고 테스트해보자.

```
FString name = "Tim";
int32 mana = 450;
FString string = FString::Printf( TEXT( "Name = %s Mana =
  %d" ), *name, mana );
```

이 코드를 통해 전통적인 printf 함수와 형식 지정자를 사용하는 방법을 비교해보자. 앞의 예에서 %s를 사용해 문자열을 배치하고 %d를 사용해 정수를 배치했다. 다른 타입의 변수에는 다른 형식 지정자를 사용해야 하므로 cppreference.com과 같은 사이트를 참고하자.

또는 FString::Format()을 사용해 문자열을 출력할 수도 있다.

4. 다음과 같은 형식으로 코드를 작성해보자.

```
FString name = "Tim";
int32 mana = 450;
TArray< FStringFormatArg > args;
args.Add( FStringFormatArg( name ) );
args.Add( FStringFormatArg( mana ) );
FString string = FString::Format( TEXT( "Name = {0} Mana =
{1}" ), args );

UE_LOG( LogTemp, Warning, TEXT( "Your string: %s" ),
        *string );
```

FString::Format()을 사용하면 정확한 형식 지정자를 사용하는 대신 FStringFormatArg의 TArray에 정수와 문자열을 담아 사용할 수 있다. FString::Format()은 FStringFormatArg를 사용해 변수 타입을 추정한다. 다음 스크린샷을 참고하자.

```
 Content Browser          Output Log
▼ Filters ▾    Search Log                                                                                    🔍
LogBlueprintUserMessages: Early PlayInEditor Detection: Level '/Temp/Untitled_1.Untitled_1:PersistentLevel' has LevelScri
LogPlayLevel: PlayLevel: No blueprints needed recompiling
PIE: New page: PIE session: Untitled_1 (Nov 17, 2018, 4:01:57 PM)
LogPlayLevel: Creating play world package: /Temp/UEDPIE_0_Untitled_1
LogPlayLevel: PIE: StaticDuplicateObject took: (0.002663s)
LogAIModule: Creating AISystem for world Untitled_1
LogPlayLevel: PIE: World Init took: (0.000569s)
LogPlayLevel: PIE: Created PIE world by copying editor world from /Temp/Untitled_1.Untitled_1 to /Temp/UEDPIE_0_Untitled_
LogInit: XAudio2 using 'Speakers (Realtek(R) Audio)' : 2 channels at 48 kHz using 32 bits per sample (channel mask 0x3)
LogInit: FAudioDevice initialized.
LogLoad: Game class is 'Chapter_01GameModeBase'
LogWorld: Bringing World /Temp/UEDPIE_0_Untitled_1.Untitled_1 up for play (max tick rate 60) at 2018.11.17-22.01.57
LogWorld: Bringing up level for play took: 0.000552
LogTemp: Warning: Some warning message
LogTemp: Warning: Text, 5 3.700000 an fstring variable
LogTemp: Warning: Your string: Name = Tim Wana = 450
PIE: Play in editor start time for /Temp/UEDPIE_0_Untitled_1 -0.029
LogBlueprintUserMessages: Late PlayInEditor Detection: Level '/Temp/Untitled_1.Untitled_1:PersistentLevel' has LevelScrip
```

어떤 방법을 사용하더라도 UE_LOG 출력 결과는 동일하다.

클래스 생성

다음은 2장에서 다룰 내용이다.

- UCLASS 작성 — UObject에서 파생
- 커스텀 UCLASS로부터 블루프린트 생성
- 사용자 편집이 가능한 UPROPERTY 생성
- 블루프린트에서 UPROPERTY 접근
- UPROPERTY 타입으로 UCLASS 지정
- UObject 파생 클래스 인스턴스화(ConstructObject< >와 NewObject< >)
- UObject 파생 클래스 파괴
- USTRUCT 생성
- UENUM() 생성

2장에서는 UE4 블루프린트 편집기와 잘 통합되는 C++ 클래스와 구조체의 생성 방법을 설명하는 데 초점을 맞춘다.

2장에서 만들 클래스는 표준 C++ 클래스이며 UCLASS라고 부른다.

> UCLASS는 UE4 매크로를 다수 포함한 C++ 클래스다. 이 매크로는 UE4 편집기와의 통합을 도와주는 추가 C++ 헤더 코드를 생성한다.

UCLASS를 사용하는 것은 좋은 선택이다. UCLASS 매크로를 제대로 구성하면 UCLASS를 복제하거나 재사용할 수 있게 만들어서 커스텀 C++ 오브젝트를 언리얼의 비주얼 스크립팅 언어 블루프린트 내에서 사용할 수 있게 된다. 만일 팀 내에 디자이너가 있다면, 코드에 접근하지 않고도 프로젝트의 여러 형상에 접근하고 수정할 수 있게 되므로 매우 유용하다.

텍스트 필드, 슬라이더, 모델 선택 상자와 같은 편리한 UI 위젯으로 블루프린트의 시각적 편집 속성(UPROPERTY)을 사용할 수도 있다. 또한 블루프린트 다이어그램 내에서 호출 가능한 기능(예: UFUNCTION)도 사용할 수 있다. 다음 스크린샷을 참고하자.

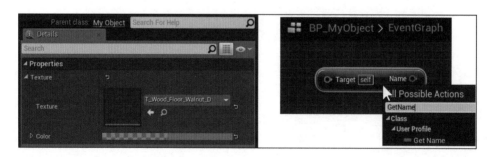

왼쪽 그림을 보면, 두 개의 UPROPERTY가 클래스 멤버를 구성한다. 하나는 UTexture이고, 다른 하나는 FColor로 C++ 클래스 블루프린트에서 편집할 수 있다. 오른쪽 그림을 보면, BlueprintCallable UFUNCTION으로 표시된 C++ GetName 함수가 블루프린트 다이어그램에서 호출 가능한 것으로 표시된다.

 UCLASS 매크로가 생성한 코드는 ClassName.generated.h 파일에 있으며, UCLASS 헤더 파일 ClassName.h의 마지막 #include에 있다.

 이 클래스에서 생성한 샘플 오브젝트는 복제하거나 재사용 가능하더라도 레벨에 배치되지 않는다. 레벨에 배치하려면 C++ 클래스가 Actor 베이스 클래스(base class) 또는 그 아래의 서브클래스에서 파생돼야 하기 때문이다. 자세한 내용은 4장, '액터와 컴포넌트'에서 다룬다.

패턴만 알아두면 UE4 코드는 일반적으로 작성하거나 관리하기가 매우 쉽다. 또한 다른 UCLASS에서 파생시키거나 UPROPERTY 또는 UFUNCTION 인스턴스를 생성하는 일을 일관성 있게 처리할 수 있다. 2장에서는 기본 UCLASS 파생, 속성 및 참조 선언, 생성, 소멸, 일반 기능을 중심으로 일반적인 UE4 코딩을 위한 레시피를 제공한다.

기술적 요구 사항

2장에서는 언리얼 엔진 4를 사용하며 비주얼 스튜디오 2017을 통합 개발 환경(IDE)으로 사용한다. 이 두 소프트웨어를 설치하는 방법과 그에 대한 요구 사항은 1장, 'UE4 개발 도구'에서 다뤘다.

UCLASS 작성 – UObject에서 파생

C++로 코딩할 때 코드를 네이티브 C++ 코드로 컴파일하고 실행할 수 있으며, new와 delete 연산자를 사용해 커스텀 오브젝트를 생성하고 삭제할 수 있다. 코드에서 메모리 누수가 발생하지 않도록 new와 delete 호출이 적절히 쌍을 이루도록 하면, UE4 프

로젝트에서 네이티브 C++ 코드를 완벽하게 사용할 수 있다.

UCLASS 매크로를 사용해 커스텀 C++ 오브젝트를 선언하면 UE4 클래스처럼 동작하는 커스텀 C++ 클래스를 선언할 수도 있다. UCLASS 매크로를 사용하면 할당과 해제를 할 때 클래스가 UE4의 스마트 포인터와 메모리 관리 루틴을 사용하게 된다. 이러한 스마트 포인터 규칙은 UE4 편집기에서 자동으로 불러와 읽을 수 있으며 선택적으로 블루프린트에서 접근할 수도 있다.

 UCLASS 매크로를 사용할 때, UCLASS 오브젝트의 생성과 삭제는 UE4에 의해 처리돼야 한다. 오브젝트의 인스턴스를 생성할 때는 ConstructObject 함수를 사용해야 하며 오브젝트를 삭제할 때는 UObject::ConditionalBeginDestroy() 함수를 사용해야 한다. C++ 네이티브 키워드인 new와 delete를 사용하면 안 된다.

준비

이번 레시피에서는 UCLASS 매크로를 사용해 메모리의 할당과 해제를 지원하는 C++ 클래스를 만드는 방법과 더불어 UE4 편집기와 블루프린트의 접근을 허용하는 방법을 살펴보자. 이번 레시피를 진행하려면 코드를 추가하는 데 사용할 UE4 프로젝트가 필요하다.

예제 구현

직접 UObject 파생 클래스를 만들기 위해 다음 단계를 따르자.

1. UE4 편집기에서 실행 중인 프로젝트의 File > New C++ Class를 선택한다.
2. Add C++ Class 대화상자가 나타나면 창의 오른쪽 상단으로 이동해 Show All Classes 확인란을 선택한다.

3. 계층 구조 최상단의 Object를 선택하고 Next를 클릭한다.

Object는 대화상자에 만들지만, C++ 코드에서 생성할 C++ 클래스는 UObject이며 대문자 U가 선행된다는 점을 참고로 알아두자. 이는 UE4의 이름 규칙이다.

UObject(Actor 이외의 분기)에서 파생된 UCLASS는 U로 시작하는 이름이어야 한다.

Actor에서 파생된 UCLASS는 A로 시작하는 이름이어야 한다. 이에 대한 내용은 4장, '액터와 컴포넌트'에서 다룬다.

일반적인 C++ 클래스(UCLASS가 아님)는 특별한 이름 규칙이 없지만, 원하는 경우 앞에 F(예: FAssetData)를 붙여 이름을 정할 수도 있다.

UObject에서 직접 파생된 오브젝트는 UStaticMeshes와 같은 시각적 표현 요소가 포함돼 있어도 레벨에 배치할 수 없다. 오브젝트를 UE4 레벨에 배치하고 싶다면 Actor 클래스에서 파생하거나 그 상속 계층 아래에 있어야 한다. 4장, '액터와 컴포넌트'에서는 레벨에 배치 가능한 오브젝트를 만들기 위해 Actor 클래스로부터 파생하는 방법을 자세히 살펴본다.

4. 새 Object의 이름을 생성할 오브젝트 타입에 어울리게 결정하자. 여기서는 UserProfile을 사용할 것이다.

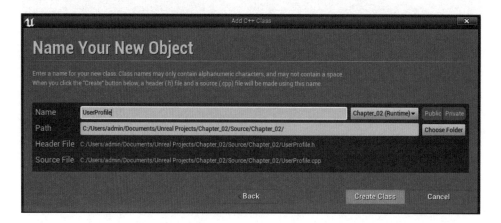

UE4 이름 규칙을 따르기 위해 UE4가 생성하는 C++ 파일 내의 클래스 이름 은 UUserObject로 나타난다. 참고로, C++에서는 UCLASS가 있는 클래스 이름이 U로 시작된다.

5. Create Class를 클릭하면 컴파일을 마친 후 파일이 생성된다. 이후, 비주얼 스 튜디오를 열고 방금 생성한 UserProfile.cpp 파일을 연다. 비주얼 스튜디오가 열리지 않는다면 File ➤ Open Visual Studio를 통해 열면 된다. 클래스의 헤더 규칙(UserProfile.h)을 열고 클래스 파일의 형식이 다음과 같은지 확인한다.

```
#pragma once
#include "CoreMinimal.h"
#include "UObject/NoExportTypes.h"
#include "UserProfile.generated.h"
/**
 *
```

```
  */

UCLASS()
class CHAPTER_02_API UUserProfile : public UObject
{
  GENERATED_BODY()
};
```

6. 프로젝트를 컴파일하고 실행하자. 이제부터 UE4 편집기에서뿐만 아니라 비
   주얼 스튜디오 내에서도 커스텀 UCLASS 오브젝트를 사용할 수 있다. 이를 통해
   할 수 있는 일은 다음 레시피를 통해 좀 더 자세히 다룬다.

 UObject 파생 클래스를 생성하고 삭제하는 방법은 2장 뒷부분의 'UObject 파생 클래스 인
스턴스화(ConstructObject〈 〉와 NewObject〈 〉)'와 'UObject 파생 클래스 파괴' 레시피에
서 다룬다.

예제 분석

UE4는 커스텀 UCLASS를 위한 많은 양의 코드를 생성하고 관리한다. 이 코드는
UPROPERTY, UFUNCTION, UCLASS 매크로와 같은 UE4 매크로를 사용한 결과로 생성된다.
생성된 코드는 UserProfile.generated.h에 저장된다. 성공적으로 컴파일하려면
UCLASSNAME.generated.h 파일과 UCLASSNAME.h 파일을 #include해야 한다. 기
본적으로 편집기에 이 파일이 자동으로 포함되며, 만약 UCLASSNAME.generated.h
파일을 포함하지 않으면 컴파일에 실패한다.

또한 UCLASSNAME.generated.h 파일은 UCLASSNAME.h의 #include 목록에서 마
지막 #include로 포함돼야 한다.

다음은 올바른 예시다.

```
#pragma once

#include "CoreMinimal.h"
#include "UObject/NoExportTypes.h"

#include <list> // Newly added include
// 올바름: 생성된 파일이 마지막에 포함됨
#include "UserProfile.generated.h"
```

다음은 잘못된 예시다.

```
#pragma once

#include "CoreMinimal.h"
#include "UObject/NoExportTypes.h"
#include "UserProfile.generated.h"

// 잘못됨: .generated.h 파일 뒤에는 다른 파일을 포함할 수 없다
#include <list> // 새로 추가된 include
```

UCLASSNAME.generated.h 파일이 마지막 #include가 아니라면 다음과 같은 에러가
발생한다.

```
>> #include found after .generated.h file - the .generated.h file should always be the
last #include in a header
```

부연 설명

다음과 같이 UCLASS의 동작에 변화를 주는 다수의 키워드가 존재한다.

- Blueprintable: UE4 편집기 내의 Class Viewer에서 블루프린트를 생성하고자
할 때 사용한다. 마우스 오른쪽 버튼을 클릭하고 Create Blueprint Class...를 선

택해서 사용할 수 있다. Blueprintable 키워드를 사용하지 않으면 UCLASS에 대해 Create Blueprint Class... 옵션을 사용할 수 없다.

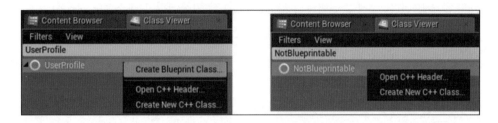

- UCLASS 매크로 정의에서 Blueprintable을 지정한 경우에만 Create Blueprint Class... 옵션을 사용할 수 있다.
- BlueprintType: 이 키워드를 사용하면 UCLASS를 다른 블루프린트에서 변수처럼 사용할 수 있다. 블루프린트 EventGraph의 왼쪽 패널에 있는 Variables 그룹에서 블루프린트 변수를 생성할 수 있다.
- NotBlueprintType: 이 키워드를 사용하면 이 블루프린트 변수 타입을 블루프린트 다이어그램에서 변수로 사용할 수 없게 된다. Class Viewer에서 UCLASS 이름을 마우스 오른쪽 버튼으로 클릭해도 컨텍스트 메뉴에 Create Blueprint Class...가 나타나지 않는다.

C++ 클래스를 UCLASS로 만들어야 할지 말지를 아마도 확신하지 못할 텐데, 일반적인 상황에서는 UCLASS를 사용하는 것이 기본이며 특별한 이유가 있을 때만 UCLASS를 사용하지 않으면 된다. 언리얼 엔진 4의 코드는 매우 잘 만들어졌고 테스트도 충분히 이뤄진 상태다. 스마트 포인터를 좋아한다면, UCLASS를 사용할 때 코드의 안정성과 일관성이 높아진다는 사실을 알 수 있을 것이다.

참고 사항

- 블루프린트 다이어그램에 추가적인 프로그래머블programmable UPROPERTY를 넣고자 한다면 '사용자 편집이 가능한 UPROPERTY 생성' 레시피를 참고하자.
- 스마트 포인터를 사용해 UCLASS 인스턴스를 참조하는 방법을 자세히 알고 싶다면 3장, '메모리 관리, 스마트 포인터, 디버깅'을 참고하자.
- UCLASS, UPROPERTY 등 UE4에서 사용하는 다양한 매크로에 대한 자세한 정보는 https://www.unrealengine.com/en-US/blog/unreal-property-system-reflection을 참고하자.

커스텀 UCLASS로부터 블루프린트 생성

블루프린팅은 단지 C++ 오브젝트에 대한 블루프린트 클래스를 만드는 과정이다. UE4 오브젝트에서 블루프린트 파생 클래스를 생성하면 편집기 내에서 커스텀 UPROPERTY를 시각적으로 편집할 수 있으며, 이를 통해 리소스를 C++ 코드로 하드코딩하지 않아도 된다. 또한 C++ 클래스를 레벨 내에 배치할 수 있도록 먼저 블루프린트를 작성해야 한다. 하지만 이는 블루프린트의 기반이 되는 C++ 클래스가 Actor 클래스에서 파생된 경우에만 가능하다.

> ℹ️ FStringAssetReferences와 StaticLoadObject를 사용해 텍스처 같은 리소스를 불러오는 방법이 있다. 하지만 경로 문자열을 C++ 코드로 하드코딩하는 형태는 일반적으로 권장하지 않는다. UPROPERTY()에서 편집 가능한 값을 제공하고 구체적으로 타입이 지정된 적절한 애셋 참조에서 불러오는 방식이 훨씬 더 좋다.

준비

이번 레시피를 따라 진행하려면 블루프린트 클래스를 파생시킬 생성된 UCLASS가 있어야 한다. 2장 앞부분에서 다룬 'UCLASS 작성 − UObject에서 파생' 레시피를 참고하자. 엔진 내부에서 블루프린트를 사용하려면 UCLASS 매크로에서 UCLASS를 Blueprintable로 설정해야 한다.

예제 구현

1. UserProfile 클래스를 블루프린트로 만들려면, 일단 UCLASS가 매크로 내에 Blueprintable 태그를 가졌는지 확인해야 하는데 다음과 같다.

```
UCLASS( Blueprintable )
class CHAPTER2_API UUserProfile : public UObject
```

2. 코드를 컴파일한다.

3. Class Viewer(Window ➤ Developer Tools ➤ Class Viewer)에서 UserProfile C++ 클래스를 찾는다. 기존에 생성한 UCLASS는 Actor에서 파생되지 않았으므로 커스텀 UCLASS를 찾으려면 Class Viewer에서 Filters ➤ Actors Only를 반드시 꺼야 한다. 이 옵션은 기본으로 켜져 있다.

이 부분을 처리하지 않으면 커스텀 C++ 클래스를 찾을 수 없다.

Class Viewer에서 UserProfile을 찾을 때 내부에 있는 작은 검색 상자를 사용하면 편리하다.

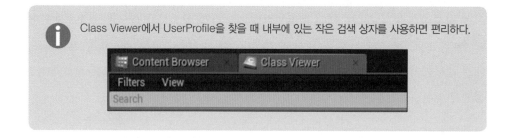

4. Class Viewer에서 UserProfile을 찾은 후 마우스 오른쪽 버튼을 클릭하고 Create Blueprint...를 선택해 블루프린트를 생성한다.

5. 블루프린트의 이름을 정해야 하는데 블루프린트 클래스 이름을 정할 때 BP_로 시작하도록 이름을 짓는 경우가 흔하므로 참고하자. 어떤 형태로 이름 규칙을 정하더라도 일관성만 잘 유지하면 된다.

6. 생성한 각 UserProfile 블루프린트 인스턴스에 대해 생성된 모든 필드를 편집할 수 있다.

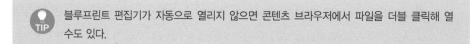

블루프린트 편집기가 자동으로 열리지 않으면 콘텐츠 브라우저에서 파일을 더블 클릭해 열수도 있다.

UCLASS 매크로에 Blueprintable 태그가 있는 모든 C++ 클래스는 UE4 편집기 내에서 블루프린트화할 수 있다. 블루프린트를 사용하면 UE4의 시각적 GUI 인터페이스를 사용해서 C++ 클래스의 속성을 정의할 수 있다.

사용자 편집이 가능한 UPROPERTY 생성

선언된 각 UCLASS가 선언할 수 있는 UPROPERTY의 수에는 제한이 없다. 각 UPROPERTY는 시각적 편집이 가능하거나 블루프린트로 접근 가능한 UCLASS의 데이터 멤버다.

각 UPROPERTY에 추가할 수 있는 한정자가 몇 개 있는데, EditAnywhere는 UPROPERTY를 코드 또는 편집기를 통해 변경할 수 있다는 의미다. 또한 BlueprintReadWrite는 블루프린트가 변수를 언제든 읽고 쓸 수 있음을 의미하며, 동시에 C++ 코드도 허용된다는 것을 의미한다.

준비

이번 레시피를 진행하려면 C++ 코드를 추가할 C++ 프로젝트가 필요하며, 앞에서 진행한 레시피인 'UCLASS 작성 – UObject에서 파생'을 완료한 상태여야 한다.

예제 구현

1. 일단 클래스를 Blueprintable로 설정해야 하며, UCLASS 선언에 다음과 같이 볼드체로 표시한 내용을 추가해야 한다.

```
/**
 * UCLASS 매크로 옵션은 이 C++ 클래스를
 * UE4 편집기 내에서 Blueprintable로 만든다
```

```
 */
UCLASS( Blueprintable )
class CHAPTER_02_API UUserProfile : public UObject
{
  GENERATED_BODY()

public:
  UPROPERTY(EditAnywhere, BlueprintReadWrite, Category = Stats)
  float Armor;

  UPROPERTY(EditAnywhere, BlueprintReadWrite, Category = Stats)
  float HpMax;
};
```

2. 언리얼 편집기로 돌아와 Compile 버튼을 눌러 코드를 업데이트한다.

3. 코드가 업데이트되면 UObject 클래스 파생 모델의 블루프린트를 생성한다(아직 생성되지 않은 경우).

   이는 이전 레시피에서 본 것과 동일한 방법으로 할 수도 있고, 지금부터 진행할 방식처럼 직접 할 수도 있다.

4. 이를 위해 Content Browser 탭으로 이동한 후 작업하고자 하는 프로젝트의 폴더 아이콘을 클릭하자. 이때 뜨는 팝업에서 Content 섹션을 선택한다.

콘텐츠 브라우저에서 Content 폴더를 선택

5. 여기서 Add New 버튼을 선택한 후 Blueprint Class를 선택한다.

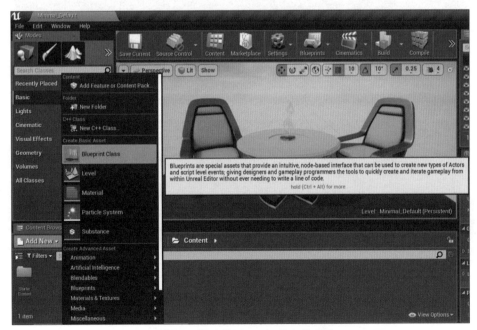

콘텐츠 브라우저에서 Blueprint Class를 생성

6. Pick Parent Class 메뉴에 Common Classes가 있는데, 그 아래에 있는 All Classes 옵션의 화살표를 누르면 확장된다. 여기서 클래스 이름(이번 경우에는 UserProfile)을 입력한 후 목록에서 선택하면 된다. 이후 Select 버튼을 클릭한다.

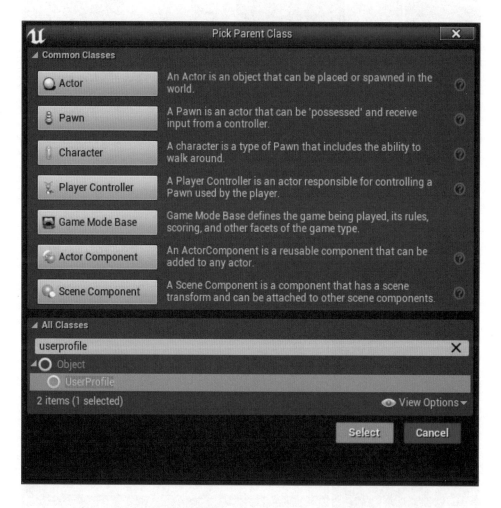

7. 콘텐츠 브라우저에서 항목을 찾을 수 있는데, 원한다면 이름을 변경할 수도 있다. 여기서는 MyProfile로 변경했다.

8. 일단 생성되면, 더블 클릭을 통해 UE4에서 블루프린트를 열 수 있다.

9. 블루프린트 내에서 이 새로운 UPROPERTY 필드의 기본값을 원하는 값으로 지정할 수 있다.

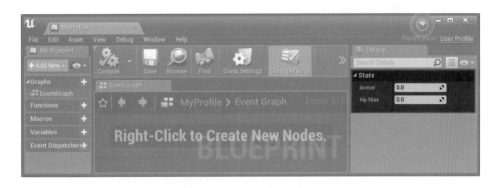

ℹ 블루프린트가 빈 상태이므로 데이터만 있는 블루프린트가 열리며 중간이나 왼쪽 부분은 포함하지 않는 상태일 것이다. 전체 블루프린트 메뉴를 보려면 상단 메뉴에서 Open Full Blueprint Editor를 클릭해 앞에서 본 스크린샷처럼 만들 수 있다. 하지만 어떤 방식이든 간에 변수를 확인하고 수정하는 것은 가능하다.

10. 블루프린트의 새 인스턴스를 생성하고 배치된 오브젝트의 값을 편집해 각 인스턴스를 정의한다. 참고로, 더블 클릭으로 편집할 수 있다.

예제 분석

UPROPERTY() 매크로로 전달되는 파라미터는 변수에 관한 중요한 정보 중 두 가지를 지정한다. 앞의 예에서는 다음을 지정했다.

- EditAnywhere: 이는 프로퍼티를 블루프린트에서 직접 수정할 수도 있고 게임 레벨 내의 각 UClass 오브젝트 인스턴스에서 수정할 수도 있음을 의미한다. 이와 비교되는 옵션은 다음과 같다.
  ○ EditDefaultsOnly: 블루프린트의 값이 편집 가능하지만, 인스턴스 단위로

는 편집할 수 없다.

- ○ EditInstanceOnly: 이렇게 하면, 기본 블루프린트 자체가 아닌 UClass 오 브젝트의 게임 레벨 인스턴스에서 속성을 편집할 수 있다.
- BlueprintReadWrite: 이는 블루프린트 다이어그램에서 특성을 읽고 쓸 수 있음 을 의미한다. BlueprintReadWrite를 가진 UPROPERTY()는 퍼블릭[public] 멤버여야 하고, 그렇지 않으면 컴파일되지 않는다. 이와 비교되는 옵션은 다음과 같다.
- ○ BlueprintReadOnly: 속성은 C++에서 설정해야 하며 블루프린트에서 수정 할 수 없다.
- Category: 정리된 상태를 유지하기 위해 항상 UPROPERTY()의 Category 속성을 지정해야 한다. Category는 속성 편집기에서 UPROPERTY()가 표시될 하위 메뉴 를 결정한다. Category=Stats 하위에 지정된 모든 UPROPERTY()는 블루프린트 편집기 내의 동일한 Stats 영역에 나타난다. 만일 아무런 카테고리도 지정하 지 않으면 UPROPERTY는 기본 카테고리인 UserProfile에 나타난다.

부연 설명

지금까지 자세히 설명한 이유는 전체 과정을 제대로 이해하는 것이 중요하기 때문이 다. 하지만 콘텐츠 브라우저의 **C++ Classes** 섹션에서 클래스를 마우스 오른쪽 버튼으 로 클릭한 후 **Create Blueprint class based on UserProfile**을 선택해 스크립트에서 블루 프린트 클래스를 생성할 수도 있다. 다음 스크린샷을 참고하자.

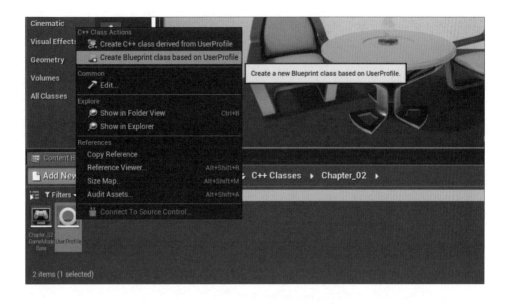

- 전체 UPROPERTY 리스트는 다음의 웹 주소 https://docs.com/latest/INT/Prog
  ramming/UnrealArchitecture/Reference/Properties/Specifiers/index.
  html에서 찾을 수 있다.

블루프린트에서 UPROPERTY 접근

블루프린트에서 UPROPERTY에 접근하는 것은 상당히 쉽다. 멤버는 블루프린트 다이어그
램에서 접근하려는 멤버 변수에 UPROPERTY로 노출돼야 한다. 변수를 블루프린트에서만
읽을 수 있게 할 것인지 또는 블루프린트에서 쓸 수도 있게 할 것인지 지정하려면 매
크로 선언에서 UPROPERTY를 BlueprintReadOnly 또는 BlueprintReadWrite로 지정해야
한다.

EditDefaultsOnly라는 특별한 값을 사용하면 블루프린트 편집기에서 기본값만 편집할 수 있도록 만들 수 있다. 참고로, 기본값은 게임이 시작하기 전에 설정되는 값이다. EditDefaultsOnly는 런타임에 데이터 멤버를 블루프린트에서 편집할 수 없음을 나타낸다.

1. 이전에 만든 클래스를 사용해 다음 코드와 같이 Blueprintable과 BlueprintType을 모두 지정하는 UObject 파생 클래스를 만든다.

```
/**
 * UCLASS 매크로 옵션은 C++ 클래스를
 * UE4 편집기 내에서 Blueprintable로 설정한다
 */
UCLASS(Blueprintable, BlueprintType)
class CHAPTER_02_API UUserProfile : public UObject
{
  GENERATED_BODY()

public:
  UPROPERTY(EditAnywhere, BlueprintReadWrite, Category = Stats)
  float Armor;

  UPROPERTY(EditAnywhere, BlueprintReadWrite, Category = Stats)
  float HpMax;

  UPROPERTY(EditAnywhere, BlueprintReadWrite, Category = Stats)
  FString Name;
};
```

UCLASS를 블루프린트 다이어그램 내에서 타입으로 사용하려면 UCLASS 매크로 내에 BlueprintType 선언을 해야 한다.

2. 코드를 저장하고 컴파일한다.

3. UE4 편집기 내에서 필요에 따라 C++ 클래스로부터 블루프린트 클래스를 파생시킨다. 이는 이전 레시피 또는 '커스텀 UCLASS로부터 블루프린트 생성' 레시피에서 확인했던 내용이다.

4. 인스턴스를 더블 클릭한 후 Name 변수를 수정하자. 예를 들면 Billy라고 입력할 수 있다. 이후 Compile 버튼을 클릭해 모든 변경 사항을 저장한다.

5. 함수 호출(예: Blueprints > Open Level Blueprint를 통한 레벨 블루프린트)을 허용하는 블루프린트 다이어그램에서 추가한 변수를 사용할 수 있다. 예를 들면, 게임이 시작될 때 Name 속성을 출력하는 일이 가능하다.

6. 게임이 시작될 때 어떤 동작이 발생하게 하려면 BeginPlay 이벤트를 만들어야한다. 블루프린트 그래프에서 마우스 오른쪽 버튼을 클릭한 후 Add Event > Event BeginPlay를 선택하면 이 이벤트를 추가할 수 있다.

이제 클래스의 인스턴스를 생성해야 한다. UObject에서 파생했으므로 드래그
앤 드롭으로 인스턴스를 만들 수는 없으며, Construct Object from Class
Blueprint 노드를 통해 생성할 수 있다.

7. 방금 생성한 노드의 오른쪽에서 마우스 오른쪽 버튼을 클릭한 후 검색 막대에
   construct를 입력하고 Construct Object from Class 노드를 리스트에서 선택
   한다.

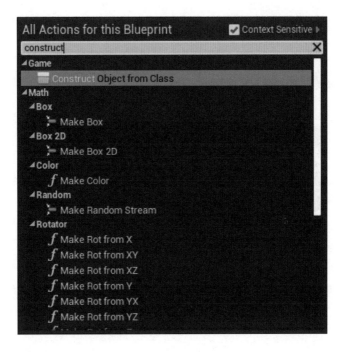

8. 다음으로, Event BeginPlay 노드의 오른쪽 하단에 있는 화살표를 Construct 노드의 왼쪽에 있는 화살표로 끌어다 놓아서 Event BeginPlay 노드의 오른쪽에서 Construct 노드의 왼쪽으로 선을 연결한다.

TIP 블루프린트 다이어그램 탐색은 쉽다. 마우스 오른쪽 버튼을 클릭한 후 드래그해서 블루프린트 다이어그램을 이동할 수 있고, Alt + 마우스 오른쪽 버튼 클릭과 함께 드래그하거나 마우스 휠을 사용해 줌을 할 수 있다. 노드에서 마우스 왼쪽 버튼을 클릭한 후 드래그하면 원하는 위치로 이동시킬 수 있으며, 여러 노드를 동시에 선택한 후 이동시킬 수도 있다. 블루프린트와 관련한 추가 정보는 https://docs.unrealengine.com/en-US/Engine/Blueprints/BestPractices를 참고하자.

9. Class 섹션 아래에서 드롭다운을 클릭하고 생성한 블루프린트의 이름(MyProfile)을 입력한 후 목록에서 선택한다.

10. 또한 오브젝트의 소유자^{owner}가 될 Outer 속성에 대해 무언가를 선택해야 한다.

파란색 원을 클릭하고 드래그해 마우스를 노드 왼쪽으로 이동한 다음 마우스를 놓아 새 노드를 만든다. 메뉴가 뜨면 self를 입력한 후 Get a reference to self 옵션을 선택한다. 모든 것이 정상적으로 처리되면 블루프린트는 다음과 같은 모습이 된다.

이는 앞서 생성한 MyProfile 인스턴스의 정보를 사용해 변수를 생성한다. 하지만 변수로 만들지 않으면 사용할 방법이 없다. 이를 Return Value 속성의 오른쪽에 끌어다 놓고 Promote to a variable을 선택한다. 이렇게 하면 자동으로 NewVar_0이라는 변수가 생성되고 Set 노드가 생성된다. 또한 메뉴 왼쪽에 있는 메뉴를 사용해 원하는 이름으로 변경할 수 있다.

11. SET 노드의 오른쪽으로 우상단의 흰색 화살표를 끌어다 놓는 방식으로 Print Text 노드를 생성한다.

12. 이제 무언가를 출력해야 하는데 Name 속성이 적당한 대상이 될 수 있다. SET 노드의 오른쪽으로 파란색 노드를 끌어다 놓고 Variables ▶ Stats ▶ Get Name 노드를 선택한다.

13. 마지막으로 Name 변수를 Print Text 노드의 In Text 속성에 연결한다. 그러면 자동으로 이름 문자열을 이해할 수 있는 Text 오브젝트로 변경하는 변환 노드를 만든다.

최종적인 전체 블루프린트의 모습은 다음 그림과 같다.

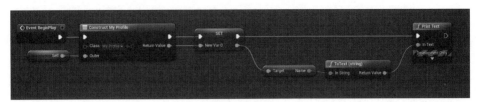

완성된 블루프린트

모든 과정이 잘 진행됐다면, Compile 버튼을 누른 후 메뉴 상단의 Play 버튼을 눌러 게임을 실행할 수 있다.

게임을 실행하면 앞서 설정한 것처럼 Billy를 화면에서 볼 수 있다.

예제 분석

UPROPERTY는 자동으로 UE4의 Get/Set 메서드를 작성하며, 이를 사용해 방금 본 것처럼 속성의 값을 쓰거나 읽을 수 있다.

UPROPERTY 타입으로 UCLASS 지정

UE4 내에서 사용하기 위한 용도로 커스텀 UCLASS를 만들었다. 이전 레시피에서는 블루프린트를 사용해 편집기 내에서 만들었는데, 이를 어떻게 C++로 인스턴스화할 수 있을까? UE4의 오브젝트는 참조 카운트 및 메모리 관리 오브젝트이므로 C++ 키워드 new를 사용해 직접 할당하면 안 된다. 그 대신에 UObject 파생 모델을 인스턴스화할 수 있도록 ConstructObject라는 함수를 사용해야 한다.

ConstructObject는 생성하려는 오브젝트의 C++ 클래스 이름만 취하는 것이 아니라 C++ 클래스의 블루프린트 클래스 파생 모델(UClass* 참조)도 필요로 한다. UClass* 참조는 블루프린트에 대한 포인터다.

어떻게 C++ 코드에서 특정 블루프린트의 인스턴스를 인스턴스화할 수 있을까? C++ 코드는 UE4 편집기에서 생성한 실제 UCLASS 이름을 알 수도 없고 알아서도 안 되는데, 이 이름은 컴파일 후에만 접근할 수 있기 때문이다. C++ 코드에서 인스턴스화하기 위해 어떤 형태로든 블루프린트 클래스 이름을 알려줄 방법이 필요하다.

이 작업을 수행하는 방법은 UE4 편집기 내에서 사용 가능한 모든 블루프린트(특정 C++ 클래스에서 파생됨)를 나열하는 간단한 드롭다운 메뉴에서 C++ 코드가 사용할 UClass를 UE4 프로그래머에게 선택하도록 하는 것이다. 이를 위해 TSubclassOf(<C++ClassName>) 타입의 변수를 사용해 사용자가 편집할 수 있는 UPROPERTY를 제공해야 한다. 또는 FStringClassReference를 사용해도 동일한 목표를 달성할 수 있다.

UCLASS는 C++ 코드에서 일종의 리소스로 간주돼야 하며, 이름을 코드 수준에서 하드 코딩하면 안 된다.

준비

UE4 코드에서는 프로젝트의 다른 UCLASS를 참조해야 할 때가 있다. 예를 들어, 플레이어 오브젝트의 UCLASS를 알아야 SpawnObject를 코드에 사용할 수 있을 것이다. 하지만 C++ 코드는 블루프린트 편집기에서 생성한 파생 UCLASS의 실제 인스턴스를 알지 못하므로 C++ 코드에서 UCLASS를 지정하는 것은 매우 어색한 일이다. 특정 리소스의 이름을 C++ 코드에 직접 삽입하는 것을 원치 않는 것처럼, 파생된 블루프린트 클래스 이름을 C++ 코드로 하드코딩하는 것도 원치 않는 방식이다.

C++ 변수(예: UClassOfPlayer)를 사용하고 UE4 편집기의 블루프린트 대화상자에서 해당 변수를 선택하는 방식을 택하면 이 문제를 해결할 수 있는데, TSubclassOf 멤버 또는 FStringClassReference 멤버를 사용해 처리할 수 있다.

예제 구현

1. UCLASS 참조 멤버를 추가하고 싶은 C++ 클래스로 이동한다.
2. UCLASS 내에서 다음 형태의 코드를 사용해 계층에서 UObject에서 파생된 UClass(블루프린트 클래스)를 선택할 수 있도록 UPROPERTY를 선언한다.

```cpp
UCLASS(Blueprintable, BlueprintType)
class CHAPTER_02_API UUserProfile : public UObject
{
  GENERATED_BODY()

public:
  UPROPERTY(EditAnywhere, BlueprintReadWrite, Category = Stats)
  float Armor;
```

```
UPROPERTY(EditAnywhere, BlueprintReadWrite, Category = Stats)
float HpMax;

UPROPERTY(EditAnywhere, BlueprintReadWrite, Category = Stats)
FString Name;

// 블루프린트 드롭다운 메뉴에서 UObject로부터 파생된 모든 UClass를 출력
UPROPERTY(EditAnywhere, BlueprintReadWrite, Category = Unit)
TSubclassOf<UObject> UClassOfPlayer;

// GameMode C++ 베이스 클래스로부터 파생된 UCLASS들의 문자열 이름을 출력
UPROPERTY(EditAnywhere, meta=(MetaClass="GameMode")),
Category = Unit)
FStringClassReference UClassGameMode;
};
```

 비주얼 스튜디오는 UClassOfPlayer 변수에 밑줄을 표시하면서 불완전한 클래스는 허용되
지 않는다고 말할 수도 있다. 하지만 이는 정확하지 않은 오류 표기 중 하나이며 UE4 내부에
서 문제없이 컴파일되므로 무시해도 된다.

3. C++ 클래스를 블루프린트화한 후 블루프린트를 연다.

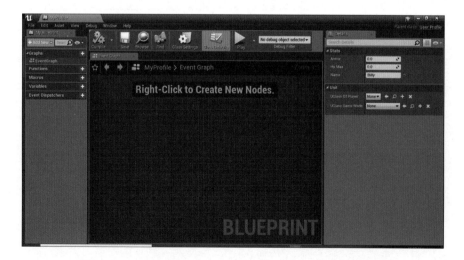

이제 두 번째 카테고리인 Unit을 볼 수 있는데, 스크립트에서 정의한 두 개의 속성을 갖는다.

4. UClassOfPlayer 메뉴 옆에 있는 드롭다운 메뉴를 클릭한다.

5. UClass 리스트의 드롭다운 메뉴에서 적당한 UClassOfPlayer 멤버를 선택한다.

예제 분석

언리얼 엔진 4는 UClass 또는 예상되는 클래스 타입을 지정하는 다양한 방법을 제공한다.

TSubclassOf

TSubclassOf< > 멤버를 사용하면, TSubclassOf< > 멤버를 갖는 블루프린트를 편집할 때 UE4 편집기 내의 드롭다운 메뉴를 사용해 UClass 이름을 지정할 수 있다.

FStringClassReference

MetaClass 태그는 MetaClass에서 파생될 것으로 예상되는 기본 C++ 클래스를 가리키며, 이를 통해 드롭다운 메뉴의 내용을 해당 C++ 클래스에서 파생된 블루프린트로만 제한한다. 프로젝트의 모든 블루프린트를 보여주려 한다면 MetaClass를 그냥 두면 된다.

UObject 파생 클래스 인스턴스화 (ConstructObject⟨ ⟩와 NewObject⟨ ⟩)

C++에서 클래스 인스턴스를 생성하려면 new 키워드를 사용한다. 하지만 UE4는 실제로 내부적으로 클래스의 인스턴스를 생성하며, 인스턴스화할 UCLASS의 사본을 생성하기 위해 특별한 팩토리 함수를 호출하도록 요구한다. C++ 클래스가 아닌 UE4 블루프린트 클래스의 인스턴스를 생성하는 상황에서, UObject에서 파생된 클래스를 만들 때는 특별한 UE4 엔진 함수를 사용해야 한다.

팩토리 메서드는 UE4가 오브젝트에 대한 어느 정도의 메모리 관리를 수행해 오브젝트가 삭제될 때 필요한 처리를 할 수 있도록 한다. 이 방법은 UE4가 오브젝트에 대한 모든 참조를 추적해 삭제될 때 해당 오브젝트에 대한 모든 참조가 쉽게 연결 해제될 수 있도록 한다. 이로써 무효화된 메모리에 대한 참조가 있는 임의의 포인터가 사라지도록 돕는데, 이런 과정을 보통 가비지 컬렉션^{garbage collection}이라 부른다.

준비

AActor 클래스의 파생이 아닌 UObject에서 파생된 클래스를 인스턴스화할 때는 UWorld::SpawnActor⟨ ⟩를 사용하는 대신, 특별한 글로벌 함수인 ConstructObject⟨ ⟩ 또는 NewObject⟨ ⟩를 사용한다. UE4 Object 클래스에서 파생된 새 인스턴스를 할당하기 위해 C++ 키워드인 new를 사용하면 안 된다.

다음은 UCLASS를 인스턴스화할 때 알아둬야 하는 두 가지 정보다.

- 인스턴스화할 클래스 타입에 대한 C++ 타입의 UClass 참조(블루프린트 클래스)
- 블루프린트 클래스가 파생되는 원래의 C++ 베이스 클래스

전역으로 접근 가능한 오브젝트(예: GameMode 오브젝트)에서 TSubclassOf <C++ 클래스 이름> UPROPERTY()를 추가해 UCLASS 이름을 지정하고 C++ 코드에 제공한다. GameMode로 이를 처리하려면 다음을 따르자.

1. 비주얼 스튜디오의 솔루션 탐색기에서 Chapter02_GameModeBase.h를 열고, 다음의 내용을 업데이트한다.

```
#pragma once

#include "CoreMinimal.h"
#include "GameFramework/GameModeBase.h"
#include "UserProfile.h"
#include "Chapter_02GameModeBase.generated.h"

/**
 *
 */

UCLASS()
class CHAPTER_02_API AChapter_02GameModeBase : public
AGameModeBase
{
  GENERATED_BODY()
public:
  UPROPERTY(EditAnywhere, BlueprintReadWrite, Category = UClassNames)
  TSubclassOf<UUserProfile> UPBlueprintClassName;
};
```

2. 코드를 저장하고 컴파일한다.
3. UE4 편집기에서 이 클래스로부터 블루프린트를 생성한다. 블루프린트 편집기로 진입하기 위해 더블 클릭하고, UClass 이름을 드롭다운 메뉴에서 선택해 내용을 확인한 후 저장하고 편집기를 빠져나온다.

4. C++ 코드에서 UCLASS 인스턴스를 만들고자 하는 위치를 찾는다.

5. 다음과 같은 방식으로 ConstructObject< >를 사용해 오브젝트를 인스턴스화한다.

```
ObjectType* object = ConstructObject< ObjectType >( UClassReference );
```

예를 들어, 마지막 레시피에서 지정한 UserProfile 오브젝트를 사용하면 다음과 같은
코드를 얻을 수 있다.

```
// 인스턴스화할 UClass 이름의 참조를 가진 GameMode 오브젝트를 얻는다
AChapter2GameMode *gm = Cast<AChapter2GameMode>(
GetWorld()->GetAuthGameMode());
if( gm )
{
  UUserProfile* newobject = NewObject<UUserProfile>(
    (UObject*)GetTransientPackage(),
    UUserProfile::StaticClass() );
}
```

이 책의 예시 코드에 있는 Chapter_02GameModeBase.cpp 파일에서 사용 중인 예
를 볼 수 있다.

예제 분석

NewObject를 사용해 UObject 클래스를 생성하는 과정은 간단하다. ConstructObject를
사용하면 블루프린트 클래스 타입의 오브젝트를 인스턴스화하고 C++ 포인터를 반환
한다.

불편하게도 NewObject에는 호출마다 GetTransientPackage()를 전달해야 하는 첫 번째
매개변수가 있다.

UE4 UObject 파생 오브젝트를 만들 때는 new 키워드를 사용하면 안 된다. new 키워드
를 사용하면 메모리 관리가 제대로 되지 않는다.

 NewObject와 다른 오브젝트 생성 함수들에 관한 추가 정보는 https://docs.unrealengine
.com/en-us/Programming/UnrealArchitecture/Objects/Creation을 참고하길 바란다.

부연 설명

NewObject 함수는 객체지향 프로그래밍 세계에서 팩토리^{factory}라고 부르는 일반적인 디자인 패턴이다. 오브젝트를 생성할 때 직접 생성하는 대신 팩토리에 원하는 오브젝트의 생성을 요청하는 방식이다. 팩토리 패턴을 잘 사용하면 생성되는 오브젝트를 쉽게 추적하는 일이 가능해진다.

 디자인 패턴과 관련한 추가 정보를 원한다면 에릭 감마(Erich Gamma)의 『Design Patterns: Elements of Reusable Object-Oriented Software』를 참고하길 바란다.

게임 개발과 관련한 추가적인 디자인 패턴에 관심이 많다면 팩트출판사가 출간한 『Game Development Patterns and Best Practices』(2017)를 참고하자.

UObject 파생 클래스 파괴

UE4에서 UObject 파생 오브젝트를 제거하는 일은 간단하다. UObject 파생 클래스를 파괴할 준비가 되면 단일 함수(ConditionalBeginDestroy())를 호출해 제거를 시작한다. UObject 파생 오브젝트를 삭제할 때도 C++의 delete 키워드를 사용하지 않는다.

준비

이번 레시피를 진행하려면 프로젝트에서 파괴하려는 오브젝트(이 경우 objectInstance)가 있어야 한다.

예제 구현

1. 오브젝트 인스턴스에 대해 objectInstance->ConditionalBeginDestroy()를 호출한다.

2. objectInstance에 대한 참조를 모두 널^{null}로 처리하고 ConditionalBeginDest
roy()를 호출한 후에는 objectInstance를 사용하지 않는다.

```
// 오브젝트 파괴
if(newobject)
{
  newobject->ConditionalBeginDestroy();
  newobject = nullptr;
}
```

예제 분석

ConditionalBeginDestroy() 함수는 내부 엔진 연결을 모두 제거하는 방식으로 파괴 프
로세스를 시작한다. 엔진과 관련된 파괴 대상 오브젝트를 표시하며, 내부 속성을 먼저
파괴한 후 실제 오브젝트를 파괴하는 과정으로 전체적인 프로세스를 진행한다.

오브젝트의 ConditionalBeginDestroy()가 호출된 이후부터 클라이언트 코드는 오브젝
트가 파괴된 것으로 간주하고 더 이상 사용하지 않아야 한다.

실제 메모리 복구는 오브젝트에 ConditionalBeginDestroy()가 호출되면 잠시 후 진행
된다. 일정한 주기로 게임 프로그램에서 더 이상 참조하지 않는 오브젝트의 메모리 삭
제를 진행하는 가비지 컬렉션 루틴이 존재한다. 가비지 컬렉터 호출 간격은 C:₩Prog
ram Files (x86)₩Epic Games₩Launcher₩Engine₩Config₩BaseEngine.ini에
나열돼 있으며 기본값은 61.1초다.

```
gc.TimeBetweenPurgingPendingKillObjects=61.1
```

TIP 여러 번의 ConditionalBeginDestroy() 호출 후 메모리가 부족해 보이는 경우 GetWorld()-
>ForceGarbageCollection(true)를 호출해 내부 메모리 정리를 강제로 실행함으로써 메모
리 정리를 시작할 수 있다.

긴급하게 메모리를 정리해야 하는 상황이 아니라면 가비지 컬렉션이나 그 주기에 대
해 걱정하지 않아도 된다. 가비지 컬렉션 호출 자체가 게임의 랙[lag] 현상을 유발할 수도
있으므로 가비지 컬렉션 루틴을 너무 자주 호출하지 않도록 주의해야 한다.

USTRUCT 생성

UE4에서 다수의 멤버를 갖는 편집 가능한 블루프린트 속성을 구성하고 싶을 수도 있
다. 이번 레시피에서 만들 FColoredTexture 구조체는 다른 UObject 파생 Blueprintable
클래스에 포함하고 지정하기 위해 동일한 구조체 내에 텍스처와 색상을 그룹화할 수
있도록 지원한다.

FColoredTexture 구조체는 이 그림에서 보는 것처럼 블루프린트 내에 시각적 요소를
포함한다.

이는 다른 UCLASS UPROPERTIES()의 좋은 구조와 편의성을 위한 것이다.

struct 키워드를 사용해 게임에서 C++ 구조체를 만들고 싶을 수도 있다.

FStruct가 일반적인 C++ 스타일의 구조체인 반면, UObject는 모든 UE4 클래스 오브젝트의 베이스 클래스이며 엔진 내에서 자동 메모리 관리 기능을 사용하는 모든 오브젝트는 이 클래스에서 파생해야 한다.

C++ 언어를 떠올려보면, C++ class와 C++ struct의 유일한 차이점은 C++ class가 기본적으로 private 멤버를 갖는 반면에 C++ struct는 기본적으로 public 멤버를 갖는다는 사실이다.

참고로, C# 같은 언어에서 struct는 값(value) 타입이며 class는 참조(reference) 타입이다.

예제 구현

텍스처와 색상을 포함하고자 C++ 코드로 FColoredTexture라는 구조체를 만들어보자.

1. 비주얼 스튜디오에서, Games/Chapter_02/Source/Chapter_02 폴더에서 마우스 오른쪽 버튼을 클릭하고 메뉴에서 Add > New item...을 선택한 후 Header file (.h)를 선택한다. 이름은 ColoredTexture.h(FColoredTexture 아님)로 정한다.

2. Location에서 다른 스크립트 파일이 있는 곳과 동일한 폴더를 선택해야 한다. 예를 들어 폴더는 C:₩Users₩admin₩Documents₩Unreal Projects₩Chapter_02₩Source₩Chapter_02와 같을 수 있는데, 위치는 환경에 따라 조금씩 서로 다를 수 있다.

3. 일단 생성하고 나면 다음 코드를 ColoredTexture.h에 입력한다.

```
#pragma once

#include "UObject/ObjectMacros.h"
#include "ColoredTexture.generated.h"

USTRUCT(Blueprintable)
struct CHAPTER_02_API FColoredTexture
{
  GENERATED_USTRUCT_BODY()

public:
  UPROPERTY(EditAnywhere, BlueprintReadWrite, Category = HUD)
  UTexture* Texture;

  UPROPERTY(EditAnywhere, BlueprintReadWrite, Category = HUD)
  FLinearColor Color;
};
```

4. 다음과 같은 UPROPERTY 선언을 사용해 블루프린트 생성이 가능한 UCLASS()에서 ColoredTexture.h를 UPROPERTY()로 사용한다.

```cpp
#include "CoreMinimal.h"
#include "UObject/NoExportTypes.h"
#include "ColoredTexture.h"
#include "UserProfile.generated.h"

/**
* UCLASS 매크로 옵션은 이 C++ 클래스를
* UE4 편집기 내에서 Blueprintable로 설정한다
*/
UCLASS(Blueprintable, BlueprintType)
class CHAPTER_02_API UUserProfile : public UObject
{
  GENERATED_BODY()

public:
  UPROPERTY(EditAnywhere, BlueprintReadWrite, Category = Stats)
  float Armor;

  UPROPERTY(EditAnywhere, BlueprintReadWrite, Category = Stats) float HpMax;

  UPROPERTY(EditAnywhere, BlueprintReadWrite, Category = Stats) FString Name;

  // Blueprints의 드롭다운 메뉴에서
  // UObject 파생 UClass를 모두 출력한다
  UPROPERTY(EditAnywhere, BlueprintReadWrite, Category = Unit)
TSubclassOf<UObject> UClassOfPlayer;

  // GameMode C++ 베이스 클래스에서 파생된
  // UCLASS의 문자열 이름을 출력한다
  UPROPERTY(EditAnywhere, meta=(MetaClass="GameMode"), Category = Unit)
FStringClassReference UClassGameMode;

  //Custom struct example
  UPROPERY(EditAnywhere, BlueprintReadWrite, Category = HUD)
  FColoredTexture Texture;
};
```

5. 스크립트를 저장하고 변경 사항을 컴파일한다. 오브젝트 블루프린트에서 새 속성을 확인할 수 있다.

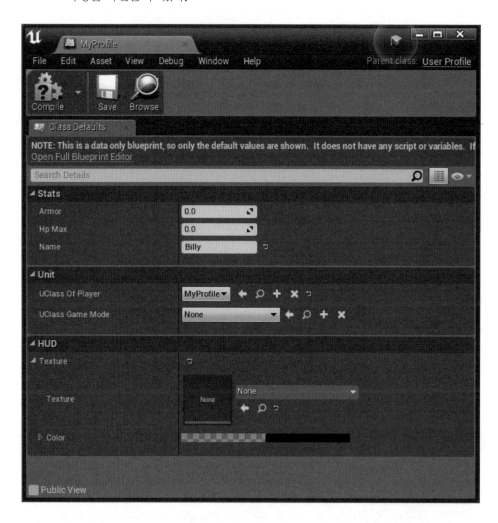

예제 분석

FColoredTexture에 지정된 UPROPERTY()는 단계 3에서 봤듯이, 다른 클래스 내에 UPROPERTY() 필드로 포함하면 편집기에서 편집 가능한 필드로 표시된다.

기존의 C++ 구조체가 아닌 USTRUCT() 구조체를 만드는 가장 큰 이유는 UE4 엔진과 기능적으로 상호작용하기 위해서다. 엔진이 직접 사용하지 않아도 되는 빠르고 작은 구조체는 USTRUCT() 오브젝트를 만들지 않고 일반 C++ 코드를 사용해도 된다.

UENUM() 생성

C++ enum 인스턴스는 일반적인 C++ 코드에서 매우 유용하다. UE4에서도 UENUM()이라 부르는 커스텀 타입의 열거형을 지원하는데, 이를 사용하면 편집 중인 블루프린트 내의 드롭다운 메뉴에 나타나는 enum을 생성할 수 있다.

예제 구현

1. UENUM()을 사용할 헤더 파일로 이동하거나 EnumName.h 파일을 생성한다.
2. 다음 코드를 작성한다.

```
UENUM()
enum Status
{
  Stopped    UMETA(DisplayName = "Stopped"),
  Moving     UMETA(DisplayName = "Moving"),
  Attacking  UMETA(DisplayName = "Attacking"),
};
```

3. 다음과 같이 UCLASS() 내에서 UENUM()을 사용한다.

```
UPROPERTY(EditAnywhere, BlueprintReadWrite, Category = Status)
TEnumAsByte<Status> status;
```

블루프린트 편집기 내의 드롭다운 메뉴에서 보기 좋은 형태로 UENUM()을 확인하고 값을 선택할 수 있다.

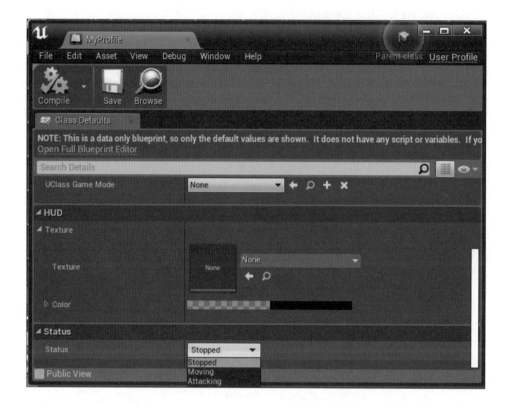

그림에서 보는 것처럼 지정한 값이 드롭다운에 나타난다.

03

메모리 관리,
스마트 포인터, 디버깅

다음은 3장에서 다룰 내용이다.

- 관리되지 않는 메모리 – malloc()/free() 사용
- 관리되지 않는 메모리 – new/delete 사용
- 관리되는 메모리 – NewObject< >와 ConstructObject< > 사용
- 관리되는 메모리 – 메모리 해제
- 관리되는 메모리 – 오브젝트 추적을 위해 스마트 포인터 사용(TSharedPtr, TWeakPtr, TAutoPtr)
- 오브젝트 추적을 위해 TScopedPointer 사용
- 언리얼의 가비지 컬렉션 시스템과 UPROPERTY()
- 가비지 컬렉션 강제 수행
- 중단점과 단계별 코드 실행

- 버그 탐색과 콜 스택^{call stack} 사용
- 핫스팟^{hot spot} 식별을 위해 프로파일러 사용

소개

메모리 관리는 안정성이 높고 버그가 없는 프로그램을 작성하는 과정에서 늘 중요한 주제다. 허상 포인터^{dangling pointer}는 이미 메모리에서 지워진 대상을 참조하는 포인터이며, 추적하기 어려운 버그를 만드는 대표적인 사례다.

모든 컴퓨터 프로그램에서 메모리 관리는 매우 중요하다. UE4의 UObject 참조 카운팅 시스템은 UObject 클래스로부터 파생된 액터와 클래스의 메모리를 관리하는 기본적인 수단으로, 이를 통해 UE4 프로그램 내에서 메모리가 관리된다.

만일 UObject에서 파생하지 않은 커스텀 C++ 클래스를 작성한다면 TSharedPtr/TWeakPtr 참조 카운팅 클래스를 활용하면 된다. 이 클래스들을 활용하면 참조 카운팅을 제공하며 더 이상의 참조가 없을 때 자동으로 오브젝트를 삭제해준다.

3장은 UE4 내에서의 메모리 관리를 다루는 레시피들을 제공한다. 또한 비주얼 스튜디오가 제공하는 중단점과 프로파일러를 활용해 코드를 디버깅하는 방법을 설명한다.

기술적 요구 사항

3장에서는 언리얼 엔진 4를 사용하며 비주얼 스튜디오 2017을 통합 개발 환경(IDE)으로 사용한다. 두 소프트웨어를 설치하는 방법과 그에 대한 요구 사항은 이 책의 1장, 'UE4 개발 도구'에서 다뤘다.

관리되지 않는 메모리 – malloc()/free() 사용

C 언어에서 메모리를 할당하는 기본적인 방법은 malloc() 함수를 사용하는 것이다. 이 함수는 C++에서도 여전히 사용 가능하다. 이 함수는 프로그램이 필요로 하는 메모리를 시스템 메모리에서 할당하며, 이 영역은 다른 프로그램에서 접근하거나 사용할 수 없는 공간이 된다. 프로그램에 할당되지 않은 메모리 세그먼트에 접근하려고 하면 세그먼트 오류segmentation fault가 발생한다. 대부분의 시스템에서는 동작 오류 발생을 표시한다.

예제 구현

포인터 변수 i를 할당한 후 malloc()을 사용해 메모리를 할당하는 예시 코드를 살펴보자. int* 포인터 뒤에 단일 정수를 할당한 후 역참조 연산자 *를 사용해 int 안에 값을 저장한다.

```
// 정수형 변수 i를 생성하고 메모리를 할당한다

// 포인터 변수 i 선언
int * i;

// 시스템 메모리 할당
i = ( int* )malloc( sizeof( int ) );

// 변수 i에 값 0을 지정
*i = 0;

// 변수의 값을 사용할 때는
// 역참조 연산자 *를 사용해야 한다
printf( "i contains %d", *i );

// i가 차지하고 있던 메모리를 시스템으로 반환

// i의 사용을 마치면 메모리를 해제해
```

```
// 시스템으로 되돌려준다
free( i );

// 포인터의 참조를 주소 0으로 설정
i = 0;
```

예제 분석

앞의 코드는 다이어그램에 표시된 순서대로 수행된다.

1. 첫 라인은 int * 포인터 변수 i를 생성한다. 이는 유효하지 않은 메모리 세그 먼트를 가리키는 허상 포인터로 시작한다.
2. 다이어그램의 두 번째 그림에서 malloc()을 사용해 변수 i를 초기화하고 int 변수의 크기를 정확하게 메모리 세그먼트로 지정해 프로그램에서 참조할 수 있게 한다.
3. *i = 0;이라는 코드를 사용해 해당 메모리 세그먼트의 내용을 0이라는 값으로 채운다. 다음의 그림을 참고하자.

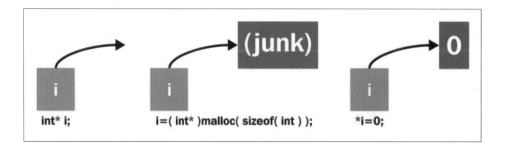

메모리 주소 자체를 가리키는 포인터 변수에 할당(i =)하는 것과 포인터가 참조하는 메모리 주소 내부에 할당(*i =)하는 것 간의 차이를 잘 이해해야 한다.

120

변수 i의 사용을 마치면 사용하던 메모리를 시스템에 반환해야 하며, 이때는 free()라는 메모리 해제 함수를 호출하면 된다. 이후 다음 다이어그램에서 접지 기호 ⚥로 표시된 것처럼 메모리 주소 0을 가리키도록 한다.

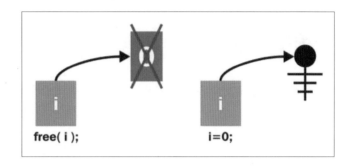

변수 i에 NULL 참조를 할당하는 이유는 변수 i가 유효한 메모리 세그먼트를 참조하지 않고 있다는 것을 명확히 하기 위해서다.

관리되지 않는 메모리 – new/delete 사용

new 연산자는 메모리 할당 후 오브젝트가 생성된 직후에 생성자를 호출한다는 사실을 제외하면 사실상 malloc 호출과 거의 동일하다. new 연산자를 사용해 할당된 오브젝트는 반드시 delete 연산자를 사용해 할당을 해제해야 한다. free()를 사용하면 안 된다.

준비

C++에서는 malloc을 사용하는 것보다 new 연산자를 사용하는 것이 권장된다. 가장 큰 차이점은 앞에서도 언급한 것처럼 메모리 할당 후 오브젝트가 생성된 직후에 생성자를 호출한다는 사실이다. 다음 표를 참고하자.

malloc	사용할 연속적인 메모리 공간을 할당
new	사용할 연속적인 메모리 공간을 할당
	생성자를 new 연산자의 인수로 사용되는 오브젝트 타입으로 호출한다.

예제 구현

다음 코드에서는 간단한 Object 클래스를 선언하고 new 연산자를 사용해 인스턴스를 만들었다.

```
class Object
{
  Object()
  {
    puts( "Object constructed" );
  }
  ~Object()
  {
    puts( "Object destructed" );
  }
};

// 생성자 호출
Object * object = new Object();

// 파괴자 호출
delete object;

// 오브젝트를 널 포인터로 초기화
object = 0;
```

예제 분석

new 연산자도 malloc()과 마찬가지 방법으로 메모리 공간을 할당한다. 만일 new 연산자

를 사용한 대상의 타입이 오브젝트라면 생성자를 자동으로 호출한다. 물론 malloc()을
사용하면 생성자는 호출되지 않는다.

메모리를 할당할 때 new 키워드를 직접 사용하는 것은 피해야 한다. malloc도 마찬가지
다. 관리되는 메모리 방식을 사용해야 사용 중인 모든 메모리가 추적되고 제대로 정리
된다. UObject 파생 오브젝트를 할당한다면 NewObject< > 또는 ConstructObject< >를 사
용해야 한다.

관리되는 메모리 – NewObject< >와 ConstructObject< > 사용

관리되는 메모리는 <indexentry content="managed memory:allocating, NewObject
used">로 표현되며, C++의 new, delete, malloc, free 호출의 상위에 존재하는 프로그
래밍된 서브시스템에 의해 할당과 해제가 이뤄지는 형태를 말한다. 이 서브시스템은
일반적으로 프로그래머가 메모리를 할당한 후 해제하는 것을 잊지 않도록 작성된다.
할당했으나 사용되지 않고 해제되지도 않은 메모리 청크memory chunk를 메모리 누수
memory leak라고 부른다.

```cpp
// 메모리 누수
for( int i = 0; i < 100; i++ )
{
  int** leak = new int[500];
}
```

이 예제 코드에서 어떤 변수도 할당된 메모리를 참조하지 않고 있으므로 for 반복문
이후에 할당된 메모리를 사용하거나 해제하는 것은 불가능하다. 프로그램이 시스템의
모든 메모리를 할당하면, 운영체제는 해당 프로그램에 플래그를 지정하고 너무 많은

메모리를 사용했다는 이유로 프로그램을 종료시킨다.

메모리 관리 기능의 도움을 받으면 메모리 해제를 잊는 실수를 걱정하지 않아도 된다. 메모리 관리를 하는 프로그램에서는 동적으로 `<indexentry content="managed memory:allocating, ConstructObject used">`에 의해 오브젝트를 참조하는 포인터의 수를 기억한다. 참조하는 포인터가 없을 때는 자동으로 즉시 지워지거나, 표시한 후에 다음 차례의 가비지 컬렉션 때 지워진다.

UE4에서 메모리 관리는 자동으로 이뤄진다. 엔진 내에서 사용하는 모든 오브젝트의 메모리 할당은 `NewObject< >()` 또는 `SpawnActor< >()` 함수를 사용해야 한다.

오브젝트의 참조를 제거하면 주기적으로 실행되는 가비지 컬렉션 루틴에 의해 오브젝트가 해제된다. 가비지 컬렉션은 3장 후반에서 좀 더 다룬다.

준비

`Actor` 클래스의 파생이 아닌 모든 `UObject` 파생 오브젝트를 생성할 때는 항상 `NewObject< >`를 사용해야 한다. 오브젝트가 `Actor` 또는 그 파생일 때는 `SpawnActor< >`를 사용해야 한다.

예제 구현

`UObject`에서 파생된 `UAction` 타입의 오브젝트를 생성하려는 상황을 생각해보자. 다음은 예시 클래스다.

```
UCLASS(BlueprintType, Blueprintable,
      meta=(ShortTooltip="Base class for any Action type"))
class CHAPTER_03_API UAction : public UObject
{
  GENERATED_BODY()
```

```
public:
  UPROPERTY(EditAnywhere, BlueprintReadWrite, Category=Properties) FString Text;
  UPROPERTY(EditAnywhere, BlueprintReadWrite, Category=Properties) FKey ShortcutKey;
};
```

다음과 같이 UAction 클래스의 인스턴스를 생성하면 된다.

```
// 오브젝트 생성
UAction * action = NewObject<UAction>(GetTransientPackage(),
                                      UAction::StaticClass()
                                      /* RF_* 플래그 */ );
```

예제 분석

여기서 UAction::StaticClass()를 사용하면 UAction 오브젝트의 베이스base인 UClass *
를 얻을 수 있다. NewObject< >의 첫 인자는 GetTransientPackage()로 단순히 게임의 휘
발성 패키지를 얻어온다. UE4에서의 패키지(UPackage)는 단순한 데이터의 집합체다.
여기서는 힙 메모리에 저장되는 데이터를 저장하고자 휘발성 패키지Transient Package를
사용할 것이다. UClass 인스턴스를 선택하기 위해 블루프린트에서 UPROPERTY() TSubcla
ssOf<AActor>를 사용할 수도 있다.

세 번째 인자(선택적)는 메모리 관리 시스템이 어떤 방식으로 UObject를 다룰지 지정하
는 파라미터의 조합이다.

부연 설명

NewObject< >와 매우 비슷한 함수로 ConstructObject< >가 있는데, 이 함수는 생성 시
점에 좀 더 많은 파라미터를 제공한다. 만일 특정 속성을 초기화하고 싶다면 유용하게
사용할 수 있지만, 일반적으로는 NewObject면 충분하다.

> ℹ️ ConstructObject 함수와 관련한 추가 정보는 https://docs.unrealengine.com/en-us/
> Programming/UnrealArchitecture/Objects/Creation#constructobject를 참고하길 바
> 란다.

참고 사항

RF_* 플래그와 관련한 문서는 https://docs.unrealengine.com/latest/INT/Progra
mming/UnrealArchitecture/Objects/Creation/index.html#objectflags를 참고하
길 바란다.

관리되는 메모리 – 메모리 해제

UObject 인스턴스는 참조 카운트를 지원해 모든 참조가 사라지면 가비지 컬렉션 대상
이 된다. ConstructObject< > 또는 NewObject< >를 사용한 UObject 클래스 파생 오브젝
트도 참조 카운트가 0으로 떨어지기 전에 UObject::ConditionalBeginDestroy() 멤버 함
수를 호출해 수동으로 메모리에서 해제할 수도 있다.

준비

더 이상 사용하지 않으리라 확신하는 경우에만 UObject 또는 UObject 클래스 파생 인스
턴스를 메모리에서 해제해야 한다. 메모리를 해제하려면 ConditionalBeginDestroy()
함수를 사용하면 된다.

예제 구현

다음 코드는 UObject 클래스 인스턴스의 메모리 해제 예시다.

```
UObject *o = NewObject< UObject >( ... );
o->ConditionalBeginDestroy();
```

이 개념은 모든 UObject 파생 클래스에 적용할 수 있다. 따라서 예를 들어 이전 레시피에서 만든 UAction 오브젝트를 해제하고 싶다면 다음의 볼드체 부분을 추가하면 된다.

```
// 오브젝트 생성
UAction * action = NewObject<UAction>(GetTransientPackage(),
                    UAction::StaticClass()
                    /* RF_* flags */ );

// 오브젝트 삭제
action->ConditionalBeginDestroy();
```

예제 분석

ConditionalBeginDestroy() 명령은 메모리 해제 절차를 시작하며, 재정의 가능한 Begin
Destroy()와 FinishDestroy() 함수를 호출한다.

 다른 오브젝트가 여전히 참조하고 있는 오브젝트에 대해 UObject::ConditionalBeginDest
roy()를 호출하지 않도록 주의해야 한다.

관리되는 메모리 – 오브젝트 추적을 위해 스마트 포인터 사용 (TSharedPtr, TWeakPtr, TAutoPtr)

개발자들은 생성한 표준 C++ 오브젝트에 대한 delete 호출을 잊는 것을 걱정해서 종종 스마트 포인터를 사용한다. TSharedPtr은 매우 유용한 C++ 클래스이며 모든 커스텀 C++ 오브젝트를 참조 카운트 방식으로 만든다. UObject 파생 오브젝트는 이미 참조 카운트 방식이다. 대체 클래스인 TWeakPtr도 참조 카운트 오브젝트를 지원하는데 삭제를 방지할 수 없다는 특이한 속성을 갖고 있다.

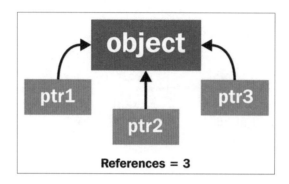

 UObject와 그 파생 클래스(NewObject 또는 ConstructObject로 생성한 모든 클래스)는 TSharedPtr을 사용할 수 없다.

준비

원시 포인터를 사용하지 않길 원하면서 C++ 코드에서 수동으로 UObject 파생이 아닌 오브젝트를 추적하고 삭제하는 상황이라면 TSharedPtr, TSharedRef와 같은 스마트 포인터가 좋은 후보다. new 키워드를 사용해 동적으로 할당되는 오브젝트를 사용한다면, 이를 참조 카운트를 지원하는 포인터로 감싸서 자동으로 메모리 해제가 일어나도록 할 수 있다. 스마트 포인터는 다음과 같이 각기 다른 동작과 삭제 호출 시점을 갖는다.

- TSharedPtr: 스레드로부터 안전한(두 번째 파라미터로 ESPMode::ThreadSafe를 전달한 경우) 참조 카운트 포인터 타입으로 공유 오브젝트를 나타낸다. 공유 오브젝트 는 더 이상 참조가 없을 때 할당 해제된다.
- TAutoPtr: 스레드로부터 안전하지 않은 공유 포인터

짧은 코드 세그먼트를 사용해 앞서 언급했던 네 가지 타입의 스마트 포인터 사용을 시연할 수 있다. 이 모든 코드에서 시작 포인터는 원시 포인터 또는 다른 스마트 포인터의 사본일 수 있다. C++ 원시 포인터를 가져다가 TSharedPtr, TSharedRef, TWeakPtr, TAutoPtr 중 하나에 해당하는 생성자 호출로 포장하기만 하면 된다.

예를 들어 다음 코드를 살펴보자.

```cpp
// UObject에서 파생되지 않은 C++ 클래스
class MyClass { };
TSharedPtr<MyClass>sharedPtr( new MyClass() );
```

약한 포인터weak pointer와 공유 포인터shared pointer 사이에는 약간의 차이가 있다. 약한 포인터는 참조 카운트가 0으로 내려갈 때 오브젝트를 지우지 않고 유지하는 기능이 없다.

약한 포인터(원시 포인터 사용)를 사용하면, 약한 포인터 아래에 있는 오브젝트를 수동으로 삭제할 때(ConditionalBeginDestroy() 사용) 약한 포인터의 참조가 NULL이 된다. 이렇게 하면 다음과 같은 코드를 사용해 포인터 아래의 자원이 여전히 올바르게 할당됐는지 확인할 수 있다.

```cpp
if( ptr.IsValid() ) // 포인터가 유효한지 검사
{
}
```

공유 포인터는 스레드로부터 안전하다. 이는 기본 오브젝트를 별도의 스레드에서 안전하게 조작할 수 있음을 의미한다.

TSharedRef는 UObject 또는 UObject 파생에는 사용할 수 없으며 커스텀 C++ 클래스에만 사용할 수 있다. FStructure는 TSharedPtr, TSharedRef, TWeakPtr 클래스를 사용해 원시 포인터를 감쌀 수 있다.

스마트 포인터를 사용해 오브젝트를 가리키려면 TWeakObjectPointer 또는 UPROPERTY()를 사용해야 한다.

TSharedPtr의 스레드 안전성$^{thread-safety}$을 보장하지 않아도 된다면 TAutoPtr을 사용할 수 있다. TAutoPtr은 참조의 수가 0으로 떨어지면 자동으로 오브젝트를 지운다.

 언리얼의 스마트 포인터와 관련한 추가 정보는 https://docs.unrealengine.com/en-us/Programming/UnrealArchitecture/SmartPointerLibrary를 참고하면 된다.

오브젝트 추적을 위해 TScopedPointer 사용

범위 포인터$^{scoped\ pointer}$는 선언된 블록의 끝에서 자동 삭제되는 포인터다. 범위^{scope}는 변수가 살아있는 동안에 해당하는 코드의 한 부분일 뿐이다. 범위는 첫 번째 닫기 괄호(})가 나타날 때까지 지속된다.

예를 들어 다음 코드 블록은 두 개의 범위를 갖는다. 외부 범위는 정수형 변수 x를 선언하고 있으며, 내부 범위는 정수형 변수 y를 선언하고 있다. x는 전체 외부 블록에서 유효하고, y는 내부 블록에서만 유효하다.

```
{
  int x;
  {
    int y;
  } // y의 범위
} // x의 범위
```

범위 포인터는 사용 기간 동안 참조 카운트 오브젝트(범위 밖으로 나갈 위험이 있는)를 유지하는 것이 중요할 때 유용하다.

범위 포인터를 선언할 때는 다음 문법을 따르면 된다.

```
TScopedPointer<AWarrior> warrior(this);
```

이는 꺾쇠 괄호 안에 선언된 타입의 오브젝트를 참조하는 범위 포인터를 선언한다 (<AWarrior>).

`TScopedPointer` 변수 타입은 참조 카운트를 자동으로 추가하며, 이를 통해 범위 포인터의 수명 동안 기본 오브젝트의 할당이 해제되지 않는다.

언리얼의 가비지 컬렉션 시스템과 UPROPERTY()

UCLASS()의 멤버로 UPROPERTY() 같은 오브젝트(예: TArray< >)가 있을 때, 해당 멤버를 UPROPERTY()로 선언해야 한다. 블루프린트 내에서 편집하지 않을 때도 마찬가지다. 그렇지 않으면, TArray는 제대로 할당되지 않는다.

예제 구현

다음과 같은 UCLASS() 매크로가 있다고 해보자.

```
UCLASS()
class MYPROJECT_API AWarrior : public AActor
{
  //TArray< FSoundEffect > Greets; // 틀림
  UPROPERTY() TArray< FSoundEffect > Greets; // 맞음
};
```

TArray 멤버를 UPROPERTY()로 나열해 참조 카운트가 제대로 계산되도록 해야 한다. 그렇게 하지 않으면, 코드에서 예상치 못한 타입의 메모리 관련 버그가 발생할 수 있다.

예제 분석

UPROPERTY() 선언은 UE4에게 TArray가 제대로 된 메모리 관리를 받아야 한다는 것을 알려준다. UPROPERTY() 선언이 없으면 TArray가 제대로 동작하지 않는다.

가비지 컬렉션 강제 수행

메모리가 가득 차거나 일부를 비우고 싶을 때 강제로 가비지 컬렉션을 수행할 수 있다. 보통 강제로 가비지 컬렉션을 수행할 일은 별로 없지만, 더 이상 사용하지 않는 매

우 큰 텍스처가 있을 때는 수행을 검토해볼 수도 있다.

준비

메모리에서 해제하고 싶은 모든 UObject에 대해 간단히 ConditionalBeginDestroy()를 호출하거나 참조 카운트를 0으로 변경하면 된다.

예제 구현

다음 코드를 호출하면 가비지 컬렉션이 수행된다.

```
GetWorld()->ForceGarbageCollection( true );
```

중단점과 단계별 코드 실행

중단점breakpoint을 활용하면 C++ 프로그램의 실행을 잠시 멈추고 프로그램의 동작 상태를 분석할 기회를 가질 수 있다. 또한 변수의 값을 볼 수 있고, 단계별로 코드를 실행하면서 변수의 변화를 추적할 수도 있다.

준비

비주얼 스튜디오에서 중단점은 쉽게 설정할 수 있다. 중단점을 설정하고 싶은 라인에서 F9를 누르거나 코드 라인 왼쪽의 회색으로 된 여백을 클릭하면 된다. 코드가 해당 라인까지 실행되면 잠시 멈춘다.

1. 실행을 잠시 멈추고 싶은 라인에서 **F9**를 눌러 중단점을 설정하면 빨간색 점이 다음 스크린샷처럼 나타난다. 이 빨간색 점을 클릭하면 토글^{toggle}이 된다.

```
8    UObject *o = NewObject<UObject>( GetTransientPackage(),
9        UObject::StaticClass() );
```

2. 타이틀 메뉴에서 Build Configuration을 설정한다. **DebugGame Editor**를 선택하거나 편집기와 별개로 실행하려면 **DebugGame**을 선택한다.

3. **F5**를 눌러서 코드를 실행한다. 또는 Debug > Start Debugging 메뉴를 선택해도 된다.
4. 코드가 빨간 점에 도달하면 코드 실행이 잠시 멈춘다.
5. 코드 실행이 잠시 중단되면 Debug 모드의 코드 편집기로 이동한다. 이 모드에서는 창이 재정리되는데, 솔루션 탐색기가 우측으로 이동하고 Locals, Watch 1, Call Stack 등의 새로운 창이 아래에 나타난다. 이 창들이 나타나지 않으면 Debug > Windows 하위 메뉴에서 찾을 수 있다.
6. **Locals** 창(Debug > Windows Locals) 아래에서 변수를 확인해보자.
7. 코드 한 줄을 넘어가려면 **F10**을 누르면 된다.
8. 코드 한 줄의 안쪽으로 들어가려면 **F11**을 누르면 된다.

디버거^{debugger}는 변수 상태를 포함해 실행 중인 코드의 모든 정보를 확인하게 도와주는 강력한 도구다.

코드 한 줄 넘기기(F10)는 한 줄의 코드 전체를 실행하며 다음 줄에서 다시 멈춘다. 만일 해당 코드가 함수 호출이면, 다음과 같이 함수 내에서 멈추지 않고 함수 전체를 실행한다.

```
void f()
{
  // F11 여기서 일시 정지
  UE_LOG( LogTemp, Warning, TEXT( "Log message" ) );
}
int main()
{
  f(); // 여기에 중단점: F10 실행 후 다음 줄 멈춤
}
```

한 줄의 코드 내부로 들어가면(F11) 바로 다음 줄에서 실행되는 코드에서 멈춘다.

버그 탐색과 콜 스택 사용

코드에 버그가 있어서 크래시나 예외 등을 유발하는 경우, 비주얼 스튜디오는 코드 실행을 멈추고 코드를 분석할 수 있도록 도와준다. 다만 중단 위치가 무조건 버그를 유발하는 위치라고 판단할 수는 없으며, 매우 근접한 위치라고 이해하면 충분하다.

준비

이번 레시피에서는 콜 스택을 살펴보고 에러가 발생했을 것으로 추정되는 곳을 어떻게 추적하는지 살펴본다. 버그를 추가해도 좋고, 추적 조사를 하고 싶은 위치에 중단

점을 추가해도 좋다.

예제 구현

1. **F5**를 누르거나 Debug > Start Debugging 메뉴 옵션을 선택해 버그가 발생한 위치까지 실행한다. 예를 들면, 다음과 같은 코드를 추가할 수 있다.

```
UObject *o = 0; // 무효한 널 포인터 초기화
o->GetName(); // 오브젝트 이름 얻기 시도(버그 있음)
```

2. 이 코드는 두 번째 줄(o->GetName())에서 멈출 것이다.

 이 코드는 편집기에서 게임을 실행할 때만 의미를 갖는다는 사실을 알아두자.

3. 코드 실행이 멈추면, 콜 스택(Debug > Windows > Call Stack) 창으로 이동한다.

예제 분석

콜 스택이란 실행된 함수 호출의 목록을 말한다. 버그가 발생하면 콜 스택 리스트 가장 상단에 해당 라인이 표시된다. 다음 스크린샷을 참고하자.

Call Stack
Name
⇨ UE4Editor-MyProject.dll!NewObject<UObject>(UObject * Outer, UClass * Class, FName Name, EObjectFlags Flags,
UE4Editor-MyProject.dll!AMyProjectGameMode::AMyProjectGameMode(const FObjectInitializer & PCIP) Line 11

136

핫스팟 식별을 위해 프로파일러 사용

실행하는 데 특히 많은 시간이 소요되는 코드 영역을 찾을 때는 C++ 프로파일러가 매우 유용하며, 이를 잘 사용하면 성능 최적화를 하는 데 도움이 된다. 실제 코드 실행이 느릴 것으로 예상되는 코드 영역이더라도 프로파일러에서 강조돼 표시되지 않는다면, 실제로는 느리지 않다는 것을 확인할 수 있다.

예제 구현

1. Debug > Performance Profiler...로 이동한다.

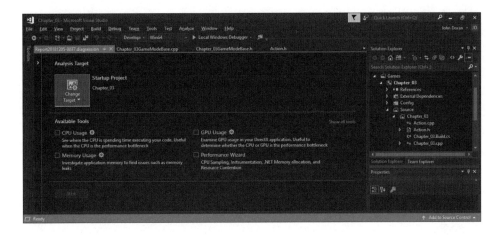

2. 앞의 스크린샷에 있는 대화상자에서 분석하고자 하는 대상을 선택한다. CPU 사용량, GPU 사용량, 메모리 사용량 등을 선택할 수 있으며, 보고자 하는 대상을 선택할 때 Performance Wizard의 도움을 받을 수 있다.

3. 편집기 없이 게임을 실행한 후, 대화상자 하단의 Start 버튼을 클릭한다.

4. 일정 시간 후 코드 실행을 멈춰 분석 샘플을 수집한다. 적당한 시간은 1~2분 정도다.

너무 긴 시간 동안 실행하지 않도록 주의하자. 너무 오래 실행하면 프로파일러 구동에 매우 많은 시간이 걸릴 수 있다.

5. 결과는 .diagsession 파일에 수집된다. 열리는 모든 탭을 다 확인하는 것을 잊지 말자. 수행한 분석 타입에 따라 사용할 수 있는 탭의 종류가 달라진다.

예제 분석

C++ 프로파일러는 샘플을 사용해 결과를 분석한 후 다양한 다이어그램과 이미지로 성능 관련 리포트를 한다.

 https://docs.microsoft.com/en-us/visualstudio/profiling/?view=vs-2017에서 성능 프로파일러와 관련한 추가 정보를 찾을 수 있다.

액터와 컴포넌트

다음은 4장에서 다룰 내용이다.

- C++로 커스텀 액터 생성하기
- SpawnActor를 사용해 액터 인스턴스화하기
- UFUNCTION 생성
- Destroy와 Timer를 사용해 액터 삭제하기
- SetLifeSpan을 사용해 일정 지연 후 액터 삭제하기
- 컴포지션composition을 사용한 액터 기능 구현
- FObjectFinder를 사용해 애셋을 컴포넌트에 불러오기
- 상속inheritance을 사용한 액터 기능 구현
- 계층 생성을 위한 컴포넌트 연결
- 커스텀 액터Actor 컴포넌트 생성

- 커스텀 씬^{Scene} 컴포넌트 생성
- RPG를 위한 InventoryComponent 생성
- OrbitingMovement 컴포넌트 생성
- 유닛을 생산하는 건물 생성

소개

액터는 게임 월드 내에 존재하는 대상을 표현하는 클래스로, 컴포넌트를 활용해 특화된 기능을 획득한다. 4장에서는 커스텀 액터 및 컴포넌트 생성과 더불어 이들이 제공하는 기능을 함께 결합하는 방법을 다룬다.

기술적 요구 사항

4장에서는 언리얼 엔진 4를 사용하며 비주얼 스튜디오 2017을 통합 개발 환경(IDE)으로 사용한다. 두 소프트웨어를 설치하는 방법과 그에 대한 요구 사항은 1장, 'UE4 개발 도구'에서 다뤘다.

C++로 커스텀 액터 생성하기

기본 설치의 일부 요소로 언리얼이 제공하는 다양한 타입의 액터가 있지만, 실전 프로젝트에서는 커스텀 액터를 만들어야 하는 상황이 많다. 기존 클래스에 기능을 추가하거나 기본 서브클래스에 없는 조합으로 구성 요소를 결합하거나 클래스에 추가 멤버 변수를 추가해야 할 수 있다. 다음 두 레시피는 컴포지션이나 상속을 사용해 액터를 커스터마이즈하는 방법을 다룬다.

1장, 'UE4 개발 도구'에서 설명한 대로 비주얼 스튜디오와 언리얼 4를 설치했는지 확인하자. 내용을 진행하기 위해 프로젝트도 하나 필요하다. 만일 적당한 프로젝트가 없다면, 언리얼이 제공하는 마법사 기능으로 프로젝트를 새로 하나 만들자.

예제 구현

1. 언리얼 편집기에서 프로젝트를 열고 콘텐츠 브라우저에서 **Add New** 버튼을 클릭한다.

2. New C++ Class...를 선택한다.

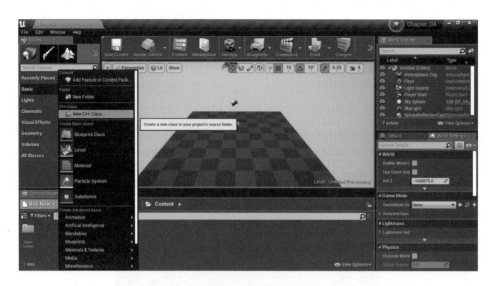

3. 열린 대화상자의 목록에서 액터를 선택한다.

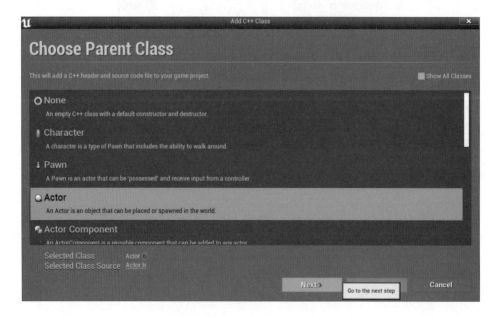

4. 액터 이름을 지정한다. 예를 들면, MyFirstActor라고 할 수 있다. 비주얼 스튜디오를 실행하기 위해 OK 버튼을 클릭한다.

 TIP 이름 규칙에 따라 Actor의 서브클래스 이름은 A로 시작한다. 클래스 생성 마법사를 사용할 때는 엔진이 자동으로 이 접두사를 붙이므로 A를 생략해야 한다.

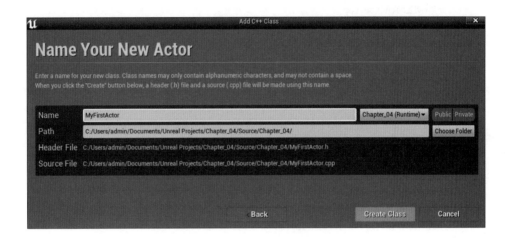

5. 비주얼 스튜디오가 열리면 다음과 같은 코드를 확인할 수 있다.

```cpp
// MyFirstActor.h
#pragma once

#include "CoreMinimal.h"
#include "GameFramework/Actor.h"
#include "MyFirstActor.generated.h"

UCLASS() class CHAPTER_04_API AMyFirstActor : public AActor
{
  GENERATED_BODY()
public:
  // 액터 속성을 위한 기본값 설정
  AMyFirstActor();
```

```
protected:
  // 게임이 시작될 때 호출됨
  virtual void BeginPlay() override;

public:
  // 프레임마다 호출됨
  virtual void Tick(float DeltaTime) override;
};

// MyFirstActor.cpp

#include "MyFirstActor.h"

// 기본값 설정
AMyFirstActor::AMyFirstActor()
{
  // 프레임마다 Tick()을 호출하기 위해 이 액터 설정. 필요하지 않을 때는 이 옵션을 꺼서 성능을 개
선 가능함
  PrimaryActorTick.bCanEverTick = true;
}

// 게임이 시작될 때 호출됨
void AMyFirstActor::BeginPlay()
{
  Super::BeginPlay();
}

// 프레임마다 호출됨
void AMyFirstActor::Tick(float DeltaTime)
{
  Super::Tick(DeltaTime);
}
```

예제 분석

시간이 지나면 표준 코드에 익숙해지므로 언리얼 마법사^{Unreal Wizard}를 사용하지 않고도
비주얼 스튜디오에서 새 클래스를 만들 수 있다.

MyFirstActor.h에서 확인할 내용은 다음과 같다.

- **#pragma once**: 이 전처리기 명령문 pragma는 인클루드^{include} 파일을 여러 번 참조하면서 발생하는 오류를 예방하기 위해 언리얼이 사용하는 방식이다.

- **#include "CoreMinimal.h"**: FString, TArray, Vector처럼 자주 사용되는 다수의 클래스 정의를 포함하는 파일이다. 이 파일이 없어도 컴파일할 수는 있지만 생성된 스크립트 파일에 기본으로 포함한다.

- **#include "GameFramework/Actor.h"**: Actor 서브클래스를 만들 예정이므로 당연히 상속받는 클래스의 헤더^{header} 파일을 포함시켜야 한다.

- **#include "MyFirstActor.generated.h"**: 모든 Actor 클래스는 자신의 generated .h 파일을 포함해야 한다. 이 파일은 파일에서 감지한 매크로를 기반으로 언리얼 헤더 툴$^{Unreal\ Header\ Tool}$(UHT)에 의해 자동으로 생성된다.

- **UCLASS()**: UCLASS는 클래스가 언리얼의 리플렉션 시스템$^{reflection\ system}$에 노출될 것임을 나타낼 수 있는 매크로 중 하나다. 리플렉션을 사용하면 런타임 동안 오브젝트 속성을 검사하거나 순회할 수 있으며, 가비지 컬렉션을 위해 오브젝트에 대한 참조를 관리할 수 있다.

- **class CHAPTER_04_API AMyFirstActor : public AActor**: 우리 클래스의 실제 선언부다. CHAPTER_04_API 매크로는 UHT가 생성했으며, 프로젝트 모듈의 클래스가 DLL에 제대로 내보내지도록 함으로써 윈도우 환경에서 프로젝트가 정상적으로 컴파일되도록 도와준다. MyFirstActor와 Actor 모두가 접두사 A를 갖는다는 사실을 확인할 수 있는데, 이는 언리얼이 Actor에서 상속된 네이티브 클래스에 부여한 이름 규칙이다.

 TIP 이 경우에 Chapter_04는 프로젝트의 이름이며, 독자가 진행 중인 프로젝트의 이름은 아마도 다를 것이다.

- GENERATED_BODY(): GENERATED_BODY는 기본 UE 타입 시스템에 필요한 자동으로 생성된 기능을 포함하도록 확장된 또 다른 UHT 매크로다.

MyFirstActor.cpp 파일 내부에서 확인할 사항은 다음과 같다.

- PrimaryActorTick.bCanEverTick = true;: 생성자 구현 내에서 이 라인은 Actor에 대한 틱^tick을 활성화한다. 모든 액터는 Tick이라는 함수를 갖고 있으며, 이 부울^Boolean 변수는 Actor가 프레임마다 호출되는 함수를 갖고 있음을 의미한다. 액터는 필요에 따라 프레임마다 필요한 동작을 처리할 수 있다. 성능 최적화를 위해 이 기능은 기본적으로 비활성 상태다.
- BeginPlay/Tick: 또한 오브젝트가 생성되고 각각의 프레임이 활성화된 후 호출되는 BeginPlay와 Tick이라는 두 기본 메소드 구현을 확인할 수 있다. 현재는 Super::FunctionName을 통해 부모 버전의 함수만 호출하고 있다.

SpawnActor를 사용해 액터 인스턴스화하기

이번 레시피를 진행하려면 인스턴스화할 Actor 서브클래스가 필요하다. StaticMeshActor 같은 내장 클래스를 사용해도 좋지만, 연습을 위해 이전 레시피에서 만든 커스텀 Actor 클래스를 사용하자.

예제 구현

1. 이전 레시피와 마찬가지로 새 C++ 클래스를 생성한다. 이번에는 **Game Mode Base**를 베이스 클래스로 선택한다.

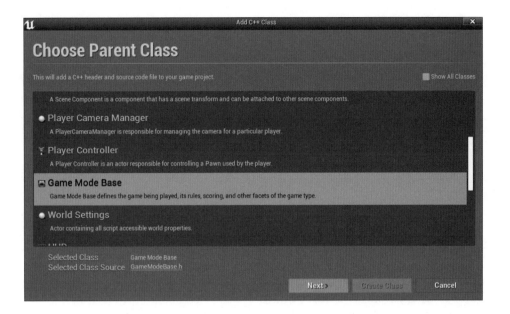

2. Next를 클릭하고 새 클래스 이름을 UE4CookbookGameModeBase와 같은 식으로 정한다.

3. 새로 만든 GameModeBase 클래스의 .h 파일에 함수 재정의를 선언한다.

```cpp
#pragma once

#include "CoreMinimal.h"
#include "GameFramework/GameModeBase.h"
#include "UECookbookGameModeBase.generated.h"

/**
 *
 */
UCLASS()
class CHAPTER_04_API AUECookbookGameModeBase : public AGameModeBase
{
  GENERATED_BODY()

public:
  virtual void BeginPlay() override;
```

```
};
```

4. .cpp 파일에서 BeginPlay 함수를 구현한다.

```cpp
#include "UECookbookGameModeBase.h"
#include "MyFirstActor.h" // AMyFirstActor

void AUECookbookGameModeBase::BeginPlay()
{
    // 이 함수의 부모 클래스 버전을 호출
    Super::BeginPlay();

    // 10초간 화면에 빨간색 메시지 출력
    GEngine->AddOnScreenDebugMessage(-1, 10, FColor::Red,
                                TEXT("Actor Spawning"));

    // AMyFirstActor 클래스의 인스턴스를
    // 기본 위치에 소환
    FTransform SpawnLocation;
    GetWorld()->SpawnActor<AMyFirstActor>
                        (AMyFirstActor::StaticClass(), SpawnLocation);
}
```

5. 코드를 컴파일한다. 비주얼 스튜디오에서 컴파일해도 되고 언리얼 편집기에서 Compile 버튼을 클릭해도 된다.

6. Settings 툴바 아이콘을 클릭한 후 드롭다운 메뉴에서 World Settings를 선택해 현재 레벨의 World Settings 패널을 연다.

7. GameMode Override 부분에서 게임 모드를 방금 생성한 GameMode 서브클래스로 변경한다.

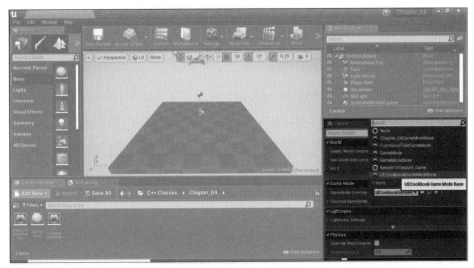

GameMode 재정의 속성 설정

8. 레벨을 시작하고 GameMode가 Actor의 사본을 월드에 잘 소환하는지 World Outliner 패널을 통해 확인하자. 화면에 Actor Spawning 텍스트가 출력되는 것을 통해 BeginPlay 함수가 실행되는 것을 확인할 수 있다. 만일 소환되지 않으면, Actor 소환을 막는 장애물이 월드 원점에 존재하는지 확인해보자. World Outliner 패널 상단의 검색 막대를 사용해 월드에 있는 오브젝트 목록을 검색할

수 있다.

예제 분석

GameMode는 특별한 타입의 액터이며 언리얼 게임 프레임워크Unreal Game Framework의 일부다. 맵의 GameMode는 게임을 시작할 때 엔진에 의해 자동으로 인스턴스화된다.

커스텀 GameMode의 BeginPlay 메서드에 약간의 코드를 추가하면, 게임 시작 시 자동으로 실행되게 할 수 있다.

BeginPlay 안에서 SpawnActor 함수가 사용할 FTransform을 만든다. 기본적으로 FTransform은 회전이 없고 원점에 위치하도록 구성된다.

그런 다음 GetWorld를 사용해 현재 레벨의 UWorld 인스턴스에 대한 참조를 얻은 다음 SpawnActor 함수를 호출한다. 앞서 만든 FTransform을 전달해 오브젝트가 원점에 생성되도록 지정한다.

UFUNCTION 생성

UFUNCTION()은 C++ 클라이언트 코드와 블루프린트 다이어그램 모두에서 호출할 수 있는 C++ 함수로 유용하다. 모든 C++ 함수는 UFUNCTION()으로 표시할 수 있다.

예제 구현

1. 블루프린트에 노출하고자 하는 멤버 함수를 가진 UClass 클래스 또는 파생 클래스(AActor 같은)를 생성한다. 블루프린트에서 호출하고자 하는 멤버 함수는 UFUNCTION(BlueprintCallable, Category=SomeCategory)로 만들면 된다.

2. 예를 들어 Warrior라는 Actor 클래스를 만들고 다음 스크립트를 사용해보자.

```cpp
//Warrior.h
#pragma once

#include "CoreMinimal.h"
#include "GameFramework/Actor.h"
#include "Warrior.generated.h"

UCLASS() class CHAPTER_04_API AWarrior : public AActor
{
  GENERATED_BODY()

public:
  // 액터 속성은 기본값으로 한다
  AWarrior();

  // 액터 이름
  UPROPERTY(EditAnywhere, BlueprintReadWrite,
                      Category = Properties)
  FString Name;

  // Name 속성을 갖는 메시지 반환
  UFUNCTION(BlueprintCallable, Category = Properties)
  FString ToString();
```

```cpp
protected:
    // 게임이 시작되거나 생성될 때 호출됨
    virtual void BeginPlay() override;

public:
    // 프레임마다 호출됨
    virtual void Tick(float DeltaTime) override;
};

// Warrior.cpp

#include "Warrior.h"
// 기본값 설정
AWarrior::AWarrior()
{
    // 이 액터가 프레임마다 Tick()을 호출하도록 설정. 필요하지 않으면 성능 개선을 위해 끌 수 있음
    PrimaryActorTick.bCanEverTick = true;
}

// 게임이 시작되거나 생성될 때 호출됨
void AWarrior::BeginPlay()
{
    Super::BeginPlay();
}

// 프레임마다 호출됨
void AWarrior::Tick(float DeltaTime)
{
    Super::Tick(DeltaTime);
}

FString AWarrior::ToString()
{
    return FString::Printf(TEXT("An instance of AWarrior: %s"), *Name);
}
```

3. 콘텐츠 브라우저로 이동해 C++ Classes₩Chapter_04 폴더를 열고 Warrior 클래스의 인스턴스를 만든다. 일단 Warrior 아이콘을 게임 월드로 드래그한다.

4. World Outliner 탭에 항목이 표시돼야 한다. 새로 추가된 오브젝트를 선택하면

추가한 Name 속성을 볼 수 있다. John과 같은 값을 입력해보자.

5. 블루프린트(Blueprints > Open Level Blueprint)에서 Warrior 오브젝트에 대한 참조를 얻는다. 이를 수행하려면 오브젝트를 월드 아웃라이너World Outliner에서 레벨 블루프린트의 Event Graph로 끌어다 놓으면 된다.

6. Warrior1 노드의 오른쪽에 있는 파란색 원 핸들을 클릭해 잡고 오른쪽으로 살짝 끌었다가 놓으면, 선택 가능한 다양한 액션action이 나타난다.

7. Warrior 인스턴스를 클릭해 해당 Warrior 인스턴스에서 ToString() 함수를 호출하자. 그런 다음, 블루프린트 다이어그램에서 ToString을 입력하면 다음과 같이 보인다.

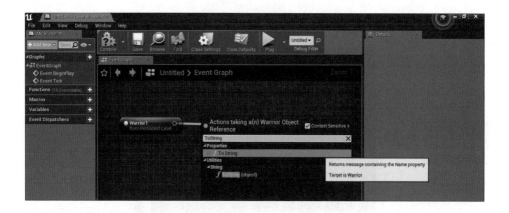

UFUNCTION()은 실제로 C++ 함수지만 추가적인 메타데이터 덕분에 블루프린트에서 접근할 수 있다. 이는 기획자가 함수에 접근할 수 있도록 해주므로 매우 유용할 것이다.

Destroy와 Timer를 사용해 액터 삭제

이번 레시피는 이전 레시피인 'SpawnActor를 사용해 액터 인스턴스화하기'의 GameMode를 재사용한 것이므로, 일단 해당 레시피를 완성해야 한다.

예제 구현

1. 다음 변경을 GameMode 선언에 적용한다.

```
UCLASS()
class CHAPTER_04_API AUECookbookGameModeBase : public
AGameModeBase
{
  GENERATED_BODY()
```

```
public:
  virtual void BeginPlay() override;

  UPROPERTY()
  AMyFirstActor* SpawnedActor;

  UFUNCTION()
  void DestroyActorFunction();
};
```

2. 구현 파일의 인클루드 처리부에 #include "MyFirstActor.h"를 추가한다. .generated 파일 위에 추가해야 한다는 점을 주의하자.

```
#pragma once

#include "CoreMinimal.h"
#include "GameFramework/GameModeBase.h"
#include "MyFirstActor.h"
#include "UECookbookGameModeBase.generated.h"
```

3. SpawnActor의 결과를 새 SpawnedActor 변수에 할당한다.

```
#include "UECookbookGameModeBase.h"
#include "MyFirstActor.h" // AMyFirstActor

void AUECookbookGameModeBase::BeginPlay()
{
  // 이 함수의 부모 클래스 버전을 호출한다
  Super::BeginPlay();

  // 10초 동안 빨간색 메시지를 출력한다
  GEngine->AddOnScreenDebugMessage(-1, 10, FColor::Red,
              TEXT("Actor Spawning"));

  // AMyFirstActor 클래스의 인스턴스를 기본 위치에 소환한다
  FTransform SpawnLocation;
  SpawnedActor = GetWorld()->SpawnActor<AMyFirstActor>(
                      AMyFirstActor::StaticClass(), SpawnLocation);
}
```

4. 다음을 BeginPlay 함수의 끝에 추가한다.

```
FTimerHandle Timer;
GetWorldTimerManager().SetTimer(Timer, this, &AUECookbookGameModeBase::Destroy
ActorFunction, 10);
```

5. 마지막으로 DestroyActorFunction을 구현한다.

```
void AUECookbookGameModeBase::DestroyActorFunction()
{
  if (SpawnedActor != nullptr)
  {
    // 빨간색 메시지를 10초 동안 표시한다
    GEngine->AddOnScreenDebugMessage(-1, 10, FColor::Red,
                                TEXT("Actor Destroyed"));
    SpawnedActor->Destroy();
  }
}
```

6. 게임 모드를 커스텀 클래스로 설정한, 이전 레시피에서 생성한 레벨을 불러온다.

7. 레벨을 플레이하고 10초 후 SpawnActor가 삭제되는지 확인하기 위해 월드 아웃라이너를 사용한다.

소환된 Actor 인스턴스를 저장하기 위해 UPROPERTY를 선언하고, 타이머에 따라 Destroy()를 호출하기 위해 커스텀 함수를 선언한다.

```
UPROPERTY()
AMyFirstActor* SpawnedActor;
UFUNCTION()
void DestroyActorFunction();
```

BeginPlay에서 새로운 UPROPERTY에 소환된 Actor를 지정한다.

```
SpawnedActor = GetWorld()->SpawnActor<AMyFirstActor>
  (AMyFirstActor::StaticClass(), SpawnLocation);
```

그런 다음 TimerHandle 오브젝트를 선언하고 GetWorldTimerManager:SetTimer에 전달한다. SetTimer는 10초 후에 이 포인터가 가리킨 오브젝트에 대해 DestroyActorFunction을 호출한다. SetTimer는 필요한 경우 타이머를 취소할 수 있도록 오브젝트(핸들)를 반환한다. SetTimer 함수는 TimerHandle 오브젝트를 참조 파라미터로 받아들이므로, 재사용하지 않더라도 미리 선언해줘야 한다.

```
FTimerHandle Timer;
GetWorldTimerManager().SetTimer(Timer, this,
  &AUE4CookbookGameMode::DestroyActorFunction, 10);
```

DestroyActorFunction은 소환된 Actor에 대해 유효한 참조를 갖고 있는지 검사한다.

```
void AUE4CookbookGameMode::DestroyActorFunction()
{
  if (SpawnedActor != nullptr)
  {
```

```
    // SpawnedActor가 유효함
  }
}
```

유효하다면 인스턴스의 **Destroy**를 호출해 파괴하며, 결국은 가비지 컬렉션 대상이 될
것이다.

```
SpawnedActor->Destroy();
```

SetLifeSpan을 사용해 일정 지연 후 액터 삭제하기

Actor의 파괴 방법을 살펴보자.

예제 구현

1. 아직 생성 전이라면 마법사를 사용해 새로운 C++ 클래스를 만들고, **Actor**를
   베이스 클래스로 선택한다. 여기서는 앞에서 만든 **AWarrior** 클래스를 재활용
   할 것이다.

2. **Actor** 구현에서 다음 코드를 **BeginPlay** 함수에 추가한다.

```
// 게임이 시작되거나 생성될 때 호출됨
void AWarrior::BeginPlay()
{
  Super::BeginPlay();

  // 10초 후 이 오브젝트는 파괴된다
  SetLifeSpan(10);
}
```

3. 커스텀 Actor의 사본을 드래그해서 편집기 내의 뷰포트^{viewport}에 가져다 놓는다.

4. 레벨을 플레이하고 Actor 인스턴스가 10초 후 스스로 파괴돼 사라지는지 확인하기 위해 아웃라이너를 살펴본다.

예제 분석

코드를 BeginPlay 함수에 추가해 게임이 시작될 때 실행되도록 한다.

SetLifeSpan 함수는 초 단위로 시간을 설정할 수 있으며, 지정된 시간이 지난 후에 Actor는 자신의 Destroy() 메서드를 호출한다.

컴포지션을 사용한 액터 기능 구현

컴포넌트가 없는 커스텀 액터는 위치가 없으며 다른 액터에 연결할 수 없다. 루트 컴포넌트가 없으면 액터는 기본 트랜스폼transform이 없으므로 위치가 없다. 따라서 대부분의 액터는 최소한 하나 이상의 컴포넌트가 유용해야 한다.

필요한 기능 중 일부를 제공하는 다양한 컴포넌트를 Actor에 추가해 커스텀 액터를 생성할 수 있다.

준비

이번 레시피에서는 'C++로 커스텀 액터 생성하기' 레시피에서 생성한 Actor 클래스를 사용할 것이다.

예제 구현

1. 다음과 같이 MyFirstActor.h 파일의 public 섹션을 변경해 새로운 멤버를 커스텀 클래스에 추가한다.

```
UPROPERTY()
UStaticMeshComponent* Mesh;
```

2. 다음 코드를 MyFirstActor.cpp 파일의 생성자에 추가한다.

```
// 기본값 설정
AMyFirstActor::AMyFirstActor()
{
    // 이 액터가 프레임마다 Tick()을 호출하도록 한다
    // 성능 개선을 위해 필요하지 않다면 기능을 끌 수도 있다
    PrimaryActorTick.bCanEverTick = true;

    // 이 오브젝트에 StaticMeshComponent를 생성하고 Mesh에 할당한다
    Mesh = CreateDefaultSubobject<UStaticMeshComponent>
            ("BaseMeshComponent");
}
```

3. 두 파일을 저장한 후 편집기의 **Compile** 버튼을 사용해 컴파일하거나 비주얼 스튜디오에서 빌드한다.

4. 이 코드를 컴파일했으면 콘텐츠 브라우저에서 클래스 인스턴스를 드래그해 게임 환경으로 가져다 놓는다. 여기서 트랜스폼과 스태틱 메시Static Mesh 같은 다른 속성을 확인해볼 수 있다. 스태틱 메시는 새로 추가한 StaticMeshComponent 에서 온 것이다.

인스턴스화한 액터 선택

 TIP 특정 컴포넌트(예: 스태틱 메시)를 찾으려면 Details 탭 상단의 검색 막대를 사용하면 된다.

예제 분석

클래스 선언에 추가한 UPROPERTY 매크로는 현재 액터의 서브오브젝트^{subobject}로 사용 중인 컴포넌트를 가리키는 포인터다.

```
UPROPERTY()
UStaticMeshComponent* Mesh;
```

UPROPERTY() 매크로를 사용하면 포인터에 선언된 오브젝트가 참조된 것으로 간주돼 가비지 컬렉션에서 제외된다.

스태틱 메시 컴포넌트를 사용하고 있지만 모든 액터 컴포넌트 서브클래스가 동작한다. 별표[asterisk]는 에픽[Epic]의 스타일 가이드에 따라 변수 타입에 연결돼 있다.

생성자에서 템플릿 함수 template <class TReturnType> TReturnType * CreateDefaultSubobject (FName SubobjectName, bool bTransient = false)를 사용해 알려진 유효한 값으로 포인터를 초기화한다.

이 함수는 엔진 코드를 호출해 컴포넌트를 적절히 초기화하고 컴포넌트 포인터에 기본값을 할당하도록 포인터를 새로 생성한 오브젝트로 돌려주는 역할을 한다. 이는 포인터가 항상 유효한 값을 가지도록 보장해서 초기화되지 않은 메모리의 참조를 잃을 위험을 최소화하기 때문에 중요하다.

이 함수는 생성할 오브젝트의 타입에 따라 템플릿화되며 두 개의 파라미터를 사용한다. 첫 번째는 서브오브젝트의 이름으로 사람이 읽을 수 있는 형태가 이상적이며, 두 번째는 오브젝트가 일시적인지 여부를 의미한다. 일시적이라면 부모 오브젝트와 함께 저장되지 않는다는 것을 의미한다.

참고 사항

- 다음 레시피는 스태틱 메시 컴포넌트에서 메시 애셋[mesh asset]을 참조해 편집기에서 메시를 지정하지 않고도 표시하는 방법을 보여준다.

FObjectFinder를 사용해 애셋을 컴포넌트에 불러오기

이전 레시피에서는 스태틱 메시 컴포넌트를 만들었지만 컴포넌트가 표시할 메시[mesh]를 불러오지 않았다. 편집기에서 이 작업을 수행할 수도 있지만, C++에서 기본값을 지정하면 도움이 될 때가 있다.

스태틱 메시 컴포넌트와 함께 커스텀 Actor 서브클래스를 준비할 수 있도록 이전 레시피를 완성하자.

콘텐츠 브라우저에서 View Options 버튼을 클릭한 후 Show Engine Content를 선택한다.

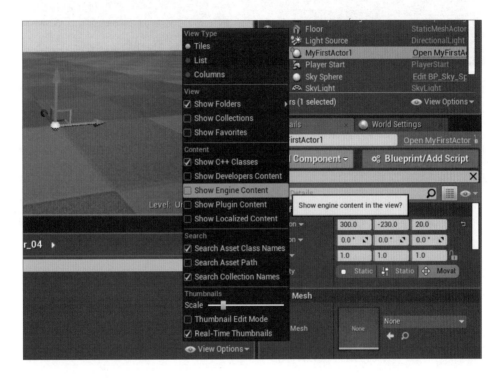

Show/Hide Sources 패널 버튼을 클릭하거나 폴더folder 아이콘을 클릭하면 콘텐츠 브라우저에서 폴더를 볼 수 있다. Engine Content의 BasicShapes로 이동하면 이번 레시피에서 사용할 Cube를 찾을 수 있다.

예제 구현

1. 다음 코드를 클래스 생성자에 추가한다.

```cpp
// 기본값 설정
AMyFirstActor::AMyFirstActor()
{
    // 이 액터가 Tick()을 프레임마다 호출하도록 한다. 필요하지 않다면,
    // 이 동작을 꺼서 성능을 개선할 수 있다
    PrimaryActorTick.bCanEverTick = true;

    // 이 오브젝트에 StaticMeshComponent를 생성하고 Mesh에 할당한다
    Mesh = CreateDefaultSubobject<UStaticMeshComponent>
            ("BaseMeshComponent");

    auto MeshAsset = ConstructorHelpers::FObjectFinder<UStaticMesh>
(TEXT("StaticMesh'/Engine/BasicShapes/Cube.Cube'"));

    // MeshAsset을 설정하기 전에 유효한지 검사한다
    if (MeshAsset.Object != nullptr)
    {
        Mesh->SetStaticMesh(MeshAsset.Object);

    }
}
```

2. 클래스 인스턴스가 시각적 표현을 위한 메시를 갖고 있는지 편집기에서 컴파일하고 확인한다.

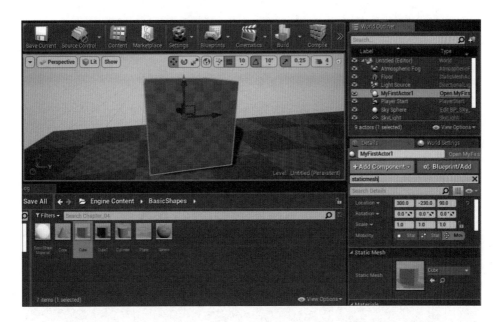

💡 **TIP** 이런 변경 전에 액터가 월드에 배치된 경우 뷰포트에서 액터를 이동해야만 메시가 나타날 수 있다. 어떤 이유로든 항상 자동으로 업데이트되는 것은 아니다.

예제 분석

템플릿 파라미터로 불러오려는 애셋 타입을 전달해 FObjectFinder 클래스의 인스턴스를 만든다.

FObjectFinder는 애셋 로딩을 도와주는 클래스 템플릿이다. 생성할 때 불러오려는 애셋 경로가 포함된 문자열을 전달한다.

문자열 형식은 "{ObjectType}'/Path/To/Asset.Asset'"이다. 문자열에는 작은따옴표를 사용한다.

편집기에 이미 존재하는 애셋의 문자열을 가져오려면, 콘텐츠 브라우저에서 애셋을 마우스 오른쪽 버튼으로 클릭하고 Copy Reference를 선택한다. 이렇게 하면 코드에 붙여넣을 수 있도록 문자열을 전달해준다.

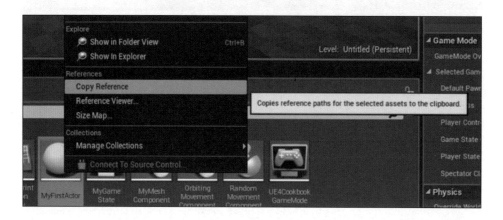

선언에 전체 오브젝트 타입을 입력하지 않도록 C++11의 auto 키워드를 사용했으며, 컴파일러가 직접 타입을 추론한다. auto가 없으면 다음 코드를 사용해야 한다.

```
ConstructorHelpers::FObjectFinder<UStaticMesh> MeshAsset =
  ConstructorHelpers::FObjectFinder<UStaticMesh>(TEXT("Static Mesh'/Engine/BasicShapes/
Cube.Cube'"));
```

FObjectFinder 클래스에는 원하는 애셋에 대한 포인터 또는 애셋을 찾을 수 없는 경우 NULL을 갖는 Object 속성이 있다.

166

즉, nullptr과 비교해 확인할 수 있으며 널이 아닌 경우 SetStaticMesh를 사용해 Mesh에 할당한다.

상속을 사용한 액터 기능 구현

상속은 커스텀 Actor를 구현하는 두 번째 방법이다. 이 방법은 일반적으로 멤버 변수, 함수 또는 컴포넌트를 기존 Actor 클래스에 추가해 새로운 서브클래스를 만들 때 사용한다. 이번 레시피에서는 커스텀 GameState 서브클래스에 변수를 추가한다.

예제 구현

1. 언리얼 편집기의 콘텐츠 브라우저에서 Add New를 클릭한다. 그런 다음 New C++ Class...에서 Game State Base를 베이스 클래스로 선택하고 새 클래스 이름을 지정한다. AMyGameStateBase 클래스를 만들어 기본 MyGameStateBase로 사용한다.

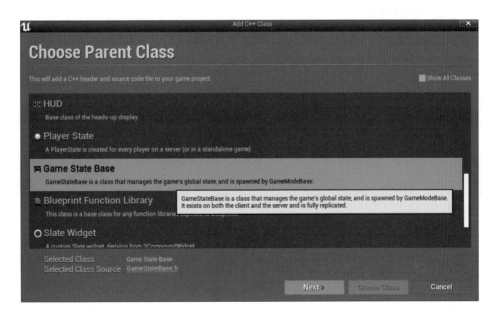

GameState 클래스는 모든 플레이어가 공유해야 하는 정보를 담당하며, Game Mode에 국한되고 개별 플레이어에는 국한되지 않는다. 우리가 협동 게임을 하고 있으며 모든 플레이어가 합산 점수를 얻기 위해 협력하고 있다고 가정해보자. 이럴 때는 협력 정보가 이 클래스에 포함되는 것이 합리적이다.

2. 다음 코드를 새 클래스 헤더에 추가한다.

```cpp
UCLASS()
class CHAPTER_04_API AMyGameStateBase : public AGameStateBase
{
  GENERATED_BODY()

public:
  // CurrentScore 초기화를 위한 생성자
  AMyGameStateBase();

  // CurrentScore 변수를 설정
  UFUNCTION()
  void SetScore(int32 NewScore);

  // 게터(Getter)
  UFUNCTION()
  int32 GetScore();

private:
  UPROPERTY()
  int32 CurrentScore;
};
```

3. 다음 코드를 .cpp 파일에 추가한다.

```cpp
#include "MyGameStateBase.h"

AMyGameStateBase::AMyGameStateBase()
{
  CurrentScore = 0;
}
```

```
int32 AMyGameStateBase::GetScore()
{
  return CurrentScore;
}

void AMyGameStateBase::SetScore(int32 NewScore)
{
  CurrentScore = NewScore;
}
```

4. 코드가 다음과 같은지 확인하고 언리얼 편집기에서 Compile 버튼을 사용해 컴
파일한다.

```
//MyGameStateBase.h
#pragma once

#include "CoreMinimal.h"
#include "GameFramework/GameStateBase.h"
#include "MyGameStateBase.generated.h"

/**
 *
 */
UCLASS() class CHAPTER_04_API AMyGameStateBase : public AGameStateBase {
  GENERATED_BODY()

public:
  // CurrentScore 초기화를 위한 생성자
  AMyGameStateBase();

  // CurrentScore 변수 설정
  UFUNCTION()
  void SetScore(int32 NewScore);

  // 게터
  UFUNCTION()
  int32 GetScore();

  private:
```

```
        UPROPERTY()
        int32 CurrentScore;
};

//MyGameState.cpp
#include "MyGameStateBase.h"

AMyGameStateBase::AMyGameStateBase()
{
  CurrentScore = 0;
}

int32 AMyGameStateBase::GetScore()
{
  return CurrentScore;
}

void AMyGameStateBase::SetScore(int32 NewScore)
{
  CurrentScore = NewScore;
}
```

예제 분석

먼저 기본 생성자의 선언을 추가한다.

```
AMyGameState();
```

이를 통해 오브젝트를 초기화할 때 새 멤버 변수를 안전한 기본값인 0으로 설정할 수 있다.

```
AMyGameState::AMyGameState()
{
  CurrentScore = 0;
}
```

언리얼 엔진이 지원하는 다양한 컴파일러 간의 호환성을 높이고자 새 변수를 int32로 선언했다. 이 변수는 게임이 실행되는 동안 현재 게임 점수를 저장하는 역할을 담당한다.

 TIP 값이 항상 양수라면, 양수만 지원하는 uint32 타입을 대신 사용할 수도 있다.

늘 그렇듯이 제대로 가비지 컬렉션이 되도록 변수를 UPROPERTY로 선언할 것이며, 함수를 통해서만 값의 변경을 허용하고자 private로 선언한다.

```
UPROPERTY()
int32 CurrentScore;
```

GetScore 함수는 현재 점수를 구해 호출자에게 반환한다. 단순히 기본 변수를 반환하는 단순한 접근자로 구현했다.

두 번째 함수인 SetScore는 외부 오브젝트가 점수 변경을 요청하면 멤버 변수에 값을 설정한다. 이 요청을 함수로 설정하면 GameState가 그러한 요청을 조사할 수 있으며 부정 행위를 방지하기 위해 요청이 유효한 경우에만 허용할 수 있다. 이러한 검사의 세부 사항은 이번 레시피의 범위를 벗어났지만 SetScore 기능은 적당한 선택이다.

 세드릭 '6' 네오키르켄(Cedric 'eXi' Neukirchen)은 이 주제와 관련한 멋진 문서를 만들었다. http://cedric-neukirchen.net/Downloads/Compendium/UE4_Network_Compendium_by_Cedric_eXi_Neukirchen_BW.pdf에서 확인해보자.

몇 가지 이유로 점수 함수를 UFUNCTION 매크로를 사용해 선언했다. 첫 번째 이유는 UFUNCTION을 사용하면 약간의 추가 코드로부터 도움을 받아 블루프린트에서 호출하거나 재정의할 수 있다는 것이다. 두 번째 이유는 UFUNCTION은 exec로 선언할 수 있다는 것이다. 이는 플레이어나 개발자에 의해 플레이 중에 콘솔 명령으로 실행하거나 디버깅할 수 있다는 의미다.

참고 사항

- 10장, 'C++와 언리얼 편집기 연동: 파트 2'의 '새 콘솔 명령 생성' 레시피에서는 exec와 콘솔 명령 기능을 좀 더 자세히 다룬다.

계층 생성을 위한 컴포넌트 연결

컴포넌트에서 커스텀 Actor를 생성할 때는 연결 개념을 고려해야 한다. 컴포넌트를 연결하면, 부모 컴포넌트에 적용되는 변환이 해당 컴포넌트에 연결된 컴포넌트에도 영향을 주는 관계가 생성된다.

예제 구현

1. 편집기를 사용해 Actor 클래스에서 파생된 새로운 클래스를 만들고 이름을 HierarchyActor로 정한다.
2. 헤더 파일(HierarchyActor.h)의 새 클래스에 다음 속성을 추가한다.

```
UCLASS()
class CHAPTER_04_API AHierarchyActor : public AActor
{
  GENERATED_BODY()
public:
  // 이 액터 속성의 기본값을 설정
  AHierarchyActor();

  UPROPERTY(VisibleAnywhere)
  USceneComponent* Root;

  UPROPERTY(VisibleAnywhere)
```

```
USceneComponent* ChildSceneComponent;

UPROPERTY(VisibleAnywhere)
UStaticMeshComponent* BoxOne;
UPROPERTY(VisibleAnywhere)
UStaticMeshComponent* BoxTwo;

protected:
    // 게임이 시작되거나 생성될 때 호출됨
    virtual void BeginPlay() override;

public:
    // 프레임마다 호출됨
    virtual void Tick(float DeltaTime) override;
};
```

3. 다음 코드를 클래스 생성자에 추가한다.

```
// 기본값 설정
AHierarchyActor::AHierarchyActor()
{
    // 이 액터가 프레임마다 Tick()을 호출하도록 설정
    // 필요하지 않다면 성능 향상을 위해 꺼도 됨
    PrimaryActorTick.bCanEverTick = true;

    // 네 개의 서브오브젝트 생성
    Root = CreateDefaultSubobject<USceneComponent>("Root");

    ChildSceneComponent = CreateDefaultSubobject<USceneComponent>
                          ("ChildSceneComponent");

    BoxOne = CreateDefaultSubobject<UStaticMeshComponent>("BoxOne");

    BoxTwo = CreateDefaultSubobject<UStaticMeshComponent>("BoxTwo");

    // 큐브 메시에 대한 참조 획득
    auto MeshAsset = ConstructorHelpers::FObjectFinder<UStaticMesh>
(TEXT("StaticMesh'/Engine/BasicShapes/Cube.Cube'"));

    // 두 상자에 메시 연결
```

```
if (MeshAsset.Object != nullptr)
{
  BoxOne->SetStaticMesh(MeshAsset.Object);
  BoxTwo->SetStaticMesh(MeshAsset.Object);
}

RootComponent = Root;

// 오브젝트 계층 설정
BoxOne->AttachTo(Root);
BoxTwo->AttachTo(ChildSceneComponent);

ChildSceneComponent->AttachTo(Root);

// 루트에서 자식을 오프셋 및 스케일링
ChildSceneComponent->SetRelativeTransform(
                    FTransform(FRotator(0, 0, 0),
                              FVector(250, 0, 0),
                              FVector(0.1f)));
}
```

4. 컴파일하고 편집기를 시작한다. HierarchyActor의 사본을 드래그해서 씬에 가
   져다 놓는다.

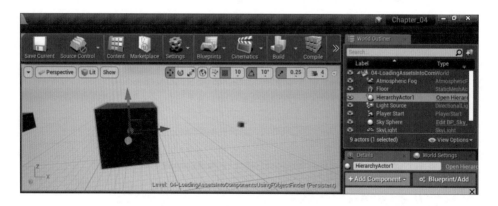

5. 해당 Actor가 계층 내에 컴포넌트를 갖고 있는지 확인하고, 두 번째 상자의 크
   기가 더 작은지도 확인한다.

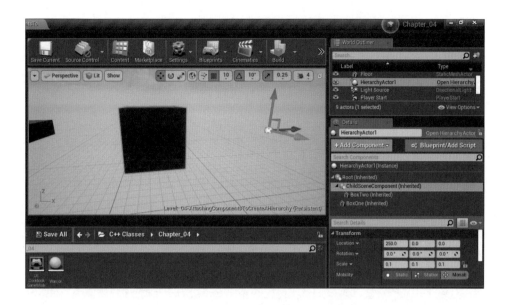

 Details 탭 아래에서 Root (Inherited) 섹션을 찾을 수 없다면, 검색창 위로 마우스를 드래그
TIP 해 확장할 수 있다.

예제 분석

평소처럼, 액터를 위한 몇 개의 태그된 UPROPERTY 컴포넌트를 생성한다. 이번 경우에는
VisibleAnywhere라는 태그에 추가 파라미터를 추가해 Details 탭 내에서 변수를 볼 수
있다. 두 개의 씬 컴포넌트와 두 개의 스태틱 메시 컴포넌트를 생성한다.

생성자에서 각 컴포넌트를 위한 기본 서브오브젝트를 만든다.

그런 다음 스태틱 메시를 불러온다. 불러오는 데 성공하면, 시각적으로 표현할 수 있
도록 두 스태틱 메시 컴포넌트에 지정한다. 이어서 컴포넌트를 연결해 Actor 내에 계
층을 구성한다.

첫 씬 컴포넌트를 Actor 루트로 설정했다. 이 컴포넌트는 계층 구조의 다른 모든 컴포넌트에 적용되는 변환을 결정한다.

그런 다음 첫 번째 상자를 새로운 루트 컴포넌트에 연결하고, 두 번째 씬 컴포넌트의 부모를 첫 번째 상자에 연결한다.

두 번째 상자를 자식 씬 컴포넌트에 연결해 해당 씬 컴포넌트의 트랜스폼을 변경하면 자식 컴포넌트에 영향을 미치지만 오브젝트의 다른 컴포넌트에는 영향을 미치지 않는다.

마지막으로는 씬 컴포넌트의 상대적 트랜스폼을 설정해 그것이 원점으로부터 일정한 거리를 이동하도록 한다. 스케일은 10분의 1이다.

즉, 편집기에서 BoxTwo 구성 요소가 상위 구성 요소인 ChildSceneComponent의 변환 및 스케일을 상속받았다는 것을 알 수 있다.

커스텀 액터 컴포넌트 생성

액터 컴포넌트는 액터 간에 공유해야 하는 공통 기능을 쉽게 구현하도록 해주는 방법이다. 액터 컴포넌트는 렌더링되지 않지만, 이벤트를 구독하거나 내부 액터의 다른 컴포넌트와 통신하는 등의 작업을 계속 수행할 수 있다.

예제 구현

1. RandomMovementComponent라는 이름의 ActorComponent를 편집기 마법사를 사용해 생성한다.

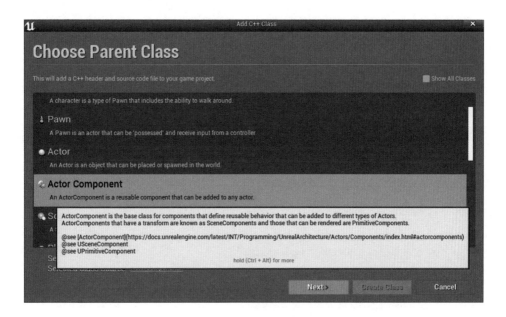

2. 다음 UPROPERTY를 클래스 헤더의 public 섹션에 추가한다.

```cpp
#pragma once

#include "CoreMinimal.h"
#include "Components/ActorComponent.h"
#include "RandomMovementComponent.generated.h"

UCLASS( ClassGroup=(Custom),
meta=(BlueprintSpawnableComponent) )
class CHAPTER_04_API URandomMovementComponent : public
UActorComponent
{
  GENERATED_BODY()

public:
  // 컴포넌트 속성 기본값 설정
  URandomMovementComponent();

  UPROPERTY()
  float MovementRadius;
```

```cpp
protected:
    // 게임이 시작될 때 호출됨
    virtual void BeginPlay() override;

public:
    // 프레임마다 호출됨
    virtual void TickComponent(float DeltaTime, ELevelTick
    TickType, FActorComponentTickFunction* ThisTickFunction)
    override;
};
```

3. 다음 코드를 생성자 구현부에 추가한다.

```cpp
// 이 컴포넌트의 속성에 대한 기본값을 설정한다
URandomMovementComponent::URandomMovementComponent()
{
    // 게임을 시작하면 이 컴포넌트를 초기화하며,
    // 프레임마다 틱이 발생하도록 한다
    // 틱이 필요하지 않은 경우에는 이 기능을 꺼서
    // 성능을 향상시킬 수 있다
    PrimaryComponentTick.bCanEverTick = true;

    // ...
    MovementRadius = 5;
}
```

4. 마지막으로 다음 코드를 TickComponent() 구현부 코드로 추가한다.

```cpp
// 프레임마다 호출됨
void URandomMovementComponent::TickComponent(float DeltaTime, ELevelTick
TickType, FActorComponentTickFunction*
ThisTickFunction)
{
    Super::TickComponent(DeltaTime, TickType,
    ThisTickFunction);

    // ...
    AActor* Parent = GetOwner();
```

```
if (Parent)
{
    // 오브젝트가 위치할 새 위치 탐색
    auto NewPos = Parent->GetActorLocation() +
                    FVector
                    (
                        FMath::FRandRange(-1, 1) * MovementRadius,
FMath::FRandRange(-1, 1) * MovementRadius, FMath::FRandRange(-1, 1) *
MovementRadius
                    );
        // 오브젝트 위치 업데이트
        Parent->SetActorLocation( NewPos );
    }
}
```

5. 프로젝트를 컴파일한다. 편집기에서 빈 Actor를 생성하고, 여기에 Random Movement 컴포넌트를 추가한다. 예를 들면, Modes 탭에서 Basic 옵션으로 이동한 후 Cube를 레벨로 끌어다 놓는다.

6. 그런 다음, Details 탭에서 Transform 컴포넌트의 Mobility 속성을 Moveable로 설정했는지 확인한다.

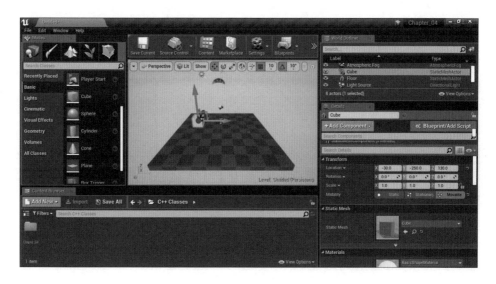

7. 이어서 오브젝트를 선택한 채로 Details 패널의 Add Component를 클릭하고 Random Movement를 선택한다.

8. 레벨을 실행하고 액터가 TickComponent 함수가 호출될 때마다 무작위로 위치를 이동하는지 확인하자.

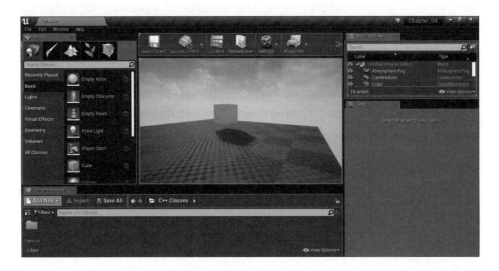

먼저 컴포넌트 선언에 사용된 UCLASS 매크로에 몇 가지 지정자를 추가한다. 클래스의
메타 값에 BlueprintSpawnableComponent를 추가하면 편집기에서 컴포넌트의 인스턴스
를 블루프린트 클래스에 추가할 수 있다. ClassGroup 지정자를 사용하면 클래스 목록
에서 컴포넌트가 속한 클래스의 범주를 나타낼 수 있다.

```
UCLASS( ClassGroup=(Custom),
  meta=(BlueprintSpawnableComponent) )
```

새로운 컴포넌트에 MovementRadius를 속성으로 추가하면 컴포넌트가 단일 프레임에서
얼마나 멀리 움직일 수 있는지 지정할 수 있다.

```
UPROPERTY()
float MovementRadius;
```

생성자에서 이 속성을 다음과 같은 안전한 기본값으로 초기화한다.

```
MovementRadius = 5;
```

TickComponent는 엔진에 의해 프레임마다 호출되는 함수이며 Actor의 Tick과 비슷하다.
구현부에서 컴포넌트 소유자인 Actor의 현재 위치를 가져온 다음, 월드 공간에서 오프
셋을 생성한다.

```
AActor* Parent = GetOwner();

if (Parent)
{
  // 오브젝트가 이동할 새 위치를 탐색
  auto NewPos = Parent->GetActorLocation() +
```

```
            FVector
            (
                FMath::FRandRange(-1, 1) * MovementRadius, FMath::FRandRange(-1, 1) *
MovementRadius, FMath::FRandRange(-1, 1) * MovementRadius
            );
    // 오브젝트의 위치 업데이트
    Parent->SetActorLocation( NewPos );
}
```

새 위치를 결정하고자 현재 위치에 임의의 오프셋을 너하고 소유사 액터를 이동시킨
다. 이렇게 하면 액터의 위치가 프레임마다 춤추듯이 계속 변하게 된다.

커스텀 씬 컴포넌트 생성

씬 컴포넌트는 액터 컴포넌트의 서브클래스이며 상대 위치, 회전, 스케일 값을 결정하
는 트랜스폼을 갖고 있다. 액터 컴포넌트와 마찬가지로 씬 컴포넌트도 직접 렌더링되
지 않지만 다양한 용도로 트랜스폼을 사용한다. 예를 들면, Actor로부터 일정 거리 떨
어진 위치에 다른 오브젝트를 소환하는 등의 경우를 생각해볼 수 있다.

예제 구현

1. ActorSpawnerComponent라는 커스텀 SceneComponent를 생성한다.

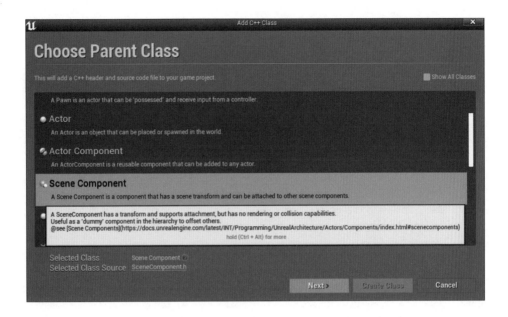

2. 헤더에 다음 변경 사항을 반영한다.

```cpp
#include "CoreMinimal.h"
#include "Components/SceneComponent.h"
#include "ActorSpawnerComponent.generated.h"

UCLASS( ClassGroup=(Custom),
meta=(BlueprintSpawnableComponent) )
class CHAPTER_04_API UActorSpawnerComponent : public
USceneComponent
{
  GENERATED_BODY()

public:
  // 이 컴포넌트 속성들의 기본값을 설정한다
  UActorSpawnerComponent();

  // 호출되면 액터를 소환한다
  UFUNCTION(BlueprintCallable, Category=Cookbook)
  void Spawn();
```

```
UPROPERTY(EditAnywhere)
TSubclassOf<AActor> ActorToSpawn;

protected:
  // 게임이 시작될 때 호출됨
  virtual void BeginPlay() override;

public:
  // 프레임마다 호출됨
  virtual void TickComponent(float DeltaTime, ELevelTick TickType,
FActorComponentTickFunction* ThisTickFunction) override;
};
```

3. 다음 함수 구현을 .cpp 파일에 추가한다.

```
void UActorSpawnerComponent::Spawn()
{
  UWorld* TheWorld = GetWorld();
  if (TheWorld != nullptr)
  {
    FTransform ComponentTransform(this->GetComponentTransform()); TheWorld->Sp
awnActor(ActorToSpawn,&ComponentTransform);
  }
}
```

4. 프로젝트를 컴파일하고 연다. 빈 Actor를 씬으로 끌어다 놓고, 여기에 Actor
   SpawnerComponent를 추가한다. Details 패널에서 새 컴포넌트를 선택하고
   ActorToSpawn에 값을 할당한다.

이제 컴포넌트의 인스턴스에서 Spawn()이 호출될 때마다 ActorToSpawn에 지정된 Actor
클래스의 사본을 인스턴스화한다.

Spawn UFUNCTION과 ActorToSpawn이라는 변수를 만들었다. ActorToSpawnUPROPERTY는 TSubclassOf< > 타입으로, 포인터를 이 클래스의 베이스 클래스 또는 서브클래스로 제한할 수 있는 템플릿이다. 이는 또한 편집기 내에서 필터링된 클래스 목록을 선택해 실수로 잘못된 값을 할당하지 않도록 예방하는 데 도움을 준다.

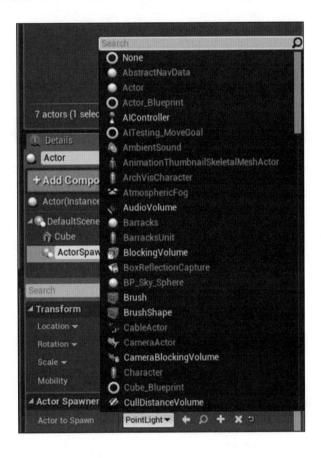

Spawn 함수의 구현 내부에서 월드에 접근할 수 있으며, 여기서 유효성 검사를 한다.

SpawnActor는 FTransform*이 새 액터를 생성할 위치를 지정하길 원하므로 현재 컴포넌트의 트랜스폼 사본을 포함할 새 스택 변수를 만든다.

만일 TheWorld가 유효하면 방금 생성한 FTransform의 주소를 전달해 지정된 ActorTo
Spawn 서브클래스의 인스턴스를 생성하도록 요청한다. 여기에는 새 액터의 위치가 포
함된다.

참고 사항

- 9장, 'C++와 언리얼 편집기 연동'에서는 블루프린트에서 접근 가능하도록 만
  드는 방법과 관련해 훨씬 다양한 내용을 다룰 예정이니 참고하자.

RPG를 위한 InventoryComponent 생성

InventoryComponent를 사용하면 Actor가 인벤토리inventory에 InventoryActors를 저장할
수 있고, 이를 다시 게임 월드로 꺼낼 수도 있다.

준비

내용을 진행하기에 앞서 간단한 캐릭터 생성 방법을 다룬 6장, '입력과 충돌'의 '축 매
핑 – FPS 캐릭터 제어를 위한 키보드, 마우스, 게임패드 방향 입력' 레시피의 내용을
따르고 있는지 확인한다.

또한 4장의 'SpawnActor를 사용해 액터 인스턴스화하기' 레시피는 커스텀 GameMode 생
성 방법을 설명하고 있다.

예제 구현

1. InventoryComponent를 사용해 ActorComponent 서브클래스를 생성한다.

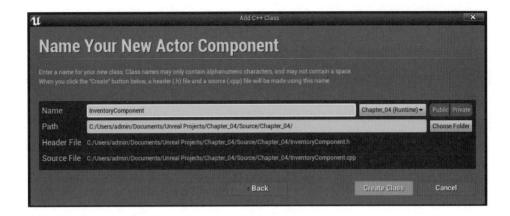

2. InventoryComponent.h 파일에 다음 코드를 추가한다.

```cpp
#pragma once

#include "CoreMinimal.h"
#include "Components/ActorComponent.h"
#include "InventoryComponent.generated.h"

UCLASS( ClassGroup=(Custom),
meta=(BlueprintSpawnableComponent) )
class CHAPTER_04_API UInventoryComponent : public
UActorComponent
{
  GENERATED_BODY()

public:
  // 이 컴포넌트 속성의 기본값을 설정한다
  UInventoryComponent();

  UPROPERTY()
  TArray<AInventoryActor*> CurrentInventory;

  UFUNCTION()
  int32 AddToInventory(AInventoryActor* ActorToAdd);

  UFUNCTION()
```

```
void RemoveFromInventory(AInventoryActor* ActorToRemove);

protected:
    // 게임이 시작될 때 호출됨
    virtual void BeginPlay() override;

public:
    // 프레임마다 호출됨
    virtual void TickComponent(float DeltaTime, ELevelTick TickType,
FActorComponentTickFunction* ThisTickFunction) override;
};
```

3. 소스 파일에 다음 함수 구현을 추가한다.

```
int32 UInventoryComponent::AddToInventory(AInventoryActor* ActorToAdd) {
    return CurrentInventory.Add(ActorToAdd);
}

void UInventoryComponent::RemoveFromInventory(AInventoryActor* ActorToRemove)
{
    CurrentInventory.Remove(ActorToRemove);
}
```

4. 다음으로, InventoryActor라는 StaticMeshActor 서브클래스를 생성한다. 참고로 StaticMeshActor 클래스를 확인하려면 **Show All Classes**를 선택해야 한다.

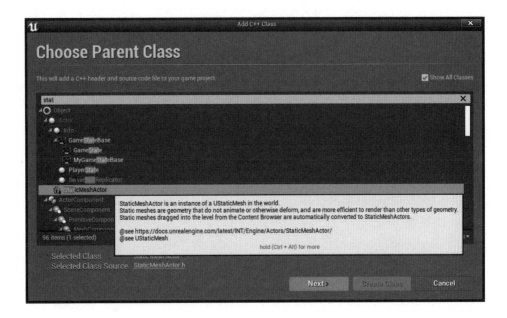

5. 이제 파일이 생성됐으니 InventoryComponent.h로 이동해 다음과 같이 인
   클루드 파일로 추가한다.

```cpp
#pragma once

#include "CoreMinimal.h"
#include "Components/ActorComponent.h"
#include "InventoryActor.h"
#include "InventoryComponent.generated.h"

UCLASS( ClassGroup=(Custom),
meta=(BlueprintSpawnableComponent) )
class CHAPTER_04_API UInventoryComponent : public UActorComponent
```

6. InventoryActor.h 파일로 돌아와 다음 선언을 추가한다.

```cpp
UCLASS()
class CHAPTER_04_API AInventoryActor : public AStaticMeshActor
{
  GENERATED_BODY()
```

```
public:
  virtual void PickUp();
  virtual void PutDown(FTransform TargetLocation);
};
```

7. 구현 파일에 새 함수를 추가한다.

```
void AInventoryActor::PickUp()
{
  SetActorTickEnabled(false);
  SetActorHiddenInGame(true);
  SetActorEnableCollision(false);
}

void AInventoryActor::PutDown(FTransform TargetLocation)
{
  SetActorTickEnabled(true);
  SetActorHiddenInGame(false);
  SetActorEnableCollision(true);
  SetActorLocation(TargetLocation.GetLocation());
}
```

8. 또한 다음과 같이 생성자를 변경한다.

```
AInventoryActor::AInventoryActor() :Super()
{
  PrimaryActorTick.bCanEverTick = true;
  auto MeshAsset = ConstructorHelpers::FObjectFinder<UStaticMesh>(TEXT("Static
Mes h'/Engine/BasicShapes/Cube.Cube'"));

  if (MeshAsset.Object != nullptr)
  {
    GetStaticMeshComponent()->SetStaticMesh(MeshAsset.Object);
    GetStaticMeshComponent()->SetCollisionProfileName( UCollisionProfile::Pawn_
ProfileName);
  }

  GetStaticMeshComponent()->SetMobility(EComponentMobility::Movable);
  SetActorEnableCollision(true);
```

```
}
```

9. 이어서 InventoryActor.cpp에 다음 #include를 추가해야 한다.

```
#include "InventoryActor.h"
#include "ConstructorHelpers.h"
#include "Engine/CollisionProfile.h"
```

10. 아이템을 저장할 수 있는 인벤토리를 갖도록 캐릭터에 InventoryComponent를
    추가해야 한다. InventoryCharacter라는 Character 클래스에서 파생된 클래스
    를 만든다.

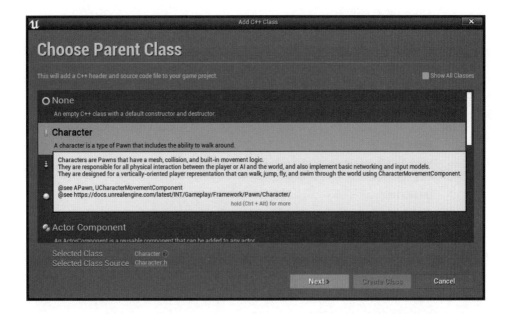

11. 다음을 #include에 추가한다.

```
#pragma once

#include "CoreMinimal.h"
#include "GameFramework/Character.h"
#include "InventoryComponent.h"
```

```cpp
#include "InventoryActor.h"
#include "InventoryCharacter.generated.h"

UCLASS()
class CHAPTER_04_API AInventoryCharacter : public ACharacter
```

12. 다음을 InventoryCharacter 클래스 선언에 추가한다.

```cpp
UCLASS() class CHAPTER_04_API AInventoryCharacter : public ACharacter {
  GENERATED_BODY()

public:
  // 캐릭터 속성에 대한 기본값을 설정한다
  AInventoryCharacter();

  UPROPERTY()
  UInventoryComponent* MyInventory;

  UFUNCTION()
  void DropItem();

  UFUNCTION()
  void TakeItem(AInventoryActor* InventoryItem);

  UFUNCTION()
  virtual void NotifyHit(class UPrimitiveComponent* MyComp,
      AActor* Other, class UPrimitiveComponent* OtherComp, bool bSelfMoved,
FVector HitLocation, FVector HitNormal, FVector NormalImpulse, const
FHitResult& Hit) override;

  UFUNCTION()
  void MoveForward(float AxisValue);
  void MoveRight(float AxisValue);
  void PitchCamera(float AxisValue);
  void YawCamera(float AxisValue);

protected:
  // 게임이 시작되거나 생성될 때 호출됨
  virtual void BeginPlay() override;
```

```cpp
public:
    // 프레임마다 호출됨
    virtual void Tick(float DeltaTime) override;

    // 입력과 기능을 연결하기 위해 호출됨
    virtual void SetupPlayerInputComponent(class UInputComponent*
PlayerInputComponent) override;

private:
    FVector MovementInput;
    FVector CameraInput;
};
```

13. 다음 코드를 캐릭터 생성자 구현에 추가한다.

```cpp
AInventoryCharacter::AInventoryCharacter()
{
    // 이 캐릭터가 프레임마다 Tick()을 호출하도록 설정
    // 필요하지 않다면 성능 개선을 위해 이 기능을 끌 수 있다
    PrimaryActorTick.bCanEverTick = true;

    MyInventory =
        CreateDefaultSubobject<UInventoryComponent>("MyInventory");
}
```

14. 다음 코드를 재정의된 SetupPlayerInputComponent에 추가한다.

```cpp
// 입력과 기능을 연결하기 위해 호출됨
void AInventoryCharacter::SetupPlayerInputComponent(UInputComponent *
PlayerInputComponent)
{
    Super::SetupPlayerInputComponent(PlayerInputComponent);

    PlayerInputComponent->BindAction("DropItem",
                                     EInputEvent::IE_Pressed,
                                     this,
                                     &AInventoryCharacter::DropItem);

    // 이동
```

```
    PlayerInputComponent->BindAxis("MoveForward", this, &AInventoryCharacter::Mo
veForward);
    PlayerInputComponent->BindAxis("MoveRight", this, &AInventoryCharacter::Move
Right);
    PlayerInputComponent->BindAxis("CameraPitch", this, &AInventoryCharacter::Pi
tchCamera);
    PlayerInputComponent->BindAxis("CameraYaw", this, &AInventoryCharacter::YawC
amera);
}
```

15. 다음으로 MoveForward, MoveRight, CameraPitch, CameraYaw 축과 DropItem 동작을 Input 메뉴에 추가한다. 방법이 잘 기억나지 않는다면 6장, '입력과 충돌'을 참고하자. 다음은 여기서 사용한 설정이다.

16. 마지막으로 다음 함수 구현을 추가한다.

```
void AInventoryCharacter::DropItem()
{
  if (MyInventory->CurrentInventory.Num() == 0)
  {
    return;
  }
```

```cpp
  AInventoryActor* Item = MyInventory->CurrentInventory.Last(); MyInventory-
>RemoveFromInventory(Item);

  FVector ItemOrigin;
  FVector ItemBounds;
  Item->GetActorBounds(false, ItemOrigin, ItemBounds);

  FTransform PutDownLocation = GetTransform() + FTransform(RootComponent-
>GetForwardVector() * ItemBounds.GetMax());

  Item->PutDown(PutDownLocation);
}

void AInventoryCharacter::NotifyHit(class UPrimitiveComponent* MyComp, AActor*
Other, class UPrimitiveComponent* OtherComp, bool bSelfMoved, FVector
HitLocation, FVector HitNormal, FVector NormalImpulse, const FHitResult& Hit)
{
  AInventoryActor* InventoryItem = Cast<AInventoryActor>(Other);
  if (InventoryItem != nullptr)
  {
    TakeItem(InventoryItem);
  }
}

void AInventoryCharacter::TakeItem(AInventoryActor* InventoryItem)
{
  InventoryItem->PickUp();
  MyInventory->AddToInventory(InventoryItem);
}

// 이동
void AInventoryCharacter::MoveForward(float AxisValue)
{
  MovementInput.X = FMath::Clamp<float>(AxisValue, -1.0f, 1.0f);
}

void AInventoryCharacter::MoveRight(float AxisValue)
{
  MovementInput.Y = FMath::Clamp<float>(AxisValue, -1.0f, 1.0f);
}
```

```
void AInventoryCharacter::PitchCamera(float AxisValue)
{
  CameraInput.Y = AxisValue;
}


void AInventoryCharacter::YawCamera(float AxisValue)
{
  CameraInput.X = AxisValue;
}
```

17. 이동 함수를 다루기 위해 다음과 같이 Tick 함수를 수정한다.

```
// 프레임마다 호출됨
void AInventoryCharacter::Tick(float DeltaTime)
{
  Super::Tick(DeltaTime);

  if (!MovementInput.IsZero())
  {
    MovementInput *= 100;

    // 초당 100 유닛으로 이동 입력 축의 값을 조절한다
    FVector InputVector = FVector(0, 0, 0);
    InputVector += GetActorForwardVector()* MovementInput.X * DeltaTime;
    InputVector += GetActorRightVector()* MovementInput.Y * DeltaTime;
    /* GEngine->AddOnScreenDebugMessage(-1, 1,
        FColor::Red, F
        String::Printf(TEXT("x- %f, y - %f, z - %f"),
        InputVector.X, InputVector.Y, InputVector.Z)); */
  }

  if (!CameraInput.IsNearlyZero())
  {
    FRotator NewRotation = GetActorRotation();
    NewRotation.Pitch += CameraInput.Y;
    NewRotation.Yaw += CameraInput.X;

    APlayerController* MyPlayerController = Cast<APlayerController>(GetControl
ler());
    if (MyPlayerController != nullptr)
```

```
    {
      MyPlayerController->AddYawInput(CameraInput.X);
      MyPlayerController->AddPitchInput(CameraInput.Y);
    }
    SetActorRotation(NewRotation);
  }
}
```

18. 다음의 #include를 추가한다.

```
#include "InventoryCharacter.h"
#include "GameFramework/CharacterMovementComponent.h"
```

19. 코드를 컴파일하고 편집기에서 테스트한다. 새로운 레벨을 만들고 몇 개의 InventoryActor 인스턴스를 씬에 끌어다 놓는다.

20. 현재 게임 모드를 재정의하는 방법에 대한 힌트가 필요하다면 'SpawnActor를 사용해 액터 인스턴스화하기' 레시피를 참고하길 바란다. 다음 코드를 해당 레시피의 게임 모드 생성자에게 추가한 다음 레벨의 GameMode를 해당 레시피에서 만든 것으로 설정한다.

```
#include "Chapter_04GameModeBase.h"
#include "InventoryCharacter.h"

AChapter_04GameModeBase::AChapter_04GameModeBase()
{
  DefaultPawnClass = AInventoryCharacter::StaticClass();
}
```

21. 물론 GameMode의 .h 파일도 업데이트가 필요하다.

```
UCLASS()
class CHAPTER_04_API AChapter_04GameModeBase : public
AGameModeBase
{
  GENERATED_BODY()
  AChapter_04GameModeBase();
```

```
};
```

22. 프로젝트를 컴파일하고 시작한다. 아무런 문제가 없다면 아이템 위로 걸어갈 때 해당 아이템을 주울 수 있을 것이다.

23. 그런 다음, DropItem에 할당된 키를 누르면 아이템을 내려놓을 수 있다.

예제 분석

새 컴포넌트는 포인터 형태로 액터 배열을 갖고 있으며 아이템을 배열에 추가하거나 삭제하는 함수도 선언하고 있다. 이 함수는 단순한 TArray의 추가/삭제 함수를 감싼 형태이지만, 추가적으로 아이템을 저장하기 전에 배열이 지정된 크기 제한 이내에 있는지 검사하는 기능을 갖고 있다.

InventoryActor는 플레이어가 획득할 수 있는 모든 아이템에 사용할 수 있는 베이스 클래스다.

PickUp 함수에서는 액터를 픽업할 때 비활성화해야 한다. 그렇게 하려면 다음과 같은 작업이 필요하다.

- 액터 티킹^{ticking} 비활성화
- 액터 감추기
- 충돌 비활성화

이를 위해 사용할 함수는 SetActorTickEnabled, SetActorHiddenInGame, SetActorEnable Collision이다.

PutDown 함수는 이와 반대되는 기능을 갖는다. 액터 티킹을 활성화하고, 액터를 감추지 않고, 충돌 검사를 다시 켠다. 그리고 액터를 원하는 위치로 이동시킨다.

우리는 아이템을 가져가는 기능뿐만 아니라 새로운 캐릭터에 InventoryComponent를 추가한다.

캐릭터의 생성자에서는 InventoryComponent의 기본 하위 오브젝트를 생성한다. 또한 캐릭터가 다른 액터와 충돌했을 때 알림을 받기 위해 NotifyHit 재정의를 추가한다.

이 함수 안에서 다른 액터를 InventoryActor에 캐스팅한다. 캐스팅에 성공한다면, Actor가 InventoryActor라는 사실을 알게 될 것이며 TakeItem 함수를 호출할 수 있다.

TakeItem 함수에서는 인벤토리 아이템 액터에게 아이템을 주울 것임을 알린 후 인벤토리에 추가한다.

InventoryCharacter의 마지막 기능은 DropItem 함수다. 이 함수는 인벤토리에 어떤 아이템이 있는지 확인한다. 만일 어떤 아이템을 갖고 있다면, 그 아이템을 우리의 인벤토리에서 제거한 후에 플레이어 캐릭터 앞에서 안전한 거리를 계산하고 아이템을 떨어뜨린다.

그런 다음, 월드상에 원하는 아이템을 배치한다는 사실을 아이템에 알린다.

참고 사항

- 5장, '이벤트와 델리게이트 처리'에서는 엔진 내에서 어떻게 이벤트와 입력 처리를 함께 다루는지를 이번 레시피에서 언급한 SimpleCharacter 클래스와 함께 자세히 설명한다.
- 6장, '입력과 충돌'에서는 입력 동작과 각 축의 연동을 설명하는 레시피를 다룬다.

OrbitingMovement 컴포넌트 생성

이 컴포넌트는 해당 컴포넌트에 종속된 컴포넌트가 특정 방식으로 이동하도록 설계했다는 점에서 RotatingMovementComponent와 유사하다. 이 경우에는 고정된 지점 주변의 궤도에 부착된 모든 컴포넌트를 고정된 거리에서 이동시킨다.

좋은 예로, 액션 RPG에서 캐릭터 주위를 빙빙 도는 보호막 등을 표현하는 데 이 기능을 사용할 수도 있다.

예제 구현

1. OrbitingMovementComponent라는 새로운 SceneComponent 서브클래스를 생성한다.

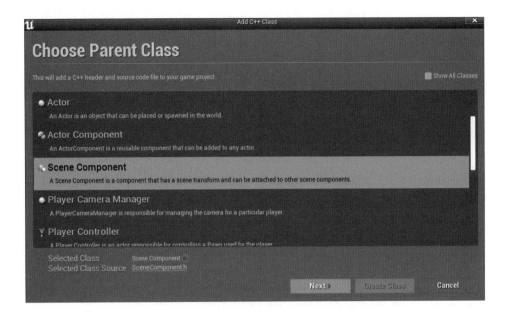

2. 다음 속성을 클래스 선언에 추가한다.

```
UCLASS( ClassGroup=(Custom),
meta=(BlueprintSpawnableComponent) )
class CHAPTER_04_API UOrbitingMovementComponent : public USceneComponent
{
  GENERATED_BODY()

public:
    // 이 컴포넌트 속성의 기본값을 설정한다
    UOrbitingMovementComponent();

    UPROPERTY()
    bool RotateToFaceOutwards;
    UPROPERTY()
    float RotationSpeed;

    UPROPERTY()
    float OrbitDistance;

    float CurrentValue;
```

```
protected:
    // 게임이 시작될 때 호출됨
    virtual void BeginPlay() override;

public:
    // 프레임마다 호출됨
    virtual void TickComponent(float DeltaTime, ELevelTick TickType,
FActorComponentTickFunction* ThisTickFunction) override;
```

3. 다음 코드를 생성자에 추가한다.

```
// 이 컴포넌트 속성의 기본값을 설정한다
UOrbitingMovementComponent::UOrbitingMovementComponent()
{
    // 게임이 시작될 때 이 컴포넌트를 초기화하고 프레임마다 틱을 발생시킨다
    // 틱 기능이 필요하지 않다면 기능을 꺼서 성능을 개선할 수 있다
    PrimaryComponentTick.bCanEverTick = true;
    // ...
    RotationSpeed = 5;
    OrbitDistance = 100;
    CurrentValue = 0;
    RotateToFaceOutwards = true;
}
```

4. 다음 코드를 TickComponent 함수에 추가한다.

```
// 프레임마다 호출됨
void UOrbitingMovementComponent::TickComponent(float DeltaTime, ELevelTick
TickType, FActorComponentTickFunction* ThisTickFunction)
{
    Super::TickComponent(DeltaTime, TickType, ThisTickFunction);

    // ...
    float CurrentValueInRadians =
        FMath::DegreesToRadians<float>(CurrentValue);

    SetRelativeLocation(
        FVector(OrbitDistance * FMath::Cos(CurrentValueInRadians), OrbitDistance
* FMath::Sin(CurrentValueInRadians), RelativeLocation.Z) );
```

```
if (RotateToFaceOutwards)
{
  FVector LookDir = (RelativeLocation).GetSafeNormal();
  FRotator LookAtRot = LookDir.Rotation();
  SetRelativeRotation(LookAtRot);
}

CurrentValue = FMath::Fmod(CurrentValue + (RotationSpeed * DeltaTime), 360);
}
```

5. 간단한 Actor 블루프린트를 만들어서 이 컴포넌트를 테스트할 수 있다.

6. Actor에 OrbitingMovement 컴포넌트를 추가하고 Cube 컴포넌트를 사용해 몇 개의 메시를 추가한 후 이를 Components 패널로 끌어다 놓아 OrbitingMovement가 부모가 되도록 한다. 결과 계층 구조는 다음과 같다.

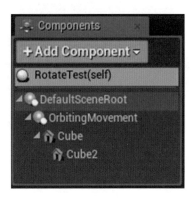

7. 확신이 들지 않는 내용이 있다면 '커스텀 액터 컴포넌트 생성' 레시피를 참고하길 바란다.

8. Actor의 중심 주변을 빙빙 도는 메시를 확인하기 위해 플레이해보자.

예제 분석

컴포넌트에 추가된 속성들은 기본 파라미터로 컴포넌트의 원형 모션을 커스터마이즈할 때 사용한다.

RotateToFaceOutwards는 컴포넌트가 중앙과 반대편을 항상 바라보도록 할 것인지를 결정한다. RotationSpeed는 초당 회전하는 각도를 결정한다.

OrbitDistance는 회전체와 원점 간의 거리를 정의한다. CurrentValue는 각도 단위로 계산한 현재 회전 값이다.

생성자 내에서 새 컴포넌트를 위한 기본값을 정의한다. TickComponent 함수 내에서 컴포넌트의 위치와 회전 값을 계산한다.

다음 단계의 공식은 각도를 도^{degree}가 아닌 라디안^{radian}으로 표현할 것을 요구한다. 라디안은 π로 각도를 표현한다. 우선 DegreesToRadians 함수를 사용해 도 단위의 현재 값을 라디안으로 변환한다.

SetRelativeLocation 함수는 원형 이동을 위한 일반적인 수식으로 $Pos(\theta) = cos(\theta\ in\ radians),\ sin(\theta\ in\ radians)$를 사용한다. z축 위치는 그대로 유지한다.

다음 단계로 RotateToFaceOutwards가 참이면 오브젝트를 원점의 반대편으로 회전시킨다. 컴포넌트의 상대적 오프셋을 부모로부터 가져오고 부모가 상대적 오프셋으로 가리키는 벡터에 기초해 회전자^{rotator}를 만드는 것을 포함한다. 그런 다음 상대적인 회전을 결과 회전자로 설정한다.

마지막으로, 각도 단위로 현재 값을 증가시켜서 초당 RotationSpeed 단위만큼 이동하게 함으로써, 0도에서 360도까지 반복해 회전하게 한다.

유닛을 생산하는 건물 생성

이번 레시피에서는 특정 위치에서 일정한 시간 간격으로 유닛을 소환하는 건물을 만들어본다.

1. 편집기에서 새 Actor 서브클래스를 만들고 이름을 Barracks로 정한다.

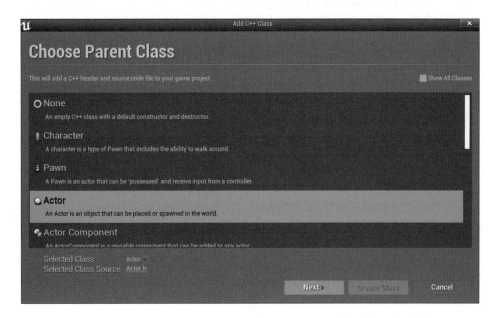

2. 이어서 다음 구현을 클래스에 추가한다.

```
UCLASS()
class CHAPTER_04_API ABarracks : public AActor
{
  GENERATED_BODY()
public:
  // 액터 속성의 기본값을 설정
  ABarracks();

protected:
  // 게임이 시작되거나 생성될 때 호출됨
  virtual void BeginPlay() override;

public:
  // 프레임마다 호출됨
```

```cpp
virtual void Tick(float DeltaTime) override;

UPROPERTY()

UStaticMeshComponent* BuildingMesh;

UPROPERTY()
UParticleSystemComponent* SpawnPoint;
UPROPERTY()
UClass* UnitToSpawn;
UPROPERTY()
float SpawnInterval;
UFUNCTION()
void SpawnUnit();
UFUNCTION()
void EndPlay(const EEndPlayReason::Type EndPlayReason) override; UPROPERTY()
FTimerHandle SpawnTimerHandle;
};
```

3. 다음 코드를 생성자에 추가한다.

```cpp
#include "Barracks.h"
#include "Particles/ParticleSystemComponent.h"
#include "BarracksUnit.h"

// 기본값 설정
ABarracks::ABarracks()
{
    // 이 액터가 프레임마다 Tick()을 호출하도록 설정
    // 필요하지 않다면 기능을 꺼서 성능을 높일 수 있다
    PrimaryActorTick.bCanEverTick = true;

    BuildingMesh =
        CreateDefaultSubobject<UStaticMeshComponent>("BuildingMesh");

    SpawnPoint =
        CreateDefaultSubobject<UParticleSystemComponent>("SpawnPoint");

    SpawnInterval = 10;
```

```
  auto MeshAsset =
    ConstructorHelpers::FObjectFinder<UStaticMesh>(
      TEXT("Static Mesh'/Engine/BasicShapes/Cube.Cube'"));

  if (MeshAsset.Object != nullptr)
  {
    BuildingMesh->SetStaticMesh(MeshAsset.Object);
  }

  auto ParticleSystem = ConstructorHelpers::FObjectFinder<UParticleSystem>
(TEXT("ParticleSystem'/Engine/Tutorial/SubEditors/TutorialAssets/
TutorialParticleSystem.TutorialParticleSystem'"));
  if (ParticleSystem.Object != nullptr)
  {
    SpawnPoint->SetTemplate(ParticleSystem.Object);
  }

  SpawnPoint->SetRelativeScale3D(FVector(0.5, 0.5, 0.5));
  UnitToSpawn = ABarracksUnit::StaticClass();
}
```

현재 생성된 BarracksUnit 클래스가 없어서 비주얼 스튜디오가 에러를 낼 것이
다. Barracks 클래스를 마무리하는 대로 바로 구현을 추가해본다.

4. 다음 코드를 BeginPlay 함수에 추가한다.

```
// 게임이 시작되거나 생성될 때 호출됨
void ABarracks::BeginPlay()
{
  Super::BeginPlay();

  RootComponent = BuildingMesh;
  SpawnPoint->AttachTo(RootComponent);
  SpawnPoint->SetRelativeLocation(FVector(150, 0, 0));
  GetWorld()->GetTimerManager().SetTimer(SpawnTimerHandle,
  this, &ABarracks::SpawnUnit, SpawnInterval, true);
}
```

5. SpawnUnit 함수의 구현을 생성한다.

```
void ABarracks::SpawnUnit()
{
  FVector SpawnLocation = SpawnPoint->GetComponentLocation();
  GetWorld()->SpawnActor(UnitToSpawn, &SpawnLocation);
}
```

6. 재정의된 EndPlay 함수를 구현한다.

```
void ABarracks::EndPlay(const EEndPlayReason::Type EndPlayReason)
{
  Super::EndPlay(EndPlayReason);
  GetWorld()->GetTimerManager().ClearTimer(SpawnTimerHandle);
}
```

7. 이어서 새 캐릭터 서브클래스인 BarracksUnit과 속성 하나를 추가한다.

```
UPROPERTY()
UParticleSystemComponent* SpawnPoint;
```

8. UParticleSystemComponent 클래스에 접근하기 위해 #include를 추가해야 한다.

```
#include "Particles/ParticleSystemComponent.h"
```

9. 생성자 구현에서 컴포넌트를 초기화한다.

```
VisualRepresentation =
  CreateDefaultSubobject<UParticleSystemComponent>("SpawnPoin t");auto
ParticleSystem = ConstructorHelpers::FObjectFinder<UParticleSystem>(TEXT("Pa
rticleSystem'/Engine/Tutorial/SubEditors/TutorialAssets/Tut
orialParticleSystem.TutorialParticleSystem'"));

if (ParticleSystem.Object != nullptr)
{
  SpawnPoint->SetTemplate(ParticleSystem.Object);
}
```

```
SpawnPoint->SetRelativeScale3D(FVector(0.5, 0.5, 0.5));
SpawnCollisionHandlingMethod =
    ESpawnActorCollisionHandlingMethod::AlwaysSpawn;
```

10. 루트 컴포넌트에 시각화 표현을 연결한다.

```
void ABarracksUnit::BeginPlay()
{
  Super::BeginPlay();
  SpawnPoint->AttachTo(RootComponent);
}
```

11. 마지막으로 다음을 Tick 함수에 추가해 소환된 액터를 이동시킨다.

```
SetActorLocation(GetActorLocation() + FVector(10, 0, 0));
```

12. 프로젝트를 컴파일한다. 레벨에 배럭스barracks 액터의 사본을 배치하면, 일정
    한 주기로 캐릭터를 소환하는 모습을 확인할 수 있다.
    모두 다 잘 진행되면, Barracks 오브젝트를 월드로 끌어다 놓고 게임을 플레이
    할 수 있다. 플레이를 하면 BarracksUnit 오브젝트가 단일 지점에 소환된 후 일
    정한 방향으로 이동하는 모습을 확인할 수 있다.

일단 배럭스 액터를 생성했고 파티클 시스템 컴포넌트를 추가해 어디서 새 유닛이 소환되는지를 표현했으며, 스태틱 메시를 사용해 건물을 시각적으로 표현했다.

생성자에서는 컴포넌트를 초기화하고 FObjectFinder를 사용해 값을 설정했다. 또한 클래스 타입으로부터 UClass* 인스턴스를 가져오고자 StaticClass 함수를 사용해 클래스를 소환하도록 설정했다.

배럭스의 BeginPlay 함수에서는 일정한 시간 간격으로 SpawnUnit 함수를 호출하는 타이머를 생성했다. 이 타이머 핸들을 클래스 멤버 변수에 저장해 인스턴스가 파괴될 때 타이머가 멈추도록 했다. 이렇게 하지 않으면, 타이머는 계속 동작하게 되고 오브젝트 포인터의 참조가 깨지면서 크래시가 발생할 것이다.

SpawnUnit 함수는 SpawnPoint 오브젝트의 월드 공간 위치를 가져온 후 월드의 해당 위치에 유닛 클래스의 인스턴스를 소환하도록 요청한다.

BarracksUnit은 소환된 각 유닛이 다음 유닛의 소환을 위한 공간을 확보해주고자 프레임마다 10 유닛씩 전진하는 Tick() 함수를 갖고 있다.

EndPlay 함수 재정의는 함수의 상위 클래스 구현을 호출하는데, 상위 클래스에서 취소하거나 초기화를 취소할 타이머가 있는 경우에 중요하다. 그런 다음 BeginPlay에 저장된 타이머 핸들을 사용해 타이머를 취소한다.

이벤트와 델리게이트 처리

다음은 5장에서 다룰 내용이다.

- 가상^{virtual} 함수로 구현된 이벤트 처리
- UFUNCTION에 바인딩된 델리게이트 생성
- 델리게이트 등록 해제
- 입력 파라미터를 받는 델리게이트 생성
- 델리게이트 바인딩으로 페이로드^{payload} 데이터 전달
- 멀티캐스트^{multicast} 델리게이트 생성
- 커스텀 이벤트 생성
- 시간 핸들러 생성
- 1인칭 슈팅 게임^{First Person Shooter}(FPS) 게임을 위한 재소환 픽업 생성

소개

언리얼은 이벤트를 사용해 효율적인 방식으로 게임 월드에서 벌어진 일을 오브젝트에 알린다. 이벤트와 델리게이트는 클래스 커플링^{class coupling}을 최소화하는 형태로 알림을 전달하는 데 유용하며, 임의의 클래스가 알림을 구독할 수 있도록 허용한다.

기술적 요구 사항

5장에서는 언리얼 엔진 4를 사용하며 비주얼 스튜디오 2017을 통합 개발 환경(IDE)으로 사용한다. 이 두 소프트웨어를 설치하는 방법은 1장, 'UE4 개발 도구'에서 다뤘다.

가상 함수로 구현된 이벤트 처리

언리얼이 제공하는 일부 Actor와 컴포넌트 클래스는 가상 함수 형태의 이벤트 핸들러를 포함한다. 이번 레시피에서는 해당 가상 함수를 재정의함으로써 핸들러를 커스터마이즈하는 방법을 설명한다.

예제 구현

1. 편집기에서 빈 Actor를 생성하고, 이름은 MyTriggerVolume으로 정한다.

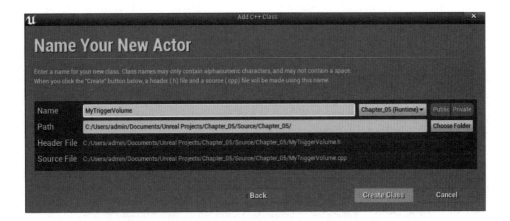

2. 다음 코드를 클래스 핸들러에 추가한다.

```
UPROPERTY()
UBoxComponent* TriggerZone;

UFUNCTION()
virtual void NotifyActorBeginOverlap(AActor* OtherActor) override;

UFUNCTION()
virtual void NotifyActorEndOverlap(AActor* OtherActor) override;
```

3. 기존 프로젝트에 없던 클래스를 참조하므로 #include를 추가해야 한다.

```
#include "CoreMinimal.h"
#include "GameFramework/Actor.h"
#include "Components/BoxComponent.h"
#include "MyTriggerVolume.generated.h"
```

.generated.h 파일 위에 추가해야 한다는 것을 기억해두자.

4. BoxComponent를 생성하기 위해 다음 스크립트를 생성자에 추가한다. 이는 이 벤트를 발생시킬 것이다.

```cpp
// 기본값 설정
AMyTriggerVolume::AMyTriggerVolume()
{
    // 이 액터가 프레임마다 Tick()을 호출하도록 설정
    // 필요하지 않다면 기능을 꺼서 성능을 개선할 수 있다
    PrimaryActorTick.bCanEverTick = true;

    // 인스턴스를 위한 새 컴포넌트를 만들고 초기화한다
    TriggerZone = CreateDefaultSubobject<UBoxComponent>("TriggerZone");
    TriggerZone->SetBoxExtent(FVector(200, 200, 100));
}
```

5. 앞에 추가한 함수의 구현을 .cpp 파일에 추가한다.

```cpp
void AMyTriggerVolume::NotifyActorBeginOverlap(AActor* OtherActor)
{
    auto Message = FString::Printf(TEXT("%s entered me"),
                    *(OtherActor->GetName()));

    GEngine->AddOnScreenDebugMessage(-1, 1, FColor::Red, Message);
}

void AMyTriggerVolume::NotifyActorEndOverlap(AActor* OtherActor)
{
    auto Message = FString::Printf(TEXT("%s left me"),
                    *(OtherActor->GetName()));

    GEngine->AddOnScreenDebugMessage(-1, 1, FColor::Red, Message);
}
```

6. 프로젝트를 컴파일하고 MyTriggerActor의 인스턴스를 레벨에 배치한다.

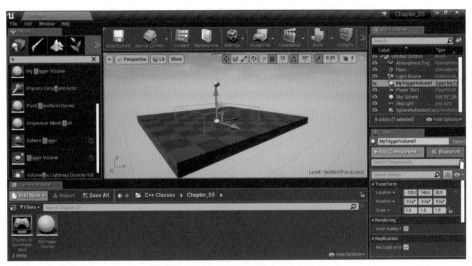

레벨에 배치한 트리거 볼륨(Trigger Volume)

오브젝트 주변에서 선들을 볼 수 있는데, 이는 어디서 충돌이 발생하는지를 표시한다. 필요하다면 원하는 주변 위치로 이동하거나 속성들을 수정해도 된다.

7. 그런 다음, 오버랩/터치 이벤트가 볼륨 안으로 걸어 들어가는 것에 의해 처리되는지 확인하고 화면에 출력된 내용을 살펴본다.

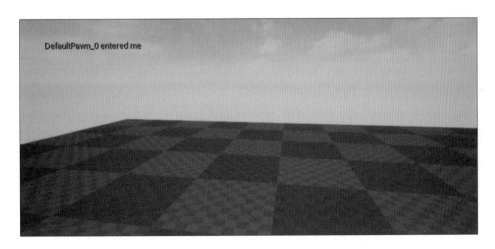

늘 그랬던 것처럼, 컴포넌트 서브오브젝트의 참조를 들고 있기 위해 UPROPERTY를 선언한다. 그런 다음, UFUNCTION 선언을 한다. 이들은 virtual과 override로 표시돼 있어 컴파일러는 부모의 구현을 교체하고자 한다는 것을 이해하고 있으며, 함수를 구현하면 교체된다.

해당 오브젝트의 생성자에서 CreateDefaultSubobject 함수를 사용해 서브오브젝트를 생성한다. 그런 다음, 원하는 상자의 크기 X, Y, Z를 담고 있는 FVector를 사용해 SetBoxExtent 함수로 상자의 크기를 설정한다.

함수를 구현할 때, 일부 사전 설정 텍스트로 FString을 생성하고 FString::Printf 함수를 사용해 일부 데이터 파라미터를 변경했다. Actor->GetName() 함수는 FString을 반환하며 FString::Printf로 전달되기 전에 * 연산자를 사용해 참조하는 값을 값으로 변경했다. 이렇게 하지 않으면 에러가 발생한다.

그럼 다음, FString은 전역 엔진 함수인 AddOnScreenDebugMessage로 전달돼 화면에 정보를 표시한다.

첫 번째 인자 -1은 문자열 겹침을 허용한다는 것을 의미하고, 두 번째 인자는 메시지를 보여줄 시간을 초 단위로 정의한다. 세 번째 인자는 색상이며, 네 번째 인자는 실제 출력할 문자열이다. 물론 별도의 변수로 메시지를 만들지 않아도 되지만, 코드를 읽기가 훨씬 어려워지니 가급적 별도의 변수로 문자열을 정의하자.

이제 액터의 컴포넌트가 무엇인가와 겹치면 UpdateOverlaps 함수가 NotifyActorBeginOverlap을 호출하고, 가상 함수는 커스텀 구현을 호출할 것이다.

언리얼 문서는 모든 내장 클래스가 갖고 있는 변수와 함수의 정보를 담고 있다. 예를 들어 Actor 클래스는 https://api.unrealengine.com/INT/API/Runtime/Engine/ GameFramework/AActor/index.html에 있으며 다음 스크린샷과 같다.

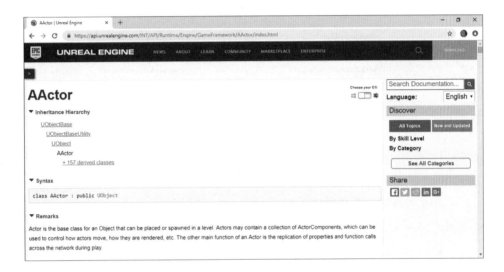

이번 레시피에서 사용한 함수로 스크롤을 내리면 추가적인 정보를 확인할 수 있다. Ctrl + F를 사용하면 개별 항목을 쉽게 찾을 수 있다.

가장 왼쪽에 있는 탭에서 파란색 원 안에 V 표시가 있는 아이콘을 볼 수 있다. 이는 해당 함수가 가상 함수이며 재정의 가능하다는 것을 의미한다. 아직 살펴보지 못했다면 이미 접했던 모든 이벤트를 둘러보는 것도 좋은 생각이다.

UFUNCTION에 바인딩된 델리게이트 생성

포인터는 런타임에 지정할 수 있고 가리키는 메모리 주소를 바꿀 수 있다는 점에서 매우 유용하다. 표준 타입 외에 함수에 대한 포인터도 생성할 수 있지만, 여러 이유로 안전하지는 않다. 델리게이트는 훨씬 안전한 함수 포인터이며, 어떤 함수가 할당되는지 그 함수가 호출되는 순간까지 알지 못한 상태에서 유연하게 함수를 호출할 수 있다. 이런 유연함은 정적 함수 대신 델리게이트를 선호하는 핵심적인 이유다. 이번 레시피에서는 델리게이트를 실행할 때 UFUNCTION을 델리게이트에 연결하는 방법을 알려준다.

MyTriggerVolume 클래스를 생성하기 위해 이전 레시피를 잘 따라왔는지 확인하자. 이를 델리게이트 호출에 사용할 것이다.

1. 언리얼 프로젝트의 GameMode 헤더 내에서 클래스 선언 앞부분에 다음 매크로를 사용해 델리게이트를 선언한다.

```
DECLARE_DELEGATE(FStandardDelegateSignature)
UCLASS()
class CHAPTER_05_API AChapter_05GameModeBase : public AGameModeBase
```

2. 게임 모드에 새로운 멤버를 추가한다.

```
DECLARE_DELEGATE(FStandardDelegateSignature)
UCLASS()
class CHAPTER_05_API AChapter_05GameModeBase : public AGameModeBase
{
  GENERATED_BODY()

public:
  FStandardDelegateSignature MyStandardDelegate;
};
```

3. DelegateListener라는 새 Actor 클래스를 생성한다.

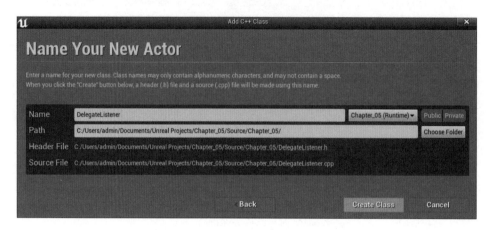

4. 해당 클래스의 선언에 다음을 추가한다.

```
UFUNCTION()
void EnableLight();

UPROPERTY()
UPointLightComponent* PointLight;
```

5. 스크립트는 UPointLightComponent 클래스를 알지 못하므로 다음의 #include를 generated.h 파일 위에 추가해야 한다.

```
#include "CoreMinimal.h"
#include "GameFramework/Actor.h"
#include "Components/PointLightComponent.h"
#include "DelegateListener.generated.h"
```

6. 클래스 구현 .cpp 파일에서 다음 볼드체 코드를 생성자에 추가한다.

```
ADelegateListener::ADelegateListener()
{
    // 이 액터가 Tick()을 프레임마다 호출하도록 설정한다
    // 필요하지 않다면 기능을 꺼서 성능을 개선할 수 있다
```

```
PrimaryActorTick.bCanEverTick = true;

// 점 광원을 생성
PointLight = CreateDefaultSubobject<UPointLightComponent>("PointLight");
RootComponent = PointLight;

// 나중에 코드로 켤 수 있도록 시작할 때 끈다
PointLight->SetVisibility(false);

// 잘 보이도록 파란색으로 설정한다
PointLight->SetLightColor(FLinearColor::Blue);
}
```

7. ADelegateListener::BeginPlay 구현에 다음 코드를 추가한다.

```
void ADelegateListener::BeginPlay()
{
  Super::BeginPlay();

  UWorld* TheWorld = GetWorld();
  if (TheWorld != nullptr)
  {
    AGameModeBase* GameMode = UGameplayStatics::GetGameMode(TheWorld);

    AChapter_05GameModeBase * MyGameMode =
      Cast<AChapter_05GameModeBase>(GameMode);

    if (MyGameMode != nullptr)
    {
      MyGameMode->MyStandardDelegate.BindUObject(this,
                          &ADelegateListener::EnableLight);
    }
  }
}
```

8. 스크립트가 DelegateListener.cpp 내의 UGameplayStatics 클래스나 GameMode
   를 알지 못하므로 다음 #include를 추가한다.

```
#include "DelegateListener.h"
#include "Chapter_05GameModeBase.h"
#include "Kismet/GameplayStatics.h"
```

9. 마지막으로 EnableLight를 구현한다.

```
void ADelegateListener::EnableLight()
{
  PointLight->SetVisibility(true);
}
```

10. 다음 코드를 TriggerVolume의 NotifyActorBeginOverlap 함수에 추가한다.

```
void AMyTriggerVolume::NotifyActorBeginOverlap(AActor* OtherActor)
{
  auto Message = FString::Printf(TEXT("%s entered me"),
                   *(OtherActor->GetName()));

  GEngine->AddOnScreenDebugMessage(-1, 1, FColor::Red, Message);

  // 델리게이트를 호출한다
  UWorld* TheWorld = GetWorld();

  if (TheWorld != nullptr)
  {
    AGameModeBase* GameMode =
      UGameplayStatics::GetGameMode(TheWorld);
    AChapter_05GameModeBase * MyGameMode =
      Cast<AChapter_05GameModeBase>(GameMode);

    if(MyGameMode != nullptr)
    {
      MyGameMode->MyStandardDelegate.ExecuteIfBound();
    }
  }
}
```

11. 앞에서 했던 것처럼, 다음 코드를 CPP 파일에 추가해 컴파일러가 해당 클래스를 사용하기 전에 미리 인지하도록 해야 한다.

```
#include "MyTriggerVolume.h"
#include "Chapter_05GameModeBase.h"
#include "Kismet/GameplayStatics.h"
```

12. 게임을 컴파일한다. 게임 모드가 현재 레벨(잘 모르겠다면 4장, '액터와 컴포넌트'의 'SpawnActor를 사용해 액터 인스턴스화하기' 레시피를 참고한다.)로 설정됐는지 확인하고, MyTriggerVolume의 사본을 레벨로 끌어다 놓는다. 또한 DelegateListener의 사본을 레벨로 끌어내어 게임을 할 때 빛을 볼 수 있도록 바닥 위에 약 100개의 유닛을 배치한다.

바닥 위에 놓인 DelegateListener

13. Play를 누르고 트리거 볼륨으로 덮인 지역을 걸어가면, DelegateListener에 추가한 PointLight 컴포넌트가 켜지는 것을 확인할 수 있다.

예제 분석

GameMode 헤더 내에서 아무런 파라미터도 필요로 하지 않는 델리게이트 FStandardDele gateSignature를 선언했다. 그런 다음 GameModeBase 클래스의 멤버로 델리게이트 인스턴스를 생성했다.

델리게이트가 실행되고 있는 모습을 시각적으로 표현해 나중에 켤 수 있도록 Delegate Listener의 내부에 PointLight 컴포넌트를 추가한다. 생성자에서는 PointLight를 초기화한 다음 비활성화한다. 좀 더 쉽게 볼 수 있도록 색도 파란색으로 바꾼다.

BeginPlay를 재정의한다. 우선 부모 클래스의 BeginPlay() 구현을 호출한다. 그런 다음 게임 월드를 얻고 GetGameMode()를 사용해 GameMode 클래스를 가져온다. AGameMode*를 GameMode 클래스의 포인터에 캐스팅하려면 Cast 템플릿 함수를 사용해야 한다. 그런 다음 GameMode의 델리게이트 인스턴스 멤버에 접근해 EnableLight 기능을 델리게이트에 바인딩함으로써 델리게이트가 실행될 때 호출되도록 할 수 있다. 이 경우에는 UFUNCTION()에 바인딩하므로 BindUObject를 사용한다.

C++ 클래스 함수에 바인딩하고 싶다면 `BindRaw`를 사용하면 된다. 또한 정적 함수에 연결하고 싶다면 `BindStatic()`을 사용하면 된다. 이들을 사용한다면, 오브젝트가 소멸될 때 수동으로 언바인딩을 해줘야 하므로 많은 주의가 필요하다. 이는 C++의 메모리 할당 및 해제와 같은 원리다. UE4 환경에서는 가능하면 `UObject`를 사용하는 것이 일반적인 규칙이며, 이로써 골치 아픈 일을 많이 줄일 수 있다.

`TriggerVolume`이 플레이어와 겹치면 `GameMode`를 가져와 델리게이트의 `ExecuteIfBound`를 호출한다. `ExecuteIfBound`는 델리게이트에 바인딩된 함수가 있는지 검사한 후 호출한다. `EnableLight` 함수는 델리게이트 오브젝트에 의해 호출될 때 `PointLight` 컴포넌트를 활성화한다.

참고 사항

- 다음 레시피 '델리게이트 등록 해제'는 델리게이트를 호출하기 전에 리스너 Listener가 파괴될 경우 델리게이트의 바인딩을 안전하게 등록 해제하는 방법을 설명한다.

ⓘ 델리게이트와 관련한 추가 옵션을 배우고 싶다면 https://docs.unrealengine.com/en-us/Programming/UnrealArchitecture/Delegates를 참고하길 바란다.

델리게이트 등록 해제

종종 델리게이트 바인딩을 제거해야 할 때가 있다. 이는 지워진 오브젝트를 더 이상 참조하지 않도록 함수 포인터를 `nullptr`로 설정하는 것과 비슷하다.

델리게이트 등록 해제를 위해 이전 레시피를 따라가야 한다.

1. DelegateListener 클래스에 다음 재정의 함수 선언을 추가한다.

```
UFUNCTION()
virtual void EndPlay(const EEndPlayReason::Type EndPlayReason) override;
```

2. 다음과 같이 함수를 구현한다.

```
void ADelegateListener::EndPlay(const EEndPlayReason::Type EndPlayReason)
{
  Super::EndPlay(EndPlayReason);
  UWorld* TheWorld = GetWorld();

  if (TheWorld != nullptr)
  {
    AGameModeBase* GameMode =
      UGameplayStatics::GetGameMode(TheWorld);

    AChapter_05GameModeBase * MyGameMode =
      Cast<AChapter_05GameModeBase>(GameMode);

    if (MyGameMode != nullptr)
    {
      MyGameMode->MyStandardDelegate.Unbind();
    }
  }
}
```

이번 레시피는 앞서 살펴본 5장의 두 가지 레시피를 결합한 것이다. 가상 함수로 구현한 이벤트인 EndPlay를 재정의해 DelegateListener가 플레이를 종료할 때 코드를 실행할 수 있다.

재정의 구현에서 델리게이트의 Unbind() 메서드를 호출하면 DelegateListener 인스턴스로부터 멤버 함수의 연결을 해제한다.

이 작업을 수행하지 않으면, 무효한 델리게이트가 포인터처럼 달려 있기 때문에 DelegateListener가 게임을 종료할 때 유효하지 않은 상태가 된다. BindUObject()를 사용하면 이런 대부분의 상황을 피하는 데 도움이 되며, 일부 운 나쁜 타이밍이 발생하면 오브젝트에 대한 호출이 파괴 대상으로 표시될 수 있다. BindUObject()를 사용하더라도 수동으로 델리게이트의 연결을 해제하는 것은 좋은 방법인데, 이는 이런 타이밍 문제가 버그를 만들 경우에 추적이 거의 불가능해지기 때문이다.

입력 파라미터를 받는 델리게이트 생성

지금까지 사용한 델리게이트는 입력 파라미터가 없는 형태였다. 이번 레시피는 델리게이트가 입력 파라미터를 받도록 변경하는 방법을 다룬다.

준비

TriggerVolumn을 생성하는 방법과 이번 레시피를 진행하는 데 필요한 각종 기반을 다룬 5장 앞부분의 레시피를 잘 진행했다고 가정한다.

1. GameMode에 새로운 델리게이트 선언을 추가한다.

```
DECLARE_DELEGATE(FStandardDelegateSignature)
DECLARE_DELEGATE_OneParam(FParamDelegateSignature, FLinearColor)

UCLASS()
class CHAPTER_05_API AChapter_05GameModeBase : public AGameModeBase
```

2. GameMode에 새 멤버를 추가한다.

```
DECLARE_DELEGATE(FStandardDelegateSignature)
DECLARE_DELEGATE_OneParam(FParamDelegateSignature, FLinearColor)

UCLASS()
class CHAPTER_05_API AChapter_05GameModeBase :
  public AGameModeBase
{
  GENERATED_BODY()

public:
  FStandardDelegateSignature MyStandardDelegate;

  FParamDelegateSignature MyParameterDelegate;
};
```

3. 새 Actor 클래스 ParamDelegateListener를 생성한다. 다음을 선언에 추가한다.

```
#pragma once

#include "CoreMinimal.h"
#include "GameFramework/Actor.h"
#include "Components/PointLightComponent.h"
#include "ParamDelegateListener.generated.h"

UCLASS()
```

```
class CHAPTER_05_API AParamDelegateListener : public AActor
{
  GENERATED_BODY()
public:
  // 이 액터 속성을 위한 기본값을 설정한다
  AParamDelegateListener();

  UFUNCTION()
  void SetLightColor(FLinearColor LightColor);

  UPROPERTY()
  UPointLightComponent* PointLight;

protected:
  // 게임이 시작되거나 생성될 때 호출됨
  virtual void BeginPlay() override;

public:
  // 프레임마다 호출됨
  virtual void Tick(float DeltaTime) override;
};
```

4. 클래스 구현에서 다음을 생성자에 추가한다.

```
// 기본값을 설정한다
AParamDelegateListener::AParamDelegateListener()
{
  // 액터가 프레임마다 Tick()을 호출하도록 설정한다
  // 필요하지 않다면 기능을 꺼서 성능을 개선할 수 있다
  PrimaryActorTick.bCanEverTick = true;

  PointLight =
    CreateDefaultSubobject<UPointLightComponent>("PointLight"); RootComponent
= PointLight;
}
```

5. ParamDelegateListener.cpp 파일에 다음 #include를 추가한다.

```
#include "ParamDelegateListener.h"
#include "Chapter_05GameModeBase.h"
#include "Kismet/GameplayStatics.h"
```

6. AParamDelegateListener::BeginPlay 구현 내에서 다음 코드를 추가한다.

```cpp
// 게임이 시작되거나 생성될 때 호출됨
void AParamDelegateListener::BeginPlay()
{
  Super::BeginPlay();

  UWorld* TheWorld = GetWorld();

  if (TheWorld != nullptr)
  {
    AGameModeBase* GameMode =
      UGameplayStatics::GetGameMode(TheWorld);

    AChapter_05GameModeBase * MyGameMode =
      Cast<AChapter_05GameModeBase>(GameMode);

    if (MyGameMode != nullptr)
    {
      MyGameMode->MyParameterDelegate.BindUObject(this,
        &AParamDelegateListener::SetLightColor);
    }
  }
}
```

7. 마지막으로 SetLightColor를 구현한다.

```cpp
void AParamDelegateListener::SetLightColor(FLinearColor LightColor)
{
  PointLight->SetLightColor(LightColor);
}
```

8. TriggerVolume 내부에서 NotifyActorBeginOverlap 안에 다음 코드를 추가한다.

```cpp
void AMyTriggerVolume::NotifyActorBeginOverlap(AActor* OtherActor)
{
  auto Message = FString::Printf(TEXT("%s entered me"),
    *(OtherActor->GetName()));

  GEngine->AddOnScreenDebugMessage(-1, 1, FColor::Red, Message);

  // 델리게이트 호출
  UWorld* TheWorld = GetWorld();

  if (TheWorld != nullptr)
  {
    AGameModeBase* GameMode =
    UGameplayStatics::GetGameMode(TheWorld);
    AChapter_05GameModeBase * MyGameMode =
    Cast<AChapter_05GameModeBase>(GameMode);

    if(MyGameMode != nullptr)
    {
      MyGameMode->MyStandardDelegate.ExecuteIfBound();

      // 파라미터를 사용해 함수 호출
      auto Color = FLinearColor(1, 0, 0, 1);
      MyGameMode->MyParameterDelegate.ExecuteIfBound(Color);
    }
  }
}
```

9. 스크립트를 저장하고 언리얼 편집기로 돌아가서 코드를 컴파일한다. 씬에 MyTriggerVolume과 ParamDelegateListener 오브젝트를 추가하고 게임을 실행해 빛이 흰색으로 꺼진 상태에서 시작한 후, 충돌이 발생하면 빨간색으로 바뀌는 지 확인한다.

예제 분석

새로운 델리게이트는 선언에 약간 다른 매크로를 사용한다. DECLARE_DELEGATE_OneParam
의 접미사인 _OneParam을 참고하자. 예상했던 것처럼 파라미터의 타입을 명시해야 한
다. 파라미터를 사용하지 않는 델리게이트를 만들 때와 마찬가지로 GameMode 클래스의
멤버로 델리게이트의 인스턴스를 생성할 수 있다.

 델리게이트 시그니처(signature)는 글로벌 또는 클래스 범위를 가질 수 있지만, (설명서에 명
시된 것처럼) 함수 범위는 사용할 수 없다. 이에 대한 자세한 내용은 https://docs.unrealen
gine.com/en-US/Programming/UnrealArchitecture/Delegates에서 확인할 수 있다.

그런 다음 DelegateListener의 새로운 타입을 생성하는데, 이는 하나의 파라미터가 델
리게이트에 바인딩된 함수로 전달된다는 규칙을 갖는다. 델리게이트의 ExecuteIf
Bound() 메서드를 호출할 때는 함수 파라미터로 추가할 값을 전달해야 한다.

연결된 함수 내에서 파라미터를 사용해 빛의 색상을 설정한다. 이는 TriggerVolume이
ParamDelegateListener에 대해 아무것도 몰라도 된다는 것을 의미한다. 델리게이트를

사용해 두 클래스 간의 커플링을 최소화할 수 있는 것이다.

참고 사항

- '델리게이트 등록 해제' 레시피는 델리게이트를 호출하기 전에 리스너가 파괴될 경우 델리게이트의 바인딩을 안전하게 등록 해제하는 방법을 설명한다.

델리게이트 바인딩으로 페이로드 데이터 전달

최소한의 변경만으로 생성 시점에 파라미터를 델리게이트에 전달할 수 있다. 이번 레시피는 항상 델리게이트 호출의 매개변수로 전달될 데이터를 지정하는 방법을 설명한다. 데이터는 바인딩이 생성될 때 계산되며, 그 시점 이후에는 변경되지 않는다.

준비

이전 레시피를 잘 따라왔는지 확인하자. 지금부터는 이전 레시피의 기능을 확장해 생성 시점에 매개변수를 바인딩된 델리게이트 함수에 전달할 것이다.

예제 구현

1. `AParamDelegateListener::BeginPlay` 함수 내에서 `BindUObject`에 대한 호출을 다음과 같이 변경한다.

```
// 게임이 시작되거나 생성될 때 호출됨
void AParamDelegateListener::BeginPlay()
{
  Super::BeginPlay();

  UWorld* TheWorld = GetWorld();
```

```
    if (TheWorld != nullptr)
    {
      AGameModeBase* GameMode =
        UGameplayStatics::GetGameMode(TheWorld);

      AChapter_05GameModeBase * MyGameMode =
        Cast<AChapter_05GameModeBase> (GameMode);

      if (MyGameMode != nullptr)
      {
        MyGameMode->MyParameterDelegate.BindUObject(this,
          &AParamDelegateListener::SetLightColor, false);
      }
    }
}
```

2. ParamDelegateListener.h 파일 내에서 SetLightColor 선언을 다음과 같이 변경한다.

```
UCLASS()
class CHAPTER_05_API AParamDelegateListener : public AActor
{
  GENERATED_BODY()
public:
  // 이 액터 속성의 기본값 설정
  AParamDelegateListener();

  UFUNCTION()
  void SetLightColor(FLinearColor LightColor, bool EnableLight);

  UPROPERTY()
  UPointLightComponent* PointLight;

protected:
  // 게임이 시작되거나 생성될 때 호출됨
  virtual void BeginPlay() override;

public:
  // 프레임마다 호출됨
```

```
    virtual void Tick(float DeltaTime) override;
};
```

3. SetLightColor의 구현을 다음과 같이 변경한다.

```
void AParamDelegateListener::SetLightColor(FLinearColor
LightColor, bool EnableLight)
{
  PointLight->SetLightColor(LightColor);
  PointLight->SetVisibility(EnableLight);
}
```

4. 프로젝트를 컴파일하고 실행한다. TriggerVolume으로 걸어 들어갈 때 빛이 꺼지는 것을 확인할 수 있는데, 이는 false 페이로드 파라미터를 함수 바인딩 시점에 전달했기 때문이다.

예제 분석

함수를 델리게이트에 바인딩할 때는 약간의 추가 데이터를 지정한다(이 경우, 부울 값이 false). 이런 식으로 최대 네 개의 '페이로드' 변수를 전달할 수 있다. 이 파라미터는 사용한 DECLARE_DELEGATE_* 매크로에 파라미터가 선언된 후 함수에 적용된다.

추가 인자를 받을 수 있도록 델리게이트의 함수 시그니처를 변경한다.

함수 내에서 추가 인자를 사용해 빛을 켜거나 끈다. true 또는 false 값은 컴파일 시점에 결정한다.

ExecuteIfBound에 대한 호출을 변경할 필요는 없다. 델리게이트 시스템은 먼저 ExecuteIfBound를 통해 전달되는 델리게이트 파라미터를 자동으로 적용한다. 그런 다음 모든 페이로드 파라미터를 적용하는데, 이는 BindUObject에 대한 호출에서 함수 참조 후에 항상 지정된다.

- '델리게이트 등록 해제' 레시피는 델리게이트를 호출하기 전에 리스너가 파괴될 경우 델리게이트의 바인딩을 안전하게 등록 해제하는 방법을 설명한다.

멀티캐스트 델리게이트 생성

5장에서 지금까지 사용한 표준 델리게이트는 본질적으로 함수 포인터다. 하나의 특정 오브젝트 인스턴스에서 하나의 특정 함수를 호출할 수 있다. 멀티캐스트 델리게이트는 잠재적으로 여러 오브젝트에 있는 함수 포인터의 모음이며, 델리게이트가 브로드캐스트broadcast될 때 모두 호출된다.

준비

이번 레시피는 멀티캐스트 델리게이트를 브로드캐스트하는 데 사용하는 TriggerVolume을 생성하는 방법을 설명하므로, 5장의 초기 레시피인 '가상 함수로 구현된 이벤트 처리'를 제대로 진행한 것으로 가정하고 설명한다.

예제 구현

1. GameMode 헤더에 새로운 델리게이트를 선언한다.

```
DECLARE_DELEGATE(FStandardDelegateSignature)
DECLARE_DELEGATE_OneParam(FParamDelegateSignature, FLinearColor)
DECLARE_MULTICAST_DELEGATE(FMulticastDelegateSignature)

UCLASS()
class CHAPTER_05_API AChapter_05GameModeBase : public
AGameModeBase
{
```

```
  GENERATED_BODY()

public:
  FStandardDelegateSignature MyStandardDelegate;

  FParamDelegateSignature MyParameterDelegate;

  FMulticastDelegateSignature MyMulticastDelegate;
};
```

2. 새 Actor 클래스 MulticastDelegateListener를 생성한다. 다음을 선언에 추가한다.

```
#pragma once

#include "CoreMinimal.h"
#include "GameFramework/Actor.h"
#include "Components/PointLightComponent.h"
#include "MulticastDelegateListener.generated.h"

UCLASS()
class CHAPTER_05_API AMulticastDelegateListener : public
AActor
{
  GENERATED_BODY()
public:
  // 액터 속성의 기본값 설정
  AMulticastDelegateListener();

  UFUNCTION()
  void ToggleLight();

  UFUNCTION()
  virtual void EndPlay(const EEndPlayReason::Type EndPlayReason)
  override;

  UPROPERTY()
  UPointLightComponent* PointLight;
```

```
    FDelegateHandle MyDelegateHandle;

protected:
    // 게임이 시작되거나 생성될 때 호출됨
    virtual void BeginPlay() override;

public:
    // 프레임마다 호출됨
    virtual void Tick(float DeltaTime) override;
};
```

3. 클래스 구현에서 다음 코드를 생성자에 추가한다.

```
// 기본값 설정
AMulticastDelegateListener::AMulticastDelegateListener()
{
    // 이 액터가 프레임마다 Tick()을 호출하도록 함
    // 필요하지 않다면 이 기능을 꺼서 성능을 높일 수 있다
    PrimaryActorTick.bCanEverTick = true;

    PointLight = CreateDefaultSubobject<UPointLightComponent>("PointLight");
    RootComponent = PointLight;
}
```

4. MulticastDelegateListener.cpp 파일에서 다음의 #include를 추가한다.

```
#include "MulticastDelegateListener.h"
#include "Chapter_05GameModeBase.h"
#include "Kismet/GameplayStatics.h"
```

5. MulticastDelegateListener::BeginPlay 구현 내에서 다음 코드를 추가한다.

```
// 게임이 시작되거나 생성될 때 호출됨
void AMulticastDelegateListener::BeginPlay()
{
    Super::BeginPlay();
    UWorld* TheWorld = GetWorld();
```

```
    if (TheWorld != nullptr)
    {
      AGameModeBase* GameMode =
        UGameplayStatics::GetGameMode(TheWorld);

      AChapter_05GameModeBase * MyGameMode =
        Cast<AChapter_05GameModeBase> (GameMode);

      if (MyGameMode != nullptr)
      {
        MyDelegateHandle = MyGameMode->MyMulticastDelegate.AddUObject
        (this, &AMulticastDelegateListener::ToggleLight);
      }
    }
}
```

6. ToggleLight를 구현한다.

```
void AMulticastDelegateListener::ToggleLight()
{
  PointLight->ToggleVisibility();
}
```

7. EndPlay 재정의 함수를 구현한다.

```
void AMulticastDelegateListener::EndPlay (const
EEndPlayReason::Type EndPlayReason)
{
  Super::EndPlay(EndPlayReason);

  UWorld* TheWorld = GetWorld();

  if (TheWorld != nullptr)
  {
    AGameModeBase* GameMode =
      UGameplayStatics::GetGameMode(TheWorld);

    AChapter_05GameModeBase * MyGameMode =
      Cast<AChapter_05GameModeBase> (GameMode);
```

```
    if (MyGameMode != nullptr)
    {
        MyGameMode->MyMulticastDelegate.Remove(MyDelegateHandle);
    }
  }
}
```

8. 다음 코드를 TriggerVolume::NotifyActorBeginOverlap()에 추가한다.

```
MyGameMode->MyMulticastDelegate.Broadcast();
```

9. 프로젝트를 컴파일하고 불러온다. 레벨에서 GameMode를 설정한 후 4~5개 정
   도의 MulticastDelegateListener 인스턴스를 씬에 끌어다 놓는다.

10. TriggerVolume으로 걸어 들어가서 모든 MulticastDelegateListener가 빛의 상
    태를 토글하는지 살펴본다.

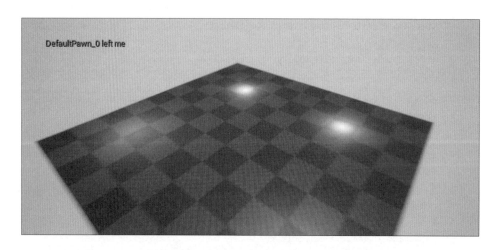

예제 분석

예상했겠지만, 명시적으로 선언할 델리게이트 타입은 표준 싱글 바인딩이 아닌 멀티
캐스트 델리게이트다. 새로운 Listener 클래스는 원래의 DelegateListener와 매우 비슷

하다. 가장 큰 차이점은 델리게이트 인스턴스의 참조를 FDelegateHandle에 저장해야 한다는 것이다.

액터가 파괴되면, 저장된 FDelegateHandle을 Remove()의 파라미터로 사용해 델리게이트에 바인딩된 함수 목록에서 자신을 안전하게 제거한다.

Broadcast() 함수는 ExecuteIfBound()와 동등한 멀티캐스트다. 표준 델리게이트와 달리 델리게이트가 사전에 바인딩됐는지 또는 ExecuteIfBound와 같은 호출로 바인딩됐는지는 확인하지 않아도 된다. Broadcast()는 바인딩된 함수의 수에 관계없이 안전하게 호출할 수 있다.

씬에 멀티캐스트 리스너 인스턴스가 여러 개 있을 때 각각은 GameMode에서 구현한 멀티캐스트 델리게이트에 자신을 등록한다. 그런 다음, TriggerVolume이 플레이어와 겹치면 델리게이트를 브로드캐스트하고 각 리스너에게 알림을 보내 관련 광원을 토글한다.

멀티캐스트 델리게이트는 표준 델리게이트와 동일한 방식으로 파라미터를 취할 수 있다.

커스텀 이벤트 생성

커스텀 델리게이트는 매우 유용하지만, 다른 클래스에 의해 외부에서 브로드캐스트될 수 있다는 제약 사항이 있다. 즉, 실행과 브로드캐스트가 공개적으로 접근 가능하다는 의미다.

때로는 델리게이트가 다른 클래스에 의해 외부적으로 지정되길 원할 수도 있겠지만, 이를 포함한 클래스에서만 브로드캐스트하길 원할 수도 있는데 사실 이것이 이벤트의 주된 목적이다.

이번 레시피를 진행하려면 앞에서 다룬 MyTriggerVolume과 Chapter_05GameModeBase 구현이 필요하다.

1. 다음 이벤트 선언 매크로를 MyTriggerVolume 클래스 헤더에 추가한다.

   DECLARE_EVENT(AMyTriggerVolume, FPlayerEntered)

2. 선언된 이벤트 시그니처의 인스턴스를 클래스에 추가한다.

   FPlayerEntered OnPlayerEntered;

3. AMyTriggerVolume::NotifyActorBeginOverlap에 다음 코드를 추가한다.

   OnPlayerEntered.Broadcast();

4. 새 Actor 클래스 TriggerVolEventListener를 생성한다.

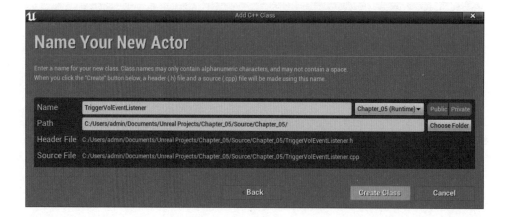

5. 다음 클래스 멤버를 선언에 추가한다.

```cpp
#pragma once

#include "CoreMinimal.h"
#include "GameFramework/Actor.h"
#include "Components/PointLightComponent.h"
#include "MyTriggerVolume.h"
#include "TriggerVolEventListener.generated.h"

UCLASS()
class CHAPTER_05_API ATriggerVolEventListener : public AActor
{
    GENERATED_BODY()
public:
    // 이 액터 속성의 기본값 설정
    ATriggerVolEventListener();

    UPROPERTY()
    UPointLightComponent* PointLight;

    UPROPERTY(EditAnywhere)
    AMyTriggerVolume* TriggerEventSource;

    UFUNCTION()
    void OnTriggerEvent();

protected:
    // 게임이 시작되거나 생성될 때 호출됨
    virtual void BeginPlay() override;

public:
    // 프레임마다 호출됨
    virtual void Tick(float DeltaTime) override;
};
```

6. 클래스 생성자에서 PointLight를 초기화한다.

```cpp
// 기본값 설정
ATriggerVolEventListener::ATriggerVolEventListener()
{
  // 이 액터가 프레임마다 Tick()을 호출하도록 설정
  // 필요하지 않다면 이 기능을 꺼서 성능을 개선할 수 있다
  PrimaryActorTick.bCanEverTick = true;

  PointLight = CreateDefaultSubobject<UPointLightComponent>
  ("PointLight");
  RootComponent = PointLight;
}
```

7. BeginPlay 내에 다음 코드를 추가한다.

```cpp
// 게임이 시작되거나 생성될 때 호출됨
void ATriggerVolEventListener::BeginPlay()
{
  Super::BeginPlay();

  if (TriggerEventSource != nullptr)
  {
    TriggerEventSource->OnPlayerEntered.AddUObject(this,
    &ATriggerVolEventListener::OnTriggerEvent);
  }
}
```

8. 마지막으로 OnTriggerEvent()를 구현한다.

```cpp
void ATriggerVolEventListener::OnTriggerEvent()
{
  PointLight->SetLightColor(FLinearColor(0, 1, 0, 1));
}
```

9. 프로젝트를 컴파일하고 편집기를 실행한다. 게임 모드를 Chapter_05GameMode
Base로 설정하고 레벨을 생성한 후, ATriggerVolEventListener와 AMyTrigger
Volume의 인스턴스를 드래그해 레벨에 가져다 놓는다.

10. TriggerVolEventListener를 선택하면 TriggerVolEventListener가 Details 패널
에 Trigger Event Source 속성과 함께 카테고리로 나열된다.

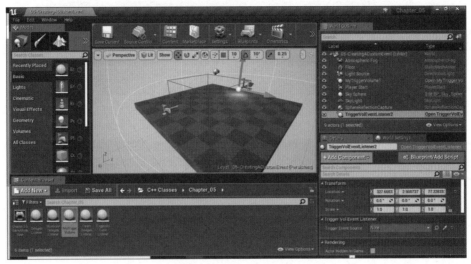

Trigger Vol Event Listener 카테고리

11. 드롭다운 메뉴를 사용해 리스너가 바인딩할 이벤트를 알 수 있도록 AMyTrigger
Volume의 인스턴스를 선택한다.

12. 게임을 실행하고 트리거 볼륨의 영향 범위로 들어간다. EventListener의 색상
이 녹색으로 변하는지 확인해보자.

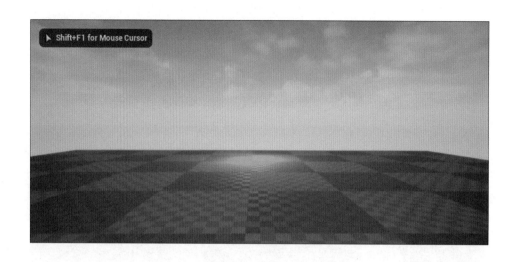

예제 분석

다른 모든 유형의 델리게이트와 마찬가지로 이벤트는 고유한 매크로 기능이 필요하다. 첫 번째 파라미터는 이벤트가 구현될 클래스이며, Broadcast()를 호출할 수 있는 유일한 클래스이므로 올바른 클래스인지 확인하자. 두 번째 파라미터는 새 이벤트 함수 시그니처의 타입 이름이다. 이 타입의 인스턴스를 클래스에 추가한다. 언리얼 문서는 On<x>를 네이밍 규칙으로 제안하고 있다.

무언가가 TriggerVolume과 겹치면 자체 이벤트 인스턴스에서 Broadcast()를 호출한다. 새 클래스 내에서 트리거되는 이벤트의 시각적 표현으로 점 광원point light을 만든다.

또한 이벤트를 수신하기 위해 TriggerVolume에 대한 포인터를 만든다. GetAllActorsOf Class 등을 사용해 프로그래밍 방식으로 참조를 얻을 필요 없이 편집기에서 설정할 수 있도록 UPROPERTY를 EditAnywhere로 표시한다.

마지막은 무언가가 TriggerVolume에 들어올 때를 위한 이벤트 핸들러다. 점 광원을 생성자에 만들고 초기화한다. 게임을 시작하면 리스너는 TriggerVolume 참조가 유효한지 확인한 후 OnTriggerEvent 함수를 TriggerVolume 이벤트에 바인딩한다. OnTriggerEvent

내부에서는 빛의 색상을 녹색으로 변경한다. 무언가가 TriggerVolume에 들어가면, TriggerVolume이 자체 이벤트에서 브로드캐스트를 호출한다. 그런 다음, TriggerVol EventListener에 바인딩된 메서드를 호출해 빛의 색상을 변경한다.

시간 핸들러 생성

이번 레시피에서는 이전 레시피에서 소개한 개념을 사용해 다른 액터에게 게임 내 시간의 경과를 알려주는 액터를 만드는 방법을 설명한다.

예제 구현

1. 새 Actor인 TimeOfDayHandler를 다음 스크린샷처럼 만든다.

2. 헤더에 멀티캐스트 델리게이트 선언을 추가한다.

```
DECLARE_MULTICAST_DELEGATE_TwoParams(FOnTimeChangedSignature,
int32, int32)

UCLASS()
class CHAPTER_05_API ATimeOfDayHandler : public AActor
```

3. public 섹션의 클래스 선언부에 델리게이트의 인스턴스를 추가한다.

```
FOnTimeChangedSignature OnTimeChanged;
```

4. 다음 속성을 클래스에 추가한다.

```
UPROPERTY()
int32 TimeScale;

UPROPERTY()
int32 Hours;
UPROPERTY()
int32 Minutes;

UPROPERTY()
float ElapsedSeconds;
```

5. 생성자에 이 속성들의 초기화를 추가한다.

```
// 기본값 설정
ATimeOfDayHandler::ATimeOfDayHandler()
{
  // 이 액터가 프레임마다 Tick()을 호출하도록 설정
  // 필요하지 않다면 이 기능을 꺼서 성능을 개선할 수 있다
  PrimaryActorTick.bCanEverTick = true;

  TimeScale = 60;
  Hours = 0;
  Minutes = 0;
  ElapsedSeconds = 0;
}
```

6. Tick 내부에 다음 코드를 추가한다.

```
// 프레임마다 호출됨
void ATimeOfDayHandler::Tick(float DeltaTime)
{
  Super::Tick(DeltaTime);
```

```
ElapsedSeconds += (DeltaTime * TimeScale);

if(ElapsedSeconds > 60)
{
  ElapsedSeconds -= 60;
  Minutes++;

  if (Minutes > 60)
  {
    Minutes -= 60;
    Hours++;
  }

  OnTimeChanged.Broadcast(Hours, Minutes);
}
}
```

7. 다음 그림처럼 Clock이라는 새 Actor 클래스를 만든다.

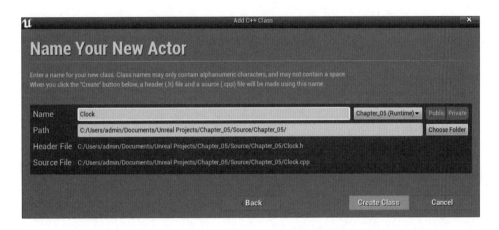

8. 다음 속성을 클래스 헤더에 추가한다.

```
#pragma once

#include "CoreMinimal.h"
#include "GameFramework/Actor.h"
#include "Clock.generated.h"
```

```cpp
UCLASS()
class CHAPTER_05_API AClock : public AActor
{
  GENERATED_BODY()
public:
  // 이 액터 속성의 기본값 설정
  AClock();

  UPROPERTY()
  USceneComponent* RootSceneComponent;

  UPROPERTY()
  UStaticMeshComponent* ClockFace;

  UPROPERTY()
  USceneComponent* HourHandle;

  UPROPERTY()
  UStaticMeshComponent* HourHand;

  UPROPERTY()
  USceneComponent* MinuteHandle;

  UPROPERTY()
  UStaticMeshComponent* MinuteHand;

  UFUNCTION()
  void TimeChanged(int32 Hours, int32 Minutes);

  FDelegateHandle MyDelegateHandle;

protected:
  // 게임이 시작되거나 생성될 때 호출됨
  virtual void BeginPlay() override;

public:
  // 프레임마다 호출됨
  virtual void Tick(float DeltaTime) override;
};
```

9. 생성자에서 컴포넌트를 초기화하고 트랜스폼을 설정한다.

```cpp
#include "TimeOfDayHandler.h"
#include "Kismet/GameplayStatics.h"

// 기본값 설정
AClock::AClock()
{
  // 이 액터가 프레임마다 Tick()을 호출하도록 설정
  // 필요하지 않다면 이 기능을 꺼서 성능을 개선할 수 있다
  PrimaryActorTick.bCanEverTick = true;

  RootSceneComponent =
    CreateDefaultSubobject<USceneComponent>("RootSceneComponent");

  ClockFace =
    CreateDefaultSubobject<UStaticMeshComponent>("ClockFace");

  HourHand =
    CreateDefaultSubobject<UStaticMeshComponent>("HourHand");

  MinuteHand =
    CreateDefaultSubobject<UStaticMeshComponent>("MinuteHand");

  HourHandle =
    CreateDefaultSubobject<USceneComponent>("HourHandle");

  MinuteHandle =
    CreateDefaultSubobject<USceneComponent>("MinuteHandle");

  auto MeshAsset =
    ConstructorHelpers::FObjectFinder<UStaticMesh>
      (TEXT("StaticMes h'/Engine/BasicShapes/Cylinder.Cylinder'"));

  if (MeshAsset.Object != nullptr)
  {
    ClockFace->SetStaticMesh(MeshAsset.Object);
    HourHand->SetStaticMesh(MeshAsset.Object);
    MinuteHand->SetStaticMesh(MeshAsset.Object);
```

```
    }

    RootComponent = RootSceneComponent;

    HourHand->AttachToComponent(HourHandle,
        FAttachmentTransformRules::KeepRelativeTransform);

    MinuteHand->AttachToComponent(MinuteHandle,
        FAttachmentTransformRules::KeepRelativeTransform);

    HourHandle->AttachToComponent(RootSceneComponent,
        FAttachmentTransformRules::KeepRelativeTransform);

    MinuteHandle->AttachToComponent(RootSceneComponent,
        FAttachmentTransformRules::KeepRelativeTransform);

    ClockFace->AttachToComponent(RootSceneComponent,
        FAttachmentTransformRules::KeepRelativeTransform);

    ClockFace->SetRelativeTransform(FTransform(
                                    FRotator(90, 0, 0),
                                    FVector(10, 0, 0),
                                    FVector(2, 2, 0.1)));

    HourHand->SetRelativeTransform(FTransform(FRotator(0, 0, 0),
                                    FVector(0, 0, 25),
                                    FVector(0.1, 0.1, 0.5)));

    MinuteHand->SetRelativeTransform(FTransform(FRotator(0, 0, 0),
                                    FVector(0, 0, 50),
                                    FVector(0.1, 0.1, 1)));
}
```

10. BeginPlay에 다음 코드를 추가한다.

```
// 게임이 시작되거나 생성될 때 호출됨
void AClock::BeginPlay()
{
    Super::BeginPlay();
```

```
TArray<AActor*> TimeOfDayHandlers;

UGameplayStatics::GetAllActorsOfClass(GetWorld(),
  ATimeOfDayHandler::StaticClass(), TimeOfDayHandlers);

if (TimeOfDayHandlers.Num() != 0)
{
  auto TimeOfDayHandler = Cast<ATimeOfDayHandler>
    (TimeOfDayHandlers[0]);
  MyDelegateHandle =
    TimeOfDayHandler->OnTimeChanged.AddUObject(this,
      &AClock::TimeChanged);
}
}
```

11. 마지막으로 이벤트 핸들러로 TimeChanged를 구현한다.

```
void AClock::TimeChanged(int32 Hours, int32 Minutes)
{
  HourHandle->SetRelativeRotation(FRotator(0, 0, 30 * Hours));
  MinuteHandle->SetRelativeRotation(FRotator(0, 0, 6 * Minutes));
}
```

12. TimeOfDayHandler와 AClock의 인스턴스를 레벨에 배치한 후 플레이해서 시계
    바늘이 움직이는 것을 확인한다.

TimeOfDayHandler는 두 개의 파라미터를 사용하는 델리게이트를 포함하므로 매크로의 TwoParams를 사용한다. 이 클래스는 시간, 분, 초를 저장하는 변수와 TimeScale(테스트 목적으로 시간을 단축하는 데 사용하는 가속 요소)을 포함한다. 핸들러의 Tick 함수 내에서 마지막 프레임 이후 경과한 시간을 기준으로 경과된 초를 누적한다. 경과한 초가 60을 초과했는지 확인한 다음, 초과했다면 60을 빼고 분을 증가시킨다. 분도 마찬가지다. 60을 넘기면 60을 빼고 시간을 늘린다. 분 또는 시간이 업데이트된 경우, 델리게이트를 구독한 모든 오브젝트에 시간이 변경됐다는 것을 알리기 위해 델리게이트를 브로드캐스트한다.

Clock 액터는 일련의 씬 컴포넌트와 스태틱 메시를 사용해 시계의 모습과 유사한 메시 계층을 만든다. Clock 생성자에서 계층의 컴포넌트를 부모로 만들고 초기 배율과 회전을 설정한다. BeginPlay에서 시계는 GetAllActorsOfClass()를 사용해 레벨의 모든 시간 처리기를 가져온다. 레벨에 하나 이상의 TimeOfDayHandler가 있는 경우 Clock은 첫 번째에 접근하고, TimeChanged 이벤트를 구독한다. TimeChanged 이벤트가 발생하면 시계는 현재 설정된 시간과 분에 따라 시침과 분침을 회전시킨다.

FPS 게임을 위한 재소환 픽업 생성

이번 레시피에서는 일정 시간이 지나면 다시 등장해 배치할 수 있는 아이템을 생성하는 방법을 다룬다. 이 내용은 1인칭 슈팅 게임(FPS)의 탄약이나 그 외에 주울 수 있는 아이템에 적용할 수 있다.

예제 구현

1. 새 Actor 클래스 Pickup을 생성한다.

2. 다음 델리게이트 타입을 Pickup.h에 선언한다.

```
DECLARE_DELEGATE(FPickedupEventSignature)
```

3. 다음 속성을 클래스 헤더에 추가한다.

```
// 프로젝트 설정(Project Settings)의 설명(Description) 페이지에 있는 저작권 공지를 채운다

#pragma once

#include "CoreMinimal.h"
#include "GameFramework/Actor.h"
#include "GameFramework/RotatingMovementComponent.h"
#include "Pickup.generated.h"

DECLARE_DELEGATE(FPickedupEventSignature)
UCLASS()
class CHAPTER_05_API APickup : public AActor
{
  GENERATED_BODY()
public:
  // 액터의 속성 기본값 설정
  APickup();

  virtual void NotifyActorBeginOverlap(AActor* OtherActor) override;
```

```
UPROPERTY()
UStaticMeshComponent* MyMesh;

UPROPERTY()
URotatingMovementComponent* RotatingComponent;

FPickedupEventSignature OnPickedUp;

protected:
  // 게임이 시작되거나 생성될 때 호출됨
  virtual void BeginPlay() override;

public:
  // 프레임마다 호출됨
  virtual void Tick(float DeltaTime) override;
};
```

4. 클래스가 ConstructorHelpers 구조체를 사용할 것이므로 다음 #include를
   Pickup.cpp 파일에 추가한다.

```
#include "ConstructorHelpers.h"
```

5. 다음 코드를 생성자에 추가한다.

```
// 기본값 설정
APickup::APickup()
{
  // 이 액터가 프레임마다 Tick()을 호출하도록 설정
  // 필요하지 않다면 이 기능을 꺼서 성능을 개선할 수 있다
  PrimaryActorTick.bCanEverTick = true;

  MyMesh =
    CreateDefaultSubobject<UStaticMeshComponent>("MyMesh");

  RotatingComponent =
    CreateDefaultSubobject<URotatingMovementComponent>
      ("RotatingComponent");
  RootComponent = MyMesh;
```

```
auto MeshAsset =
  ConstructorHelpers::FObjectFinder<UStaticMesh>
    (TEXT("StaticMesh'/Engine/BasicShapes/Cube.Cube'"));

if (MeshAsset.Object != nullptr)
{
  MyMesh->SetStaticMesh(MeshAsset.Object);
}

MyMesh->SetCollisionProfileName(TEXT("OverlapAllDynamic"));
RotatingComponent->RotationRate = FRotator(10, 0, 10);
}
```

6. NotifyActorBeginOverlap 재정의를 구현한다.

```
void APickup::NotifyActorBeginOverlap(AActor* OtherActor)
{
  OnPickedUp.ExecuteIfBound();
}
```

7. 두 번째 Actor 클래스 PickupSpawner를 생성한다.

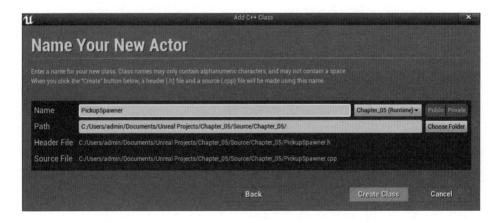

8. 다음 코드를 클래스 헤더에 추가한다.

```cpp
#pragma once

#include "CoreMinimal.h"
#include "GameFramework/Actor.h"
#include "Pickup.h"
#include "PickupSpawner.generated.h"

UCLASS()
class CHAPTER_05_API APickupSpawner : public AActor
{
  GENERATED_BODY()
public:
  // 이 액터 속성의 기본값 설정
  APickupSpawner();

  UPROPERTY()
  USceneComponent* SpawnLocation;
  UFUNCTION()
  void PickupCollected();
  UFUNCTION()
  void SpawnPickup();
  UPROPERTY()
  APickup* CurrentPickup;
  FTimerHandle MyTimer;

protected:
  // 게임이 시작되거나 생성될 때 호출됨
  virtual void BeginPlay() override;

public:
  // 프레임마다 호출됨
  virtual void Tick(float DeltaTime) override;
};
```

9. 생성자의 루트 컴포넌트를 초기화한다.

```cpp
SpawnLocation =
  CreateDefaultSubobject<USceneComponent>("SpawnLocation");
```

10. 게임을 시작하면 BeginPlay의 SpawnPickup 함수를 사용해 픽업 아이템을 소환한다.

```cpp
// 게임이 시작되거나 생성될 때 호출됨
void APickupSpawner::BeginPlay()
{
  Super::BeginPlay();

  SpawnPickup();
}
```

11. PickupCollected를 구현한다.

```cpp
void APickupSpawner::PickupCollected()
{
  GetWorld()->GetTimerManager().SetTimer(MyTimer, this,
    &APickupSpawner::SpawnPickup, 10, false);

  CurrentPickup->OnPickedUp.Unbind();
  CurrentPickup->Destroy();
}
```

12. SpawnPickup 관련 코드를 작성한다.

```cpp
void APickupSpawner::SpawnPickup()
{
  UWorld* MyWorld = GetWorld();

  if (MyWorld != nullptr)
  {
    CurrentPickup =
      MyWorld->SpawnActor<APickup>(APickup::StaticClass(), GetTransform());

    CurrentPickup->OnPickedUp.BindUObject(this,
      &APickupSpawner::PickupCollected);
  }
}
```

13. 컴파일하고 편집기를 연 후, PickupSpawner의 인스턴스를 레벨로 끌어다 놓는다. 회전하는 큐브로 표현한 픽업 아이템으로 걸어가면 10초 후 다시 소환되는 모습을 확인할 수 있다.

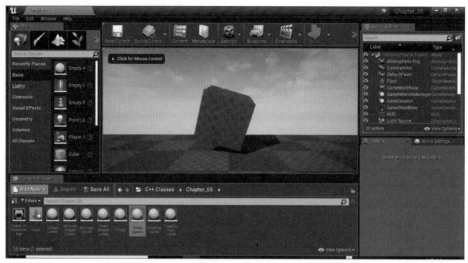

레시피 완성 결과

예제 분석

플레이어가 픽업을 수집하는 시점을 알아차릴 수 있게 하고자 Spawner가 구독하는 델리게이트를 Pickup 내에 생성해야 한다. 또한 Pickup은 시각적 표현을 담당하는 스태틱메시를 포함하며, 플레이어의 관심을 끌고자 오브젝트를 회전시키기 위한 Rotating MovementComponent도 포함한다. 시각적 표현을 위해 Pickup 생성자 내에서 엔진 내장메시 중 하나를 불러온다. 메시가 다른 오브젝트와 겹치도록 지정한 후, X축과 Z축에 대한 메시의 회전율을 초당 10 유닛으로 지정한다. 플레이어가 Pickup과 충돌하면, 먼저 PickedUp 델리게이트를 호출한다.

PickupSpawner는 픽업 아이템 액터가 소환될 위치를 지정하기 위해 씬 컴포넌트를 사용했다. 이를 위한 함수와 현재 소환된 Pickup에 대한 태그된 UPROPERTY 참조가 있다.

260

PickupSpawner 생성자에서는 구성 요소를 항상 초기화한다. 플레이를 시작하면 Spawner는 SpawnPickup 함수를 실행한다. 이 함수는 Pickup 인스턴스를 생성한 다음 APickupSpawner::PickupCollected를 새 인스턴스의 OnPickedUp 함수에 바인딩한다. 또한 현재 인스턴스에 대한 참조를 저장한다.

플레이어가 Pickup과 겹친 후 PickupCollected가 실행되면, 10초 후에 픽업을 다시 생성하는 타이머가 생성된다. 수집된 픽업에 대한 기존 델리게이트 바인딩이 제거되면, 픽업이 소멸한다. 10초 후 타이머가 시작되고 SpawnActor를 다시 실행해 새 픽업을 만든다.

06

입력과 충돌

6장에서는 게임 제어를 위한 입력(키보드, 마우스, 게임패드)과 충돌 처리 레시피를 다룬다.

다음은 6장에서 다룰 내용이다.

- 축 매핑 – FPS 캐릭터 제어를 위한 키보드, 마우스, 게임패드 방향 입력
- 축 매핑 – 정규화된 입력
- 액션 매핑 – FPS 캐릭터 제어를 위한 원 버튼 응답
- C++로 축과 액션 매핑 추가
- 마우스 UI 입력 처리
- UMG 키보드 UI 단축키
- 충돌 – Ignore를 사용해 오브젝트 통과시키기
- 충돌 – Overlap을 사용해 오브젝트 줍기

- 충돌 - Block을 사용해 통과 방지

입력 시스템은 게임에서 매우 중요하다. 키보드와 마우스, 특히 게임패드까지 지원하면 사용자에게 훨씬 다양한 선택권을 제공할 수 있다.

> 윈도우 PC는 USB 입력을 지원하므로 Xbox 360이나 플레이스테이션(PlayStation) 컨트롤러를 지원할 수 있다. 이 외에도 다양한 USB 게임 컨트롤러가 존재하니 참고하자. 또한 PC에 적당한 리시버(receiver) 장치를 사용하면 무선 컨트롤러를 사용할 수도 있다.

기술적 요구 사항

5장에서는 언리얼 엔진 4를 사용하며 비주얼 스튜디오 2017을 통합 개발 환경(IDE)으로 사용한다. 이 두 소프트웨어를 설치하는 방법은 1장, 'UE4 개발 도구'에서 다뤘다.

축 매핑 - FPS 캐릭터 제어를 위한 키보드, 마우스, 게임패드 방향 입력

입력 매핑의 타입은 두 종류로, 하나는 축 매핑axis mapping이고 다른 하나는 액션 매핑action mapping이다. 축 매핑은 효과를 얻기 위해 일정 시간 동안 누르고 있는 입력을 말하며, 액션 매핑은 한 번의 입력을 말한다. 축 매핑의 예로는 W 키를 누르고 있는 동안 플레이어가 전진하도록 하는 것을 들 수 있으며, 액션 매핑의 예로는 플레이어가 점프하도록 하기 위해 게임패드의 A 버튼을 누르거나 키보드의 스페이스바를 누르는 것을 들 수 있다. 이번 레시피에서는 키보드, 마우스, 게임패드의 축 매핑 입력을 통해 FPS 캐릭터를 이동시키는 방법을 살펴본다.

이번 레시피를 진행하려면 걸어다닐 수 있는 바닥과 메인 캐릭터 플레이어가 존재하는 UE4 프로젝트가 필요하며, 이미 갖고 있다.

예제 구현

1. C++ 클래스를 생성하고 부모 클래스로 Character를 선택한 후 Next를 누른다.

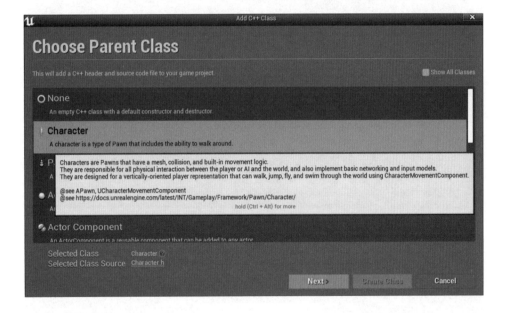

2. Name 속성 아래에는 Warrior라고 입력한 후 Create Class를 클릭한다.

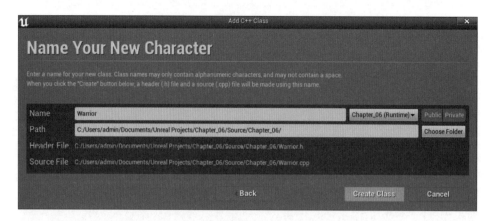

UE4 내부 설정 몇 가지를 마친 후 구현을 시작할 것이다.

3. UE4를 실행하고 Warrior 클래스에서 마우스 오른쪽 버튼을 클릭한 후 Create Blueprint class based on Warrior를 선택한다.

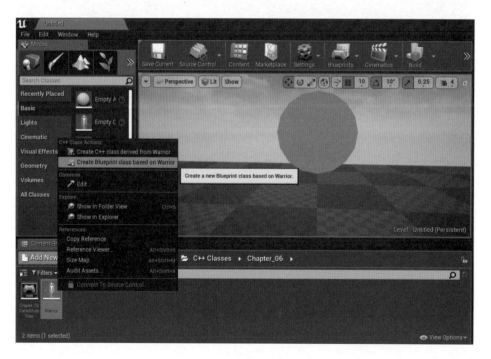

4. 메뉴가 나타나면 이름은 BP_Warrior로 정하고 Create Blueprint Class를 선택한다.

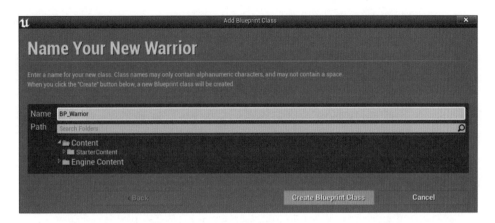

5. 방금 열린 블루프린트 메뉴를 닫는다.

6. Settings > Project Settings > Maps & Modes로 이동해 GameMode 클래스를 위한 새 블루프린트를 생성하고 선택한다.

7. 기본 GameMode 드롭다운 메뉴 옆의 + 아이콘을 클릭하면 GameMode 클래스의 블루프린트가 새로 생성될 것이다. 원하는 이름(예: BP_GameMode)을 입력한다.

8. 편집을 위해 방금 생성한 BP_GameMode 블루프린트 클래스를 더블 클릭한다. 위치는 콘텐츠 브라우저에서 Contents₩Blueprints 폴더로 이동하면 찾을 수 있다.

9. BP_GameMode 블루프린트를 열면, 블루프린트화된 BP_Warrior 클래스를 Default Pawn Class로 선택한다.

Default Pawn Class 속성의 위치

10. 플레이어를 움직일 키보드 입력을 설정하기 위해 Settings > Project Settings > Input을 연다. 참고로, Input은 Engine 서브섹션^{subsection} 아래에 있다. 다음 단계에서는 게임 내에서 플레이어가 앞으로 이동하는 과정을 완성할 것이다.

11. Axis Mappings 머리말 옆의 + 아이콘을 클릭한다.

 TIP 축 매핑은 연속적인 입력(눌린 상태)을 지원하는 반면, 액션 매핑은 일회성 입력 이벤트만 지원한다.

12. 축 매핑의 이름을 정하자. 이는 플레이어를 앞으로 이동시키는 첫 예제이므로 Forward와 같은 이름을 지어도 좋다.

13. Forward 아래에서 축 매핑에 사용할 키보드 키(예: W)를 지정한다.

14. 플레이어를 앞으로 이동시키고자 Forward 옆에 있는 + 아이콘을 클릭하고 게임 컨트롤러 입력을 선택해 매핑한다. 예를 들면, Gamepad Left Thumbstick

Up을 매핑할 수 있다.

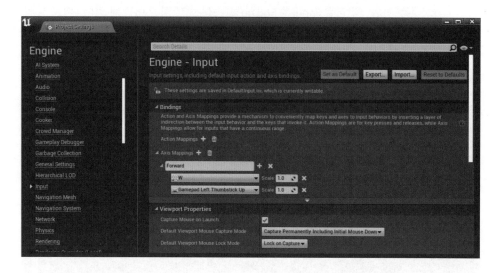

15. 키보드, 게임패드와 추가적으로 마우스 입력 각각에 대해 뒤, 좌측, 우측을 위한 축 매핑을 마무리한다.

16. 이제 .h 파일로 돌아와 몇 개의 새로운 함수 정의를 추가해야 한다.

```
#pragma once

#include "CoreMinimal.h"
#include "GameFramework/Character.h"
#include "Warrior.generated.h"

UCLASS()
class CHAPTER_06_API AWarrior : public ACharacter
{
  GENERATED_BODY()

public:
  // 이 캐릭터 속성의 기본값 설정
  AWarrior();

protected:
  // 게임이 시작되거나 생성될 때 호출됨
  virtual void BeginPlay() override;

public:
  // 프레임마다 호출됨
  virtual void Tick(float DeltaTime) override;

  // 입력 기능 연동을 위해 호출됨
  virtual void SetupPlayerInputComponent(class UInputComponent*
    PlayerInputComponent) override;

  // 이동 함수
  void Forward(float amount);
  void Back(float amount);
  void Right(float amount);
  void Left(float amount);
};
```

17. C++ 코드에서 AWarrior 클래스를 위한 SetupPlayerInputComponent 함수를 다음과 같이 재정의한다.

```
#include "Components/InputComponent.h"

// ...

// 입력 기능 연동을 위해 호출됨
void AWarrior::SetupPlayerInputComponent(UInputComponent*
PlayerInputComponent)
{
  Super::SetupPlayerInputComponent(PlayerInputComponent);

  check(PlayerInputComponent);
  PlayerInputComponent->BindAxis("Forward", this,
                                 &AWarrior::Forward);

  PlayerInputComponent->BindAxis("Back", this,
                                 &AWarrior::Back);

  PlayerInputComponent->BindAxis("Right", this,
                                 &AWarrior::Right);

  PlayerInputComponent->BindAxis("Left", this,
                                 &AWarrior::Left);
}
```

18. AWarrior 클래스 내에서 다음과 같이 Forward 함수를 제공한다.

```
void AWarrior::Forward(float amount)
{
  // 앞쪽 방향으로 일정 거리만큼 플레이어를 이동시킨다
  AddMovementInput(GetActorForwardVector(), amount);
}
```

19. 나머지 방향에 대해서도 함수를 작성한다. 함수는 각각 AWarrior::Back,
AWarrior::Left, AWarrior::Right다.

```
void AWarrior::Back(float amount)
{
  AddMovementInput(-GetActorForwardVector(), amount);
```

```
}

void AWarrior::Right(float amount)
{
  AddMovementInput(GetActorRightVector(), amount);
}

void AWarrior::Left(float amount)
{
  AddMovementInput(-GetActorRightVector(), amount);
}
```

20. 언리얼로 돌아와 코드를 컴파일한다. 그런 다음, 게임을 플레이하면서 키보드
와 게임패드를 통해 캐릭터가 이동하는지 확인한다.

예제 분석

UE4 엔진은 입력 이벤트를 C++ 함수 호출과 직접 연결하는 것을 허용한다. 입력 이
벤트가 호출하는 함수는 어떤 클래스의 멤버 함수다. 앞 예제에서는 W 키와 게임패드
의 위쪽 방향키를 AWarrior::Forward C++ 함수에 연결했다. AWarrior::Forward를 호출
할 인스턴스는 컨트롤러의 입력을 라우팅한 인스턴스이며, GameMode 클래스에서 플레
이어 아바타avatar로 설정한 오브젝트에 의해 제어된다.

- UE4 편집기에서 축 바인딩을 입력하는 대신 C++에서 직접 코드를 작성할 수도 있다. 이와 관련해서는 뒤에서 다룰 예정인 'C++로 축과 액션 매핑 추가' 레시피를 참고하면 된다.

축 매핑 – 정규화된 입력

오른쪽으로 1.0, 앞으로 1.0의 입력이 들어오면 이 둘의 합인 2.0의 속도로 대각선 방향으로 이동하는 모습을 확인할 수 있는데, 이는 원하는 속도가 아니다. 1.0이 넘는 속도를 1.0으로 맞춰주기 위해 이전 입력 값을 저장하고 ::Tick() 함수를 재정의하면 이 문제를 해결할 수 있다.

준비

이번 레시피를 진행하려면 앞에서 다룬 Warrior 클래스 예제를 완성해야 한다.

예제 구현

1. Warrior.h 파일로 이동해서 다음 속성을 추가한다.

```
protected:
    // 게임이 시작되거나 생성될 때 호출됨
    virtual void BeginPlay() override;

    // 이전 프레임의 이동
    FVector2D lastInput;
```

2. 클래스 생성자 내에서 변수 초기화를 해야 한다.

```
// 기본값 설정
AWarrior::AWarrior()
{
    // 이 액터가 프레임마다 Tick()을 호출하도록 설정
    // 필요하지 않다면 기능을 꺼서 성능을 개선할 수 있다
    PrimaryActorTick.bCanEverTick = true;

    lastInput = FVector2D::ZeroVector;
}
```

3. ::Forward, ::Back, ::Right, ::Left 함수를 다음과 같이 수정한다.

```
void AWarrior::Forward(float amount)
{
    // 추가된 양을 += 연산으로 lastInput.Y에 추가했다
    // ::Back()과 같은 다른 함수가 값을 수정했을 수도 있으므로
    // 마지막 값에 추가한 모습을 볼 수 있다
    lastInput.Y += amount;
}

void AWarrior::Back(float amount)
{
    // 이번에는 뒤로 이동했으니 -= 연산자를 사용했다
    lastInput.Y -= amount;
}

void AWarrior::Right(float amount)
{
    lastInput.X += amount;
}

void AWarrior::Left(float amount)
{
    lastInput.X -= amount;
}
```

4. AWarrior::Tick() 함수에서 기준을 초과한 입력 벡터의 크기를 정규화한 후 값을 수정한다.

```cpp
// 프레임마다 호출됨
void AWarrior::Tick(float DeltaSeconds)
{
  Super::Tick(DeltaSeconds);

  float len = lastInput.Size();

  // 플레이어의 입력이 1보다 크면 정규화한다
  if (len > 1.f)
  {
    lastInput /= len;
  }
  AddMovementInput(GetActorForwardVector(), lastInput.Y);
  AddMovementInput(GetActorRightVector(), lastInput.X);

  // 마지막 입력을 0으로 초기화한다
  lastInput = FVector2D(0.f, 0.f);
}
```

예제 분석

입력 벡터가 1.0보다 크면 정규화해 최대 입력 속도를 1.0 단위로 제한한다. 예를 들어, 최대 위$^{full\ up}$면서 동시에 최대 오른쪽$^{full\ right}$인 상황이어도 2.0이 아니다.

액션 매핑 – FPS 캐릭터 제어를 위한 원 버튼 응답

액션 매핑은 싱글 버튼 입력을 처리하며, 눌린 상태는 처리하지 않는다. 눌린 상태를 처리하려면 축 매핑을 사용해야 한다.

Jump 또는 ShootGun 같은 액션을 추가할 UE4 프로젝트가 필요하다.

1. Settings > Project Settings > Input을 연다.
2. Action Mappings로 이동한 후 옆에 있는 + 아이콘을 클릭한다.

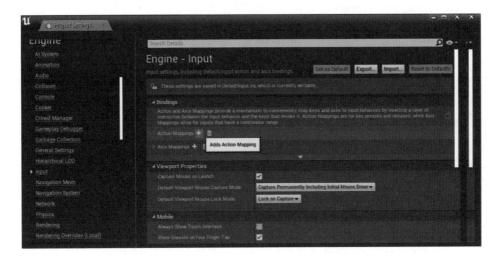

3. 버튼이 눌렸을 때 대응하는 액션을 입력한다. 예를 들면, 첫 액션에 대해 Jump 를 입력할 수 있다.
4. 액션의 왼쪽에 있는 화살표를 클릭해 메뉴를 열고, 해당 액션에 대응하는 키 를 선택한다. 예를 들면, Space Bar를 선택할 수 있다.
5. 동일한 액션에 대한 추가 키를 할당하고 싶다면 Action Mappings 이름 옆에 있 는 +를 클릭한 후 다른 키를 선택하면 된다.

6. Shift, Ctrl, Alt, Cmd 키를 눌러야 액션이 발동하게 하려면 오른쪽에 있는 키 선택 체크박스를 사용하면 된다.

7. 액션을 C++ 코드 함수와 연결하려면, SetupPlayerInputComponent(UInputControl* control) 함수를 재정의해야 한다. 다음 코드를 함수 내에 입력하자.

```cpp
// 입력에 기능을 바인딩하기 위해 호출
void AWarrior::SetupPlayerInputComponent(UInputComponent*
  PlayerInputComponent)
{
  Super::SetupPlayerInputComponent(PlayerInputComponent);

  check(PlayerInputComponent);
  PlayerInputComponent->BindAxis("Forward", this, &AWarrior::Forward);
  PlayerInputComponent->BindAxis("Back", this, &AWarrior::Back);
  PlayerInputComponent->BindAxis("Right", this, &AWarrior::Right);
  PlayerInputComponent->BindAxis("Left", this, &AWarrior::Left);

  PlayerInputComponent->BindAction("Jump", IE_Pressed, this,
    &AWarrior::Jump);
}
```

8. 스크립트를 컴파일하고 게임을 플레이한다. 스페이스바를 누르면 플레이어가 공중으로 점프하는 모습을 볼 수 있다. 다음 스크린샷을 참고하자.

예제 분석

액션 매핑은 단일 버튼 입력 이벤트이며 입력에 응답해 C++ 코드를 실행한다. 원하는 수만큼 UE4 편집기에서 액션의 수를 정의할 수 있지만, C++에서 액션 매핑을 실제 키 입력과 반드시 연결해야 한다.

액션을 사용할 때 호출하는 Jump 함수가 참조를 추가할 당시에 이미 존재한다는 사실을 확인했을 것이다. 이는 Character 클래스가 이미 이에 대한 구현을 포함하고 있기 때문이다. 실제 구현된 모습은 자연스러운 점프 동작은 아니며, 단순하게 위로 올라갔다가 내려오는 모습처럼 보일 것이다.

 Character 클래스와 미리 작성된 함수에 관한 추가 정보가 필요하다면 https://api.unreal engine.com/INT/API/Runtime/Engine/GameFramework/ACharacter/index.html을 참고하길 바란다.

- C++ 코드로 매핑하고자 하는 액션의 목록을 확인하고 싶다면 다음 레시피 'C++로 축과 액션 매핑 추가'를 참고하면 된다.

C++로 축과 액션 매핑 추가

축 매핑과 액션 매핑은 UE4 편집기를 사용해 추가할 수 있으며, 때로는 기획자들이 직접 추가하기도 한다. 하지만 C++ 코드로 직접 추가할 수도 있다. 어찌됐든 결국은 C++ 코드와의 연결이므로 축과 액션 매핑을 C++로 직접 하는 것이 더 편하다고 느낄 수도 있다.

준비

축과 액션 매핑을 하려는 UE4 프로젝트가 필요하다. 만일 C++ 코드를 사용해 추가하고자 한다면, 기존의 축과 액션 매핑을 Settings > Project Settings > Input 내의 목록에서 제거할 수 있다.

커스텀 축과 액션 매핑을 추가하려면 두 개의 C++ 함수를 알고 있어야 한다. 이 두 함수는 UPlayerInput::AddAxisMapping과 UPlayerInput::AddActionMapping이며 UPlayerInput 오브젝트의 멤버 함수다. UPlayerInput 오브젝트는 PlayerController 오브젝트 내에 있으며 다음 코드로 접근할 수 있다.

```
GetWorld()->GetFirstPlayerController()->PlayerInput
```

개별적으로 플레이어 컨트롤러에 접근하는 것을 원치 않는다면, UPlayerInput의 정적 멤버 함수 두 개를 사용해 축과 액션 매핑을 생성할 수도 있다.

```
UPlayerInput::AddEngineDefinedAxisMapping()
UPlayerInput::AddEngineDefinedActionMapping()
```

예제 구현

1. 일단 축 매핑과 액션 매핑 중에서 어느 것을 사용할지에 따라 FInputAxisKeyMa
   pping 또는 FInputActionKeyMapping 오브젝트를 정의해야 한다. 앞에서도 설명
   한 것처럼 액션 매핑은 단일 동작을, 축 매핑은 누르고 있는 동작을 처리한다.

   1. 다음 클래스를 사용하려면 아래와 같이 .h 파일을 포함해야 한다.

      ```
      #include "GameFramework/PlayerInput.h"
      ```

   2. 축 키 매핑을 위해 다음과 같이 FInputAxisKeyMapping 오브젝트를 정의
      한다.

      ```
      FInputAxisKeyMapping backKey( "Back", EKeys::S, 1.f );
      ```

   3. 이는 액션에 대한 문자열 이름, 눌러야 하는 키(EKeys 열거형 사용), 그리고
      Shift, Ctrl, Alt, Cmd(맥)를 눌러야 하는지 여부를 포함한다.

   4. 액션 키 매핑에 대해 다음과 같이 FInputActionKeyMapping을 정의한다.

      ```
      FInputActionKeyMapping jump("Jump", EKeys::SpaceBar, 0, 0, 0, 0);
      ```

   5. 이는 액션에 대한 문자열 이름, 눌러야 하는 키(EKeys 열거형 사용), 그리고
      Shift, Ctrl, Alt, Cmd(맥)를 눌러야 하는지 여부를 포함한다.

2. 플레이어 Pawn 클래스의 SetupPlayerInputComponent 함수 내에서 다음과 같이
   축과 액션 키에 대한 매핑을 등록한다.

   1. 특정 컨트롤러에 연결된 PlayerInput 오브젝트

```
GetWorld()->GetFirstPlayerController()->PlayerInput
  ->AddAxisMapping( backKey ); // 하나의 컨트롤러에만 해당됨
```

2. 또는 UPlayerInput 오브젝트의 정적 멤버 함수에 직접 등록할 수도 있다.

```
UPlayerInput::AddEngineDefinedActionMapping(jump);
```

 축 매핑과 액션 매핑을 잘 구분해 올바른 함수를 사용해야 한다.

3. 다음 코드처럼, 앞선 두 개의 레시피에서 했던 것과 마찬가지로 C++ 코
드를 사용해 액션과 축 매핑을 C++ 함수에 등록한다.

```
PlayerInputComponent->BindAxis("Back", this, &AWarrior::Back);
PlayerInputComponent->BindAction("Jump", IE_Pressed, this,
  &AWarrior::Jump );
```

예제 분석

액션과 축 매핑 등록 함수는 C++ 코드로 직접 입력 매핑을 설정하게 도와준다. C++
코드를 사용한 입력 매핑은 본질적으로 Settings > Project Settings > Input 대화상자에
입력 매핑을 입력하는 것과 동일하다.

마우스 UI 입력 처리

언리얼 모션 그래픽Unreal Motion Graphics(UMG) 툴킷을 사용해보면 마우스 이벤트 처리가
매우 쉽다는 사실을 알 수 있다. 마우스 클릭에 반응하는 C++ 함수를 등록할 수 있으
며, UMG 컴포넌트와 상호작용하는 다른 타입을 등록할 수도 있다.

일반적으로 이벤트 등록은 블루프린트를 사용하지만, 이번 레시피에서는 C++ 함수를 UMG 이벤트와 연결하는 방법을 살펴보자.

준비

UE4 프로젝트에서 UMG 캔버스를 생성하고, 여기에 OnClicked, OnPressed, OnReleased 이벤트를 위한 이벤트 핸들러를 등록해보자.

예제 구현

1. 다음 그림처럼 콘텐츠 브라우저에서 마우스 오른쪽 버튼(또는 화면상의 Add New 버튼)을 클릭한 후 User Interface ❯ Widget Blueprint를 선택한다. 이는 프로젝트에 편집 가능한 위젯 블루프린트^{Widget Blueprint}를 추가한다.

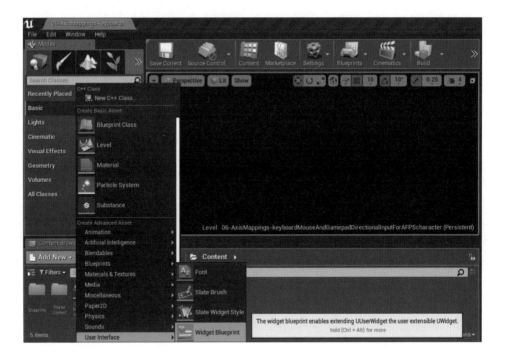

2. 위젯 블루프린트 편집을 위해 더블 클릭한다.

3. 왼쪽 팔레트로부터 버튼을 드래그해 인터페이스에 추가한다.

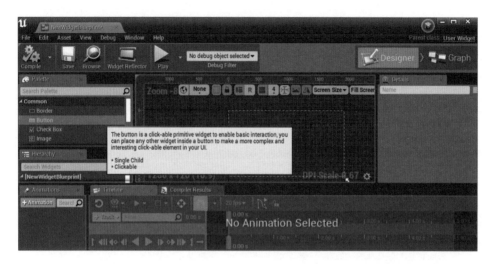

4. 버튼의 Details 패널에서 스크롤을 내리면 Events 서브 섹션을 찾을 수 있다.

5. 처리하고 싶은 이벤트 옆의 + 아이콘을 클릭하면 된다.

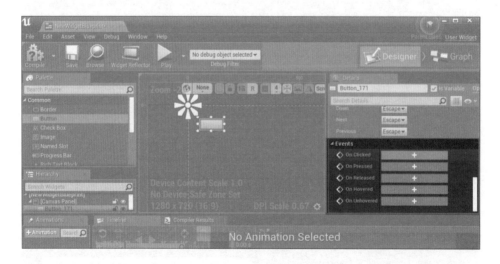

6. 블루프린트에 등장하는 이벤트를 매크로에 BlueprintCallable 태그가 있는 C++ UFUNCTION()에 연결한다. 예를 들어, GameModeBase 파생 클래스에 다음과 같은 함수를 포함할 수 있다.

```cpp
UCLASS()
class CHAPTER_06_API AChapter_06GameModeBase : public
  AGameModeBase
{
  GENERATED_BODY()
public:
  UFUNCTION(BlueprintCallable, Category = UIFuncs)
  void ButtonClicked()
  {
    UE_LOG(LogTemp, Warning, TEXT("UI Button Clicked"));
  }
};
```

7. 선택한 이벤트에 따라 블루프린트 다이어그램에서 함수 호출을 트리거하자. 예를 들면, 여기서는 OnClick 함수를 사용했다. 일단 생성한 후 현재 게임 모드를 얻기 위해 **Get Game Mode** 노드를 사용했으며, ButtonClicked 함수에 접근하기 위해 Cast to Chapter06_GameModeBase를 사용했다.

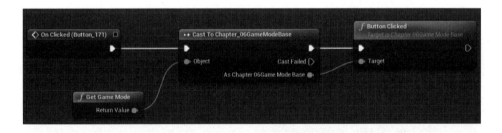

ℹ️ 제대로 동작하게 하려면, 레벨/프로젝트를 위한 Game Mode를 Chapter_06GameMode Base로 설정해야 한다.

8. GameModeBase(또는 주요 오브젝트)의 **BeginPlay** 함수 또는 레벨 블루프린트를 통해 **Create Widget**을 호출한 다음 **Add to Viewport**를 호출해 UI를 구성하고 표시한다.

9. C++를 사용해 진행하려면, Chapter_06.Build.cs 파일에서 다음을 수정해야 한다.

```
PublicDependencyModuleNames.AddRange(new string[]
{
  "Core", "CoreUObject", "Engine", "InputCore", "UMG", "Slate", "SlateCore"
});
```

10. 그런 다음, 다음 속성과 함수를 Chapter_06GameModeBase.h 파일에 추가한다.

```
public:
  UFUNCTION(BlueprintCallable, Category = UIFuncs)
  void ButtonClicked()
  {
    UE_LOG(LogTemp, Warning, TEXT("UI Button Clicked"));
  }

  void BeginPlay();

  UPROPERTY(EditAnywhere, BlueprintReadWrite, Category = "UI")
  TSubclassOf<class UUserWidget> Widget;
```

11. C++ 파일을 업데이트한다.

```
#include "Chapter_06GameModeBase.h"
#include "Blueprint/UserWidget.h"

void AChapter_06GameModeBase::BeginPlay()
{
  Super::BeginPlay();

  if(Widget)
```

```
    {
      UUserWidget* Menu =
        CreateWidget<UUserWidget>(GetWorld(), Widget);

      if(Menu)
      {
        Menu->AddToViewport();
        GetWorld()->GetFirstPlayerController()->bShowMouseCursor = true;
      }
    }
}
```

12. 이제 Widget을 생성한 메뉴로 설정해야 한다. 이를 위해 콘텐츠 브라우저에서
    C++ Classes₩Chapter_06 폴더에 있는 Chapter06_GameModeBase를 마
    우스 오른쪽 버튼으로 클릭하고 새 블루프린트를 생성한다. Blueprints 메뉴에
    서 Details 탭으로 이동한 후 UI 섹션 아래에서 Widget을 출력하길 원하는 아이
    템으로 설정한다.

13. 마지막으로 Settings ➤ World Settings로 이동해 Game Mode Override를 GameMode의 블루프린트 버전으로 변경한다.

14. Window ➤ Developer Tools ➤ Output Log로 이동해 Output Log를 열고 게임을 플레이하면, 화면에서 버튼을 확인할 수 있다. 이 버튼을 클릭하면 Output Log 에 출력되는 메시지를 확인할 수 있다.

예제 분석

위젯의 블루프린트 버튼 이벤트는 어렵지 않게 블루프린트 이벤트와 연결할 수 있다. 또는 매크로 내에 `BlueprintCallable` 태그를 갖는 `UFUNCTION()`을 생성해 C++ 함수와 연결할 수도 있다.

 UMG 사용과 간단한 메뉴 구성, 블루프린트를 사용해 이를 표시하는 방법을 더 자세히 알고 싶다면 https://docs.unrealengine.com/en-us/Engine/UMG/HowTo/CreatingWidg ets를 참고하자.

UMG 키보드 UI 단축키

모든 사용자 인터페이스는 단축키가 필요하고, 이를 UMG 인터페이스에 프로그래밍하려면 특정 키 조합을 액션 매핑에 연결하면 된다. 액션이 발생하면, UI 버튼이 눌렸을 때 호출되는 함수와 동일한 블루프린트 함수를 호출하면 된다.

준비

이미 이전 레시피에서 만든 UMG 인터페이스를 갖고 있는 상태다.

예제 구현

1. Settings > Project Settings > Input에서 핫키[hot key] 이벤트에 대응하는 새로운 액션 매핑을 정의한다. 예를 들면 HotKey_UIButton_Spell처럼 할 수 있다.

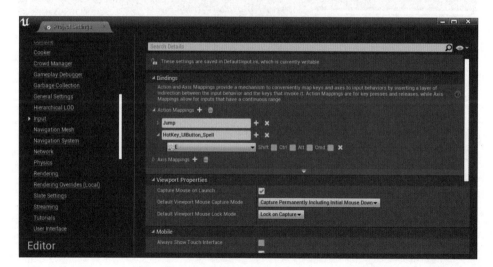

2. 이벤트를 블루프린트 또는 C++ 코드에서 UI의 함수 호출에 연결한다. 이번 경우에는 SetupPlayerInputComponent 함수에 넣어서 이전에 만든 AWarrior 클래스에 추가해보자.

```cpp
#include "Chapter_06GameModeBase.h"

// ...

// 기능과 입력을 연결하기 위해 호출
void AWarrior::SetupPlayerInputComponent(UInputComponent*
  PlayerInputComponent)
{
  Super::SetupPlayerInputComponent(PlayerInputComponent);

  check(PlayerInputComponent);
  PlayerInputComponent->BindAxis("Forward", this, &AWarrior::Forward);
  PlayerInputComponent->BindAxis("Back", this, &AWarrior::Back);
  PlayerInputComponent->BindAxis("Right", this, &AWarrior::Right);
  PlayerInputComponent->BindAxis("Left", this, &AWarrior::Left);

  PlayerInputComponent->BindAction("Jump", IE_Pressed, this,
    &AWarrior::Jump);

  // 편집기 대신 코드를 사용해 바인딩을 추가하는 예시
  FInputAxisKeyMapping backKey("Back", EKeys::S, 1.f);
  FInputActionKeyMapping jump("Jump", EKeys::SpaceBar, 0, 0, 0, 0);

  GetWorld()->GetFirstPlayerController()->PlayerInput
    ->AddAxisMapping(backKey);
  GetWorld()->GetFirstPlayerController()->PlayerInput
    ->AddActionMapping(jump);

  // 핫키에 대한 함수 호출
  auto GameMode = Cast<AChapter_06GameModeBase>
    (GetWorld()->GetAuthGameMode());
  auto Func = &AChapter_06GameModeBase::ButtonClicked;

  if(GameMode && Func)
  {
```

```
    PlayerInputComponent->BindAction("HotKey_UIButton_Spell",
        IE_Pressed, GameMode, Func);
    }
}
```

3. 스크립트를 컴파일한 후 Settings > World Settings를 통해 World Settings를 연
   다. Selected GameMode 하위에서 Default Pawn Class를 BP_Warrior로 설정한
   다. 이제는 키를 누르거나 버튼을 눌러 이전 레시피에서 만든 ButtonClicked
   함수를 실행할 수 있다.

예제 분석

UI를 통해 호출되는 함수에 짧은 서킷circuit을 가진 액션 매핑을 연결하면 게임 프로그
램에서 단축키를 잘 구현할 수 있다.

충돌 – Ignore를 사용해 오브젝트 통과시키기

충돌 설정을 하는 일은 생각보다 간단하다. 다음은 세 가지 유형의 충돌 처리 방법이다.

- Ignore: 아무런 알림 없이 서로 통과하는 충돌
- Overlap: OnBeginOverlap과 OnEndOverlap 이벤트를 발생시키는 충돌. Overlap
  설정을 하면 오브젝트가 서로 겹칠 수 있음
- Block: 모든 충돌 시 오브젝트의 겹침을 허용하지 않음

오브젝트는 다양한 Object Types 중 하나의 타입이다. 특정 블루프린트 컴포넌트의
Collision 설정은 선택한 Object Type으로 오브젝트의 타입을 지정할 수 있으며, 다른
모든 타입의 오브젝트와 어떤 방식으로 충돌할지 지정할 수도 있다. 이는 블루프린트
편집기의 Details > Collision 섹션에서 표 형식으로 지정한다.

예를 들면, 다음 스크린샷은 캐릭터의 CapsuleComponent에 대한 Collision 설정이다.

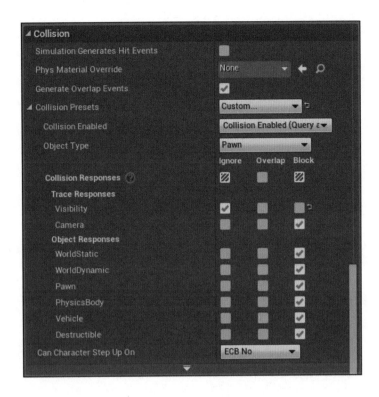

오브젝트끼리 통과하는 충돌을 테스트하기 위해 몇 개의 오브젝트가 놓인 UE4 프로젝
트를 준비하자.

1. 오브젝트끼리 관통하는 동작을 테스트하기 위해 블루프린트 편집기를 연다.
   Components 리스트 아래에서 프로그램으로 설정하고 싶은 컴포넌트를 선택
   한다.

2. 컴포넌트를 선택하면 Details 탭(보통 오른쪽에 있음)을 볼 수 있다. Collision

Presets 아래에서 NoCollision 또는 Custom... 프리셋을 선택한다.

- NoCollision 프리셋을 선택했다면, 추가 설정 없이 모든 충돌이 무시된다.
- Custom... 프리셋을 선택했다면, 다음 중 하나를 선택하면 된다.
  - Collision Enabled 드롭다운 메뉴에서 NoCollision을 선택한다.
  - Queries와 관련된 Collision Enabled에서 충돌을 무시하고 싶은 각 Object Type에 대해 Ignore 체크박스를 선택한다.
- 충돌 처리를 하지 않을 각 Object Type에 대해서는 체크박스를 표시하지 않는다.

예제 분석

무시된 충돌은 어떤 이벤트도 발생시키지 않으며 오브젝트 간의 충돌도 막지 않는다. 만일 오브젝트 A가 오브젝트 B를 무시하는 것으로 설정했다면, 오브젝트 B가 오브젝트 A를 무시하기로 했는지 여부는 중요하지 않다. 둘 중 하나라도 상대를 무시하는 것으로 설정했다면 이 둘은 서로 무시한다.

충돌 – Overlap을 사용해 오브젝트 줍기

아이템 줍기는 잘 처리해야 하는 중요한 일이다. 이번 레시피에서는 액터 컴포넌트의 Overlap 이벤트를 사용해 어떻게 아이템을 줍도록 하는지 살펴본다.

준비

이전 레시피 '충돌 – Ignore를 사용해 오브젝트 통과시키기'에서는 충돌의 기본을 살펴봤으며, 그 내용은 이번에 진행할 레시피의 기초가 된다. 이번에는 플레이어 아바타의 충돌 볼륨과만 겹치도록 프로그래밍하기 위해 Item 클래스 오브젝트를 식별하는 New Object Channel...을 만들어보자.

1. 먼저 Settings > Project Settings > Collision 메뉴로 이동해 Item 오브젝트의 충돌 기본 요소를 위한 고유 충돌 채널을 만든다.

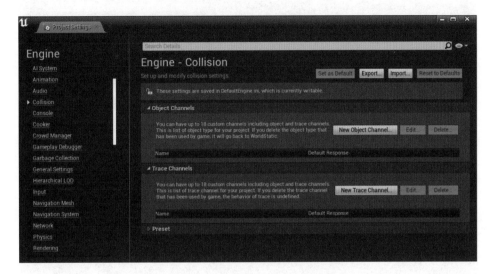

2. New Object Channel...로 이동해 새로운 오브젝트 채널Object Channel을 만든다.

3. 새 오브젝트 채널의 이름을 Item으로 정하고 Default Response를 Overlap으로 한다. 그런 다음, Accept 버튼을 누른다.

4. Item 액터를 선택한 후 아이템 줍기를 위해 플레이어 아바타와 충돌 검사를 하는 데 사용한 컴포넌트를 선택한다. Details 탭에서 Collision 섹션으로 이동한 후 Collision Presets 아래에서 옵션을 Custom...으로 변경한다. 그런 다음, 해당

요소의 Object Type을 Item으로 설정한다.

5. 다음 스크린샷처럼, Pawn 클래스 Object Type의 Overlap 체크박스를 설정한다.

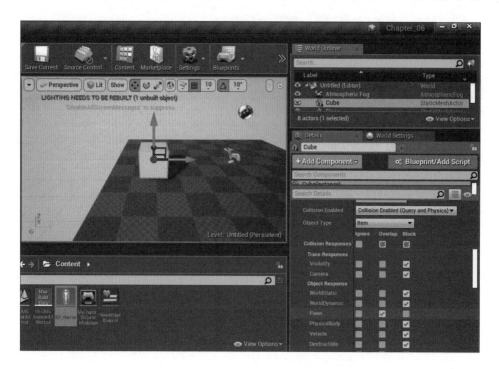

6. Generate Overlap Events 체크박스를 설정했는지 확인한다.

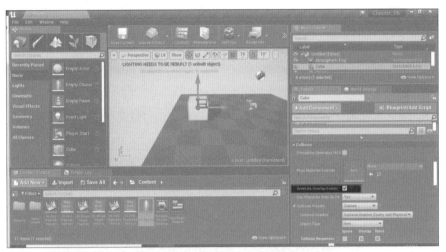

Generate Overlap Events 속성의 위치

7. 아이템을 줍게 될 플레이어 액터(이번 예에서는 BP_Warrior)를 선택하고 아이템 감지에 사용할 컴포넌트를 선택한다. 일반적으로 이는 CapsuleComponent가 된다. Item 오브젝트의 Overlap 체크박스를 설정한다.

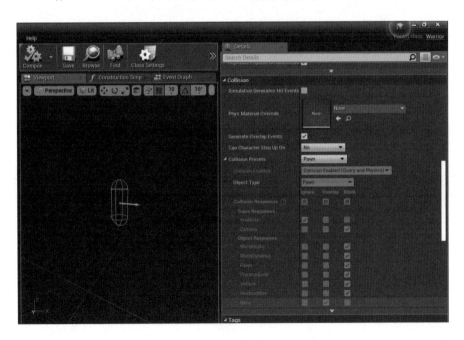

8. 이제 플레이어와 아이템은 서로 겹칠 수 있다. 이 둘 간의 겹침에 대한 신호 처리를 위해 Item은 Pawn과 겹치고 Pawn은 Item과 겹치도록 설정해야 한다. 또한 Pawn이 다른 오브젝트와 겹칠 때 이벤트를 생성하도록 **Generate Overlap Events** 체크박스를 선택해야 한다.

9. 다음으로, 블루프린트나 C++ 코드를 사용해 아이템 또는 플레이어 픽업 볼륨을 위한 OnComponentBeginOverlap 이벤트를 완성해야 한다.

   1. 블루프린트를 선호한다면, 아이템의 중첩 가능한 컴포넌트에 대한 **Details** 창의 **Event** 섹션에서 **On Component Begin Overlap** 이벤트 옆에 있는 + 아이콘을 클릭한다.

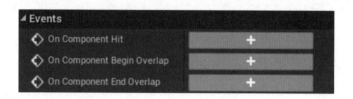

   2. Actor 블루프린트 다이어그램의 OnComponentBeginOverlap 이벤트를 사용해 플레이어의 캡슐 볼륨과 겹칠 때 실행되도록 블루프린트 코드를 연결한다.

   3. 만일 C++를 선호한다면, C++ 함수를 만들어 CapsuleComponent에 연결할 수 있다. 플레이어 캐릭터 클래스(예: Warrior.h 파일)에 멤버 함수를 다음과 같이 만들면 된다.

```
UFUNCTION(BlueprintNativeEvent, Category = Collision)
void OnOverlapsBegin(UPrimitiveComponent* Comp,
                     AActor* OtherActor,
                     UPrimitiveComponent* OtherComp,
                     int32 OtherBodyIndex,
                     bool bFromSweep,
                     const FHitResult&SweepResult);

UFUNCTION(BlueprintNativeEvent, Category = Collision)
void OnOverlapsEnd(UPrimitiveComponent* Comp,
```

```
        AActor* OtherActor,
        UPrimitiveComponent* OtherComp,
        int32 OtherBodyIndex);

virtual void PostInitializeComponents() override;
```

4. .cpp 파일에서 OnOverlapsBegin() 함수를 구현한다. 함수 이름은 _Impleme ntation으로 끝나야 한다.

```
void AWarrior::OnOverlapsBegin_Implementation(
    UPrimitiveComponent* Comp,
    AActor* OtherActor, UPrimitiveComponent* OtherComp,
    int32 OtherBodyIndex,
    bool bFromSweep, const FHitResult&SweepResult)
{
  UE_LOG(LogTemp, Warning, TEXT("Overlaps warrior began"));
}

void AWarrior::OnOverlapsEnd_Implementation(
    UPrimitiveComponent* Comp,
    AActor* OtherActor, UPrimitiveComponent* OtherComp,
    int32 OtherBodyIndex)
{
  UE_LOG(LogTemp, Warning, TEXT("Overlaps warrior ended"));
}
```

5. 그런 다음, PostInitializeComponents()를 재정의해 다음과 같이 OnOverlap sBegin() 함수를 아바타 클래스의 캡슐과 겹치도록 한다.

```
#include "Components/CapsuleComponent.h"
// ...
void AWarrior::PostInitializeComponents()
{
  Super::PostInitializeComponents();
  if (RootComponent)
  {
    // 경계를 갖는 모든 컴포넌트에 접촉 기능을 추가한다
    GetCapsuleComponent()->OnComponentBeginOverlap.AddDynamic(
```

```
        this, &AWarrior::OnOverlapsBegin);
    GetCapsuleComponent()->OnComponentEndOverlap.AddDynamic
        (this, &AWarrior::OnOverlapsEnd);
    }
}
```

10. 스크립트를 컴파일하고 프로젝트를 실행한다. 오브젝트 안으로 들어가고 나
    올 때마다 로그 메시지가 출력되는 모습을 확인할 수 있다. 다음 스크린샷을
    참고하자.

두 개의 UE4 액터 컴포넌트가 겹칠 때 엔진이 발생시키는 Overlap 이벤트를 사용하면, 두 오브젝트가 겹치도록 한 상태에서 이벤트를 처리할 수 있다.

충돌 – Block을 사용해 통과 방지

블로킹^{blocking}이란 엔진이 액터 컴포넌트 간에 충돌이 발생했을 때 서로 겹치지 않도록 처리하는 것을 의미한다.

준비

먼저 충돌 프리미티브^{collision primitive}(SphereComponents, CapsuleComponents, BoxComponents)가 연결된 액터를 갖는 오브젝트를 몇 개 포함하는 UE4 프로젝트를 준비한다.

예제 구현

1. 다른 액터와의 충돌 처리를 하려는 액터의 블루프린트를 연다. 예를 들면, 플레이어 액터가 다른 플레이어 액터와 겹치지 않는 것을 원할 수 있다.
2. 다른 컴포넌트와 겹치지 않길 원하는 액터 내의 프리미티브를 Details 항목에서 블로킹으로 설정한다.

오브젝트가 다른 오브젝트와 충돌하면 서로 겹치지 않는다. 겹침은 자동으로 방지되며 각 오브젝트는 서로를 밀어낸다. 때로는 이런 동작이 골치 아픈 문제를 다수 유발하기도 한다. 두 오브젝트가 서로를 블로킹하려면, 둘 모두가 블록하도록 설정돼야 한다.

 추가 정보를 원한다면, UE4 공식 블로그 포스트 https://www.unrealengine.com/en-US/blog/collisionfiltering을 참고하길 바란다.

부연 설명

OnComponentHit 함수를 재정의해 두 오브젝트가 충돌할 때 실행되도록 할 수 있으며, 이는 OnComponentBeginOverlap 이벤트와 다른 것이다.

클래스와 인터페이스 간의 통신: 파트 1

07

다음은 7장에서 다룰 내용이다.

- UInterface 생성
- 오브젝트에 UInterface 구현
- 클래스가 UInterface를 구현했는지 검사
- 네이티브 코드로 구현된 UInterface로 캐스팅
- C++로 네이티브 UInterface 함수 호출
- 서로 UInterface 상속
- C++에서 UInterface 함수 재정의
- UInterface로 간단한 상호작용 시스템 구현

7장에서는 직접 UInterface를 작성하는 방법을 다루며, C++에서 UInterface를 활용해 클래스 커플링을 최소화하고 코드를 깨끗하게 유지하는 방법을 보여준다.

게임 프로젝트에서 공통 기능을 공유하고자 잠재적으로 이질적인 일련의 서로 다른 오브젝트가 필요할 수 있는데, 이 오브젝트들 간에는 관계가 없으므로 상속을 사용하는 것은 적절하지 않다. C++와 같은 언어는 이 문제를 해결하고자 다중 상속을 사용한다.

하지만 언리얼에서 두 부모 클래스의 함수 모두가 블루프린트에 접근할 수 있게 하려면 두 클래스를 모두 UCLASS로 만들어야 하는데, 여기에는 두 가지 이유로 문제가 있다. 동일한 오브젝트에서 UClass를 두 번 상속하면 UObject가 깔끔하게 순회 가능한 계층을 형성해야 한다는 개념이 깨진다. 또한 오브젝트에 UClass 메서드의 두 인스턴스가 있으며 코드 내에서 명시적으로 구별돼야 한다는 것을 의미하기도 한다. 언리얼 코드베이스^{Unreal codebase}는 C#에서 명시적 인터페이스 타입의 개념을 빌려 문제를 해결한다.

컴포지션 대신 이 접근 방식을 사용하는 이유는 일반적으로 컴포넌트는 UObject가 아닌 액터에서만 사용할 수 있기 때문이다. 인터페이스는 모든 UObject에 적용할 수 있다. 또한 이는 더 이상 오브젝트와 컴포넌트 사이에 *is-a* 관계를 모델링하지 않는다는 것을 의미하며, 그 대신 *has-a* 관계만 표현할 수 있다.

7장에서는 언리얼 엔진 4를 사용하며 비주얼 스튜디오 2017을 통합 개발 환경(IDE)으로 사용한다. 이 두 소프트웨어를 설치하는 방법은 1장, 'UE4 개발 도구'에서 다뤘다.

UInterface 생성

UInterface는 클래스가 다중 클래스 계층 구조에서 다형성을 나타낼 수 있도록 하기
위해 함께 동작하는 클래스 쌍이다. 이번 레시피에서는 순수한 코드로 UInterface를
만드는 기본적인 단계를 보여준다.

예제 구현

1. 콘텐츠 브라우저에서 Add New > New C++ Class로 이동한다. 팝업 메뉴에서
   Unreal Interface 항목이 나올 때까지 스크롤해 선택한 다음 Next 버튼을 클릭
   한다.

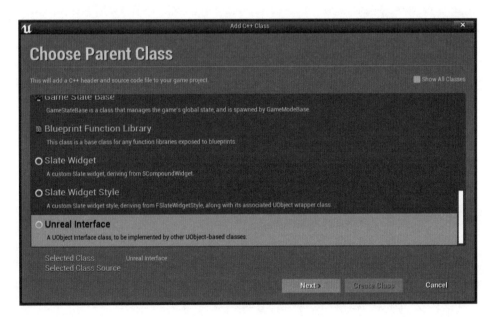

2. 여기서 클래스의 이름이 MyInterface인지 확인한 다음 Create Class 버튼을 클
   릭한다.

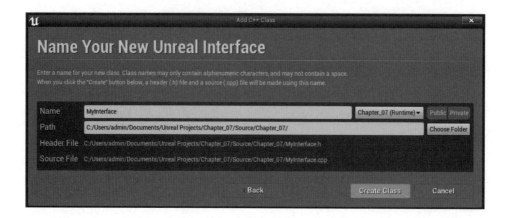

3. 다음 코드를 헤더 파일에 추가한다.

```cpp
#pragma once

#include "CoreMinimal.h"
#include "UObject/Interface.h"
#include "MyInterface.generated.h"

// 이 클래스는 수정하지 않아도 된다
UINTERFACE(MinimalAPI)
class UMyInterface : public UInterface
{
  GENERATED_BODY()
};

class CHAPTER_07_API IMyInterface
{
  GENERATED_BODY()

  // 이 클래스에 인터페이스 함수를 추가한다
  // 이는 이 인터페이스를 상속받아 구현할 클래스다

public:
  virtual FString GetTestName();
};
```

4. .cpp 파일에 다음과 같은 코드를 구현한다.

```cpp
#include "MyInterface.h"

// 순수 가상 함수가 아닌 IMyInterface 함수의 기본 기능을 여기에 추가한다
FString IMyInterface::GetTestName()
{
  unimplemented();
  return FString();
}
```

5. 코드를 에러 없이 작성했는지 확인하고자 프로젝트를 컴파일한다.

예제 분석

UInterface는 인터페이스 헤더에 선언된 클래스의 쌍으로 구현된다.

항상 그렇듯이, 언리얼 리플렉션 시스템을 활용하기 때문에 생성된 헤더 파일을 포함해야 한다. 자세한 정보는 5장, '이벤트와 델리게이트 처리'의 '가상 함수로 구현된 이벤트 처리' 레시피를 참조하자.

UCLASS를 사용하는 UObject로부터 상속받은 클래스와 마찬가지로, 직접 새로운 UInterface를 선언하려면 UINTERFACE 매크로를 사용해야 한다. MinimalAPI의 클래스 지정자를 전달하면 다른 모듈에서 사용하기 위해 클래스의 타입 정보만 내보내진다.

 이 클래스와 다른 클래스 지정자에 대한 자세한 내용은 https://docs.unrealengine.com/en-US/Programming/UnrealArchitecture/Reference/Classes/Specifiers를 참조하자.

클래스는 라이브러리 심볼^{library symbol}을 내보내는 데 도움이 되도록 UE4COOKBOOK_API로 태그가 지정된다.

인터페이스의 `UObject` 부분에 대한 베이스 클래스는 `UInterface`다.

`UCLASS` 타입과 마찬가지로 자동 생성 코드가 삽입되도록 매크로를 클래스 본문 안에 배치해야 한다. 해당 매크로는 `UInterface`의 경우 `GENERATED_BODY()`다. 매크로는 클래스 본문의 맨 처음에 배치해야 한다.

두 번째 클래스는 `UE4COOKBOOK_API`로 태그가 지정되며, 특정 방식으로 이름이 지정된다.

`UInterface` 파생 클래스와 표준 클래스는 이름은 같지만 접두사가 다르다. `UInterface` 파생 클래스에는 접두사 U가 있고, 표준 클래스에는 접두사 I가 있다. 언리얼 헤더 툴 (UHT)은 이 접두사를 통해 생성하는 코드에 대한 클래스 이름을 정하므로 중요하다.

일반 네이티브 인터페이스 클래스는 `GENERATED_BODY()` 매크로 사용을 포함하는 자체 자동 생성 콘텐츠를 필요로 한다.

인터페이스를 상속하는 클래스가 `IInterface` 내부에서 구현해야 하는 함수를 선언한다.

구현 파일 내에서 `UInterface`의 생성자를 구현한다. `UInterface`는 언리얼 헤더 툴이 선언하지만 구현은 직접 해야 하기 때문이다.

또한 `GetTestName()` 함수에 대한 기본 구현도 생성한다. 이것이 없으면 컴파일 과정 중 링크 단계에서 실패한다. 이 기본 구현은 코드 라인이 실행될 때 디버그 경고를 내는 `unimplemented()` 매크로를 사용한다.

 인터페이스 생성에 대한 자세한 내용은 https://docs.unrealengine.com/en-us/Progra mming/UnrealArchitecture/Reference/Interfaces를 참조하자.

참고 사항

- 5장, '이벤트와 델리게이트 처리'의 '델리게이트 바인딩으로 페이로드 데이터

전달' 레시피를 참조하자. 특히 첫 번째 레시피는 여기에 적용한 몇 가지 원칙을 설명한다.

오브젝트에 UInterface 구현

이제 UInterface를 만들었으므로 오브젝트에 모든 함수가 정의됐거나 구현돼 있다고 말할 수 있다. 이번 레시피에서는 이를 수행하는 방법을 정확하게 살펴본다.

준비

이전 레시피를 잘 따라와서 구현할 수 있는 UInterface가 준비된 상태인지 확인하자.

예제 구현

1. 언리얼 마법사를 사용해 새 액터 클래스 SingleInterfaceActor를 생성한다.

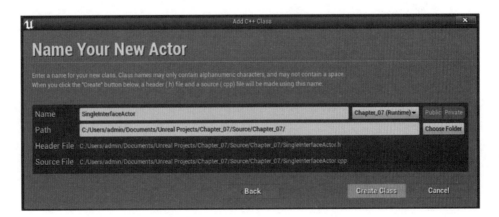

2. IInterface를 추가해야 한다. IMyInterface를 새 액터 클래스의 퍼블릭 상속 목록에 추가하자.

```
#pragma once

#include "CoreMinimal.h"
#include "GameFramework/Actor.h"
#include "MyInterface.h"
#include "SingleInterfaceActor.generated.h"

UCLASS()
class CHAPTER_07_API ASingleInterfaceActor : public AActor,
public IMyInterface
{
    GENERATED_BODY()
```

3. 재정의하려는 IInterface 함수에 대한 재정의 선언을 추가한다.

```
UCLASS()
class CHAPTER_07_API ASingleInterfaceActor : public AActor,
public IMyInterface
{
    GENERATED_BODY()

    public:
        // 이 액터 속성의 기본값을 설정한다
        ASingleInterfaceActor();

    protected:
        // 게임이 시작되거나 소환될 때 호출됨
        virtual void BeginPlay() override;

    public:
        // 프레임마다 호출됨
        virtual void Tick(float DeltaTime) override;
        FString GetTestName() override;
};
```

4. 다음 코드를 구현 파일에 추가해 재정의 함수를 구현한다.

```
FString ASingleInterfaceActor::GetTestName()
{
  return IMyInterface::GetTestName();
}
```

C++는 인터페이스를 구현하는 방식으로 다중 상속을 사용하므로, 여기서 퍼블릭 IMyInterface를 추가하는 SingleInterfaceActor 클래스의 선언으로 이 메커니즘을 활용한다.

SingleInterfaceActor가 두 개의 UObject 사본을 상속하는 것을 막기 위해 UInterface가 아닌 IInterface를 상속한다.

인터페이스가 가상 함수를 선언한 상태에서 만일 이 함수를 직접 구현하려면 재정의 지정자를 사용해 해당 함수를 다시 선언해야 한다.

구현 파일에서 재정의한 가상 함수를 구현한다.

함수 재정의 안에서 시연 목적으로 베이스 IInterface 구현을 호출한다. 또는 직접 구현해서 베이스 클래스가 아닌 직접 구현한 함수를 호출할 수도 있다.

Super는 클래스 부모인 UClass를 참조하고 IInterface는 UClass가 아니므로(접두사 U가 없으므로), Super 대신 IInterface:: specifier를 사용한다.

필요에 따라 오브젝트에 두 번째 또는 여러 개의 IInterface를 구현할 수 있다.

클래스가 UInterface를 구현했는지 검사

C++ 코드를 작성할 때는 항상 사용하기 전에 존재하는지를 먼저 확인하는 것이 좋다. 이번 레시피에서는 개별 오브젝트가 특정 UInterface를 구현했는지 검사하는 방법을

살펴본다.

준비

앞의 두 레시피를 잘 따라왔다면, 검사할 UInterface와 테스트할 수 있는 인터페이스를 구현한 클래스가 있을 것이다.

예제 구현

1. 게임 모드 구현 내에서 다음 코드를 BeginPlay 함수에 추가한다.

```
void AChapter_07GameModeBase::BeginPlay()
{
  Super::BeginPlay();

  // 기본 위치에 ASingleInterfaceActor 클래스를 사용해 새로운 액터를 소환한다
  FTransform SpawnLocation;
  ASingleInterfaceActor* SpawnedActor =
    GetWorld()->SpawnActor<ASingleInterfaceActor>(
      ASingleInterfaceActor::StaticClass(), SpawnLocation);
  // 액터가 갖고 있는 클래스의 참조를 얻는다
  UClass* ActorClass = SpawnedActor->GetClass();

  // 클래스가 인터페이스를 구현하면 메시지를 표시한다
  if (ActorClass->ImplementsInterface(UMyInterface::StaticClass()))
  {
    GEngine->AddOnScreenDebugMessage(-1, 10, FColor::Red,
      TEXT("Spawned actor implements interface!"));
  }
}
```

2. ASingleInterfaceActor와 IMyInterface를 모두 참조하고 있으므로 소스 파일에서 MyInterface.h와 SingleInterfaceActor.h를 #include에 포함해야 한다.

```
#include "Chapter_07GameModeBase.h"
#include "MyInterface.h"
#include "SingleInterfaceActor.h"
```

3. 스크립트를 저장하고 코드를 컴파일한다. 그런 다음 World Settings 메뉴에서
   GameMode Override 속성을 GameModeBase 클래스로 설정하고 게임을 플레이한
   다. 모든 것이 잘 진행되면 인터페이스를 구현했다는 메시지가 표시된다.

예제 분석

BeginPlay 내부에서 모든 변환 및 회전 구성 요소에 대해 기본값이 0인 빈 FTransform
오브젝트를 만들고 있으므로 명시적으로 설정할 필요가 없다.

이어서 UWorld의 SpawnActor 함수를 사용해 인스턴스에 대한 포인터를 임시 변수에 저
장함으로써 SingleActorInterface의 인스턴스를 만들 수 있다.

그런 다음, 인스턴스에서 GetClass()를 사용해 연결된 UClass에 대한 참조를 가져온다.
UClass에 대한 참조가 필요한 이유는 해당 오브젝트가 그 오브젝트에 대한 모든 리플
렉션 데이터를 갖고 있기 때문이다.

리플렉션 데이터는 오브젝트의 모든 UPROPERTY에 대한 이름과 타입, 상속 계층, 구현하는 모든 인터페이스를 포함한다.

결과적으로 UClass에서 ImplementsInterface()를 호출할 수 있으며, 오브젝트가 해당 UInterface를 구현하면 true를 반환한다.

오브젝트가 인터페이스를 구현하고, 그에 따라 ImplementsInterface에서 true를 반환하면 화면에 메시지를 출력한다.

참고 사항

- 4장, '액터와 컴포넌트'에는 액터의 소환과 관련된 다수의 레시피가 있다. 예를 들면, 'SpawnActor를 사용해 액터 인스턴스화하기' 레시피 등이 해당된다.

네이티브 코드로 구현된 UInterface로 캐스팅

UInterface가 개발자에게 제공하는 한 가지 장점은 변환을 처리하는 Cast< >를 사용해 공통 인터페이스를 구현하는 서로 다른 오브젝트 컬렉션을 동일한 오브젝트의 컬렉션으로 처리할 수 있다는 것이다.

 클래스가 블루프린트를 통해 인터페이스를 구현하는 경우에는 이 기능이 작동하지 않는다는 점에 주의하자.

준비

이번 레시피를 진행하려면 인터페이스를 구현하는 UInterface와 Actor가 있어야 한다.

언리얼이 지원하는 마법사 기능을 사용해 새 게임 모드를 생성하거나 이전 레시피의 프로젝트와 GameMode를 재사용한다.

1. 게임 모드 선언을 열고 클래스에 새 속성을 추가한다.

```
UCLASS()
class CHAPTER_07_API AChapter_07GameModeBase : public
AGameModeBase
{
  GENERATED_BODY()

public:
  virtual void BeginPlay() override;

  TArray<IMyInterface*> MyInterfaceInstances;
};
```

2. 헤더의 인클루드 부분에 #include "MyInterface.h"를 추가한다.

```
#pragma once

#include "CoreMinimal.h"
#include "GameFramework/GameModeBase.h"
#include "MyInterface.h"
#include "Chapter_07GameModeBase.generated.h"
```

3. 다음을 게임 모드의 BeginPlay 구현부에 추가한다.

```
for (TActorIterator<AActor> It(GetWorld(),
AActor::StaticClass());
  It;
  ++It)
{
  AActor* Actor = *It;
```

```
IMyInterface* MyInterfaceInstance = Cast<IMyInterface>(Actor);

// 만일 포인터가 유효하면 이를 목록에 추가한다
if (MyInterfaceInstance)
{
  MyInterfaceInstances.Add(MyInterfaceInstance);
}
}

// 얼마나 많은 오브젝트가 인터페이스를 구현하는지 출력한다
FString Message = FString::Printf(TEXT("%d actors implement
  the interface"), MyInterfaceInstances.Num());

GEngine->AddOnScreenDebugMessage(-1, 10, FColor::Red, Message);
```

4. TActorIterator 클래스를 사용하므로 다음 #include를 GameModeBase 클래스의 구현 파일에 추가한다.

```
#include "Chapter_07GameModeBase.h"
#include "MyInterface.h"
#include "SingleInterfaceActor.h"
#include "EngineUtils.h" // TActorIterator
```

5. 아직 하지 않았다면, 레벨의 게임 모드 재정의를 게임 모드로 설정한 후에 커스텀 인터페이스 구현 액터의 인스턴스 몇 개를 레벨로 끌어다 놓는다.

6. 레벨을 플레이할 때, 레벨 내에 액터에서 구현된 인터페이스의 인스턴스 수를 나타내는 메시지가 화면에 출력돼야 한다.

예제 분석

MyInterface 구현에 대한 포인터 배열을 만든다.

BeginPlay 내에서 TActorIterator<AActor>를 사용해 레벨 내의 모든 액터 인스턴스를 얻는다.

TActorIterator는 다음 생성자를 갖는다.

```
explicit TActorIterator( UWorld* InWorld,
  TSubclassOf<ActorType>InClass = ActorType::StaticClass() )
    : Super(InWorld, InClass)
```

TActorIterator는 UClass 인스턴스뿐만 아니라 우리가 관심을 갖는 액터 타입을 지정하기 위해 월드가 동작할 것을 기대한다.

ActorIterator는 STL 이터레이터iterator 타입과 비슷한 이터레이터다. 이는 다음과 같은 형태로 반복문을 작성할 수 있다는 의미다.

```
for (iterator-constructor;iterator;++iterator)
```

반복문 안에서 이터레이터를 역참조해 액터 포인터를 얻는다.

그런 다음 인터페이스로 캐스팅하려고 시도한다. 인터페이스를 구현했으면 인터페이스에 대한 포인터를 반환하고, 그렇지 않으면 nullptr을 반환한다. 결과적으로 인터페이스 포인터가 널null인지 확인하고, 널이 아니면 인터페이스 포인터 참조를 배열에 추가할 수 있다.

TActorIterator의 모든 액터를 반복한 후에는 인터페이스를 구현한 항목 수를 표시하는 메시지를 화면에 출력할 수 있다.

C++로 네이티브 UInterface 함수 호출

C++를 사용해 다른 클래스에서 네이티브 UInterface 함수를 호출할 수도 있다. 예를 들어, 이번 레시피에서는 특정 인터페이스를 구현하는 경우 볼륨 호출을 오브젝트에 대한 함수로 만들 것이다.

준비

이전 레시피를 참고해 액터 포인터를 인터페이스 포인터로 캐스팅하는 방법을 이해하자.

 이번 레시피는 앞선 레시피에서 사용한 캐스팅 방법을 따르기 때문에 블루프린트가 아닌 C++를 사용해 인터페이스를 구현한 오브젝트에서만 동작한다. 컴파일 시점에 블루프린트 클래스를 사용할 수 없으므로 인터페이스를 상속하지 않기 때문이다.

1. 편집기 마법사를 사용해 새 Actor 클래스 AntiGravityVolume을 생성한다.

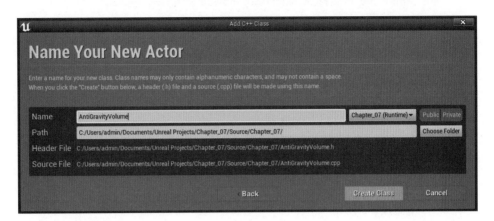

2. BoxComponent를 새 Actor에 추가하고 두 개의 가상 함수를 추가하기 위해 헤더 파일을 수정한다.

```cpp
#pragma once

#include "CoreMinimal.h"
#include "GameFramework/Actor.h"
#include "Components/BoxComponent.h"
#include "AntiGravityVolume.generated.h"

UCLASS()

class CHAPTER_07_API AAntiGravityVolume : public AActor
{
  GENERATED_BODY()
public:
  // 이 액터의 속성에 대한 기본값 설정
  AAntiGravityVolume();

protected:
  // 게임이 시작되거나 소환될 때 호출됨
```

```cpp
    virtual void BeginPlay() override;

public:
    // 프레임마다 호출됨
    virtual void Tick(float DeltaTime) override;

    UPROPERTY()
    UBoxComponent* CollisionComponent;

    virtual void NotifyActorBeginOverlap(AActor* OtherActor) override;
    virtual void NotifyActorEndOverlap(AActor* OtherActor) override;
};
```

3. 다음과 같이 소스 파일에 구현한다.

```cpp
void AAntiGravityVolume::NotifyActorBeginOverlap(AActor*
    OtherActor)
{
    IGravityObject* GravityObject =
        Cast<IGravityObject>(OtherActor);

    if (GravityObject != nullptr)
    {
        GravityObject->DisableGravity();
    }
}


void AAntiGravityVolume::NotifyActorEndOverlap(AActor*
    OtherActor)
{
    IGravityObject* GravityObject =
        Cast<IGravityObject>(OtherActor);

    if (GravityObject != nullptr)
    {
        GravityObject->EnableGravity();
    }
}
```

4. 생성자에서 BoxComponent를 초기화한다.

```cpp
// 기본값 설정
AAntiGravityVolume::AAntiGravityVolume()
{
  // 이 액터가 프레임마다 Tick()을 호출하도록 설정한다
  // 필요하지 않다면 이 기능을 꺼서 성능을 개선할 수 있다
  PrimaryActorTick.bCanEverTick = true;

  CollisionComponent =
    CreateDefaultSubobject<UBoxComponent>("CollisionComponent");

  CollisionComponent->SetBoxExtent(FVector(200, 200, 400));
  RootComponent = CollisionComponent;
}
```

아직 GravityObject가 존재하지 않으므로 컴파일되지는 않는다. 수정해보자.

5. 인터페이스 GravityObject를 생성한다.

6. 다음 가상 함수를 IGravityObject에 추가한다.

```cpp
class CHAPTER_07_API IGravityObject
{
  GENERATED_BODY()
    // 이 클래스에 인터페이스 함수를 추가한다
```

```
    // 이 인터페이스를 구현하기 위해 상속될 클래스다
public:
  virtual void EnableGravity();
  virtual void DisableGravity();
};
```

7. IGravityObject 구현 파일 내에서 가상 함수의 기본 구현을 생성한다.

```
#include "GravityObject.h"

// 순수 가상이 아닌 모든 IGravityObject 함수의 기본 기능을 여기에 추가한다
void IGravityObject::EnableGravity()
{
  AActor* ThisAsActor = Cast<AActor>(this);
  if (ThisAsActor != nullptr)
  {
    TArray<UPrimitiveComponent*> PrimitiveComponents;

    ThisAsActor->GetComponents(PrimitiveComponents);

    for (UPrimitiveComponent* Component :
      PrimitiveComponents)
    {
      Component->SetEnableGravity(true);
    }

    GEngine->AddOnScreenDebugMessage(-1, 1, FColor::Red,
      TEXT("Enabling Gravity"));
  }
}

void IGravityObject::DisableGravity()
{
  AActor* ThisAsActor = Cast<AActor>(this);
  if (ThisAsActor != nullptr)
  {
    TArray<UPrimitiveComponent*> PrimitiveComponents;

    ThisAsActor->GetComponents(PrimitiveComponents);
```

```
for (UPrimitiveComponent* Component :
  PrimitiveComponents)
{
  Component->SetEnableGravity(false);
}

GEngine->AddOnScreenDebugMessage(-1, 1, FColor::Red,
  TEXT("Disabling Gravity"));
  }
}
```

8. 그런 다음, AntiGravityVolume.cpp 파일로 돌아가서 다음 #include를 추가한다.

```
#include "AntiGravityVolume.h"
#include "GravityObject.h"
```

이제 컴파일되지만 인터페이스를 사용하지는 않는 상태다. 이를 위해 새 클래스를 추가하자.

9. PhysicsCube라는 액터의 서브클래스를 생성한다.

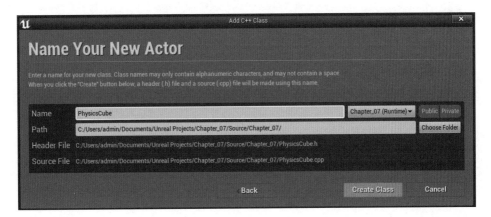

10. 헤더에 스태틱 메시 속성을 추가한다.

```
#pragma once

#include "CoreMinimal.h"
#include "GameFramework/Actor.h"
#include "Components/StaticMeshComponent.h"
#include "PhysicsCube.generated.h"

UCLASS()
class CHAPTER_07_API APhysicsCube : public AActor
{
  GENERATED_BODY()
public:
  // 이 액터의 속성에 대한 기본값을 설정한다
  APhysicsCube();

protected:
  // 게임이 시작되거나 소환될 때 호출됨
  virtual void BeginPlay() override;

public:
  // 프레임마다 호출됨
  virtual void Tick(float DeltaTime) override;

  UPROPERTY()
  UStaticMeshComponent* MyMesh;
};
```

11. 생성자에서 컴포넌트를 초기화한다.

```
#include "PhysicsCube.h"
#include "ConstructorHelpers.h"

// 기본값을 설정한다
APhysicsCube::APhysicsCube()
{
  // 이 액터가 프레임마다 Tick()을 호출하도록 설정한다
  // 필요하지 않다면 이 기능을 꺼서 성능을 개선할 수 있다
  PrimaryActorTick.bCanEverTick = true;
```

```
MyMesh =
  CreateDefaultSubobject<UStaticMeshComponent>("MyMesh");

auto MeshAsset =
  ConstructorHelpers::FObjectFinder<UStaticMesh>
    (TEXT("StaticMesh'/Engine/BasicShapes/Cube.Cube'"));

if (MeshAsset.Object != nullptr)
{
  MyMesh->SetStaticMesh(MeshAsset.Object);
}

MyMesh->SetMobility(EComponentMobility::Movable); MyMesh-
>SetSimulatePhysics(true);
  SetActorEnableCollision(true);
}
```

12. PhysicsCube가 GravityObject를 구현하도록 하려면, 우선 헤더 파일에 #include
"GravityObject.h"를 추가하고 클래스 선언을 수정한다.

```
#pragma once

#include "CoreMinimal.h"
#include "GameFramework/Actor.h"
#include "Components/StaticMeshComponent.h"
#include "GravityObject.h"
#include "PhysicsCube.generated.h"

UCLASS()
class CHAPTER_07_API APhysicsCube :
  public AActor, public IGravityObject
```

13. 프로젝트를 컴파일한다.

14. 새 레벨을 생성하고 중력 볼륨의 인스턴스를 씬에 배치한다.

15. 다음 스크린샷과 같이 PhysicsCube 인스턴스를 중력 볼륨 위에 놓은 다음, 한
쪽 모서리가 다른 쪽 모서리보다 낮도록 약간 회전시킨다.

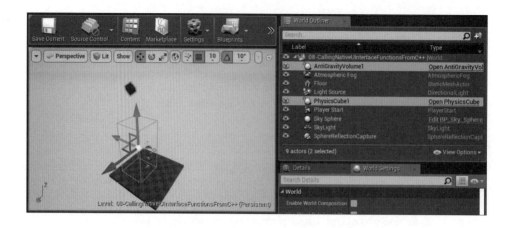

16. 볼륨에 진입하면 오브젝트의 중력이 꺼져 있는지 확인한 후 다시 켠다.

 중력 볼륨은 PhysicsCube 액터에 대해 아무것도 알 필요가 없으며, GravityObject 인터페이스만 알고 있다는 사실에 주의하자.

새로운 Actor 클래스를 만들고 박스 컴포넌트를 추가해 충돌 처리에 사용할 대상을 만든다. 또는 BSP^Binary Space Partitioning 기능을 사용해 볼륨 모양을 정의하려면 AVolume을 서브클래싱할 수도 있다. 이는 Modes 탭에 있는 Place 섹션의 Geometry 아래에 있다.

오브젝트가 AntiGravityVolume 영역에 들어오거나 나갈 때 작업을 수행할 수 있도록 NotifyActorBeginOverlap과 NotifyActorEndOverlap을 재정의한다.

NotifyActorBeginOverlap 구현 내에서 겹친 오브젝트를 IGravityObject 포인터로 캐스팅하려 시도한다. 이는 해당 오브젝트가 인터페이스를 구현했는지 테스트하는 역할을 한다. 포인터가 유효하면 오브젝트가 인터페이스를 구현한 것이므로 인터페이스 포인터를 사용해 오브젝트의 인터페이스 메서드를 호출하는 편이 안전하다.

NotifyActorBeginOverlap 내부에 있을 때는 오브젝트의 중력을 비활성화하려고 하므로 DisableGravity()를 호출한다. NotifyActorEndOverlap 내에서 동일한 검사를 수행하지만, 이때는 오브젝트의 중력을 다시 활성화한다. DisableGravity의 기본 구현 내에서 자체 포인터(이 포인터)를 AActor에 캐스팅한다. 이를 통해 인터페이스가 Actor 서브클래스에서만 구현됐다는 것을 확인하고, AActor에 정의된 메서드를 호출할 수 있다.

포인터가 유효하다면, 이것이 Actor라는 사실을 알기에 GetComponents<class ComponentType>()을 사용해 특정 타입을 갖는 모든 컴포넌트의 TArray를 얻을 수 있다. GetComponents는 템플릿 함수이므로 다음과 같이 일부 템플릿 파라미터가 필요하다.

```
template<class T, class AllocatorType>
  voidGetComponents(TArray<T*, AllocatorType>&OutComponents) const
```

2014년 버전 이후의 표준 C++는 템플릿 파라미터의 컴파일 시점 차감을 지원한다. 이는 컴파일러가 일반적인 함수 파라미터로 이를 해결할 수 있다면, 함수를 호출할 때 템플릿 파라미터를 지정할 필요가 없다는 것을 의미한다.

TArray의 기본 구현은 template<typename T, typename Allocator = FDefaultAllocator> class TArray;이다. 이는 기본적으로 할당자를 지정할 필요가 없으므로 배열을 선언할 때 TArray<UPrimitiveComponent*>처럼 사용한다는 의미다.

TArray가 GetComponents 함수에 전달되면 컴파일러는 실제로 TArray<UPrimitiveComponent*, FDefaultAllocator>임을 알고 있으며, 템플릿 매개변수 T와 AllocatorType을 UPrimitiveComponent와 FDefaultAllocator로 채울 수 있으므로 함수를 호출할 때 템플릿 내개번수로 이 둘 모두 필요하지 않다.

GetComponents는 Actor에 있는 컴포넌트를 반복하며, typename T에서 상속된 컴포넌트는 PrimitiveComponents 배열 안에 저장된 포인터를 갖고 있다.

C++의 또 다른 새로운 기능인 범위 기반 for 루프를 사용해 전통적인 for 루프 구조를 사용하지 않고도 TArray에 배치된 구성 요소를 반복할 수 있다.

각 구성 요소에는 중력을 비활성화하는 SetEnableGravity(false)가 호출된다.

마찬가지로, EnableGravity 함수는 액터에 포함된 모든 구성 요소를 반복하며 SetEnableGravity(true)로 중력을 활성화한다.

참고 사항

- 액터와 컴포넌트를 이해하려면 4장, '액터와 컴포넌트'를 참고하길 바란다.
- 5장, '이벤트와 델리게이트 처리'에서는 NotifyActorOverlap과 같은 이벤트를 다룬다.

서로 UInterface 상속

때로는 좀 더 일반적인 UInterface를 전문으로 하는 UInterface를 만들어야 할 수도 있다. 이번 레시피에서는 UInterface 상속을 사용해 일반적인 방법으로는 죽일 수 없는

Undead 인터페이스로 Killable 인터페이스를 전문화하는 방법을 다룬다.

1. Killable이라는 UInterface/IInterface를 생성한다.

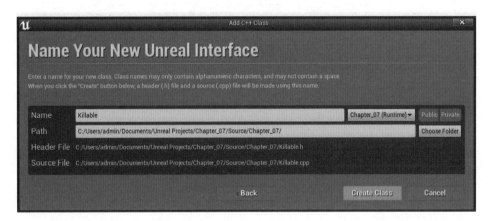

2. UInterface 선언에 UINTERFACE(meta=(CannotImplementInterfaceInBlueprint))를 추가한다.

```
// 이 클래스는 수정하지 않아도 된다
UINTERFACE(meta = (CannotImplementInterfaceInBlueprint))
class UKillable : public UInterface
{
  GENERATED_BODY()
};
```

3. 헤더 파일에서 다음 함수를 IKillable 클래스 아래에 추가한다.

```
class CHAPTER_07_API IKillable
{
  GENERATED_BODY()

  // 이 클래스에 인터페이스 함수를 추가한다
```

```
    // 이 인터페이스를 구현하기 위해 상속될 클래스다
public:
    UFUNCTION(BlueprintCallable, Category = Killable)
    virtual bool IsDead();
    UFUNCTION(BlueprintCallable, Category = Killable)
    virtual void Die();
};
```

4. 구현 파일 내에서 인터페이스에 대한 기본 구현을 한다.

```
#include "Killable.h"

// 순수 가상이 아닌 모든 IKillable 함수에 대한 기본 기능을 추가한다
bool IKillable::IsDead()
{
    return false;
}

void IKillable::Die()
{
    GEngine->AddOnScreenDebugMessage(-1, 1, FColor::Red, "Arrrgh");

    AActor* Me = Cast<AActor>(this);

    if (Me)
    {
        Me->Destroy();
    }
}
```

5. Undead라는 INTERFACE/IInterface를 생성한다.

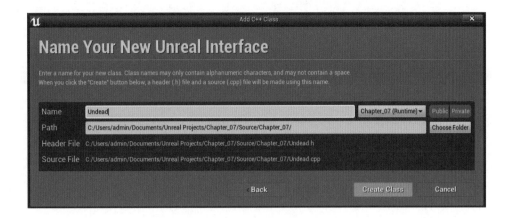

6. UKillable/IKillable을 상속받도록 수정한다.

```
#pragma once

#include "CoreMinimal.h"
#include "UObject/Interface.h"
#include "Killable.h"
#include "Undead.generated.h"

// 이 클래스는 수정하지 않아도 된다
UINTERFACE(MinimalAPI)
class UUndead : public UKillable
{
  GENERATED_BODY()
};

/**
 *
 */
class CHAPTER_07_API IUndead : public IKillable
{
  GENERATED_BODY()

  // 이 클래스에 인터페이스 함수를 추가한다
  // 이 인터페이스를 구현하기 위해 상속될 클래스다
public:
```

```
};
```

Killable 인터페이스를 정의한 헤더를 포함했는지 확인한다.

7. 새 인터페이스에 몇 가지 재정의와 새로운 메서드 선언을 추가한다.

```
class CHAPTER_07_API IUndead : public IKillable
{
  GENERATED_BODY()

  // 이 클래스에 인터페이스 함수를 추가한다
  // 이 인터페이스를 구현하기 위해 상속될 클래스다
public:
  virtual bool IsDead() override;
  virtual void Die() override;
  virtual void Turn();
  virtual void Banish();
};
```

8. 함수에 대한 구현을 생성한다.

```
#include "Undead.h"

// 순수 가상이 아닌 모든 IUndead 함수에 대한 기본 기능을 추가한다
bool IUndead::IsDead()
{
  return true;
}

void IUndead::Die()
{
  GEngine->AddOnScreenDebugMessage(-1, 1, FColor::Red,
    "You can't kill what is already dead. Mwahaha");
}

void IUndead::Turn()
{
  GEngine->AddOnScreenDebugMessage(-1, 1, FColor::Red,
    "I'm fleeing!");
```

```
}

void IUndead::Banish()
{
  AActor* Me = Cast<AActor>(this);
  if (Me)
  {
    Me->Destroy();
  }
}
```

9. 두 개의 새로운 Actor 클래스를 생성한다. 하나는 Snail이고, 나머지는 Zombie다.

10. Snail 클래스가 IKillable 인터페이스를 구현하도록 설정하고 #include "Killable.h"를 추가한다.

```
#pragma once

#include "CoreMinimal.h"
#include "GameFramework/Actor.h"
#include "Killable.h"
#include "Snail.generated.h"

UCLASS()
class CHAPTER_07_API ASnail : public AActor, public IKillable
```

11. 마찬가지로, Zombie 클래스가 IUndead를 구현하도록 설정하고 #include "Undead.h"를 추가한다.

```
#pragma once

#include "CoreMinimal.h"
#include "GameFramework/Actor.h"
#include "Undead.h"
#include "Zombie.generated.h"

UCLASS() class CHAPTER_07_API AZombie : public AActor, public IUndead
```

12. 프로젝트를 컴파일하고 Zombie와 Snail을 레벨에 끌어다 놓는다.

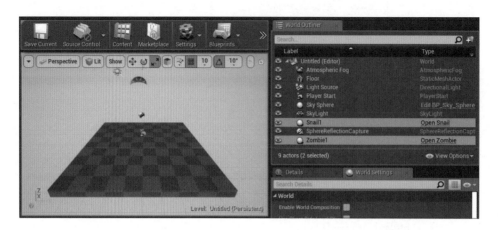

13. Blueprints ➤ Level Blueprint로 이동해 레벨 블루프린트를 연다. 그런 다음, 한 번에 하나씩 월드 아웃라이너에서 레벨 블루프린트로 끌어다 놓음으로써 새로 생성된 레벨 블루프린트 내의 각 오브젝트에 참조를 추가한다.

14. 그런 다음, 각 참조에 대해 Die (Interface Call)을 호출한다.

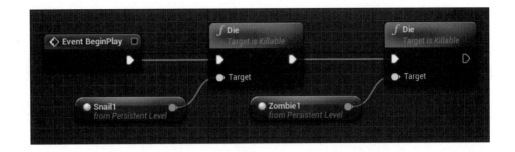

15. 두 메시지 호출의 실행 핀을 연결한 후 Event BeginPlay에 연결한다. 게임을 실행한 다음 Zombie가 당신의 위협을 대수롭지 않게 여기는지, Snail이 신음 소리를 내며 죽고 월드 아웃라이너에서 사라지는지 확인해보자.

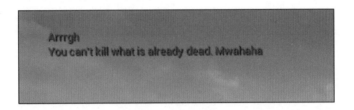

예제 분석

레벨 블루프린트에서 이번 레시피를 테스트하려면, 블루프린트를 통해 인터페이스 함수를 호출할 수 있어야 하므로 UFUNCTION에 BlueprintCallable 지정자가 필요하다.

하지만 UInterface에 대해 컴파일러는 기본적으로 C++와 블루프린트 모두를 사용해 인터페이스를 구현할 수 있다고 기대한다. 이는 BlueprintCallable과 충돌하며, 단지 함수를 블루프린트에서 호출할 수 있다고 말하는 것일 뿐 재정의할 수 있다고 말하는 것은 아니다.

인터페이스를 CannotImplementInterfaceInBlueprint로 표시하면 이 충돌을 해결할 수 있다. 이렇게 하면 BlueprintImplementableEvent 대신 BlueprintCallable을 UFUNCTION

지정자로 사용할 수 있다. 참고로, `BlueprintImplementableEvent`는 함수 재정의를 지원하는 추가 코드로 인한 오버헤드가 존재한다.

`IsDead`와 `Die`를 virtual로 정의해 이 클래스를 상속하는 다른 C++ 클래스에서 재정의할 수 있도록 한다. 기본 인터페이스 구현에서 `IsDead`는 항상 `false`를 반환한다. `Die`의 기본 구현은 화면에 사망 메시지를 출력한 다음 이 인터페이스를 구현하는 오브젝트가 액터인 경우 이를 파괴한다.

이제 `Killable`에서 상속받은 `Undead`라는 두 번째 인터페이스를 만들 수 있다. 클래스 선언에서 `public UKillable/Public IKillable`을 사용해 이를 표현한다.

물론, 결과적으로 `Killable` 인터페이스를 정의하는 헤더 파일을 포함해야 한다. 새 인터페이스는 `Undead`를 위해 좀 더 적당한 `IsDead/Die`의 정의를 제공하고자 `Killable`이 정의한 두 개의 함수를 재정의한다. 재정의에 따르면, `IsDead`는 `true`를 반환해 `Undead`를 이미 죽은 상태로 정의한다. `Undead`에 대해 `Die`를 호출하면, `Undead`는 다시 죽이려는 무의미한 시도에 대해 웃는 메시지를 출력하는 것 외에는 아무것도 하지 않는다.

언데드^{Undead} 전용 함수인 `Turn()`과 `Banish()`에 대한 기본 구현을 지정할 수도 있다. `Undead`가 돌아섰을 때 도망치고 시연을 위해 화면에 메시지를 출력한다. 하지만 `Undead`가 제거되면 흔적도 없이 소멸돼 파괴된다.

구현을 테스트하기 위해 두 인터페이스 중 하나에서 각각 상속하는 두 개의 `Actor`를 만든다. 각 액터의 인스턴스를 레벨에 추가한 후 레벨 블루프린트를 사용해 레벨의 Begin Play 이벤트에 접근한다. 레벨을 플레이하기 시작하면 메시지 호출을 사용해 인스턴스의 `Die` 함수를 호출한다.

출력 메시지는 서로 다르며, 각 메시지는 두 가지 기능 구현에 해당한다. 좀비^{Zombie}의 `Die` 구현은 달팽이^{Snail}의 구현을 재정의했으므로 다르다.

C++에서 UInterface 함수 재정의

C++에서 상속을 허용하는 UInterface의 부작용 중 하나는 블루프린트뿐만 아니라 서 브클래스의 기본 구현을 재정의할 수 있다는 사실이다. 이번 레시피를 통해 그렇게 하 는 방법을 살펴볼 수 있다.

준비

Physics Cube를 이미 생성한 'C++로 네이티브 UInterface 함수 호출' 레시피에 따라 사용할 클래스를 준비하자.

예제 구현

1. Selectable이라는 새 인터페이스를 생성한다.

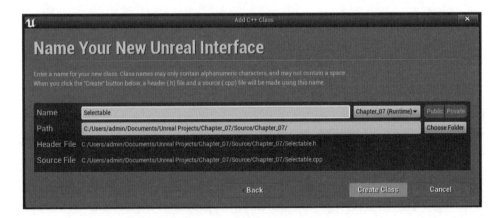

2. ISelectable 내부에서 다음 함수를 정의한다.

```
class CHAPTER_07_API ISelectable
{
  GENERATED_BODY()
```

```
  // 이 클래스에 인터페이스 함수를 추가한다
  // 이 인터페이스를 구현하기 위해 상속될 클래스다
public:
  virtual bool IsSelectable();
  virtual bool TrySelect();
  virtual void Deselect();
};
```

3. 다음과 같이 함수의 기본 구현을 제공한다.

```
#include "Selectable.h"

// 모든 ISelectable을 위한 기본 기능을 추가한다
functions that are not pure virtual.
bool ISelectable::IsSelectable()
{
  GEngine->AddOnScreenDebugMessage(-1, 1, FColor::Red,
    "Selectable");
  return true;
}

bool ISelectable::TrySelect()
{
  GEngine->AddOnScreenDebugMessage(-1, 1, FColor::Red,
    "Accepting Selection");
  return true;
}

void ISelectable::Deselect()
{
  unimplemented();
}
```

4. 콘텐츠 브라우저에서 Physics Cube를 마우스 오른쪽 버튼으로 클릭해 APhysicsCube에서 파생된 C++ 클래스를 생성하고 Create C++ class derived from PhysicsCube를 선택한다.

5. 여기까지 잘 진행했으면, 새 큐브의 Name을 SelectableCube로 변경하고 Create Class 옵션을 클릭한다.

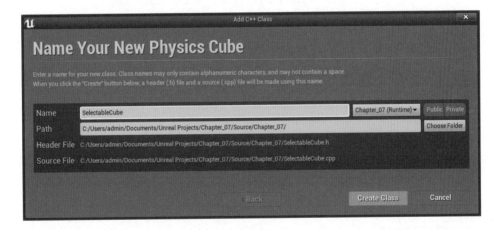

6. SelectableCube 클래스의 헤더 내부에 #include "Selectable.h"를 추가한다.

7. 다음과 같이 ASelectableCube 선언을 수정한다.

```
#pragma once

#include "CoreMinimal.h"
```

```
#include "PhysicsCube.h"
#include "Selectable.h"
#include "SelectableCube.generated.h"

UCLASS() class CHAPTER_07_API ASelectableCube : public APhysicsCube, public
ISelectable
```

8. 헤더에 다음 함수를 추가한다.

```
UCLASS()
class CHAPTER_07_API ASelectableCube : public APhysicsCube,
public ISelectable
{
  GENERATED_BODY()
public:
  ASelectableCube();
  virtual void NotifyHit(class UPrimitiveComponent* MyComp,
                         AActor* Other,
                         class UPrimitiveComponent* OtherComp,
                         bool bSelfMoved,
                         FVector HitLocation,
                         FVector HitNormal,
                         FVector NormalImpulse,
                         const FHitResult& Hit) override;
};
```

9. 함수를 구현한다.

```
#include "SelectableCube.h"

ASelectableCube::ASelectableCube() : Super()
{
  MyMesh->SetNotifyRigidBodyCollision(true);
}

void ASelectableCube::NotifyHit(
                         class UPrimitiveComponent* MyComp,
                         AActor* Other,
                         class UPrimitiveComponent* OtherComp,
```

```
                    bool bSelfMoved,
                    FVector HitLocation,
                    FVector HitNormal,
                    FVector NormalImpulse,
                    const FHitResult& Hit)
{
  if (ISelectable::IsSelectable())
  {
    TrySelect();
  }
}
```

10. Physics Cube를 사용해 SelectableCube 클래스를 만드는 것과 동일한 방식으로 SelectableCube에서 상속되는 NonSelectableCube라는 새 클래스를 만든다.

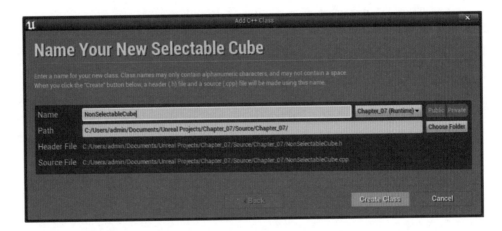

11. NonSelectableCube는 SelectableInterface의 함수를 재정의해야 한다.

```
#pragma once

#include "CoreMinimal.h"
#include "SelectableCube.h"
#include "NonSelectableCube.generated.h"

UCLASS()
class CHAPTER_07_API ANonSelectableCube : public
```

```
ASelectableCube
{
  GENERATED_BODY()
public:
  virtual bool IsSelectable() override;
  virtual bool TrySelect() override;
  virtual void Deselect() override;
};
```

12. 구현 파일은 다음을 포함하도록 변경해야 한다.

```
#include "NonSelectableCube.h"

bool ANonSelectableCube::IsSelectable()
{
  GEngine->AddOnScreenDebugMessage(-1, 1, FColor::Red,
    "Not Selectable");

  return false;
}

bool ANonSelectableCube::TrySelect()
{
  GEngine->AddOnScreenDebugMessage(-1, 1, FColor::Red,
    "Refusing Selection");

  return false;
}

void ANonSelectableCube::Deselect()
{
  unimplemented();
}
```

13. SelectableCube의 인스턴스를 지상의 특정 범위에 있는 레벨에 놓은 다음 게임을 진행하자. 액터를 선택할 수 있고 큐브가 바닥에 닿을 때 선택을 수락했는지 확인하는 메시지가 나타난다.

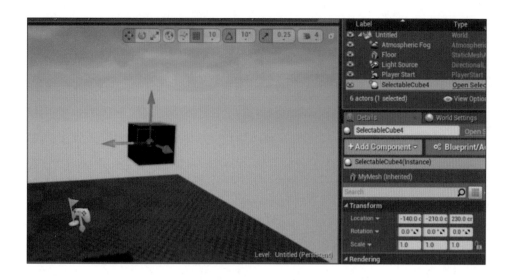

14. 이 액터를 선택할 수 없고 선택을 거부했음을 나타내는 대체 메시지를 보려면
SelectableCube를 제거하고 NonSelectableCube 인스턴스로 변경하자.

예제 분석

Selectable 인터페이스 내에 세 개의 함수를 만든다. IsSelectable은 오브젝트를 선택
할 수 있는지 여부를 나타내는 부울 값을 반환한다. 부울 값이 참이라 가정하면 확인
절차 없이 TrySelect를 사용할 수도 있지만, 예를 들어 UI 내부의 오브젝트가 실제로
시도하지 않고도 유효한 선택인지 알고 싶을 수 있다.

TrySelect는 실제로 오브젝트 선택을 시도한다. 오브젝트를 선택하려고 할 때 사용자
가 반드시 IsSelectable을 사용하도록 강제하는 명시적인 규정이 없으므로 TrySelect
는 이름이 말해주듯이 항상 성공을 보장하지는 않는다.

Deselect는 오브젝트가 플레이어의 선택을 받지 못했을 때를 위한 기능이다. UI 요소
변경, 사운드 또는 기타 시각 효과 중단이나 유닛 주변의 선택 외곽선 제거 등을 포함
한다.

함수의 기본 구현은 IsSelectable(기본 설정으로는 모든 오브젝트를 선택할 수 있음)에 대해 true를 반환하고, TrySelect(선택 시도는 항상 성공)에 대해 true를 반환하며, 클래스에 의해 구현되지 않은 채로 Deselect가 호출되면 디버그 경고가 발생한다.

원한다면, 순수 virtual 함수로 Deselect를 구현할 수도 있다. SelectableCube는 PhysicsCube를 상속한 새 클래스지만, ISelectable 인터페이스도 구현하고 있다. 또한 액터가 강체(RigidBody) 충돌인 상황에서 트리거되는 AActor에 정의된 virtual 함수인 NotifyHit도 재정의한다.

SelectableCube의 구현부 안에서 Super() 생성자 호출을 사용해 PhysicsCube의 생성자를 호출한다. 그런 다음, 스태틱 메시 인스턴스에서 SetNotifyRigidBodyCollision (true)를 호출하는 구현을 추가한다. 이는 기본적으로 RigidBody(예: 충돌 PrimitiveComponents)가 성능 최적화를 이유로 Hit 이벤트를 트리거하지 않기 때문에 필요하다. 결과적으로 우리가 재정의한 NotifyHit 함수는 호출되지 않는다.

NotifyHit의 구현 내에서 ISelectable 인터페이스 함수 중 일부를 호출한다. ISelectable에서 상속하는 오브젝트라는 것을 알고 있으므로 ISelectable*로 캐스팅할 필요가 없다.

IsSelectable을 사용해 오브젝트를 선택할 수 있는지 확인하고, 만일 그렇다면 TrySelect를 사용해 실제로 선택을 시도한다. NonSelectableCube는 SelectableCube에서 상속하므로 오브젝트를 선택할 수 없게 만들 수 있다.

ISelectable 인터페이스 함수를 다시 재정의해 이를 수행한다. ANonSelectableCube::IsSelectable() 내에서 화면에 메시지를 출력해 함수가 호출되는지 확인한 다음 오브젝트를 선택할 수 없음을 나타내는 false를 반환한다.

사용자가 IsSelectable()을 따르지 않으면, ANonSelectableCube::TrySelect()는 항상 false를 반환해 선택에 실패했다는 것을 나타낸다.

NonSelectableCube를 선택할 수 없는 경우 Deselect()는 unimplemented()를 호출해 함

수가 구현되지 않았다는 경고를 발생시킨다.

이제 씬을 재생할 때 SelectableCube/NonSelectableCube가 다른 오브젝트와 충돌할 때마다 강체 충돌이 발생해 해당 액터가 자신을 선택하고 화면에 메시지를 출력하려고 시도한다.

참고 사항

- 6장, '입력과 충돌'의 '마우스 UI 입력 처리' 레시피를 참고하면 마우스 커서를 게임 월드로 레이캐스트^{Raycast}해 클릭한 대상을 찾아내는 방법을 확인할 수 있다. 이 방법을 사용하면 플레이어가 아이템을 클릭해 선택할 수 있도록 레시피를 확장할 수 있다.

UInterface로 간단한 상호작용 시스템 구현

이번 레시피에서는 7장의 여러 다른 레시피를 결합해 간단한 상호작용 시스템을 보여주며, 상호작용 가능한 초인종이 있는 문을 여는 방법을 알아본다.

준비

이번 레시피에서는 액션 바인딩을 사용해야 한다. 액션 매핑에 익숙하지 않다면 이번 레시피를 계속 진행하기 전에 6장, '입력과 충돌'을 먼저 살펴보길 바란다.

예제 구현

1. 새 인터페이스 Interactable을 생성한다.
2. 다음 함수를 IInteractable 클래스 선언에 추가한다.

```
class CHAPTER_07_API IInteractable
{
  GENERATED_BODY()

  // 이 클래스에 인터페이스 함수를 추가한다
  // 이 인터페이스를 구현하기 위해 상속될 클래스다
public:
  UFUNCTION(BlueprintNativeEvent, BlueprintCallable,
    Category = Interactable)
  bool CanInteract();
  UFUNCTION(BlueprintNativeEvent, BlueprintCallable,
    Category = Interactable)
  void PerformInteract();
};
```

3. 두 번째 인터페이스 Openable을 생성한다.

4. 이 함수를 선언에 추가한다.

```
class CHAPTER_07_API IOpenable
{
  GENERATED_BODY()

  // 이 클래스에 인터페이스 함수를 추가한다
  // 이 인터페이스를 구현하기 위해 상속될 클래스다
public:
  UFUNCTION(BlueprintNativeEvent, BlueprintCallable,
    Category = Openable)

  void Open();
};
```

5. StaticMeshActor에 기반한 새 클래스 DoorBell을 생성한다.

6. #include "Interactable.h"를 DoorBell.h에 추가하고, 클래스 선언에 다음 함수를 추가한다.

```
#pragma once
```

```
#include "CoreMinimal.h"
#include "Engine/StaticMeshActor.h"
#include "Interactable.h"
#include "DoorBell.generated.h"

UCLASS()
class CHAPTER_07_API ADoorBell : public AStaticMeshActor,
public IInteractable
{
  GENERATED_BODY()
public:
  ADoorBell();

  virtual bool CanInteract_Implementation() override;
  virtual void PerformInteract_Implementation() override;

  UPROPERTY(BlueprintReadWrite, EditAnywhere)
  AActor* DoorToOpen;

private:
  bool HasBeenPushed;
};
```

7. DoorBell을 위한 .cpp 파일에 #include "Openable.h"를 추가한다.

8. 생성자에서 DoorBell을 위한 스태틱 메시를 불러온다.

```
ADoorBell::ADoorBell()
{
  HasBeenPushed = false;

  auto MeshAsset =
    ConstructorHelpers::FObjectFinder<UStaticMesh>(TEXT("StaticMes h'/Engine/
BasicShapes/Cube.Cube'"));

  UStaticMeshComponent * SM = GetStaticMeshComponent();

  if (SM != nullptr)
  {
    if (MeshAsset.Object != nullptr)
```

```
        {
          SM->SetStaticMesh(MeshAsset.Object);
          SM->SetGenerateOverlapEvents(true);
        }
        SM->SetMobility(EComponentMobility::Movable);
        SM->SetWorldScale3D(FVector(0.5, 0.5, 0.5));
    }
    SetActorEnableCollision(true);

    SetActorEnableCollision(true);

    DoorToOpen = nullptr;
}
```

9. DoorBell에서 Interactable 인터페이스를 구현하기 위해 다음 함수 구현을 추가한다.

```
bool ADoorBell::CanInteract_Implementation()
{
    return !HasBeenPushed;
}

void ADoorBell::PerformInteract_Implementation()
{
    HasBeenPushed = true;
    if (DoorToOpen->GetClass()->ImplementsInterface( UOpenable::StaticClass()))
    {
        IOpenable::Execute_Open(DoorToOpen);
    }
}
```

10. 새로운 StaticMeshActor 기반의 클래스 Door를 만든다.

11. 헤더에 Openable과 Interactable 인터페이스를 #include하고 Door의 선언을 수정한다.

```
#pragma once
```

```
#include "CoreMinimal.h"
#include "Engine/StaticMeshActor.h"
#include "Interactable.h"
#include "Openable.h"
#include "Door.generated.h"

UCLASS() class CHAPTER_07_API ADoor : public AStaticMeshActor,
public IInteractable, public IOpenable
{
  GENERATED_BODY()
};
```

12. Door에 인터페이스 함수와 생성자를 추가한다.

```
UCLASS()
class CHAPTER_07_API ADoor : public AStaticMeshActor, public IInteractable,
public IOpenable
{
  GENERATED_BODY()
public:
  ADoor();

  UFUNCTION()
  virtual bool CanInteract_Implementation() override;

  UFUNCTION()
  virtual void PerformInteract_Implementation() override;

  UFUNCTION()
  virtual void Open_Implementation() override;
};
```

13. DoorBell과 마찬가지로 Door 생성자에서 메시 컴포넌트를 초기화하고 모델을
    불러온다.

```
ADoor::ADoor()
{
  auto MeshAsset =
```

```
      ConstructorHelpers::FObjectFinder<UStaticMesh>(TEXT("StaticMes h'/Engine/
BasicShapes/Cube.Cube'"));

   UStaticMeshComponent * SM = GetStaticMeshComponent();

   if (SM != nullptr)
   {
     if (MeshAsset.Object != nullptr)
     {
       SM->SetStaticMesh(MeshAsset.Object);
       SM->SetGenerateOverlapEvents(true);
     }

     SM->SetMobility(EComponentMobility::Movable);
     SM->SetWorldScale3D(FVector(0.3, 2, 3));
   }

   SetActorEnableCollision(true);
}
```

14. 인터페이스 함수를 구현한다.

```
bool ADoor::CanInteract_Implementation()
{
  return true;
}

void ADoor::PerformInteract_Implementation()
{
  GEngine->AddOnScreenDebugMessage(-1, 5, FColor::Red, TEXT("The door refuses
to budge. Perhaps there is a hidden switch nearby ? "));
}

void ADoor::Open_Implementation()
{
  AddActorLocalOffset(FVector(0, 0, 200));
}
```

15. DefaultPawn 기반의 클래스 InteractingPawn을 새로 만든다.

16. 다음 함수를 Pawn 클래스 헤더에 추가한다.

```
UCLASS()
class CHAPTER_07_API AInteractingPawn : public ADefaultPawn
{
  GENERATED_BODY()
public:
  void TryInteract();
private:
  virtual void SetupPlayerInputComponent(UInputComponent*
                               InInputComponent) override; };
```

17. Pawn의 구현 파일 내부에 #include "Interactable.h"를 추가한 다음 두 함수에
대한 구현을 추가한다.

```
#include "InteractingPawn.h"
#include "Interactable.h"
#include "Camera/PlayerCameraManager.h"
#include "CollisionQueryParams.h"
#include "WorldCollision.h"

void AInteractingPawn::TryInteract()
{
```

```
        APlayerController* MyController =
          Cast<APlayerController>(Controller);

      if (MyController)
      {
        APlayerCameraManager* MyCameraManager =
          MyController->PlayerCameraManager;

        auto StartLocation =
          MyCameraManager->GetCameraLocation();

        auto EndLocation = StartLocation +
          (MyCameraManager->GetActorForwardVector() * 100);

        FCollisionObjectQueryParams Params;
        FHitResult HitResult;

        GetWorld()->SweepSingleByObjectType(HitResult,
          StartLocation, EndLocation, FQuat::Identity,
          FCollisionObjectQueryParams(FCollisionObjectQueryParams::AllObjects),
FCollisionShape::MakeSphere(25),
          FCollisionQueryParams(FName("Interaction"), true, this));

        if (HitResult.Actor != nullptr)
        {
          auto Class = HitResult.Actor->GetClass();
          if (Class->ImplementsInterface(UInteractable::StaticClass()))
          {
            if (IInteractable::Execute_CanInteract(HitResult.Actor.Get()))
            {
              IInteractable::Execute_PerformInteract(HitResult.Actor.Get());
            }
          }
        }
      }
}

void
AInteractingPawn::SetupPlayerInputComponent(UInputComponent* InInputComponent)
{
```

```
Super::SetupPlayerInputComponent(InInputComponent);
InInputComponent->BindAction("Interact", IE_Released, this, &AInteractingPaw
n::TryInteract);
}
```

18. C++ 또는 블루프린트에서 새로운 GameMode를 생성하고 InteractingPawn을 기
본 Pawn 클래스로 설정한다.

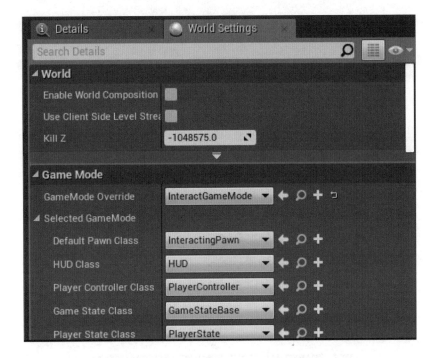

19. Door와 Doorbell의 사본을 레벨에 끌어다 놓는다.

20. 다음 스크린샷과 같이 도어벨의 Door to Open 옆에 있는 스포이드를 사용해
레벨에서 도어 액터 인스턴스를 클릭한다.

액터를 선택하면, 다음과 같은 모습을 확인할 수 있다.

21. 편집기에서 새 액션 바인딩 Interact를 생성하고, 이를 선택한 키에 바인딩한다.

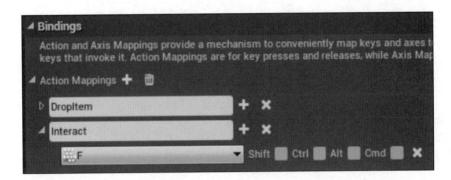

22. 레벨을 플레이하고 도어벨로 걸어간 다음, Interact와 바인딩한 키를 눌러서 도어가 움직이는지 확인한다. 다음 스크린샷을 참고하자.

23. 도어와 직접 상호작용해 관련 정보를 얻을 수도 있다.

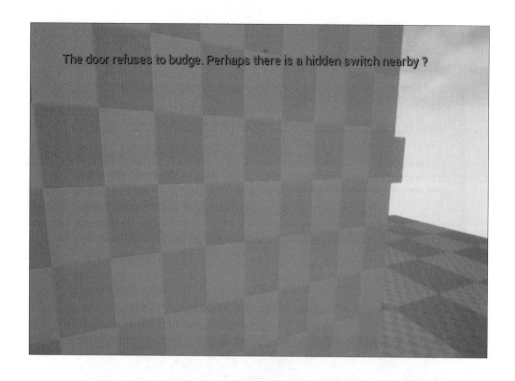

The door refuses to budge. Perhaps there is a hidden switch nearby ?

예제 분석

이전 레시피에서는 UFUNCTION을 BlueprintNativeEvent와 BlueprintCallable로 표시해 UInterface를 네이티브 코드와 블루프린트 모두에서 구현할 수 있도록 했으며, 함수 중 하나를 사용해 호출할 수 있도록 했다.

편의상 StaticMeshActor를 기반으로 DoorBell을 만들고 DoorBell이 Interactable 인터페이스를 구현하도록 한다. DoorBell의 생성자 안에서 HasBeenPushed와 DoorToOpen을 안전한 기본값으로 초기화한다.

CanInteract의 구현에서 HasBeenPushed의 NOT 연산자를 사용한 값을 반환해 버튼을 누른 후에는 상호작용하지 못하도록 한다.

PerformInteract 내부에서 열려는 문 오브젝트에 대한 참조가 있는지 확인한다. 유효

356

한 참조가 있다면, 도어 액터가 Openable을 구현했는지 확인한 다음 도어에서 Open 함수를 호출한다. Door에서는 Interactable과 Openable을 모두 구현하고 각 기능을 재정의한다.

CanInteract의 Door 구현은 기본값과 동일하도록 정의한다. PerformInteract 내에서 사용자에게 메시지를 표시한다. Open 내부에서 AddActorLocalOffset을 사용해 문을 특정 거리만큼 이동시킨다. 블루프린트의 타임라인 또는 선형 보간을 사용하면 매끄러운 동작으로 문이 열리도록 할 수 있다.

마지막으로, 플레이어가 실제로 오브젝트와 상호작용할 수 있도록 새로운 Pawn을 만든다. 재정의한 SetupPlayerInputComponent 함수에서 Interact 입력에 바인딩하는 TryInteract 함수를 만든다.

이는 플레이어가 Interact에 바인딩된 입력을 수행하면 TryInteract 함수가 실행된다는 것을 의미한다. TryInteract는 PlayerController에 대한 참조를 가져와서 모든 Pawn에 있는 제네릭 컨트롤러 참조$^{generic\ controller\ reference}$를 캐스팅한다.

PlayerCameraManager는 PlayerController를 통해 검색할 수 있으므로, 플레이어 카메라의 현재 위치와 회전에 접근할 수 있다. 카메라 위치를 사용해 시작점과 끝점을 생성하고 나서 카메라 위치에서 전방으로 100 단위 떨어진 후, 이를 GetWorld::SweepSingleByObjectType으로 전달한다. 이 함수는 많은 파라미터를 받는다. HitResult는 추적 과정 중 충돌한 오브젝트에 대한 정보를 함수가 반환할 때 사용하는 변수다. CollisionObjectQueryParams를 사용하면 동적 항목이나 정적 항목, 또는 두 가지 다 중에서 어디에 관심이 있는지 지정할 수 있다.

MakeSphere 함수를 사용해 모양을 전달하고 구 트레이스$^{sphere\ trace}$를 수행한다. 구 트레이스는 직선 대신 실린더를 정의해 오브젝트를 검사함으로써 약간의 오차를 허용한다. 플레이어가 물체를 직접 보지 않을 수 있으므로 구의 반지름을 적절히 조정할 수 있다.

마지막 파라미터인 `SweepSingleByObjectType`은 트레이스에 이름을 지정하는 구조체다. 이는 복잡한 충돌 지오메트리와의 충돌 여부를 지정할 수 있으며, 무엇보다 트레이스를 시작하는 오브젝트를 무시하도록 지정할 수 있다는 점이 가장 중요하다.

트레이스를 완료한 후 `HitResult`에 액터가 포함돼 있다면 `CanInteract`를 호출한다. 이 때는 상호작용할 수 있는 상태이므로 실제 상호작용을 수행하도록 지시한다.

클래스와 인터페이스 간의 통신: 파트 2

다음은 8장에서 다룰 내용이다.

- 네이티브 베이스 클래스로부터 블루프린트로 UInterface 메서드 노출
- 블루프린트에서 UInterface 함수 구현
- 블루프린트에서 재정의할 수 있는 C++ UInterface 함수 구현 생성
- C++에서 블루프린트 정의 인터페이스 함수 호출

소개

8장에서는 블루프린트를 통해 C++ UInterface를 사용하는 방법을 설명한다. 이는 기획자가 프로젝트의 C++ 코드를 모르더라도 작성한 코드에 접근할 수 있도록 도와준다는 측면에서 매우 유용하다.

기술적 요구 사항

8장에서는 언리얼 엔진 4를 사용하며 비주얼 스튜디오 2017을 통합 개발 환경(IDE)으로 사용한다. 이 두 소프트웨어를 설치하는 방법은 1장, 'UE4 개발 도구'에서 다뤘다.

네이티브 베이스 클래스로부터 블루프린트로 UInterface 메서드 노출

C++에서 UInterface 메서드를 정의할 수 있다는 점은 훌륭하지만 블루프린트에서도 접근할 수 있어야 한다. 그렇지 않으면, 디자이너 등과 같은 블루프린트를 사용하는 작업자는 UInterface를 사용할 수 없다. 이번 레시피에서는 블루프린트 시스템 내에서 호출 가능한 인터페이스 함수를 만드는 방법을 보여준다.

예제 구현

1. PostBeginPlay라는 UInterface를 생성한다.

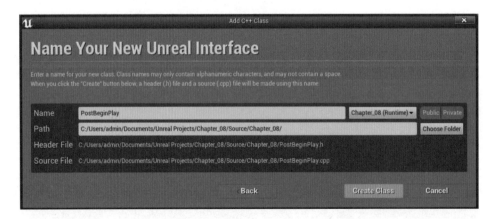

2. 비주얼 스튜디오에서 PostBeginPlay.h를 열고 UPostBeginPlay의 UINTERFACE를 업데이트한 후 IPostBeginPlay에서 다음 가상 메서드를 추가한다.

360

```
#pragma once

#include "CoreMinimal.h"
#include "UObject/Interface.h"
#include "PostBeginPlay.generated.h"

UINTERFACE(meta = (CannotImplementInterfaceInBlueprint))
class UPostBeginPlay : public UInterface
{
  GENERATED_BODY()
};
/**
 *
 */
class CHAPTER_08_API IPostBeginPlay
{
  GENERATED_BODY()

  // 이 클래스에 인터페이스 함수를 추가한다
  // 이 인터페이스를 구현하기 위해 상속되는 클래스다

public:
  UFUNCTION(BlueprintCallable, Category = Test)
  virtual void OnPostBeginPlay();
};
```

3. 함수 구현을 제공한다.

```
#include "PostBeginPlay.h"

// 순수 가상이 아닌 모든 IPostBeginPlay 함수에 대한 기본 기능을 추가한다
void IPostBeginPlay::OnPostBeginPlay()
{
  GEngine->AddOnScreenDebugMessage(-1, 1, FColor::Red,
    "PostBeginPlay called");
}
```

4. APostBeginPlayTest라는 새 액터 클래스를 생성한다.

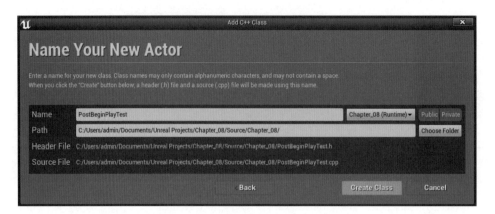

5. IPostBeginPlay도 상속하도록 클래스 선언을 수정한다.

```
#pragma once

#include "CoreMinimal.h"
#include "GameFramework/Actor.h"
#include "PostBeginPlay.h"
#include "PostBeginPlayTest.generated.h"

UCLASS()
class CHAPTER_08_API APostBeginPlayTest : public AActor,
public IPostBeginPlay
```

6. 프로젝트를 컴파일한다. 편집기 내에서 APostBeginPlayTest의 인스턴스를 레벨로 끌어다 놓는다.

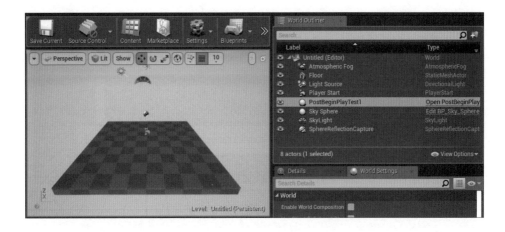

7. 월드 아웃라이너에서 인스턴스를 선택한 상태로 Blueprints ▶ Open Level Blueprint를 클릭한다.

8. 레벨 블루프린트 내에서 마우스 오른쪽 버튼을 클릭한 후 Create a Reference to PostBeginPlayTest1을 선택한다.

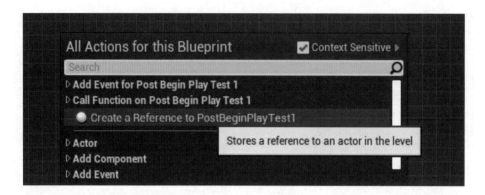

💡 TIP
7장의 '서로 UInterface 상속' 레시피에서 다룬 것처럼 끌어다 놓기 방법을 사용할 수도 있다는 점을 알아두자.

9. 액터 참조의 오른쪽에 있는 파란색 핀에서 드래그한 후 컨텍스트 메뉴에서 onpost를 검색해 새 인터페이스 함수를 확인한다. 블루프린트에서 네이티브 UInterface 구현에 대한 호출을 삽입하려면 여기를 클릭하면 된다.

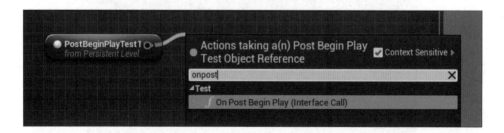

10. 마지막으로 BeginPlay 노드의 실행 핀(흰색 화살표)을 OnPostBeginPlay의 실행 핀으로 연결한다.

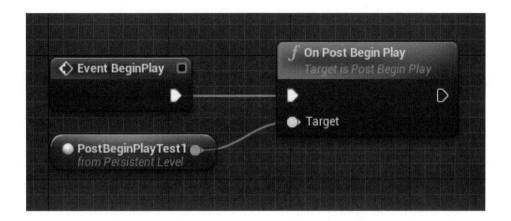

11. 레벨을 플레이하면 화면에 PostBeginPlay called가 잠시 나타나는 모습을 보게 될 것이다. 이를 통해 블루프린트가 UInterface의 네이티브 코드 구현을 성공적으로 접근하고 호출했는지 확인할 수 있다.

예제 분석

UINTERFACE/IInterface 쌍은 다른 레시피에서와 마찬가지로 동작한다. UInterface는 리플렉션 정보와 기타 데이터를 담고 있으며, IInterface는 상속 가능한 실제 인터페이스 클래스로 동작한다.

IInterface 내부의 함수를 블루프린트에 노출되도록 하는 가장 중요한 요소는 UFUNCTION 지정자다. BlueprintCallable은 이 함수가 블루프린트 시스템에서 호출될 수 있다는 것을 표시한다.

블루프린트에 노출하는 모든 함수는 Category 값을 가져야 한다. 이 Category 값은 컨텍스트 메뉴에 노출할 함수의 제목을 지정한다.

또한 함수는 virtual로 표시해야 한다. 이는 네이티브 코드를 통해 인터페이스를 구현하는 클래스가 함수 내부의 구현을 대체할 수 있도록 하기 위해서다. 지정자 virtual이 없으면, 언리얼 헤더 툴(UHT)은 virtual 또는 BlueprintImplementableEvent를 UFUNCTION

지정자로 추가해야 한다는 것을 나타내는 에러를 발생시킨다.

둘 중 하나라도 없으면, C++(virtual의 부재에 기인함) 또는 블루프린트(BlueprintImplemen tableEvent의 부재에 기인함)에서 인터페이스 함수를 재정의할 수 없기 때문이다. 재정의 할 수 없고 상속만 되는 인터페이스는 기능이 제한되므로 에픽은 UInterface 내에서 이 를 지원하지 않는 방향을 선택했다.

그런 다음 OnPostBeginPlay에 기본 구현을 제공했다. 이는 디버그 메시지를 출력하기 위해 GEngine 포인터를 사용하며, 이를 통해 함수가 호출됐다는 것을 확인한다.

참고 사항

- 8장, '클래스와 인터페이스 간의 통신: 파트 2'를 참고하면, C++ 클래스를 블 루프린트와 연동하는 다양한 레시피를 확인할 수 있다.

블루프린트에서 UInterface 함수 구현

언리얼의 UInterface가 제공하는 주요 장점 중 하나는 사용자가 편집기에서 UInterface 기능을 구현할 수 있다는 것이다. 이는 C++ 코드 없이도 인터페이스를 블루프린트로 잘 구현할 수 있다는 것을 의미하며, 기획자에게 도움이 되는 부분이다.

예제 구현

1. AttackAvoider라는 UInterface를 생성한다.

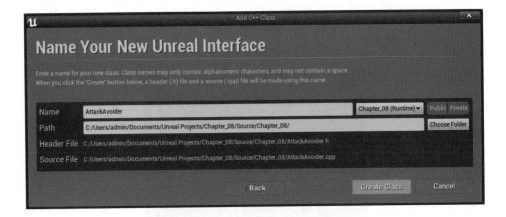

2. 헤더에 다음 함수 선언을 추가한다.

```
#pragma once

#include "CoreMinimal.h"
#include "UObject/Interface.h"
#include "AttackAvoider.generated.h"

// 이 클래스는 수정하지 않아도 된다
UINTERFACE(MinimalAPI)
class UAttackAvoider : public UInterface
{
  GENERATED_BODY()
};

class CHAPTER_08_API IAttackAvoider
{
  GENERATED_BODY()

  // 이 클래스에 인터페이스 함수를 추가한다
  // 이 인터페이스를 구현하기 위해 상속되는 클래스다
public:
  UFUNCTION(BlueprintImplementableEvent, BlueprintCallable,
    Category = AttackAvoider)
  void AttackIncoming(AActor* AttackActor);
};
```

3. 프로젝트를 컴파일한다. 콘텐츠 브라우저에서 Content 폴더를 열고 Add New
   > Blueprint Class를 선택해 편집기 내에서 새 Blueprint Class를 생성한다.

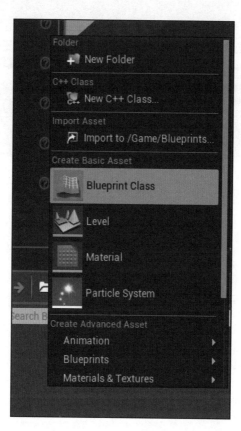

4. 클래스를 Actor 기반으로 만든다.

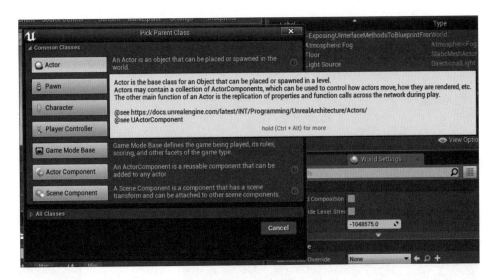

5. 블루프린트의 이름을 AvoiderBlueprint로 정한 후 더블 클릭해 블루프린트 편집기에서 연다. 그런 다음, 편집기에서 Class Settings를 연다.

6. Details 탭에서 Implemented Interfaces의 Add 드롭다운 메뉴를 클릭한 후
   AttackAvoider를 선택한다.

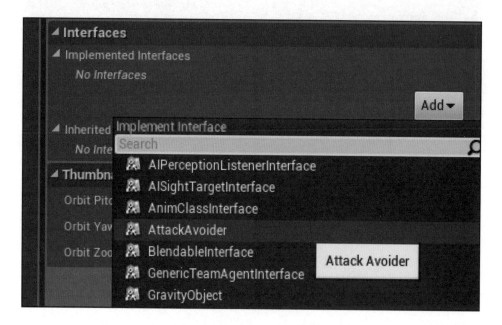

7. 블루프린트를 컴파일한다.

8. Event Graph 탭을 클릭해 Event Graph를 연 다음, 그래프 내에서 마우스 오른쪽 버튼을 클릭하고 event attack을 입력한다. Context Sensitive 메뉴 내에서 Event Attack Incoming을 찾을 수 있을 텐데, 그래프에 이벤트 노드를 배치하기 위해 선택한다.

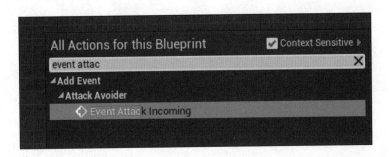

9. 이것을 새 노드의 실행 핀에서 끌어다 놓자. Context Sensitive 메뉴에 print string을 입력해 Print String 노드를 추가한다.

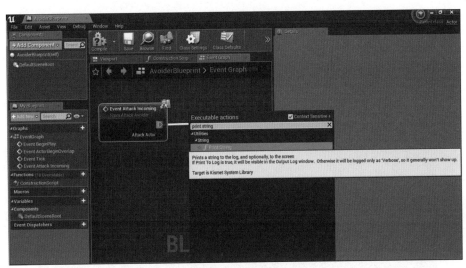

Print String 노드 선택

이제 블루프린트 내에서 UInterface 함수를 구현했다.

10. 이벤트가 실제로 작동하는지 확인하기 위해 핀을 Event BeginPlay 이벤트의 오른쪽으로 끌어다 놓고 Attack Incoming 이벤트를 호출하자.

11. 블루프린트 클래스의 인스턴스를 레벨로 끌어다 놓고 게임을 플레이한다.

모든 것이 정상이라면, Print String의 기본 메시지나 이벤트가 발생할 때 출력하는 메시지를 볼 수 있다.

예제 분석

UINTERFACE/IInterface는 8장의 다른 레시피와 동일한 방식으로 생성된다. 다만, 인터페이스에 함수를 추가할 때 새로운 UFUNCTION 지정자인 BlueprintImplementableEvent를 사용한다.

BlueprintImplementableEvent는 블루프린트로 구현할 수 있는 빈 스텁stub 함수를 생성하는 코드를 만들도록 언리얼 헤더 툴에게 지시한다. 함수에 기본 C++ 구현을 제공할 필요는 없다.

블루프린트 내부에 인터페이스를 구현해 블루프린트에서 구현을 정의할 수 있는 방식으로 함수를 노출한다. 헤더 툴을 사용해 생성한 자동 생성 코드는 UInterface 함수에 대한 호출을 블루프린트 구현으로 전달한다.

참고 사항

'블루프린트에서 재정의할 수 있는 C++ UInterface 함수 구현 생성' 레시피는 C++에서 UInterface 함수에 대한 기본 구현을 정의한 다음, 필요에 따라 이를 블루프린트에서 재정의하는 방법을 설명한다.

블루프린트에서 재정의할 수 있는 C++ UInterface 함수 구현 생성

이전 레시피와 마찬가지로 UInterface는 유용하지만, 기획자가 기능을 사용할 수 없으면 활용도가 크게 제한된다.

이전 레시피인 '네이티브 베이스 클래스로부터 블루프린트로 UInterface 메서드 노출'

에서는 블루프린트에서 C++ UInterface 함수를 호출하는 방법을 설명했다. 이번 레시피에서는 UInterface 함수 구현을 커스텀 블루프린트 전용 함수로 바꾸는 방법을 보여준다.

1. Wearable(IWearable과 UWearable 생성)이라는 새 인터페이스를 생성한다.

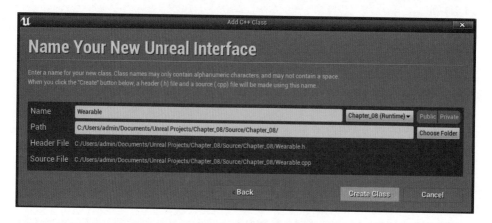

2. 다음 함수를 IWearable 클래스의 헤더에 추가한다.

```cpp
class CHAPTER_08_API IWearable
{
  GENERATED_BODY()

  // 이 클래스에 인터페이스 함수를 추가한다
  // 이 인터페이스를 구현하기 위해 상속되는 클래스다
public:
  UFUNCTION(BlueprintNativeEvent, BlueprintCallable,
    Category = Wearable)
  int32 GetStrengthRequirement();

  UFUNCTION(BlueprintNativeEvent, BlueprintCallable,
    Category = Wearable)
```

```
bool CanEquip(APawn* Wearer);

UFUNCTION(BlueprintNativeEvent, BlueprintCallable,
  Category = Wearable)
void OnEquip(APawn* Wearer);
};
```

UE 4.20 이상에서는 인터페이스 클래스에 정의한 함수에 대한 기본 구현을
만들 수 없으므로 UE의 기본 빈 구현을 사용해야 하며, 이렇게 하면 각 값에
대한 반환으로 기본값이 전달된다. C# 또는 인터페이스를 제공하는 다른 언어
에서는 기본 구현을 갖지 않기 때문이다.

3. 편집기 내에서 새 Actor 클래스 Boots를 생성한다.

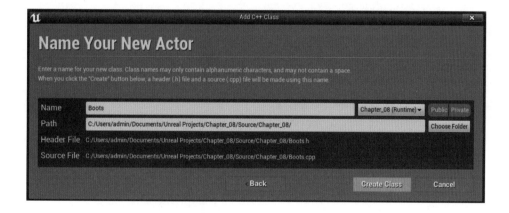

4. Boots의 헤더 파일에 #include "Wearable.h"를 추가하고 다음과 같이 클래스
선언을 수정하자.

```
#pragma once

#include "CoreMinimal.h"
#include "GameFramework/Actor.h"
#include "Wearable.h"
#include "Boots.generated.h"

UCLASS()
```

```
class CHAPTER_08_API ABoots : public AActor, public IWearable
```

5. 인터페이스가 생성한 순수 virtual 함수에 다음 구현을 추가한다.

```
UCLASS()
class CHAPTER_08_API ABoots : public AActor, public IWearable
{
  GENERATED_BODY()
public:
  // 이 액터의 속성에 대한 기본값을 설정한다
  ABoots();

protected:
  // 게임이 시작되거나 소환될 때 호출됨
  virtual void BeginPlay() override;

public:
  // 프레임마다 호출됨
  virtual void Tick(float DeltaTime) override;

  // IWearable에 필요한 함수 구현
  virtual void OnEquip_Implementation(APawn* Wearer)
    override
  {
    GEngine->AddOnScreenDebugMessage(-1, 1, FColor::Red,
      "Item being worn");
  }

  virtual bool CanEquip_Implementation(APawn* Wearer)
    override
  {
    return true;
  }

  virtual int32 GetStrengthRequirement_Implementation()
    override
  {
    return 0;
  }
```

```
};
```

다음 두 과정을 어떻게 진행해야 하는지 잘 모르겠다면, 이전 레시피 '블루프린트에서 UInterface 함수 구현'을 참고하길 바란다.

6. 새로 만든 함수에 접근할 수 있도록 스크립트를 컴파일한다.

7. 콘텐츠 브라우저로 이동해 Content 폴더를 연 다음, 마우스 오른쪽 버튼을 클릭하고 블루프린트 클래스를 선택해 Actor 기반 Gloves라는 블루프린트 클래스를 새로 만든다.

8. Class Settings 메뉴의 Details 탭에서 Implemented Interfaces 속성으로 스크롤해 Add 버튼을 클릭하고 Gloves 액터가 구현할 인터페이스로 Wearable을 선택한다.

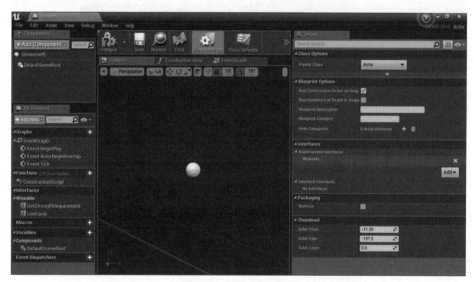

Wearable 인터페이스 추가

9. 그런 다음, Compile 버튼을 눌러 변경 사항을 적용한다.

10. Event Graph를 열고 마우스 오른쪽 버튼을 클릭해 새 이벤트를 만든다. 검색 창에서 on equip을 입력하면 Add Event 섹션에 이벤트가 표시된다.

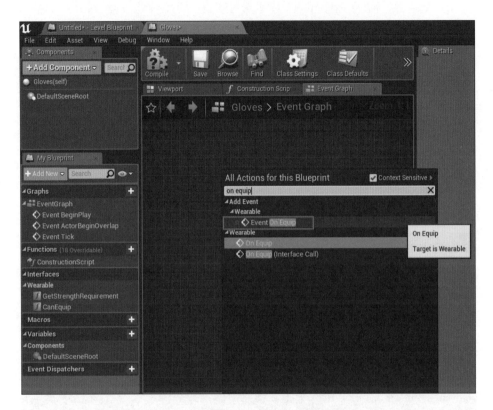

11. 이를 통해 기본 구현에서 OnEquip 함수를 재정의하면 원하는 동작을 처리할 수 있다. 예를 들어 In String이 Gloves being worn으로 설정된 Print String 노드를 추가할 수 있다.

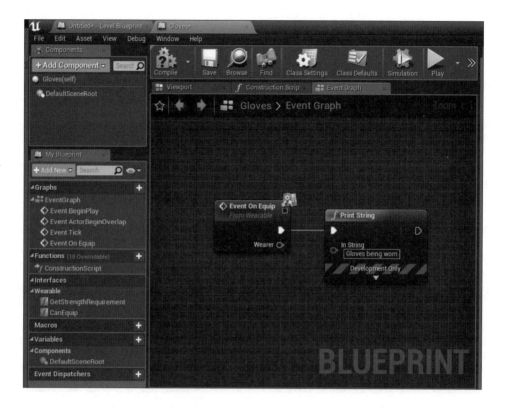

12. Compile 버튼을 클릭하면 블루프린트를 닫을 수 있다. 테스트를 위한 목적으로 Gloves와 Boots의 사본을 레벨에 끌어다 놓는다.

13. 이어서 다음 블루프린트 코드를 레벨에 추가하자.

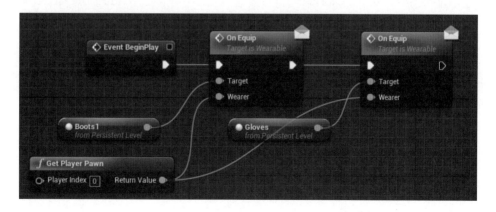

14. Boots는 기본 동작을 수행하지만 Gloves는 블루프린트로 정의한 동작을 수행하는지 확인하자.

예제 분석

이번 레시피는 두 개의 UFUNCTION 지정자를 함께 사용한다. 하나는 BlueprintNativeEvent이고, 다른 하나는 BlueprintCallable이다. BlueprintCallable은 이전 레시피에서 살펴본 것처럼 UFUNCTION을 블루프린트 편집기에서 보고 호출할 수 있도록 만드는 방법이다.

BlueprintNativeEvent는 기본 C++(네이티브 코드) 구현을 가진 UFUNCTION을 나타내며 블루프린트에서 재정의할 수도 있다. BlueprintImplementableEvent와 마찬가지로 가상 함수의 조합이다.

이 메커니즘의 동작을 위해 언리얼 헤더 툴은 함수의 블루프린트 버전이 존재하는 경우 호출될 수 있도록 함수 본문을 생성한다. 그렇지 않으면 메서드 호출을 기본 구현으로 전달한다.

Boots 클래스는 IWearable을 구현해 기본 기능을 재정의한다. Gloves 또한 IWearable을 구현하지만 블루프린트에 정의된 OnEquip에 대한 재정의 구현을 갖고 있는데, 이 차이는 두 액터에 대해 레벨 블루프린트를 사용해서 OnEquip을 호출할 때 확인할 수 있다.

C++에서 블루프린트로 정의한 인터페이스 호출

이전 레시피에서는 블루프린트에서 C++ 함수를 호출하고 블루프린트로 C++ 함수를 재정의하는 것과 같이 블루프린트 내에서 C++를 사용하는 데 중점을 뒀다면, 이번 레시피에서는 반대로 C++에서 블루프린트 정의 인터페이스 함수를 호출하는 방법을 보여준다.

예제 구현

1. Talker(UTalker/ITalker 클래스 생성)라는 새 UInterface를 만든다.

2. 다음 UFUNCTION 구현을 추가한다.

```cpp
#pragma once

#include "CoreMinimal.h"
#include "UObject/Interface.h"
#include "Talker.generated.h"

// 이 클래스는 수정하지 않아도 된다
UINTERFACE(MinimalAPI)
class UTalker : public UInterface
{
  GENERATED_BODY()
};

/**
 *
 */
class CHAPTER_08_API ITalker
{
  GENERATED_BODY()

  // 이 클래스에 인터페이스 함수를 추가한다
  // 이 인터페이스를 구현하기 위해 상속되는 클래스다

public:
  UFUNCTION(BlueprintNativeEvent, BlueprintCallable,
    Category = Talk)
  void StartTalking();
};
```

3. StaticMeshActor 기반의 새 C++ 클래스를 생성한다. 클래스를 찾으려면 Show All Classes를 체크해야 한다.

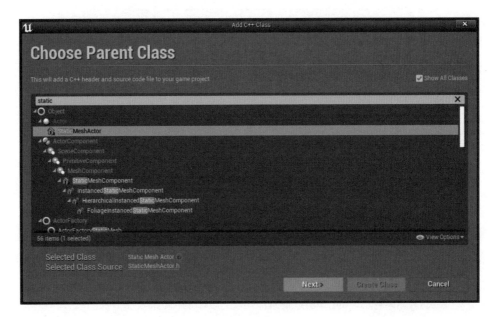

4. Next를 클릭한 후, 이 새 클래스의 이름을 TalkingMesh로 정한다.

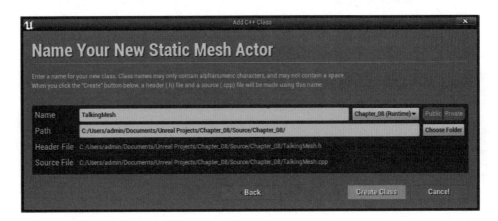

5. 토커^{talker} 인터페이스를 포함하기 위해 #include를 추가하고 클래스 선언을 수
정한다.

```
#pragma once

#include "CoreMinimal.h"
#include "Engine/StaticMeshActor.h"
#include "Talker.h"
#include "TalkingMesh.generated.h"
/**
 *
 */
UCLASS()
class CHAPTER_08_API ATalkingMesh : public AStaticMeshActor,
public ITalker
```

6. 또한 다음 함수를 클래스 선언에 추가한다.

```
UCLASS()
class CHAPTER_08_API ATalkingMesh : public AStaticMeshActor,
public ITalker
{
  GENERATED_BODY()
public:
  ATalkingMesh();
  void StartTalking_Implementation();
};
```

7. 구현부 내에서 다음 코드를 TalkingMesh.cpp에 추가한다.

```cpp
#include "TalkingMesh.h"
#include "ConstructorHelpers.h"

ATalkingMesh::ATalkingMesh() : Super()
{
  auto MeshAsset =
    ConstructorHelpers::FObjectFinder<UStaticMesh>(TEXT("StaticMes
      h'/Engine/BasicShapes/Cube.Cube'"));

  UStaticMeshComponent * SM = GetStaticMeshComponent();

  if(SM != nullptr)
  {
    if (MeshAsset.Object != nullptr)
    {
      SM->SetStaticMesh(MeshAsset.Object);
      SM->SetGenerateOverlapEvents(true);
    }

    SM->SetMobility(EComponentMobility::Movable);
  }
  SetActorEnableCollision(true);
}

void ATalkingMesh::StartTalking_Implementation()
{
  GEngine->AddOnScreenDebugMessage(-1, 1, FColor::Red,
    TEXT("Hello there. What is your
    name?"));
}
```

8. 플레이어 캐릭터의 역할을 수행하기 위해 DefaultPawn에 기반한 새 클래스를 생성한다.

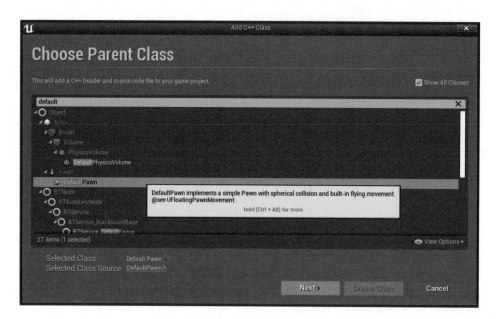

9. Next를 선택한 후 클래스 Name을 TalkingPawn으로 정하고 Create Class 버튼을 클릭한다.

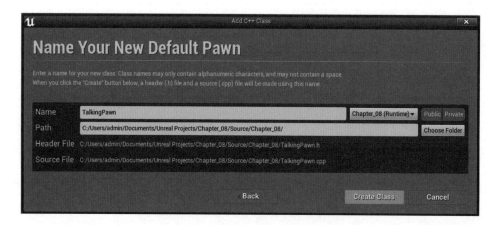

10. 다음을 클래스 헤더에 추가한다.

```
#pragma once

#include "CoreMinimal.h"
#include "GameFramework/DefaultPawn.h"
#include "Components/BoxComponent.h" // UBoxComponent
#include "TalkingPawn.generated.h"

/**
*
*/
UCLASS()
class CHAPTER_08_API ATalkingPawn : public ADefaultPawn
{
  GENERATED_BODY()
public:
  // 이 캐릭터의 속성에 대한 기본값을 설정한다
  ATalkingPawn();

  UPROPERTY()
  UBoxComponent* TalkCollider;

  UFUNCTION()
  void OnTalkOverlap(UPrimitiveComponent*
    OverlappedComponent,
    AActor* OtherActor,
    UPrimitiveComponent* OtherComp,
    int32 OtherBodyIndex, bool bFromSweep,
    const FHitResult & SweepResult);
};
```

11. TalkingPawn.cpp 파일에서 ITalker와 UTalker 클래스에 접근하고자 다음을 포함해야 한다.

```
#include "TalkingPawn.h"
#include "Talker.h"
```

12. 그런 다음, 생성자를 구현한다.

```
ATalkingPawn::ATalkingPawn() : Super()
{
    // 이 캐릭터가 프레임마다 Tick()을 호출하도록 설정한다
    // 필요하지 않다면 이 기능을 꺼서 성능을 개선할 수 있다
    PrimaryActorTick.bCanEverTick = true;

    TalkCollider =
      CreateDefaultSubobject<UBoxComponent>("TalkCollider");

    TalkCollider->SetBoxExtent(FVector(200, 200, 100));

    TalkCollider->OnComponentBeginOverlap.AddDynamic(this,
      &ATalkingPawn::OnTalkOverlap);

    TalkCollider->AttachTo(RootComponent);
}
```

13. OnTalkOverlap을 구현한다.

```
// 입력에 기능을 연결하기 위해 호출됨
void ATalkingPawn::OnTalkOverlap(UPrimitiveComponent*
OverlappedComponent,
 AActor* OtherActor,
 UPrimitiveComponent*
OtherComp,
 int32 OtherBodyIndex, bool
bFromSweep,
 const FHitResult &
SweepResult)
{
```

```
auto Class = OtherActor->GetClass();
if (Class->ImplementsInterface(UTalker::StaticClass()))
{
  ITalker::Execute_StartTalking(OtherActor);
}
}
```

14. 스크립트를 컴파일한다. 새 GameMode를 생성하고 TalkingPawn을 플레이어를 위한 기본 캐릭터로 설정한다. 이를 가장 빠르게 처리하려면, Settings > World Settings로 이동한 후 GameMode Override 아래에서 + 버튼을 누른다. 여기서 Selected GameMode 옵션을 확장하고 Default Pawn Class 아래에서 TalkingPawn을 선택하면 된다. 다음 스크린샷을 참고하자.

15. `ATalkingMesh` 클래스의 인스턴스를 레벨로 끌어다 놓자. 게임을 플레이하면, 메시 근처로 걸어 이동할 수 있으며 메시지가 출력되는 모습을 확인할 수 있다.

16. 콘텐츠 브라우저에서 마우스 오른쪽 버튼을 클릭하고, 등장하는 컨텍스트 메뉴에서 적당한 옵션을 선택해 `ATalkingMesh`를 기반으로 새 블루프린트 클래스를 만든다.

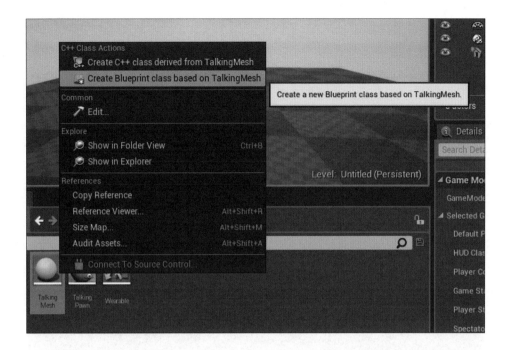

17. 이름은 MyTalkingMesh로 정하고 Create Blueprint Class를 선택한다.

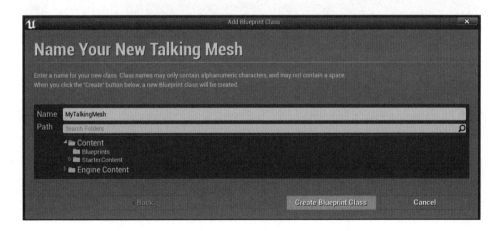

18. 블루프린트 편집기 내에서 StartTalking에 대한 구현을 생성한다. Event Graph
    로 이동한 후 그래프 내에서 마우스 오른쪽 버튼을 클릭하면 된다. 그런 다음,
    검색 막대에서 start talking을 입력한다. Add Event 아래에서 Event Start Talking
    옵션을 선택한다.

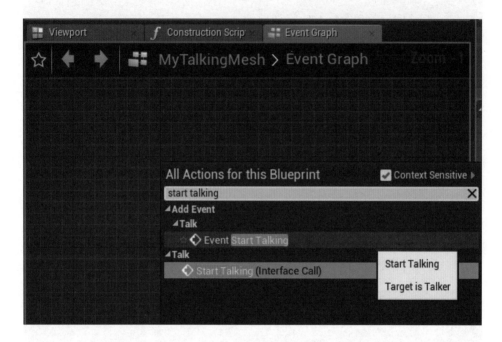

19. 상위 버전의 이벤트를 호출하려면, 이벤트 노드에서 마우스 오른쪽 버튼을 클
    릭한 후 Add call to parent function 옵션을 선택한다.

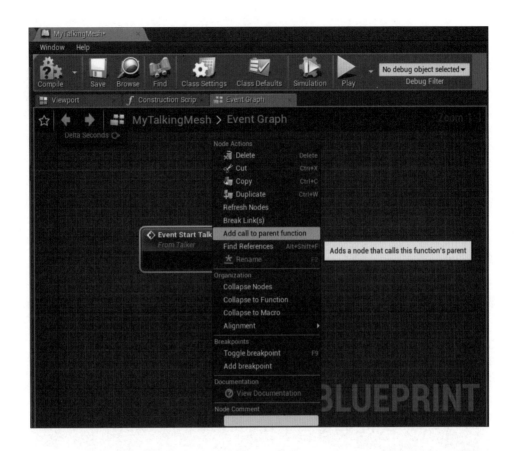

20. 나중에 이벤트를 함께 연결할 수 있다. 원본과 다른 작업을 수행하려면 Print String 노드를 만들고 I'm the overridden implementation in Blueprint와 같은 새로운 In String 메시지를 출력한다. 최종 버전의 모습은 다음과 같다.

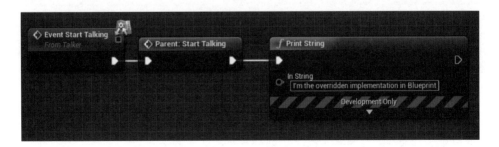

21. 블루프린트를 컴파일한다. 그런 다음, 새 블루프린트의 사본을 `ATalkingMesh` 인스턴스 옆의 레벨로 끌어다 놓는다.

22. 두 액터까지 걸어가서 커스텀 `Pawn`이 기본 C++ 구현 또는 블루프린트 구현을 잘 호출하는지 확인하자.

예제 분석

항상 그렇듯이, 새 인터페이스를 만든 다음 함수 정의를 `IInterface` 클래스에 추가한다. `BlueprintNativeEvent` 지정자를 사용해 C++에서 기본 구현을 선언한 다음 블루프린트에서 재정의할 수 있다는 것을 나타낸다. 편의상 `StaticMeshActor`에서 상속받은 새 클래스를 만들고, 그 위에 인터페이스를 구현한다.

새 클래스 생성자의 구현에서 스태틱 메시를 불러오고 평소와 같이 충돌을 설정한다.

그런 다음, 간단히 화면에 메시지를 출력하는 인터페이스 함수를 구현한다.

본격적인 프로젝트에서 이 기능을 사용하면 애니메이션 재생, 오디오 재생, 사용자 인터페이스 변경 등 Talker와 대화를 시작하는 데 필요한 모든 것을 처리할 수 있다.

하지만 현재는 실제 Talker에서 StartTalking을 호출할 것이 없다. 이를 구현하는 가장 간단한 방법은 충돌하는 모든 Talker 액터와 대화를 시작할 수 있는 새로운 Pawn 서브클래스(편의상 DefaultPawn에서 상속)를 만드는 것이다.

이를 위해 대화를 시작할 반경에 사용할 새 BoxComponent를 만든다. 항상 그렇듯이, UPROPERTY이므로 가비지 컬렉션이 되지 않는다. 또한 새 BoxComponent가 씬의 다른 액터와 겹칠 때 트리거되는 함수에 대한 정의를 만든다.

TalkingPawn의 생성자는 새 BoxComponent를 초기화하고 범위를 적절하게 설정한다. 또한 생성자는 BoxComponent와의 충돌을 처리하기 위해 OnTalkOverlap 함수를 이벤트 핸들러로 바인딩한다. 또한 박스 컴포넌트box component를 RootComponent에 연결해 플레이어가 레벨을 따라 움직일 때 나머지 플레이어 캐릭터와 함께 움직이도록 한다.

OnTalkOverlap 내부에서 박스와 겹치는 다른 액터가 Talker 인터페이스를 구현하는지 확인해야 한다. 가장 신뢰할 수 있는 방법은 UClass의 ImplementsInterface 함수를 사용하는 것이다. 이 함수는 컴파일 도중 언리얼 헤더 도구에 의해 생성된 클래스 정보를 사용하며, C++ 및 블루프린트 구현 인터페이스를 모두 제대로 처리한다.

함수가 true를 반환하면, IInterface에 포함된 특수한 자동 생성 함수를 사용해 인스턴스에서 선택한 인터페이스 메서드를 호출할 수 있다. 이것은 <IInterface>::Execute_<FunctionName> 형식의 정적 메소드다. IInterface는 ITalker이고 함수는 StartTalking이므로, 호출하려는 함수는 ITalker::Execute_StartTalking()이다.

이 함수가 필요한 이유는 블루프린트에서 인터페이스를 구현할 때 실제로 컴파일 시점에 관계가 설정되지 않기 때문이다. 따라서 C++는 인터페이스가 구현됐다는 사실을 알지 못하므로 함수를 직접 호출하기 위해 블루프린트 클래스를 IInterface로 캐스트^{cast}할 수 없다.

Execute_ 함수는 인터페이스를 구현하는 오브젝트에 대한 포인터를 가져와서 원하는 함수의 블루프린트 구현을 호출하고자 많은 내부 메소드를 호출한다.

레벨을 플레이하고 걸어 다닐 때, 커스텀 Pawn은 BoxComponent가 다른 오브젝트와 겹칠 때마다 지속적으로 알림을 받는다. 그리고 해당 오브젝트가 UTalker/ITalker 인터페이스를 구현했다면, Pawn은 Actor 인스턴스의 StartTalking을 호출하려고 시도하며 화면에 적당한 메시지를 출력한다.

C++와 언리얼 편집기 연동: 파트 1

다음은 9장에서 다룰 내용이다.

- 블루프린트 변수로 클래스나 구조체 사용하기
- 블루프린트에서 서브클래싱할 수 있는 클래스 또는 구조체 만들기
- 블루프린트에서 호출할 수 있는 함수 만들기
- 블루프린트에서 구현할 수 있는 이벤트 만들기
- 멀티캐스트 델리게이트를 블루프린트에 노출하기
- 블루프린트에서 사용할 수 있는 C++ 열거형 만들기
- 편집기의 여러 위치에서 클래스 속성 편집하기
- 블루프린트 편집기 그래프에서 속성에 접근 가능하게 만들기
- 편집기에서 속성 변경 이벤트에 응답하기
- 네이티브 코드 생성 스크립트 구현하기

언리얼의 주요 강점 중 하나는 편집기에서 기획자가 커스터마이즈하거나 사용할 수 있는 액터와 기타 오브젝트를 생성할 수 있는 기능을 프로그래머에게 제공한다는 것이다. 9장에서는 이를 수행하는 방법을 보여준다. 그런 다음, 커스텀 블루프린트 및 애니메이션 노드를 처음부터 만들어 편집기를 커스터마이즈한다. 또한 사용자 정의 편집기 창과 사용자 정의 Details 패널을 구현해 사용자가 만든 타입을 검사한다.

기술적 요구 사항

9장에서는 언리얼 엔진 4를 사용하며 비주얼 스튜디오 2017을 통합 개발 환경(IDE)으로 사용한다. 이 두 소프트웨어를 설치하는 방법은 1장, 'UE4 개발 도구'에서 다뤘다.

블루프린트 변수로 클래스나 구조체 사용하기

C++에서 선언한 타입은 변수 사용을 위해 블루프린트에 자동으로 통합되지 않는다. 이번 레시피에서는 커스텀 네이티브 코드 타입을 블루프린트 함수 파라미터로 사용할 수 있도록 접근 가능하게 만드는 방법을 설명한다.

예제 구현

1. 편집기에서 새 클래스를 생성한다. 8장과 달리, Object 기반의 클래스를 만들 것이다. Object는 기본적으로 공용 클래스 리스트에 나타나지 않으므로, 편집기 UI의 Show All Classes를 체크한 후 Object를 선택하고 Next 버튼을 누른다.

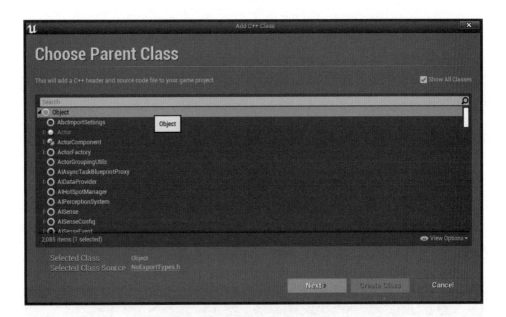

2. 새 Object의 이름을 TileType으로 정하고 Create Class 버튼을 클릭한다.

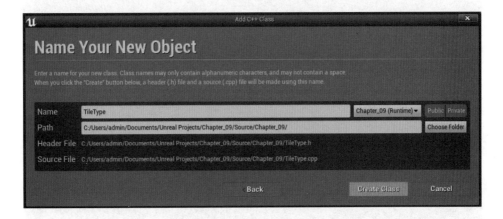

3. 다음 속성을 TileType 정의에 추가한다.

```
UCLASS()
class CHAPTER_09_API UTileType : public UObject
{
```

```
  GENERATED_BODY()
public:
  UPROPERTY()
  int32 MovementCost;

  UPROPERTY()
  bool CanBeBuiltOn;

  UPROPERTY()
  FString TileName;
};
```

4. 코드를 컴파일한다.

5. 편집기 내에서 Actor 기반의 새 블루프린트 클래스 Tile을 생성한다.

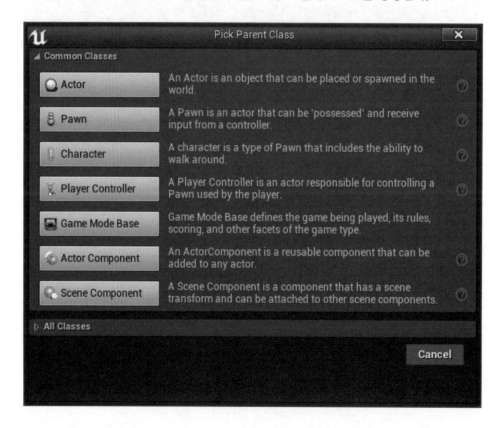

6. Tile 블루프린트 편집기 내에서 My Blueprint 섹션으로 이동한 후, Variables 섹션으로 내려가서 + 버튼을 눌러 새 변수를 블루프린트에 추가한다. 화면 오른쪽에 있는 Details 패널에는 타입 정보를 포함해 새 변수와 관련한 정보가 채워진다. Variable Type 속성에서 변수로 만들 수 있는 타입 목록을 살펴보고, TileType이 없는지 확인한다.

7. 비주얼 스튜디오로 돌아가서 TileType.h 파일을 열고 다음과 같이 UCLASS 매크로에 BlueprintType을 추가한다.

```
UCLASS(BlueprintType)
class CHAPTER_09_API UTileType : public UObject
```

8. 스크립트를 저장하고 편집기로 돌아와서 프로젝트를 다시 컴파일한 다음 Tile 블루프린트 편집기로 돌아간다.

9. 액터에 새 변수를 추가할 때 새 변수의 타입으로 TileType을 선택할 수 있다.

10. Variable Name을 MyTileType과 같이 원하는 이름으로 변경할 수 있다. 그리고 Tile과 TileType 사이에 *has-a* 관계를 설정했다. 이제 TileType은 함수 파라미터로 사용할 수 있는 블루프린트 타입이다.

11. 이렇게 하려면, My Blueprint 섹션으로 이동한 후 Functions 섹션으로 스크롤해 내려간다. 여기서 **+** 버튼을 클릭해 새 함수를 만들 수 있다. 이 새 함수의 이름을 SetTileType으로 지정하자.

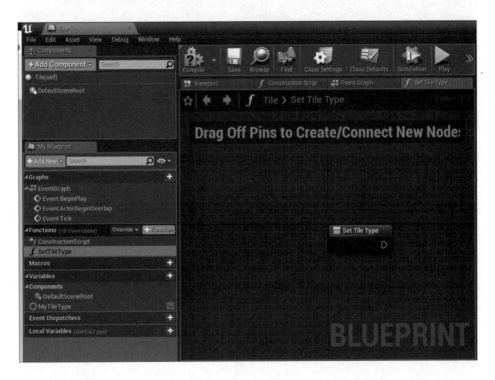

12. 함수를 생성하면 Details 탭에는 함수에 관한 정보가 표시된다. Input 섹션 아래에서 + 버튼을 클릭해 새로운 입력을 추가한다.

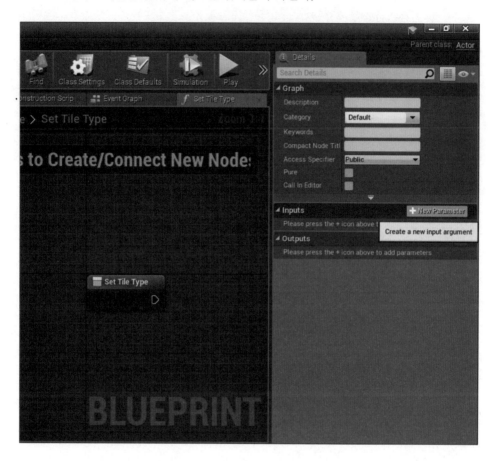

13. 선택하면, 변수의 이름을 지정할 수 있고 드롭다운에서 타입을 선택할 수 있다. 기본 타입은 Boolean이다. 입력 파라미터의 타입을 TileType으로 설정한다.

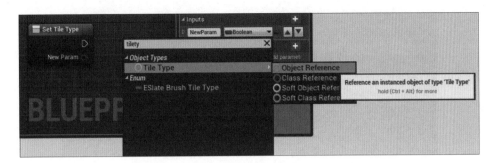

타입을 설정하면, 블루프린트의 **Set Tile Type** 함수에 해당 파라미터가 입력으로 추가된 모습을 확인할 수 있다.

14. My Blueprint 섹션으로 돌아가서 MyTileType 변수를 첫 번째 노드 옆의 Set Tile Type 그래프로 끌어다 놓는다. Type 변수를 뷰포트로 끌어다 놓고 Set MyTileType을 선택할 수 있다.

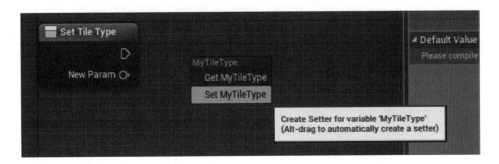

15. 필요한 두 개의 노드를 준비했으므로, Exec 출력 핀을 Set MyTileType 노드의
    입력에 연결한 다음 SetTileType의 파라미터를 Set 노드에 연결한다.

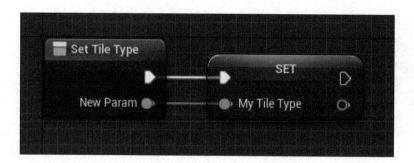

예제 분석

성능상의 이유로 언리얼은 블루프린트에서 타입을 사용할 수 있도록 하는 데 필요한
추가 리플렉션 코드가 클래스에 필요하지 않다고 가정한다.

UCLASS 매크로에서 BlueprintType을 지정해 기본값을 재정의할 수 있다.

지정자를 포함하면, 이 타입을 블루프린트에서 파라미터나 변수로 사용할 수 있으며
기본 타입과 동일한 방식으로 사용할 수 있다.

부연 설명

이번 레시피는 네이티브 코드 선언이 BlueprintType을 포함하는 경우 블루프린트에서
타입을 함수 파라미터로 사용할 수 있다는 것을 보여준다.

하지만 현재 C++에서 정의한 속성 중 어느 것도 블루프린트에 접근할 수 없다.

9장의 다른 레시피들에서는 사용자 정의 오브젝트를 활용해 실제로 의미 있는 작업을
수행할 수 있도록 해당 속성에 접근하는 방법을 다룬다.

블루프린트에서 서브클래싱할 수 있는 클래스 또는 구조체 만들기

이 책이 C++에 중점을 두고 있지만, 일반적으로 언리얼을 사용해 게임을 만들 때 성능에 영향을 많이 주는 부분은 C++로 개발하고 나서 해당 기능을 블루프린트에 노출해 기획자가 게임플레이를 구성할 수 있도록 한 후에 다시 추가적인 블루프린트 기능을 사용해 리팩토링하거나 C++ 레이어로 다시 개발하기도 한다. 따라서 가장 일반적인 작업 중 하나는 클래스와 구조체를 블루프린트 시스템에서 볼 수 있도록 마크업^{mark}하는 일이다.

예제 구현

1. 편집기 마법사를 사용해 Actor 클래스를 상속하는 새 C++ 클래스를 생성하고 이름을 BaseEnemy로 한다.

2. 다음 UPROPERTY를 클래스에 추가한다.

```
UPROPERTY()
FString WeaponName;
UPROPERTY()
int32 MaximumHealth;
```

3. 다음 클래스 지정자를 UCLASS 매크로에 추가한다.

```
UCLASS(Blueprintable)
class CHAPTER_09_API ABaseEnemy : public AActor
```

4. 스크립트를 저장하고 컴파일한다.
5. 편집기를 열고 새 블루프린트 클래스를 만든다. All Classes 목록을 확장해 모든 클래스가 나타나도록 한 후 BaseEnemy 클래스를 부모로 선택한다. 그런 다음, Select 버튼을 누른다.

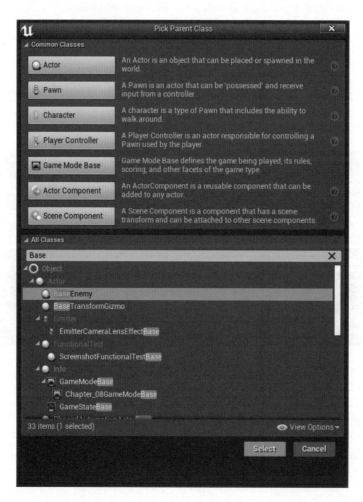

6. 새 블루프린트의 이름을 EnemyGoblin으로 정하고, 이를 블루프린트 편집기에서 연다.

앞서 생성한 UPROPERTY 매크로는 블루프린트에 보이도록 적절한 마크업을 포함하지 않았으므로 아직 존재하지 않는다.

예제 분석

이전 레시피에서는 BlueprintType을 클래스 지정자로 사용하는 방법을 보여줬다. BlueprintType은 해당 타입을 블루프린트 편집기 내에서 사용할 수 있도록 한다. 즉, 변수 또는 함수 입력/반환 값이 될 수 있다는 의미다.

하지만 컴포지션보다는 타입을 기반(상속을 사용)으로 블루프린트를 생성할 수도 있다. 컴포지션을 사용한다는 말은 우리 타입의 인스턴스를 Actor에 배치하는 방식 등을 의미한다.

이런 이유로 에픽은 클래스 지정자로 Blueprintable을 제공한다. Blueprintable은 개발자가 특정 클래스를 블루프린트 클래스에서 상속받을 수 있도록 표시 가능하다는 것을 의미한다.

일부 기능만 사용하고 싶을 때를 대비해 BlueprintType과 Blueprintable을 따로 제공한다. 예를 들어, 특정 클래스는 변수로는 사용할 수 있지만 성능상의 이유로 블루프린트에서 클래스를 작성하는 것은 금지하고 싶을 수 있다. 이 경우에는 두 지정자를 모두 사용하는 대신 BlueprintType을 사용하면 된다.

반대로, 블루프린트 편집기를 사용해 새로운 서브클래스를 만들고 싶지만 오브젝트 인스턴스를 Actor 블루프린트 내로 전달하고 싶지는 않을 수 있다. 이럴 때는 BlueprintType이 아닌 Blueprintable을 사용하면 된다.

이전과 마찬가지로, Blueprintable이나 BlueprintType은 클래스에 포함된 멤버 함수나 멤버 변수에 대해 어떤 것도 명시하지 않는다. 이 부분은 나중에 다룰 레시피에서 이용 가능하게 만들어볼 것이다.

블루프린트에서 호출할 수 있는 함수 만들기

클래스를 BlueprintType 또는 Blueprintable로 표시하면 블루프린트에서 클래스 인스턴스를 전달하거나 블루프린트 클래스를 사용해 타입을 서브클래싱할 수 있지만, 해당 지정자는 실제로 멤버 함수 또는 변수에 대해 아무런 정보도 전달하지 않으며 블루프린트에 노출해야 하는지도 전달하지 않는다. 이번 레시피에서는 블루프린트 그래프 내에서 호출할 수 있도록 함수를 표시하는 방법을 설명한다.

예제 구현

1. 편집기 마법사를 사용해 StaticMeshActor 클래스를 상속한 새로운 C++ 클래스를 생성하고 이름을 SlidingDoor로 정한다.
2. 다음 코드에서 볼드체로 표시한 부분을 새 클래스에 추가한다.

```
class CHAPTER_09_API ASlidingDoor : public AStaticMeshActor
{
  GENERATED_BODY()
public:
  // 이 액터의 속성에 대한 기본값을 설정한다
  ASlidingDoor();

protected:
  // 게임이 시작되거나 소환될 때 호출됨
  virtual void BeginPlay() override;

public:
  // 프레임마다 호출됨
  virtual void Tick(float DeltaTime) override;
```

```
        UFUNCTION(BlueprintCallable, Category = Door)
        void Open();

        UPROPERTY()
        bool IsOpen;

        UPROPERTY()
        FVector TargetLocation;
    };
```

3. 다음 코드에서 볼드체로 표시한 내용을 .cpp 파일에 추가해 클래스 구현을 생
   성한다.

```cpp
#include "SlidingDoor.h"
#include "ConstructorHelpers.h"

// 기본값 설정
ASlidingDoor::ASlidingDoor()
{
  // 이 액터가 프레임마다 Tick()을 호출하도록 설정
  // 필요하지 않다면 기능을 꺼서 성능을 개선할 수 있다
  PrimaryActorTick.bCanEverTick = true;

  auto MeshAsset =
    ConstructorHelpers::FObjectFinder<UStaticMesh>
    (TEXT("StaticMesh'/Engine/BasicShapes/Cube.Cube'"));

  UStaticMeshComponent * SM = GetStaticMeshComponent();

  if (SM != nullptr)
  {
    if (MeshAsset.Object != nullptr)
    {
      SM->SetStaticMesh(MeshAsset.Object);
      SM->SetGenerateOverlapEvents(true);
    }

    SM->SetMobility(EComponentMobility::Movable);
    SM->SetWorldScale3D(FVector(0.3, 2, 3));
```

```
    }

    SetActorEnableCollision(true);

    IsOpen = false;
    PrimaryActorTick.bStartWithTickEnabled = true;
}

// 게임이 시작되거나 소환될 때 호출됨
void ASlidingDoor::BeginPlay()
{
    Super::BeginPlay();
}

// 프레임마다 호출됨
void ASlidingDoor::Tick(float DeltaTime)
{
    Super::Tick(DeltaTime);

    if (IsOpen)
    {
        SetActorLocation(FMath::Lerp(GetActorLocation(),
            TargetLocation, 0.05));
    }
}

void ASlidingDoor::Open()
{
    TargetLocation = ActorToWorld().TransformPositionNoScale(
        FVector(0, 0, 200));

    IsOpen = true;
}
```

4. 코드를 컴파일하고 편집기를 실행한다.

5. 도어door 사본을 레벨로 끌어다 놓는다.

 오브젝트를 땅에 떨어뜨리는 쉬운 방법은 떨구려는 오브젝트를 선택한 채로 End 키를 사용
하는 것이다.

6. SlidingDoor 인스턴스가 선택돼 있는지 확인한 다음 Blueprints > Open Level
   Blueprint로 이동해 레벨 블루프린트를 연다. 빈 캔버스를 마우스 오른쪽 버튼
   으로 클릭하고 Call Function on Sliding Door 1을 확장한다.

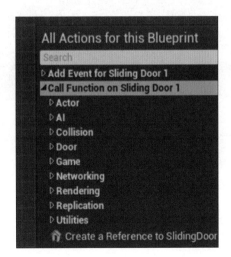

7. Door 섹션을 확장하고 Open 함수를 선택한다.

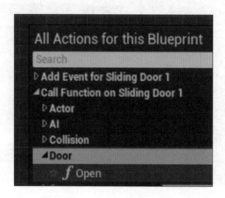

8. 다음 스크린샷과 같이 Event BeginPlay의 실행 핀(흰색 화살표)을 Open 노드의 흰색 화살표에 연결한다.

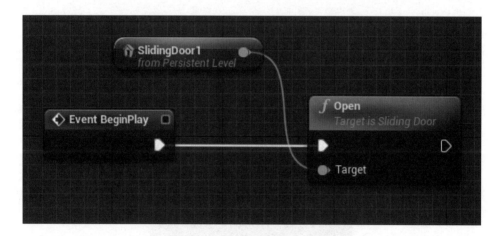

9. 레벨을 플레이하고 도어 인스턴스에서 Open이 호출될 때 도어가 예상한 대로 올라가는지 확인한다.

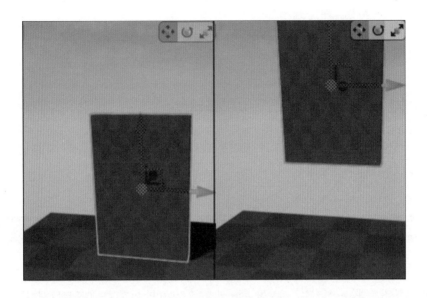

도어 선언 내에서 도어를 여는 새로운 함수, 도어를 열었는지 추적하는 부울 값, 도어의 목표 위치를 미리 계산하는 데 필요한 벡터를 만든다.

프레임마다 필요한 동작을 처리하기 위해 Tick 액터 함수도 재정의한다.

생성자 내에서 큐브 메시를 불러오고 문처럼 보이도록 크기를 조절한다.

또한 IsOpen을 기본 상태를 표현하는 false로 설정하고 bCanEverTick과 bStartWithTick Enabled를 사용해 액터 틱을 활성화한다.

이 두 부울 값은 각각 이 액터에 대해 티킹을 활성화할 수 있는지 여부와 티킹이 활성화된 상태에서 시작할지 여부를 제어한다.

Open 함수 내에서 도어의 시작 위치에 대한 상대적인 목표 지점을 계산한다.

또한 IsOpen 부울 값을 false에서 true로 변경한다.

Tick 함수 내에서 IsOpen의 부울 값이 true이므로, 도어는 SetActorLocation과 Lerp를 사용해 현재 위치로부터 목표 지점까지 보간을 통한 이동을 시도한다.

참고 사항

- 5장, '이벤트와 델리게이트 처리'는 액터 소환과 관련한 다수의 레시피를 다루고 있으니 참고하자.

블루프린트에서 구현할 수 있는 이벤트 만들기

C++를 블루프린트와 좀 더 긴밀하게 통합할 수 있는 또 다른 방법은 네이티브 코드에서 블루프린트를 구현할 수 있는 함수를 만드는 것이다. 이를 통해 프로그래머는 구현 내용을 몰라도 이벤트를 지정하고 호출할 수 있다. 클래스는 블루프린트에서 서브클래싱될 수 있으며, 개발 팀의 다른 멤버는 C++ 코드를 몰라도 이벤트 핸들러를 구현할 수 있다.

예제 구현

1. StaticMeshActor 클래스 Spotter를 새로 만든다. 부모 클래스로 StaticMeshActor를 선택하려면 Show All Classes 버튼을 사용해야 한다는 것을 기억해두자.
2. 클래스 헤더에 다음 함수를 정의하고 재정의했는지 확인한다.

```
#pragma once

#include "CoreMinimal.h"
#include "Engine/StaticMeshActor.h"
#include "Spotter.generated.h"

UCLASS()
class CHAPTER_09_API ASpotter : public AStaticMeshActor
```

```
{
  GENERATED_BODY()
public:
  // 이 액터의 속성에 대한 기본값을 설정한다
  ASpotter();

  // 프레임마다 호출됨
  virtual void Tick(float DeltaSeconds) override;

  UFUNCTION(BlueprintImplementableEvent)
  void OnPlayerSpotted(APawn* Player);
};
```

3. 구현 파일(Spotter.cpp)에서 다음과 같이 코드를 갱신한다.

```
#include "Spotter.h"
#include "ConstructorHelpers.h"
#include "DrawDebugHelpers.h"

// 기본값 설정
ASpotter::ASpotter()
{
  // 이 액터가 프레임마다 Tick()을 호출하도록 설정한다
  // 이 기능이 필요하지 않다면 꺼서 성능을 개선할 수 있다
  PrimaryActorTick.bCanEverTick = true;

  // Spotter의 시각적 측면 설정
  auto MeshAsset =
    ConstructorHelpers::FObjectFinder<UStaticMesh>
    (TEXT("StaticMesh'/Engine/BasicShapes/Cone.Cone'"));
  UStaticMeshComponent * SM = GetStaticMeshComponent();

  if (SM != nullptr)
  {
    if (MeshAsset.Object != nullptr)
    {
      SM->SetStaticMesh(MeshAsset.Object);
      SM->SetGenerateOverlapEvents(true);
    }
```

```cpp
    SM->SetMobility(EComponentMobility::Movable);
    SM->SetRelativeRotation(FRotator(90, 0, 0));
  }
}

// 프레임마다 호출됨
void ASpotter::Tick(float DeltaTime)
{
  Super::Tick(DeltaTime);

  auto EndLocation = GetActorLocation() +
    ActorToWorld().TransformVector(FVector(0, 0, -200));

  // 앞에 오브젝트가 존재하는지 검사한다
  FHitResult HitResult;
  GetWorld()->SweepSingleByChannel(HitResult,
    GetActorLocation(), EndLocation, FQuat::Identity,
    ECC_Camera, FCollisionShape::MakeSphere(25),
    FCollisionQueryParams("Spot", true, this));

  APawn* SpottedPlayer = Cast<APawn>(HitResult.Actor.Get());

  // 앞에 오브젝트가 존재하면 OnPlayerSpotted 함수를 호출한다
  if (SpottedPlayer != nullptr)
  {
    OnPlayerSpotted(SpottedPlayer);
  }

  // 충돌을 확인할 위치를 표시한다
  DrawDebugLine(GetWorld(), GetActorLocation(), EndLocation,
    FColor::Red);
}
```

4. 컴파일하고 편집기를 시작한다. 콘텐츠 브라우저에서 Spotter 클래스를 찾은 후, 마우스 왼쪽 버튼을 클릭해 사본을 게임 월드로 끌어다 놓는다.

5. 레벨을 플레이하면 Actor의 흔적을 나타내는 빨간색 선이 표시된다.

6. 하지만 아직 OnPlayerSpotted 이벤트를 구현하지 않았으므로 플레이어가 앞으로 걸어가더라도 아무런 일이 발생하지 않는다.

7. 이 이벤트를 구현하기 위해 Spotter의 블루프린트 서브클래스를 생성해야 한다.

8. 콘텐츠 브라우저에서 Spotter를 마우스 오른쪽 버튼으로 클릭한 후 Create Blueprint class based on Spotter를 선택한다. 클래스 이름은 BPSpotter로 한다.

Spotter에 기반한 블루프린트 클래스를 생성한다.

9. 블루프린트 편집기 내에서 My Blueprint 패널의 Functions 섹션에 있는 Override
   버튼을 클릭한다.

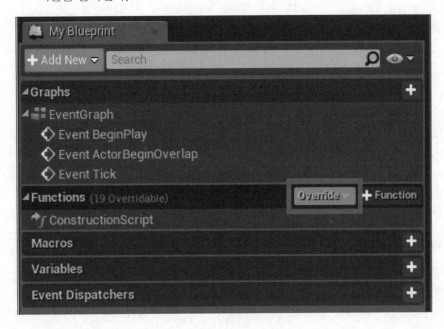

10. On Player Spotted를 선택한다.

11. 이벤트를 확인하려면 Event Graph 탭을 클릭한다. 마우스 왼쪽 버튼을 클릭하고 이벤트의 흰색 실행 핀으로부터 끌어다 놓으면, 등장하는 컨텍스트 메뉴에서 Print String 노드를 선택하고 추가해 이벤트에 연결한다.

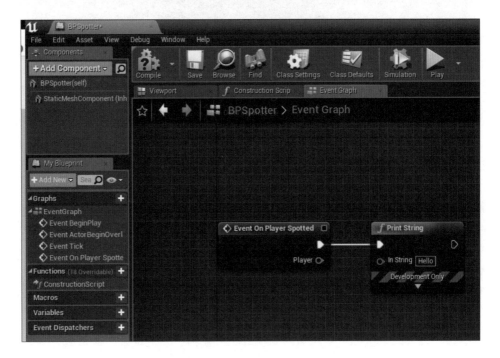

12. 레벨에서 기존의 Spotter 오브젝트를 삭제한 후 BPSpotter를 끌어다 놓는다. 레벨을 다시 플레이한 후 BPSpotter가 사용하고 있는 트레이스 앞을 걸어가면 화면에 문자열이 출력되는지 확인한다.

예제 분석

Spotter 오브젝트의 생성자에서 기본 프리미티브 중 하나인 원뿔을 시각적 표현 용도로 스태틱 메시 컴포넌트에 불러온다.

그런 다음, 원뿔을 회전시켜서 액터의 X축을 가리키는 스포트라이트와 비슷한 모양으로 만든다.

Tick 함수가 실행되는 동안 액터의 위치를 찾은 다음, 로컬 X축을 따라 액터에서 200 단위 떨어진 지점을 찾는다. Super::를 사용해 재정의 여부와 무관하게 Tick의 부모 클래스 구현을 호출하도록 한다.

먼저 Actor에 대한 액터 투 월드Actor-to-World 변환을 획득한 다음, 이를 사용해 위치를 지정하는 벡터를 변환함으로써 로컬 위치를 월드 공간 위치로 변환한다.

변환은 루트 컴포넌트의 방향을 기반으로 하며, 루트 컴포넌트는 생성자에서 회전시킨 스태틱 메시 컴포넌트를 말한다.

기존 회전의 결과로, 변환하려는 벡터도 회전해야 한다. 벡터가 원뿔의 바닥이 무엇인지를 가리키도록 하려면 음의 위쪽 축을 따르는 거리가 필요하다. 즉, 형태 (0, 0, -d)의 벡터가 필요하며, 여기서 d는 실제 거리를 의미한다.

추적을 위한 최종 위치를 계산한 후, 실제로 SweepSingleByChannel 함수를 사용해 추적을 수행한다.

스윕sweep을 수행하면, 충돌한 Actor를 폰pawn으로 캐스팅한다.

캐스팅에 성공하면 OnPlayerSpotted의 구현 가능한 이벤트를 호출하고, 사용자 정의 블루프린트 코드가 실행된다.

멀티캐스트 델리게이트를 블루프린트에 노출하기

멀티캐스트 델리게이트는 이벤트를 청취listen하거나 구독subscribe하는 여러 오브젝트에 이벤트를 브로드캐스트하는 좋은 방법이며, 잠재적으로 임의의 액터에 알리고자 하는 이벤트를 생성하는 C++ 모듈이 있는 경우 특히 중요하다. 이번 레시피에서는 C++에서 런타임 동안 다른 액터 그룹에 알릴 수 있는 멀티캐스트 델리게이트를 생성하는 방법을 다룬다.

예제 구현

1. 새로운 StaticMeshActor 클래스 King을 생성한다. 다음을 클래스 헤더에 추가한다.

   ```
   #pragma once

   #include "CoreMinimal.h"
   ```

```
#include "Engine/StaticMeshActor.h"
#include "King.generated.h"

DECLARE_DYNAMIC_MULTICAST_DELEGATE_OneParam(FOnKingDeathSignature, AKing*,
DeadKing);
UCLASS()
class CHAPTER_09_API AKing : public AStaticMeshActor
{
  GENERATED_BODY()
```

2. 화면에 무언가 출력하길 원하므로 생성자에 정의를 추가한다.

```
DECLARE_DYNAMIC_MULTICAST_DELEGATE_OneParam(FOnKingDeathSignature, AKing*,
DeadKing);
UCLASS()
class CHAPTER_09_API AKing : public AStaticMeshActor
{
  GENERATED_BODY()

  // 이 액터의 속성에 대한 기본값을 설정한다
  AKing();
};
```

3. 클래스에 새 UFUNCTION을 추가한다.

```
UFUNCTION(BlueprintCallable, Category = King)
void Die();
```

4. 멀티캐스트 델리게이트 인스턴스를 클래스에 추가한다.

```
UPROPERTY(BlueprintAssignable)
FOnKingDeathSignature OnKingDeath;
```

5. King.cpp 파일을 열고 생성자 구현을 추가해 메시 초기화를 수행하도록 한다
   (ConstructionHelpers.h 파일에 #include를 추가해야 함).

```
#include "King.h"
#include "ConstructorHelpers.h"

// 기본값을 설정한다
AKing::AKing()
{
  // 이 액터가 프레임마다 Tick()을 호출하도록 설정한다
  // 이 기능이 필요하지 않다면 꺼서 성능을 개선할 수 있다
  PrimaryActorTick.bCanEverTick = true;

  auto MeshAsset =
    ConstructorHelpers::FObjectFinder<UStaticMesh>
    (TEXT("StaticMesh'/Engine/BasicShapes/Cone.Cone'"));

  UStaticMeshComponent * SM = GetStaticMeshComponent();

  if (SM != nullptr)
  {
    if (MeshAsset.Object != nullptr)
    {
      SM->SetStaticMesh(MeshAsset.Object);
      SM->SetGenerateOverlapEvents(true);
    }
    SM->SetMobility(EComponentMobility::Movable);
  }
}
```

6. Die 함수를 구현한다.

```
void AKing :: Die()
{
  OnKingDeath.Broadcast(this);
}
```

7. StaticMeshActor에 기반한 새 클래스 Peasant를 생성한다.

8. 클래스에 기본 생성자를 선언한다.

```
APeasant();
```

9. 다음 함수를 선언한다.

```
UFUNCTION(BlueprintCallable, category = Peasant)
void Flee (AKing * DeadKing);
```

10. 생성자를 구현한다.

```cpp
#include "Peasant.h"
#include "ConstructorHelpers.h"

APeasant::APeasant()
{
  // 이 액터가 프레임마다 Tick()을 호출하도록 설정한다
  // 이 기능이 필요하지 않다면 꺼서 성능을 개선할 수 있다
  PrimaryActorTick.bCanEverTick = true;

  auto MeshAsset =
    ConstructorHelpers::FObjectFinder<UStaticMesh>
    (TEXT("StaticMesh'/Engine/BasicShapes/Cube.Cube'"));

  UStaticMeshComponent * SM = GetStaticMeshComponent();

  if (SM != nullptr)
  {
    if (MeshAsset.Object != nullptr)
    {
      SM->SetStaticMesh(MeshAsset.Object);
      SM->SetGenerateOverlapEvents(true);
    }
    SM->SetMobility(EComponentMobility::Movable);
  }
}
```

11. .cpp 파일 내의 Flee 함수를 구현한다.

```cpp
void APeasant::Flee(AKing* DeadKing)
{
  // 화면에 메시지를 출력한다
```

```
GEngine->AddOnScreenDebugMessage(-1, 2, FColor::Red,
    TEXT("Waily Waily!"));

// 죽은 왕으로부터 멀어지는 방향을 얻는다
FVector FleeVector = GetActorLocation() -
    DeadKing->GetActorLocation();

// 벡터의 크기(길이)를 1로 설정한다
FleeVector.Normalize();

// 벡터의 길이를 500배 늘린다
FleeVector *= 500;

// 액터의 새 위치를 설정한다
SetActorLocation(GetActorLocation() + FleeVector);
}
```

12. 언리얼 편집기로 돌아와서 스크립트를 컴파일한다.

13. 그런 다음 APeasant를 기반으로 블루프린트 클래스를 만든다. 콘텐츠 브라우
저에서 Peasant 오브젝트를 마우스 오른쪽 버튼으로 클릭한 후 Create Blueprint
class based on Peasant를 선택하면 된다. 새 클래스 이름을 BPPeasant로 정한
다음 Create Blueprint Class 버튼을 클릭한다.

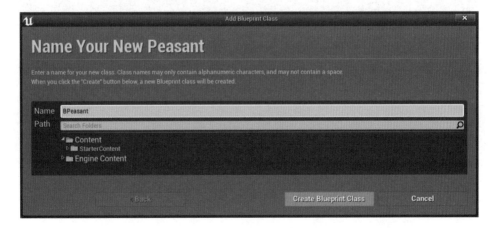

14. 블루프린트에서 Event Graph 탭을 클릭하고, 위쪽의 Event BeingPlay 노드로 이동한다. BeginPlay 노드의 흰색(실행) 핀에서 클릭해 끌어다 놓는다. 'get all' 을 입력하면 Get All Actors Of Class가 표시된다. 그래프에 배치할 노드를 선택 한다.

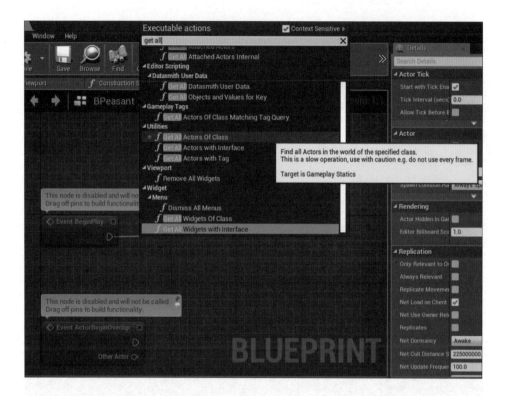

15. 보라색(클래스) 노드의 값을 King으로 설정한다. 검색 막대에 king을 입력하면 리스트에서 클래스를 쉽게 찾을 수 있다.

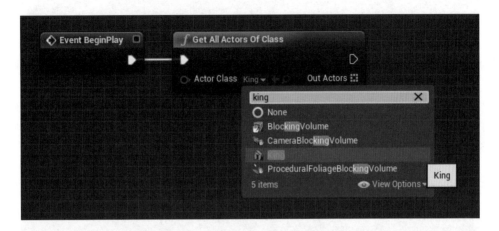

16. 파란 격자(오브젝트 배열) 노드를 빈 공간으로 끌어다 놓은 다음, 등장하는 Actions 메뉴에서 get이라는 단어를 입력한다. 사용 가능한 옵션에서 Get (a copy) 옵션을 선택한다.

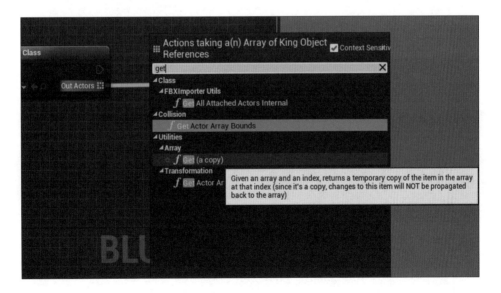

17. Get 노드의 파란색 출력 핀에서 드래그해 Not Equal (object) 노드에 연결한다.

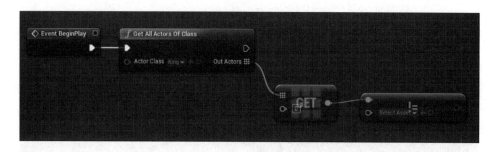

18. Not Equal 노드의 빨간색(bool) 핀을 Branch 노드에 연결하고 Branch의 실행 핀
    을 Get All Actors Of Class 노드에 연결한다.

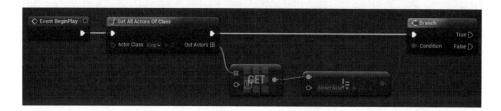

19. Branch의 True 핀을 Bind Event to OnKing Death 노드에 연결한다.

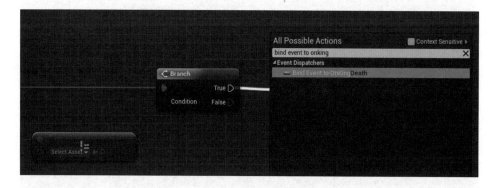

ⓘ Bind Event 노드가 표시되도록 하려면 컨텍스트 메뉴에서 Context Sensitive의 선택을 해
    제해야 한다.

20. Get 노드의 출력을 Bind Event to OnKingDeath 노드의 Target 속성으로 연결한다.

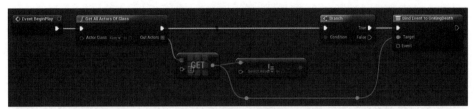

Get 노드의 출력을 Bind Event to OnKingDeath 노드의 Target 속성으로 연결한다.

 연결선을 더블 클릭하면 리라우트(reroute) 노드를 생성할 수 있다. 이 노드를 사용하면 선을 드래그해 이동시키면서 노드 간의 연결을 좀 더 보기 편하게 만들 수 있다.

21. Bind Event to OnKingDeath 노드의 빨간색 핀을 밖으로 드래그한 후, Add Custom Event...를 선택하고 원하는 이름을 지정한다.

 Add Custom Event... 옵션을 보려면 Context Sensitive 옵션의 선택을 해제해야 한다.

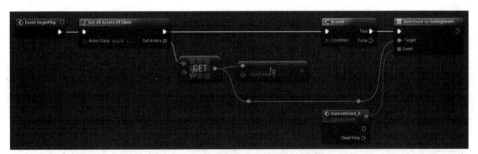

Custom Event와 Event Binding 연결하기

22. 단계 10에서 생성한 Flee라는 새 노드에 Custom Event의 흰색 실행 핀을 연결한다.

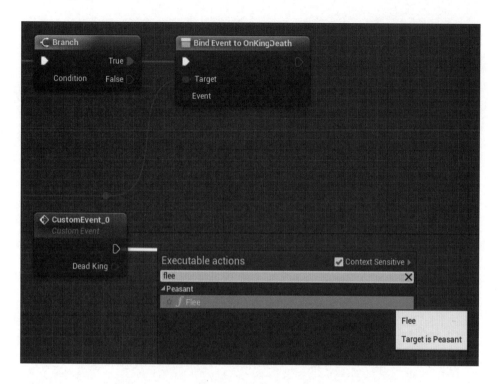

23. 마지막으로 Custom Event의 Dead King 속성을 Flee 노드의 Dead King 속성으로 끌어다 놓는다.

24. 블루프린트의 모습이 다음 스크린샷과 같은지 확인한다.

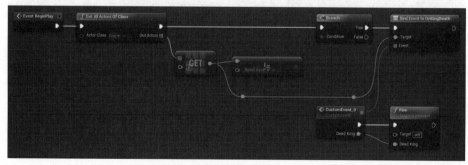

완성된 블루프린트

25. King 클래스의 사본을 레벨에 끌어다 놓은 다음, 주위에 몇 개의 BPPeasant 인
    스턴스를 원으로 추가한다.

26. 레벨 블루프린트를 연다. BeginPlay에서 끌어다 놓아 Delay 노드를 추가한다.
    지연 시간은 5초로 설정한다.

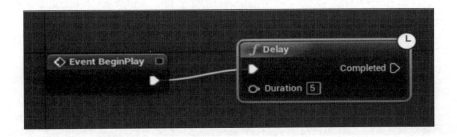

27. 레벨에서 선택된 King 인스턴스를 사용해 레벨 블루프린트의 그래프 편집기에
    서 마우스 오른쪽 버튼을 클릭한다.

28. Call Function on King 1을 선택하고 King 카테고리에서 Die 함수를 확인한다.

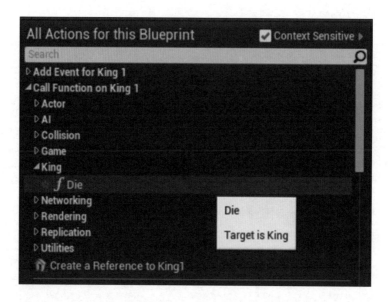

29. Die를 선택한 다음, 실행 핀을 Delay의 출력 실행 핀에 연결한다.

30. 레벨을 플레이하면, 5초 후 왕이 죽는 모습을 확인할 수 있다.

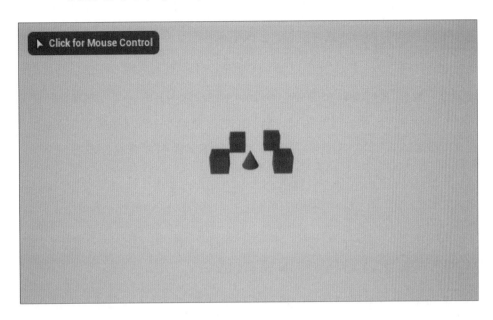

이후 농민들이 모두 왕으로부터 도망가는 모습을 보게 될 것이다.

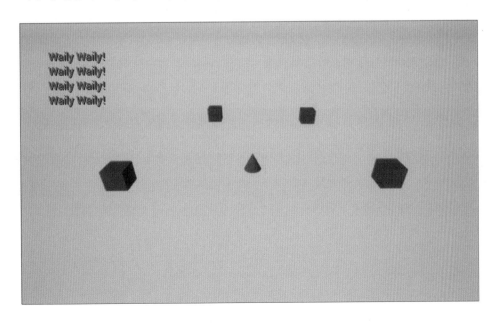

새 액터를 만든다. 시각적 표현을 위한 스태틱 메시 컴포넌트를 선언하거나 생성할 필요가 없도록 편의상 StaticMeshActor를 기반으로 이 액터를 만든다.

DECLARE_DYNAMIC_MULTICAST_DELEGATE_OneParam 매크로를 사용해 동적 멀티캐스트 델리게이트를 선언한다. 동적 멀티캐스트 델리게이트는 임의의 수의 오브젝트가 구독(듣기)하고 구독 취소(듣기 중지)해 델리게이트가 브로드캐스트될 때 알릴 수 있도록 한다.

매크로는 여러 개의 인수를 사용한다. 사용하는 인수는 생성 중인 새 델리게이트 시그니처의 타입 이름, 시그니처 파라미터의 타입, 시그니처 파라미터의 이름이다.

또한 왕에게 죽는 기능을 추가했다. 프로토타이핑을 위해 함수를 블루프린트에 노출하고자 하므로, 이를 BlueprintCallable로 표시한다.

이전에 사용했던 DECLARE_DYNAMIC_MULTICAST_DELEGATE 매크로는 타입만 선언했다. 델리게이트의 인스턴스를 선언하지 않았으므로, 매크로를 호출할 때 전에 제공한 타입 이름을 참조해 지금 인스턴스를 선언한다.

동적 멀티캐스트 델리게이트는 UPROPERTY 선언에서 BlueprintAssignable로 표시할 수 있다. 이는 블루프린트 시스템이 델리게이트의 Broadcast 함수가 호출될 때 따라서 호출되는 이벤트를 델리게이트에 동적으로 할당할 수 있다는 것을 의미한다.

늘 그랬던 것처럼, 간단한 메시를 King에게 지정해 게임 씬에서 시각적인 표현을 한다.

Die 함수 내에서 자신의 델리게이트에 대한 Broadcast를 호출한다. 델리게이트가 사망한 왕에 대한 포인터를 파라미터로 가지도록 지정했으므로, 이 포인터를 브로드캐스트 함수에 파라미터로 전달한다.

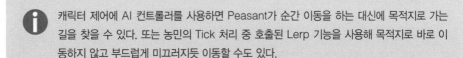

왕이 죽었을 때, 애니메이션이나 다른 효과를 보여주는 대신 왕을 없애려면 델리게이트의 선언을 변경하고 다른 타입을 전달해야 한다. 예를 들어, FVector를 사용할 수 있으며 농민이 여전히 제대로 도망칠 수 있도록 죽은 왕의 위치를 직접 전달할 수 있다.

이를 사용하지 않으면, Broadcast가 호출됐을 때는 King 포인터가 유효하지만, Actor::Destroy() 호출에서 바인딩된 함수를 호출하기 전에 이 포인터를 무효화하는 상황이 잠재적으로 발생할 수 있다.

다음 StaticMeshActor 서브클래스인 Peasant에서는 King에서 사용한 것과 다른 모양을 사용해 평소처럼 스태틱 메시 구성 요소를 초기화한다.

농민의 Flee 함수를 구현할 때, 화면에 메시지를 출력하는 것으로 농민이 소리를 지르는 것을 시뮬레이션한다.

그런 다음, 죽은 왕의 위치에서 이 농민의 위치까지에 대한 벡터를 먼저 찾아서 농민들이 도망치도록 벡터를 계산한다.

같은 방향을 가리키는 단위 벡터(길이가 1)를 검색하기 위해 벡터를 정규화한다.

정규화된 벡터를 스케일링^{scaling}하고 현재 위치에 추가하면, 농민이 죽은 왕으로부터 도망치는 방향으로 고정 거리에 있는 위치를 계산한다.

이어서 SetActorLocation을 사용해 실제로 농민을 해당 위치로 순간 이동시킨다.

캐릭터 제어에 AI 컨트롤러를 사용하면 Peasant가 순간 이동을 하는 대신에 목적지로 가는 길을 찾을 수 있다. 또는 농민의 Tick 처리 중 호출된 Lerp 기능을 사용해 목적지로 바로 이동하지 않고 부드럽게 미끄러지듯 이동할 수도 있다.

- 4장, '액터와 컴포넌트'에서 액터와 컴포넌트에 관한 자세한 내용을 살펴볼 수 있다. 5장, '이벤트와 델리게이트 처리'에서는 Notify와 ActorOverlap 같은 이벤트를 다룬다.

블루프린트에서 사용할 수 있는 C++ 열거형 만들기

열거형은 일반적으로 C++에서 명령문을 전환하기 위한 플래그 또는 입력으로 사용한다. 하지만 블루프린트에서 enum 값을 C++로 전달하거나 C++에서 enum 값을 블루프린트로 전달하려면 어떻게 해야 할까? 또는 C++의 열거형을 사용하는 블루프린트에서 switch문을 사용하려면 편집기 내에서 enum에 접근할 수 있다는 것을 블루프린트 편집기에 어떻게 알릴 수 있을까? 이번 레시피에서는 블루프린트에서 열거형을 볼 수 있도록 하는 방법을 설명한다.

예제 구현

1. 편집기를 사용해 Tree라는 새 StaticMeshActor 클래스를 만든다.
2. 다음 코드를 클래스 선언 위에 추가한다.

```
#pragma once

#include "CoreMinimal.h"
#include "Engine/StaticMeshActor.h"
#include "Tree.generated.h"

UENUM(BlueprintType)
enum TreeType
{
  Tree_Poplar,
  Tree_Spruce,
```

```
  Tree_Eucalyptus,
  Tree_Redwood
};

UCLASS()
class CHAPTER_09_API ATree : public AStaticMeshActor
{
```

3. 다음을 Tree 클래스에 추가한다.

```
UCLASS()
class CHAPTER_09_API ATree : public AStaticMeshActor
{
  GENERATED_BODY()
public:
  // 액터 속성의 기본값을 설정한다
  ATree();

  UPROPERTY(BlueprintReadWrite)
  TEnumAsByte<TreeType> Type;
};
```

4. 다음을 Tree 생성자에 추가한다.

```
#include "Tree.h"

#include "ConstructorHelpers.h"

// 기본값 설정
ATree::ATree()
{
  // 이 액터가 프레임마다 Tick()을 호출하도록 설정
  // 필요하지 않다면 기능을 꺼서 성능을 개선할 수 있다
  PrimaryActorTick.bCanEverTick = true;

  auto MeshAsset =
    ConstructorHelpers::FObjectFinder<UStaticMesh>
    (TEXT("StaticMesh'/Engine/BasicShapes/Cylinder.Cylinder'"));
```

```
UStaticMeshComponent * SM = GetStaticMeshComponent();

if (SM != nullptr)
{
  if (MeshAsset.Object != nullptr)
  {
    SM->SetStaticMesh(MeshAsset.Object);
    SM->SetGenerateOverlapEvents(true);
  }
  SM->SetMobility(EComponentMobility::Movable);
}
}
```

5. 언리얼 편집기로 돌아가서 코드를 컴파일한다.

6. Tree 오브젝트를 마우스 오른쪽 버튼으로 클릭하고, Create Blueprint class based on Tree를 선택해 Tree를 기반으로 하는 MyTree라는 새 블루프린트 클래스를 생성한다. 메뉴가 나타나면 Create Blueprint Class 버튼을 클릭한다.

7. MyTree의 블루프린트 편집기 내에서 Construction Script 탭을 클릭한다.

8. 빈 창에서 마우스 오른쪽 버튼을 클릭하고 treetype을 입력하면 Get number of entries in TreeType 노드를 발견할 수 있다.

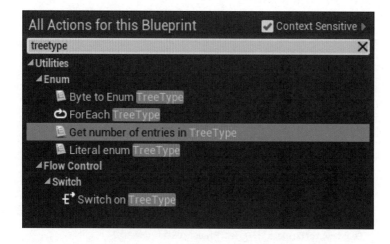

9. 그런 다음, Return Value 출력 핀을 새로운 Random Integer 노드의 Max 속성에 연결한다.

10. Random Integer의 Return Value 출력을 ToByte (integer) 노드에 연결한다.

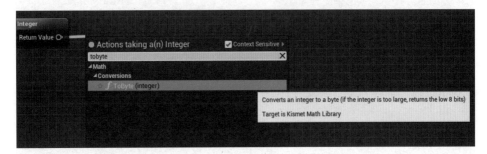

11. My Blueprint 패널의 Variables 섹션에서 + 버튼을 클릭한다. Details 탭으로 이동한 후 Variable Type을 Tree Type으로 설정한다. 그런 다음, Variable Name을 RandomTree로 설정한다.

12. RandomTree 변수를 그래프로 끌어다 놓을 때 등장하는 작은 컨텍스트 메뉴에서 Set Random Tree를 선택한다.

13. ToByte 노드의 Return Value 출력을 SET Type 노드의 입력에 연결한다. 이때 자동으로 등장하는 추가적인 변환 노드를 확인할 수 있다.

14. 마지막으로 Construction Script의 실행 핀을 SET Type 노드의 실행 핀에 연결한다. 블루프린트의 모습은 다음과 같다.

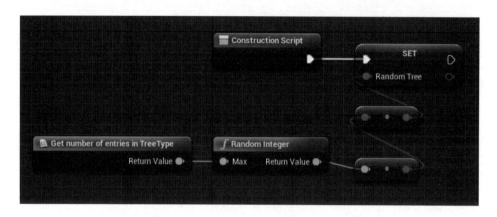

15. 블루프린트가 정상적으로 동작하고 임의의 타입을 트리에 지정하는지 확인하기 위해 이벤트 그래프Event Graph에 노드 몇 개를 추가해보자.

16. Event BeginPlay 이벤트 노드 다음에 Print String 노드를 배치한다.

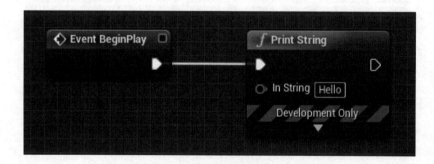

17. Format Text 노드를 배치하고 이 노드의 출력을 Print String 노드의 입력에 연결한다. 변환 노드가 추가될 것이다.

18. Format Text 노드 내부에 My Type is {0}!를 Format 텍스트 상자에 추가한다.

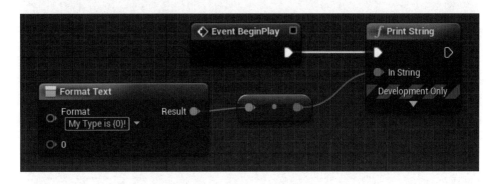

새로운 파라미터로 0이 추가되며, 값은 변경할 수 있다.

19. My Blueprint 창의 Variables 섹션에서 RandomTree 변수를 드래그해 그래프에 가져다 놓고 메뉴에서 Get을 선택한다.

20. Enum to Name 노드를 Type 출력핀에 추가한다.

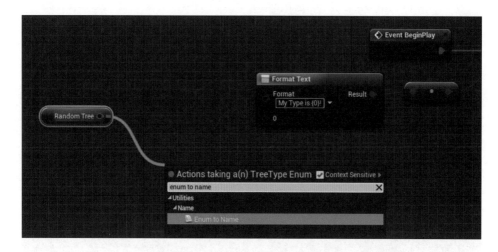

21. Format Text 노드는 Name을 사용하지 않을 것이므로, 이를 Text로 변환해야 한다. ToText (name) 노드를 Enum to Name 출력 핀에 추가한다.

22. ToText (name) 노드의 Return Value 출력을 Format Text 노드의 **0** 입력 핀에 연결한다. 이벤트 그래프는 다음과 같은 모습이 된다.

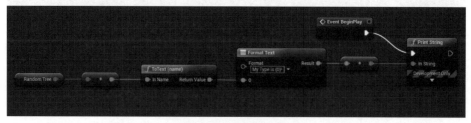

완성된 블루프린트 그래프

23. 블루프린트를 컴파일하고 언리얼 편집기로 돌아온다.

24. 몇 개의 블루프린트 사본을 레벨로 끌어다 놓고 **Play**를 누른다. 다양한 타입 정보를 표시하는 트리를 통해 블루프린트 코드가 임의의 타입을 성공적으로 할당했다는 것을 확인할 수 있다.

446

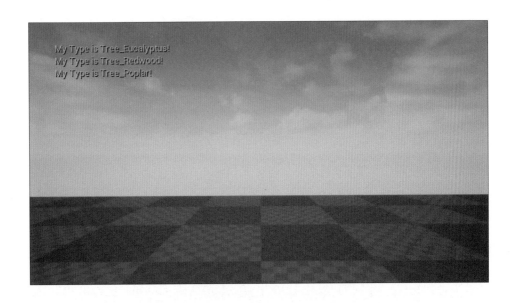

예제 분석

평소처럼, Actor를 위한 베이스 클래스로 StaticMeshActor를 사용해 손쉽게 레벨에서 시각적으로 표현될 수 있도록 한다.

열거형 타입은 UENUM 매크로를 사용해 리플렉션 시스템에 노출된다.

enum에는 BlueprintType 지정자를 사용해 블루프린트에서 사용할 수 있도록 표시한다.

enum 선언은 다른 컨텍스트에서 사용하던 것과 동일하다.

Tree는 TreeType이 필요하다. *tree has tree-type*(트리가 트리 타입을 가지는 것)이 우리가 구현하길 원하던 관계이므로, Tree 클래스에 TreeType의 인스턴스를 포함한다.

평소처럼, UPROPERTY()를 사용해 멤버 변수가 리플렉션 시스템에 접근할 수 있도록 한다.

블루프린트 내에서 속성을 설정하고 가져올 수 있도록 BlueprintReadWrite 지정자를 사용한다.

열거형 타입을 UPROPERTY 내에서 사용할 때는 TEnumAsByte 템플릿으로 감싸야 한다. 이를 위해 TEnumAsByte<TreeType>의 인스턴스를 Tree의 Type 변수로 선언한다.

Tree의 생성자 변경은 단순히 표준 로드이며, 다른 레시피에 사용되는 스태틱 메시 컴포넌트 프리앰블static mesh component preamble을 초기화한다. TreeType enum의 블루프린트 접근성을 시연하기 위해 Tree 클래스로부터 상속받은 블루프린트를 생성한다.

인스턴스를 생성할 때 블루프린트가 임의로 트리에 타입을 할당하게 하려면 Construction Script 블루프린트를 사용해야 한다.

Construction Script 내에서 TreeType enum의 항목 수를 계산한다. 난수를 생성하고, 이를 TreeType enum 타입의 인덱스로 사용해 Type으로 저장할 값을 검색한다.

하지만 난수 노드는 정수를 반환한다. 열거형은 블루프린트에서 바이트로 처리되므로 ToByte 노드를 사용해 블루프린트에서 암묵적으로 enum 값으로 변환될 수 있도록 해야 한다.

이제 트리 인스턴스가 생성될 때 트리 인스턴스에 타입을 할당하는 Construction Script 가 있으므로, 런타임에 트리 타입을 표시해야 한다.

이벤트 그래프 탭에서 BeginPlay 이벤트에 연결된 그래프를 사용한다.

화면에 텍스트를 출력하기 위해 Print String 노드를 사용한다.

문자열 교체를 수행하고 형식을 사람이 읽을 수 있는 문자열로 출력하기 위해 Format Text 노드를 사용한다. Format Text 노드는 중괄호로 묶인 용어를 사용하며 최종 문자열을 반환해 해당 용어의 다른 값을 대체할 수 있다.

Type을 Format Text 노드로 대체하려면 변수 저장소를 enum 값에서 변수의 실제 이름으로 변환해야 한다. Type 변수에 접근한 다음 Enum to Name 노드를 사용하면 된다.

네이티브 코드의 Names 또는 FNames는 블루프린트에 의해 문자열로 변환될 수 있는 변수 타입이므로 Name을 Format Text 노드의 입력에 연결할 수 있다.

Play를 누르면, 그래프가 실행돼 레벨에 배치된 트리 인스턴스의 타입을 검색하고 화면에 이름을 출력한다.

편집기의 여러 위치에서 클래스 속성 편집하기

언리얼로 개발할 때 프로그래머는 C++에서 액터나 다른 오브젝트에 속성을 구현하고 디자이너가 사용할 수 있도록 편집기에 보이게 만드는 것이 일반적이다. 하지만 때로는 기본 상태에서만 속성을 보거나 편집할 수 있게 하는 것이 합리적일 수도 있다. 때로는 런타임에 C++에 지정된 기본값으로만 수정을 허용해야 할 때도 있다. 다행히 속성을 사용할 수 있는 시점을 제어하는 데 도움이 되는 몇 가지 지정자가 있다.

예제 구현

1. 편집기에서 새 Actor 클래스 PropertySpecifierActor를 생성한다.

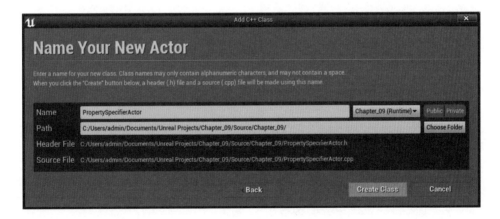

2. 다음 속성 정의를 클래스에 추가한다.

```cpp
#pragma once

#include "CoreMinimal.h"
#include "GameFramework/Actor.h"
#include "PropertySpecifierActor.generated.h"

UCLASS()
class CHAPTER_09_API APropertySpecifierActor : public AActor
{
  GENERATED_BODY()
public:
  // 이 액터 속성의 기본값을 설정
  APropertySpecifierActor();
protected:
  // 게임이 시작되거나 소환될 때 호출됨
  virtual void BeginPlay() override;
public:
  // 프레임마다 호출됨
  virtual void Tick(float DeltaTime) override;

  // 속성 지정자
  UPROPERTY(EditDefaultsOnly)

  bool EditDefaultsOnly;

  UPROPERTY(EditInstanceOnly)
  bool EditInstanceOnly;

  UPROPERTY(EditAnywhere)
  bool EditAnywhere;

  UPROPERTY(VisibleDefaultsOnly)
  bool VisibleDefaultsOnly;

  UPROPERTY(VisibleInstanceOnly)
  bool VisibleInstanceOnly;

  UPROPERTY(VisibleAnywhere)
```

```
  bool VisibleAnywhere;
};
```

3. 코드를 저장하고 컴파일한 후 편집기를 실행한다.

4. 클래스에 기반해 새 블루프린트를 생성한다.

5. 블루프린트를 열고 Class Defaults 섹션을 확인한다.

6. Property Specifier Actor 섹션에서 어떤 속성을 편집하고 살펴볼 수 있는지 확
   인한다.

Property Specifier Actor의 위치

7. 레벨에 인스턴스를 배치하고 Details 패널을 확인한다.

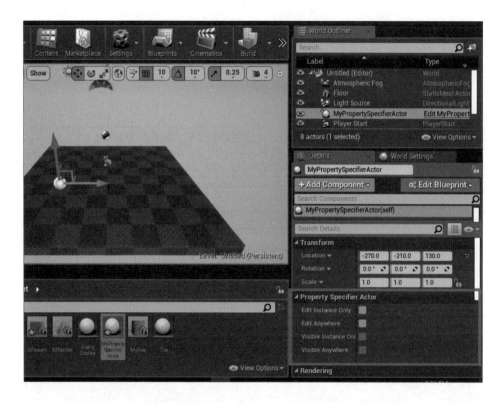

8. 다양한 속성을 편집할 수 있다.

예제 분석

UPROPERTY를 지정할 때, 언리얼 편집기 내의 어느 곳에서 변수를 사용할 수 있게 할지 지정할 수 있다.

Visible* 접두사는 표시된 오브젝트의 Details 패널에서 값을 볼 수 있다는 것을 나타낸다. 하지만 이 값은 편집할 수 없다. 이는 변수가 const 한정자라는 것을 의미하지 않으며, 네이티브 코드는 값을 변경할 수 있다.

Edit* 접두사는 속성이 편집기 내의 **Details** 패널에서 변경될 수 있다는 것을 나타낸다.

InstanceOnly는 접미사이며, 게임 내에 배치된 클래스의 인스턴스에 대해 **Details** 패널에만 출력되는 속성을 지정할 수 있다. 이 속성은 블루프린트 편집기의 **Class Defaults** 섹션에서는 보이지 않는다.

DefaultsOnly는 InstanceOnly - UPROPERTY의 반대로, **Class Defaults** 섹션에만 출력되며 레벨 내의 개별 인스턴스에 대해서는 볼 수 없다.

접미사 Anywhere는 이전 두 접미사의 조합으로, UPROPERTY는 오브젝트의 기본값 또는 레벨의 특정 인스턴스를 검사하는 모든 **Details** 패널에서 볼 수 있다.

 앞에서 언급한 것처럼, 속성 지정자와 관련해 좀 더 많은 내용을 확인하고 싶다면 https://docs.unrealengine.com/en-us/Programming/UnrealArchitecture/Reference/Properties/Specifiers를 참고하자.

참고 사항

- 이 레시피는 해당 속성을 인스펙터에 표시하지만, 실제 블루프린트 이벤트 그래프에서 속성을 참조하는 것은 허용하지 않는다. 이를 가능하게 하는 방법은 다음 레시피에서 살펴본다.

블루프린트 편집기 그래프에서 속성에 접근 가능하게 만들기

이전 레시피에서 언급한 지정자는 모두 훌륭하지만, **Details** 패널에서 UPROPERTY의 가시성만 제어할 뿐이다. 기본적으로 이런 지정자를 적절하게 사용하더라도 runtime.Other 지정자에서 사용하기 위해 실제 편집기 그래프에서 UPROPERTY를 보거나 접근할 수 없으며, 이벤트 그래프에서 속성과 상호작용할 수 있도록 선택적으로 이전 레시피의 지정자와 함께 사용할 수 있다.

예제 구현

1. 편집기 마법사를 사용해 BlueprintPropertyActor라는 새 Actor 클래스를 생성한다.

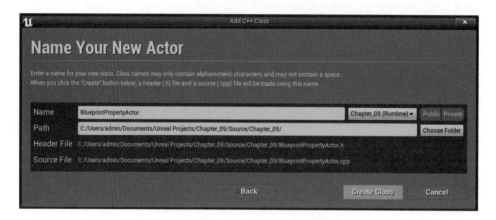

2. 비주얼 스튜디오를 사용해 다음 UPROPERTY를 클래스에 추가한다.

```
#pragma once

#include "CoreMinimal.h"
#include "GameFramework/Actor.h"
#include "BlueprintPropertyActor.generated.h"

UCLASS()
class CHAPTER_09_API ABlueprintPropertyActor : public AActor
{
  GENERATED_BODY()
public:
  // 이 액터의 속성에 대한 기본값을 설정
  ABlueprintPropertyActor();

protected:
```

```
    // 게임이 시작되거나 소환될 때 호출됨
    virtual void BeginPlay() override;

public:
    // 프레임마다 호출됨
    virtual void Tick(float DeltaTime) override;

    UPROPERTY(BlueprintReadWrite, Category = Cookbook)

    bool ReadWriteProperty;

    UPROPERTY(BlueprintReadOnly, Category = Cookbook)
    bool ReadOnlyProperty;
};
```

3. 프로젝트를 저장하고 컴파일한 후 편집기를 시작한다.

4. BlueprintPropertyActor 기반으로 블루프린트 클래스를 생성하고 해당 그래프를 연다.

5. My Blueprint 패널에서 검색 막대의 오른쪽에 있는 눈 아이콘을 클릭한 후 Show Inherited Variables를 선택한다.

6. My Blueprint 패널의 Variables 섹션에 있는 Cookbook 카테고리 아래에서 속성이 보이는지 확인한다.

7. ReadWriteProperty를 마우스 왼쪽 버튼으로 클릭한 후 드래그해서 Event Graph에 가져다 놓고, 이어서 Get ReadWriteProperty를 선택한다.

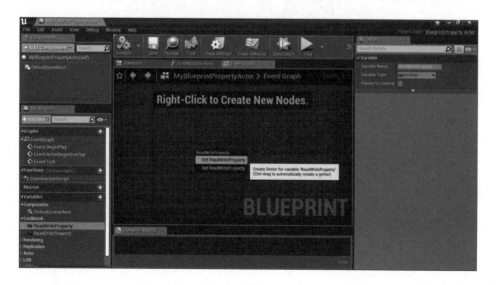

8. 이전 단계를 반복하되, **Set ReadWriteProperty**를 선택한다.

9. **ReadOnly** 속성을 드래그해서 그래프에 가져다 놓고 **SET** 노드가 비활성 상태인지 확인한다.

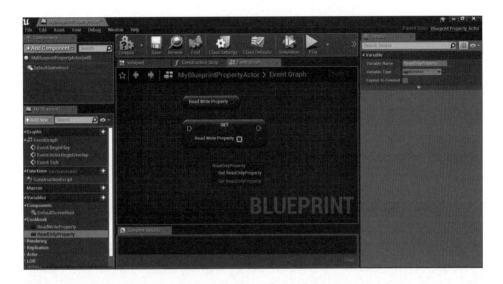

예제 분석

UPROPERTY 지정자 BlueprintReadWrite는 블루프린트에서 사용하기 위해 Get 및 Set 연산이 노출돼야 한다는 것을 언리얼 헤더 도구에 알린다.

BlueprintReadOnly는 이름이 암시하듯이, 블루프린트가 속성의 값을 읽을 수만 있고 설정할 수는 없도록 하는 지정자다.

BlueprintReadOnly는 속성을 네이티브 코드에서 설정하지만 블루프린트에서 접근할 필요가 있을 때 유용하다.

BlueprintReadWrite와 BlueprintReadOnly는 Details 패널 또는 편집기의 **My Blueprint** 섹션에서 접근할 수 있는 속성에 대해서는 아무것도 지정하지 않는다. 이러한 지정자는 블루프린트 그래프에서 사용할 게터[getter]/세터[setter] 노드의 생성만 제어한다.

편집기에서 속성 변경 이벤트에 응답하기

디자이너가 레벨에 배치된 액터의 속성을 변경하는 경우, 레벨을 시뮬레이션하거나 플레이할 때가 아니라 변경 즉시 해당 변경 사항을 시각적으로 표시하는 것이 종종 중요하다. Details 패널을 사용해 변경을 수행하면, 편집기에서 PostEditChangeProperty라는 특수 이벤트가 발생해 클래스 인스턴스가 편집 중인 속성에 응답할 수 있다. 이번 레시피에서는 즉각적인 편집 피드백을 위해 PostEditChangeProperty를 처리하는 방법을 보여준다.

예제 구현

1. StaticMeshActor에 기반한 새 액터 PostEditChangePropertyActor를 생성한다.

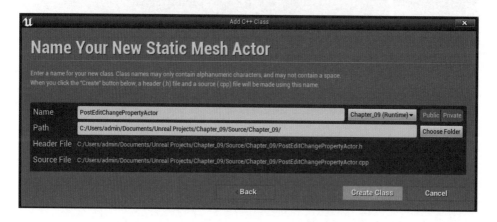

2. 다음 UPROPERTY와 함수 정의를 클래스에 추가한다.

```
UCLASS()
class CHAPTER_09_API APostEditChangePropertyActor : public
AStaticMeshActor
{
  GENERATED_BODY()
```

```
    // 이 액터 속성의 기본값을 설정
    APostEditChangePropertyActor();

    UPROPERTY(EditAnywhere)
    bool ShowStaticMesh = true;

    virtual void PostEditChangeProperty(FPropertyChangedEvent&
      PropertyChangedEvent)
      override;
};
```

3. 다음 코드를 PostEditChangePropertyActor.cpp 파일에 추가해 클래스 생성 자를 만든다.

```
#include "PostEditChangePropertyActor.h"
#include "ConstructorHelpers.h"

APostEditChangePropertyActor::APostEditChangePropertyActor()
{
  // 이 액터가 프레임마다 Tick()을 호출하도록 설정
  // 필요하지 않다면 기능을 꺼서 성능을 개선할 수 있다
  PrimaryActorTick.bCanEverTick = true;

  auto MeshAsset =
    ConstructorHelpers::FObjectFinder<UStaticMesh>
    (TEXT("StaticMesh'/Engine/BasicShapes/Cone.Cone'"));

  UStaticMeshComponent * SM = GetStaticMeshComponent();

  if (SM != nullptr)
  {
    if (MeshAsset.Object != nullptr)
    {
      SM->SetStaticMesh(MeshAsset.Object);
      SM->SetGenerateOverlapEvents(true);
    }
    SM->SetMobility(EComponentMobility::Movable);
  }
}
```

4. PostEditChangeProperty를 구현한다.

```
void APostEditChangePropertyActor::PostEditChangeProperty(
FPropertyChangedEvent& PropertyChangedEvent)
{
  // 속성이 유효한지 검사
  if (PropertyChangedEvent.Property != nullptr)
  {
    // 변경된 속성의 이름 획득
    const FName PropertyName(
      PropertyChangedEvent.Property->GetFName());

    // 변경된 속성이 ShowStaticMesh라면 액터의 가시성 설정
    if (PropertyName == GET_MEMBER_NAME_CHECKED(
      APostEditChangePropertyActor,
      ShowStaticMesh))
    {
      UStaticMeshComponent * SM =
        GetStaticMeshComponent();

      if (SM != nullptr)
      {
        SM->SetVisibility(ShowStaticMesh);
      }
    }
  }

  // 이 함수의 부모 버전 호출
  Super::PostEditChangeProperty(PropertyChangedEvent);
}
```

5. 코드를 컴파일하고 편집기를 실행한다.

6. 클래스 인스턴스를 게임 월드로 끌어다 놓고 ShowStaticMesh의 부울 값을 토글하면서 편집기 뷰포트상에 있는 메시의 가시성이 토글되는지 확인한다.

Show Static Mesh 속성의 위치

토글을 끄면 다음과 같이 오브젝트가 사라지는 모습을 확인할 수 있다.

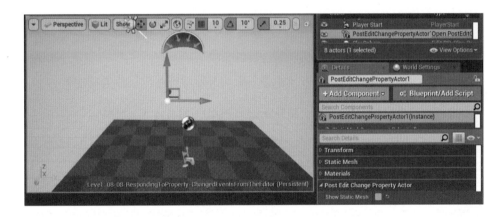

예제 분석

스태틱 메시를 통해 시각적 표현에 쉽게 접근할 수 있도록 StaticMeshActor를 기반으로 새 액터를 만든다.

UPROPERTY가 추가되면서 변경할 속성을 제공하므로 PostEditChangeProperty 이벤트가 트리거된다.

PostEditChangeProperty는 Actor에 정의된 가상 함수다. 결과적으로 우리 클래스에서 함수를 재정의한다. 클래스 생성자 내에서 평소처럼 메시를 초기화하고 부울 속성의 기본 상태를 제어하려는 컴포넌트의 가시성과 일치시킨다.

PostEditChangeProperty 내에서 우선 속성이 유효한지 검사한다. 유효하다고 판단되면 GetFName()을 사용해 속성의 이름을 가져온다.

엔진은 FName을 고유한 값의 테이블로 내부에 저장한다. FName은 엔진에 의해 고유한 값의 테이블로 내부에 저장된다.

다음으로, GET_MEMBER_NAME_CHECKED 매크로를 사용해야 한다. 이 매크로는 다수의 파라미터를 필요로 한다.

첫 번째 파라미터는 검사할 클래스의 이름이고, 두 번째 파라미터는 클래스를 확인할 속성이다.

이 매크로는 컴파일 시점에 클래스에 이름으로 지정된 멤버가 있는지 검사한다.

매크로가 반환하는 클래스 멤버 이름과 속성에 포함된 이름을 비교한다. 두 이름이 동일하면 StaticMeshComponent가 올바르게 초기화됐는지 확인한다. 초기화가 잘됐다면, ShowStaticMesh의 부울 값과 일치하도록 가시성을 설정한다.

네이티브 코드 생성 스크립트 구현하기

블루프린트에서 Construction Script는 연결된 오브젝트의 속성이 변경될 때마다 실행되는 Event Graph이며, 편집기 뷰포트에 끌어다 놓거나 Details 패널에서 직접 속성을 변경할 때 모두 실행된다. Construction Script를 사용하면, 변경되는 위치에 따라 자체적으로 재구성되도록 하거나 사용자가 선택한 옵션에 따라 포함된 구성 요소를 변경할 수 있다. 언리얼 엔진에서 C++로 코딩할 때 이와 동일한 개념은 OnConstruction 함수다.

예제 구현

1. StaticMeshActor 기반의 새 액터 OnConstructionActor를 생성한다.

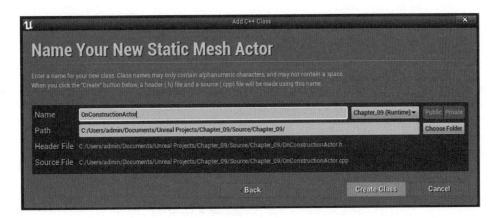

2. 헤더 파일을 다음과 같이 갱신한다.

```
#pragma once

#include "CoreMinimal.h"
#include "Engine/StaticMeshActor.h"
#include "OnConstructionActor.generated.h"

UCLASS()
class CHAPTER_09_API AOnConstructionActor : public
AStaticMeshActor
{
  GENERATED_BODY()

public:
  AOnConstructionActor();

  virtual void OnConstruction(const FTransform& Transform)
    override;

  UPROPERTY(EditAnywhere)
```

```
    bool ShowStaticMesh;
};
```

3. 구현 파일(OnConstructionActor.cpp)로 이동해 클래스 생성자를 구현한다.

```cpp
#include "OnConstructionActor.h"
#include "ConstructorHelpers.h"

AOnConstructionActor::AOnConstructionActor()
{
    // 이 액터가 프레임마다 Tick()을 호출하도록 설정
    // 필요하지 않다면 기능을 꺼서 성능을 개선할 수 있다
    PrimaryActorTick.bCanEverTick = true;

    auto MeshAsset =
        ConstructorHelpers::FObjectFinder<UStaticMesh>(
        TEXT("StaticMesh'/Engine/BasicShapes/Cone.Cone'"));

    UStaticMeshComponent * SM = GetStaticMeshComponent();

    if (SM != nullptr)
    {
        if (MeshAsset.Object != nullptr)
        {
            SM->SetStaticMesh(MeshAsset.Object);
            SM->SetGenerateOverlapEvents(true);
        }
        SM->SetMobility(EComponentMobility::Movable);
    }

    // 속성의 기본값
    ShowStaticMesh = true;
}
```

4. OnConstruction을 구현한다.

```cpp
void AOnConstructionActor::OnConstruction(const FTransform&
Transform)
{
```

464

```
    GetStaticMeshComponent()->SetVisibility(ShowStaticMesh);
}
```

5. 코드를 컴파일하고 편집기를 실행한다.

6. 클래스 인스턴스를 게임 월드에 끌어다 놓고 ShowStaticMesh의 부울 값을 토글
   할 때 편집기 뷰포트의 메시 가시성이 토글되는지 확인한다.

7. OnConstruction은 현재 레벨로 이동한 C++ 액터에 대해서는 실행되지 않는다.

8. 테스트를 위해 OnConstruction 함수에 중단점을 설정한 후, 액터를 레벨 주변
   으로 이동시켜보자.

 비주얼 스튜디오에서 중단점을 설정하려는 라인으로 커서를 이동한 후 F9를 누르면 된다.

9. 함수가 호출되지 않는 모습을 확인할 수 있다. 하지만 ShowStaticMesh의 부울 값을 토글하면 함수가 호출돼 중단점이 잡힌다.

 이유를 확인하고자 AActor::PostEditMove 함수의 앞부분을 살펴보자.

```cpp
void AActor::PostEditMove(bool bFinished)
{
  if ( ReregisterComponentsWhenModified() &&
    !FLevelUtils::IsMovingLevel())
  {
    UBlueprint* Blueprint =
      Cast<UBlueprint>(GetClass()->ClassGeneratedBy);
    if (bFinished || bRunConstructionScriptOnDrag ||
      (Blueprint && Blueprint->bRunConstructionScriptOnDrag))
    {
      FNavigationLockContext NavLock(GetWorld(),
        ENavigationLockReason::AllowUnregister);
      RerunConstructionScripts();
    }
  }
  // ....
```

 여기서 맨 위의 줄은 현재 오브젝트의 UClass를 UBlueprint로 캐스팅하고, 클래스가 블루 프린트인 경우에만 구성 스크립트와 OnConstruction을 다시 실행한다.

예제 분석

스태틱 메시를 통해 시각적 표현에 쉽게 접근할 수 있도록 StaticMeshActor를 기반으로 새 액터를 만든다. UPROPERTY가 추가되면서 변경할 속성을 제공하므로 PostEditChan

466

geProperty 이벤트가 트리거된다.

OnConstruction은 Actor에 정의된 가상 함수다. 결과적으로 우리 클래스에서 함수를 재정의한다.

클래스 생성자 내에서 평소처럼 메시를 초기화하고, 부울 속성의 기본 상태를 제어하려는 컴포넌트의 가시성과 일치시킨다.

OnConstruction 내부에서 액터는 필요한 속성을 사용해 자체를 다시 빌드한다.

이 간단한 예제에서는 ShowStaticMesh 속성 값과 일치하도록 메시의 가시성을 설정했다. 또한 ShowStaticMesh 변수의 값을 기반으로 다른 값을 변경하도록 확장할 수도 있다.

이전 레시피가 PostEditChangeProperty를 사용하는 것처럼, 변경 중인 특정 특성을 명시적으로 필터링하지는 않는다. OnConstruction 스크립트는 오브젝트에서 변경되는 모든 속성에 대해 전체적으로 실행된다.

방금 편집한 속성을 테스트할 방법이 없으므로 계산 집약적인 코드를 신중하게 배치해야 한다.

10

C++와 언리얼 편집기 연동:
파트 2

다음은 10장에서 다룰 내용이다.

- 새 편집기 모듈 생성
- 새 툴바 버튼 생성
- 새 메뉴 항목 생성
- 새 편집기 창 생성
- 새 애셋 타입 생성
- 애셋을 위한 커스텀 컨텍스트 메뉴 항목 생성
- 새 콘솔 명령 생성
- 블루프린트를 위한 새 그래프 핀 시각화 생성
- 커스텀 Details 패널로 타입 분석

게임을 개발하다 보면, 게임 자체를 개발하는 것 외에도 다른 개발자들을 위해 프로젝트 특성에 맞는 사용자 지정 도구를 만들어야 할 때가 종종 있다. 실제로 이는 블록버스터급 게임을 제작할 때 경력이 짧은 초급 게임 개발자가 수행하는 역할 중 하나다. 10장에서는 사용자가 생성한 타입을 검사하기 위해 사용자 정의 편집기 창과 사용자 정의 세부 사항 패널을 구현하는 방법을 설명한다.

새 편집기 모듈 생성

다음 레시피들은 모두 편집기 모드별 코드 및 엔진 모듈과 상호작용한다. 결과적으로 엔진이 편집기 모드에서 실행 중일 때만 로드되는 새 모듈을 작성하는 편이 좋다. 이렇게 하면 모든 편집기 전용 코드를 그 안에 넣을 수 있다.

예제 구현

1. 프로젝트의 .uproject 파일을 Notepad 또는 Notepad++ 같은 텍스트 편집기에서 연다. 이 파일은 프로젝트 폴더에서 찾을 수 있으며, 다음 스크린샷과 비슷한 모습이다.

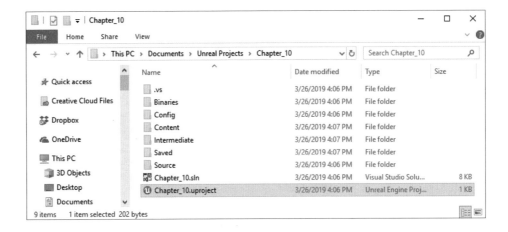

2. 다음 코드의 볼드체 부분을 파일에 추가한다.

```
{
    "FileVersion": 3,
    "EngineAssociation": "4.21",
    "Category": "",
    "Description": "",
    "Modules": [
        {
            "Name": "Chapter_10",
            "Type": "Runtime",
            "LoadingPhase": "Default"
        },
        {
            "Name": "Chapter_10Editor",
            "Type": "Editor",
            "LoadingPhase": "PostEngineInit", "AdditionalDependencies": [
                "Engine",
                "CoreUObject"
            ]
        }
    ]
}
```

두 번째 중괄호 전, 첫 모듈 뒤에 콤마가 있다는 것을 알아두자.

3. Source 폴더에 uproject 파일과 동일한 이름(여기서는 'Chapter_10Editor')의 폴더를 생성한다.

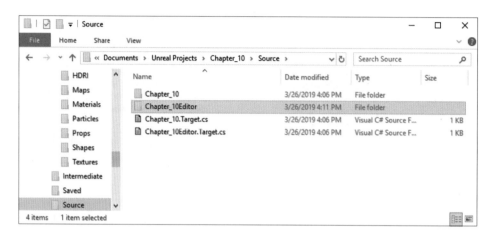

4. Chapter_10Editor.Target.cs 파일을 열고, 이를 다음과 같이 갱신한다.

```
using UnrealBuildTool;
using System.Collections.Generic;

public class Chapter_10EditorTarget : TargetRules
{
  public Chapter_10EditorTarget(TargetInfo Target) : base(Target)
  {
    Type = TargetType.Editor;

    ExtraModuleNames.AddRange( new string[] { "Chapter_10Editor" } );
  }
}
```

5. 이 새 폴더 내에 빈 .txt 파일을 만들고 이름을 Chapter_10Editor.Build.cs로 변경한다.

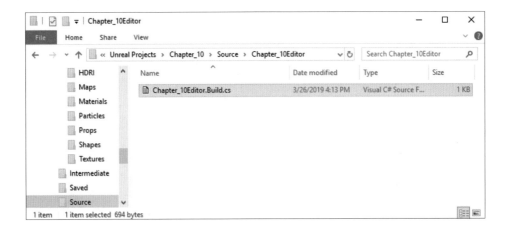

6. 다음을 파일에 추가한다.

```csharp
using UnrealBuildTool;

public class Chapter_10Editor : ModuleRules
{
  public Chapter_10Editor(ReadOnlyTargetRules Target) : base(Target)
  {
    PCHUsage = PCHUsageMode.UseExplicitOrSharedPCHs;

    PublicDependencyModuleNames.AddRange(new string[]
    {
       "Core", "CoreUObject", "Engine", "InputCore", "RHI", "RenderCore",
"ShaderCore", "MainFrame", "AssetTools", "AppFramework", "PropertyEditor"
    });

    PublicDependencyModuleNames.Add("Chapter_10");

    PrivateDependencyModuleNames.AddRange(new string[]
    {
       "UnrealEd", "Slate", "SlateCore", "EditorStyle", "GraphEditor",
"BlueprintGraph"
    });
  }
}
```

7. Chapter10_Editor 폴더 내에 새 파일 Chapter_10Editor.h를 만들고 다음을 추가한다.

```
#pragma once

#include "Engine.h"
#include "Modules/ModuleInterface.h"
#include "Modules/ModuleManager.h"
#include "UnrealEd.h"

class FChapter_10EditorModule: public IModuleInterface
{

};
```

8. 마지막으로 새 소스 파일 Chapter_10Editor.cpp를 생성한다.

9. 다음 코드를 추가한다.

```
#include "Chapter_10Editor.h"
#include "Modules/ModuleManager.h"
#include "Modules/ModuleInterface.h"

IMPLEMENT_GAME_MODULE(FChapter_10EditorModule, Chapter_10Editor)
```

10. 마지막으로 비주얼 스튜디오가 열려 있다면 닫는다. 그다음에는 .uproject 파일에서 마우스 오른쪽 버튼을 클릭한 후 **Generate Visual Studio Project files**를 선택한다.

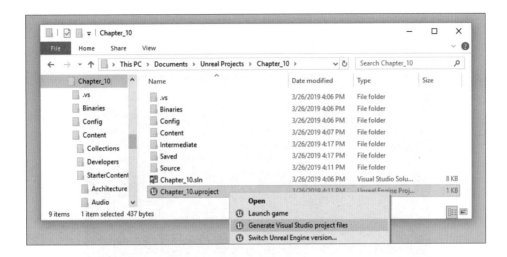

11. 작은 프로그레스 창이 나타났다가 사라지는 모습을 확인할 수 있다.

12. 이제 비주얼 스튜디오를 실행해서 통합 개발 환경에 새 모듈이 표시되는지 확인하고, 프로젝트를 성공적으로 컴파일할 수 있다.

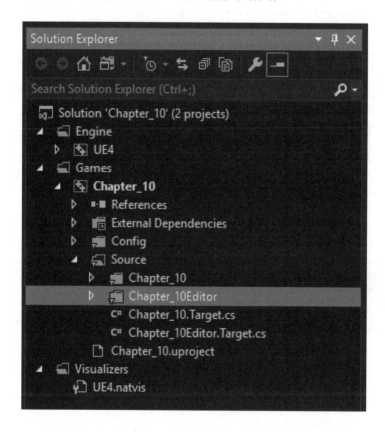

13. 이제 다음 레시피 세트를 위한 모듈 준비를 마쳤다.

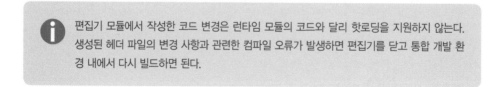

편집기 모듈에서 작성한 코드 변경은 런타임 모듈의 코드와 달리 핫로딩을 지원하지 않는다. 생성된 헤더 파일의 변경 사항과 관련한 컴파일 오류가 발생하면 편집기를 닫고 통합 개발 환경 내에서 다시 빌드하면 된다.

언리얼 프로젝트는 .uproject 파일 형식을 사용해 프로젝트에 대한 다양한 정보를 지정한다.

이 정보는 프로젝트를 구성하는 모듈에 대한 정보를 헤더 및 빌드 도구에 알리는 데 사용되며, 코드 생성과 makefile 생성에 사용된다.

이 파일은 JSON 스타일 형식을 사용한다.

포함하는 내용은 다음과 같다.

- 프로젝트를 열 때 사용해야 하는 엔진 버전
- 프로젝트에서 사용하는 모듈의 목록
- 모듈 선언 목록

각 모듈 선언은 다음 내용을 포함한다.

- 모듈의 이름
- 모듈의 타입: 편집기 모듈(편집기 빌드 내에서만 실행, 편집기 전용 클래스에만 접근 가능) 또는 런타임 모듈(편집기와 배포 빌드 모두에서 실행 가능)
- 모듈의 로딩 단계: 모듈은 프로그램 시작 과정에서 다양한 시점에 로딩할 수 있다. 이 값은 각 모듈이 로딩되는 시점을 지정하는데, 예를 들면 다른 모듈이 참조하는 모듈은 더 먼저 로딩해야 한다.
- 모듈에 대한 종속성 목록. 이 모듈들은 각 모듈이 의존하는 내보낸 함수 또는 클래스를 포함하는 필수 모듈들이다.

새 모듈을 uproject 파일에 추가했다. 모듈의 이름은 Chapter_10Editor다. 일반적으로 편집기 모듈의 메인 게임 모듈에 Editor를 붙인다는 점은 참고로 알아두자.

이 모듈은 편집기 모듈로 표시되며, 엔진 코드에서 선언한 클래스를 사용할 수 있도록 베이스라인 엔진baseline engine 다음에 불러오도록 설정한다.

일단 모듈의 종속성은 기본 상태로 둔다.

uproject 파일이 새 모듈을 포함하도록 변경되면 이를 위한 빌드 스크립트가 필요하다.

빌드 스크립트는 C#으로 작성하며, 이름은 〈ModuleName〉.Build.cs가 된다.

C++와 달리 C#은 헤더와 구현 파일을 나누지 않으며 하나의 .cs 파일에 모든 내용을 담는다.

UnrealBuildTool 모듈에서 선언한 클래스에 접근하려고 하므로, 해당 네임스페이스에 접근할 것임을 나타내는 using문을 포함한다.

ModuleRules를 상속한 모듈과 동일한 이름으로 public 클래스를 만든다.

생성자 내에서 이 모듈의 종속성에 여러 모듈을 추가한다. 종속성은 크게 private 종속성과 public 종속성으로 구분된다.

ModuleRules 클래스의 코드에 따르면, public 종속성은 모듈의 public 헤더 파일이 의존하는 모듈이고 private 종속성은 private 코드가 의존하는 모듈이다. public 헤더와 private 코드 모두에서 사용하는 것은 PublicDependencyModuleNames 배열에 포함해야 한다.

PublicDependencyModuleNames 배열에 주요 게임 모듈이 포함돼 있다는 점을 참고하자. 이는 10장의 일부 레시피가 메인 게임 모듈 내에 정의된 클래스를 더 잘 지원하도록 편집기를 확장하기 위해서다.

이제 프로젝트 파일을 사용해 빌드 시스템에 새로 만들 모듈이 생겼다는 것을 전달했고, 빌드 스크립트로 모듈의 생성 방법을 명시했으므로 실제 모듈인 C++ 클래스를 만들 차례다.

엔진 헤더, ModuleManager 헤더, UnrealEd 헤더를 포함하는 헤더 파일을 생성한다.

우리가 만들 모듈이 상속할 클래스인 IModuleInterface를 정의하고 있는 ModuleManager를 포함한다.

편집기 기능에 접근하는 편집기 모듈을 작성하는 중이므로 UnrealEd도 포함한다.

우리가 선언하는 클래스는 IModuleInterface를 상속하며, 접두사 F 뒤에 모듈 이름을 붙이는 방식으로 이름을 정한다.

.cpp 파일 내에서 모듈 헤더를 포함하고, IMPLEMENT_GAME_MODULE 매크로를 사용한다.

IMPLEMENT_GAME_MODULE은 익스포트^{export}된 C 함수인 InitializeModule()을 선언하며, 이는 새 모듈 클래스의 인스턴스를 반환한다.

이는 언리얼이 어떤 클래스인지 알 필요 없이 실제 모듈 구현에 대한 참조를 가져오기 위해 이를 내보내는 라이브러리에서 간단히 InitializeModule()을 호출할 수 있음을 의미한다.

새 모듈을 추가한 후 비주얼 스튜디오 솔루션을 다시 구축해야 하므로, 비주얼 스튜디오를 닫고 컨텍스트 메뉴를 사용해 프로젝트 파일을 다시 생성한다.

프로젝트를 다시 빌드하면 새 모듈을 비주얼 스튜디오에서 확인할 수 있으며, 평소처럼 여기에 코드를 추가할 수 있다.

새 툴바 버튼 생성

편집기 내에 표시할 사용자 지정 도구 또는 창을 만든 경우에는 이를 표시할 방법이 필요하다. 가장 쉬운 방법은 새 도구 모음 버튼을 추가하는 도구 모음 사용자 지정을 만들고 이 버튼을 클릭하면 창이 뜨도록 하는 것이다. 도구 모음 사용자 지정을 초기화하려면 이전 방법을 따라 새 엔진 모듈을 만들어야 한다.

예제 구현

1. Chapter_10Editor 폴더 내에서 새 헤더 파일 CookbookCommands.h를 만들고 다음 클래스 선언을 추가한다.

```
#pragma once
#include "Commands.h"
#include "EditorStyleSet.h"

class FCookbookCommands : public TCommands<FCookbookCommands>
{
public:
  FCookbookCommands() : TCommands<FCookbookCommands>(
    FName(TEXT("UE4_Cookbook")),
    FText::FromString("Cookbook Commands"),
    NAME_None,
    FEditorStyle::GetStyleSetName())
  {
  };

  virtual void RegisterCommands() override;

  TSharedPtr<FUICommandInfo> MyButton;
  TSharedPtr<FUICommandInfo> MyMenuButton;
};
```

2. 다음을 .cpp 파일에 추가해 새 클래스를 구현한다.

```
#include "CookbookCommands.h"
#include "Chapter_10Editor.h"
#include "Commands.h"

void FCookbookCommands::RegisterCommands()
{
#define LOCTEXT_NAMESPACE ""
  UI_COMMAND(MyButton, "Cookbook", "Demo Cookbook Toolbar
  Command", EUserInterfaceActionType::Button, FInputGesture());
  UI_COMMAND(MyMenuButton, "Cookbook", "Demo Cookbook Toolbar
  Command", EUserInterfaceActionType::Button, FInputGesture());
#undef LOCTEXT_NAMESPACE
}
```

3. 이어서 모듈 클래스(Chapter_10Editor.h)를 다음과 같이 업데이트한다.

```cpp
#pragma once

#include "Engine.h"
#include "Modules/ModuleInterface.h" #include "Modules/ModuleManager.h"
#include "UnrealEd.h"
#include "CookbookCommands.h"
#include "Editor/MainFrame/Public/Interfaces/IMainFrameModule.h"

class FChapter_10EditorModule: public IModuleInterface
{
  virtual void StartupModule() override;
  virtual void ShutdownModule() override;

  TSharedPtr<FExtender> ToolbarExtender;
  TSharedPtr<const FExtensionBase> Extension;

  void MyButton_Clicked()
  {
    TSharedRef<SWindow> CookbookWindow = SNew(SWindow)
      .Title(FText::FromString(TEXT("Cookbook Window")))
      .ClientSize(FVector2D(800, 400))
      .SupportsMaximize(false)
      .SupportsMinimize(false);

    IMainFrameModule& MainFrameModule =
      FModuleManager::LoadModuleChecked<IMainFrameModule>
      (TEXT("MainFrame"));

    if (MainFrameModule.GetParentWindow().IsValid())
    {
      FSlateApplication::Get().AddWindowAsNativeChild
      (CookbookWindow, MainFrameModule.GetParentWindow()
      .ToSharedRef());
    }
    else
    {
      FSlateApplication::Get().AddWindow(CookbookWindow);
    }
  };
```

```
void AddToolbarExtension(FToolBarBuilder &builder)
{
  FSlateIcon IconBrush =
    FSlateIcon(FEditorStyle::GetStyleSetName(),
      "LevelEditor.ViewOptions",
      "LevelEditor.ViewOptions.Small");
  builder.AddToolBarButton(FCookbookCommands::Get()
    .MyButton, NAME_None, FText::FromString("My Button"),
    FText::FromString("Click me to display a message"),
    IconBrush, NAME_None);
  };
};
```

명령command 클래스를 위한 헤더 파일을 다음과 같이 #include한다.

4. 이제 StartupModule과 ShutdownModule을 구현한다.

```
#include "Chapter_10Editor.h"
#include "Modules/ModuleManager.h"
#include "Modules/ModuleInterface.h"
#include "LevelEditor.h"
#include "SlateBasics.h"
#include "MultiBoxExtender.h"
#include "CookbookCommands.h"

IMPLEMENT_GAME_MODULE(FChapter_10EditorModule, Chapter_10Editor)

void FChapter_10EditorModule::StartupModule()
{
  FCookbookCommands::Register();
  TSharedPtr<FUICommandList> CommandList = MakeShareable(new FUICommandList());
  CommandList->MapAction(FCookbookCommands::Get().MyButton, FExecuteAction::Cr
eateRaw(this,
  &FChapter_10EditorModule::MyButton_Clicked),
  FCanExecuteAction());
  ToolbarExtender = MakeShareable(new FExtender());

  FLevelEditorModule& LevelEditorModule =
  FModuleManager::LoadModuleChecked<FLevelEditorModule>(
    "LevelEditor" );
```

```
    Extension =
     ToolbarExtender->AddToolBarExtension("Compile",
     EExtensionHook::Before, CommandList,
     FToolBarExtensionDelegate::CreateRaw(this, &
     FChapter_10EditorModule::AddToolbarExtension));
     LevelEditorModule.GetToolBarExtensibilityManager()
     ->AddExtende r(ToolbarExtender);
}

void FChapter_10EditorModule::ShutdownModule()
{
  ToolbarExtender->RemoveExtension(Extension.ToSharedRef());
  Extension.Reset();
  ToolbarExtender.Reset();
}
```

5. 필요한 경우 프로젝트 파일을 재생성하고, 비주얼 스튜디오에서 프로젝트를 컴파일한 후 편집기를 시작한다.

6. 기본 레벨 편집기의 도구 모음에 새 버튼이 있는지 확인한다. 이 버튼을 클릭하면 새 창을 열 수 있다.

예제 분석

언리얼 편집기 UI는 명령 개념을 기반으로 한다. 명령은 UI와 수행해야 하는 작업 사이를 느슨하게 결합할 수 있는 디자인 패턴이다.

명령 세트를 포함하는 클래스를 생성하려면 TCommands를 상속받아야 한다.

TCommands는 CRTP^{Curiously Recurring Template Pattern}를 활용하는 템플릿 클래스다. CRTP는 컴파일 시점 다형성을 만드는 수단이며 슬레이트^{Slate} UI 코드 전체에서 일반적으로 사용하고 있다.

FCookbookCommands 생성자의 초기화 목록에서 부모 클래스 생성자를 호출해 여러 파라미터를 전달한다.

- 첫 번째 파라미터는 명령 세트의 이름이며 간단한 FName이다.
- 두 번째 파라미터는 툴팁^{tooltip}으로 사람이 읽을 수 있는 문자열이며, 필요에 따라 다국어 지원을 위해 FText를 사용한다.
- 명령 부모 그룹이 존재하면 세 번째 파라미터는 이 그룹의 이름을 담는다. 부모 그룹이 없다면 값은 NAME_None이다.
- 생성자의 마지막 파라미터는 명령 세트가 사용할 명령 아이콘이 포함된 슬레이트 스타일^{Slate Style} 세트다.

RegisterCommands() 함수를 사용하면 TCommands 파생 클래스에서 필요한 명령 오브젝트를 만들 수 있다. 해당 함수에서 반환한 결과 FUICommandInfo 인스턴스는 명령 (Commands) 클래스 내에 멤버로 저장되므로 UI 요소 또는 함수를 명령에 바인딩할 수 있다.

이것이 멤버 변수 TSharedPtr<FUICommandInfo> MyButton이 있는 이유다.

클래스를 구현할 때는 간단히 RegisterCommands에 명령을 작성하면 된다.

FUICommandInfo 인스턴스를 만드는 데 사용한 UI_COMMAND 매크로는 로컬 네임스페이스를 받는다. 네임스페이스는 빈 기본 네임스페이스일 수도 있다. 결과적으로, 지역화를 사용할 의도가 없더라도 LOCTEXT_NAMESPACE에 유효한 값을 설정하기 위해 UI_COMMAND 호출을 #defines와 함께 사용해야 한다.

실제 UI_COMMAND 매크로는 다수의 파라미터를 받는다.

- 첫 번째 파라미터는 FUICommandInfo를 저장하기 위한 변수다.
- 두 번째 파라미터는 사람이 읽을 수 있는 명령 이름이다.
- 세 번째 파라미터는 명령에 대한 설명이다.
- 네 번째 파라미터는 EUserInterfaceActionType이다.

이 열거형은 기본적으로 어떤 종류의 버튼을 생성할 수 있는지 명시하고 있다. Button, ToggleButton, RadioButton, Check를 유효한 타입으로 지원한다.

버튼은 간단한 일반 버튼이다. 토글 버튼은 ON/OFF 상태를 저장한다. 라디오 버튼은 토글과 비슷하지만 다른 라디오 버튼과 그룹화돼 있으므로 한 번에 하나만 활성화할 수 있다. 마지막으로 체크박스는 버튼에 인접한 읽기 전용 체크박스를 표시한다.

UI_COMMAND의 마지막 파라미터는 입력 코드 또는 명령을 활성화하는 데 필요한 키 조합이다.

이 파라미터는 주로 버튼이 아닌 해당 명령에 연결된 핫키의 키 조합을 정의하는 데 유용하다. 결과적으로 빈 InputGesture를 사용한다.

이제 명령 세트는 있지만, 엔진의 도구 모음에 표시할 명령에 세트를 추가하라고 전달하지 않았다. 또한 버튼을 클릭할 때 실제로 수행할 작업을 설정하지 않았다. 이렇게 하려면, 모듈이 시작될 때 초기화를 수행해야 하므로 StartupModule/ShutdownModule 함수에 코드를 배치해야 한다.

StartupModule 내에서 앞서 정의한 명령 클래스의 정적 Register 함수를 호출한다.

그런 다음, MakeShareable 함수를 사용해 명령 목록에 대한 공유 포인터를 생성한다.

명령 목록에서 MapAction을 사용해 FCookbookCommands의 멤버로 설정한 UICommandInfo 오브젝트와 명령을 호출할 때 실행하려는 실제 함수 간의 매핑 또는 연관을 만든다.

여기서 명령을 호출하는 데 사용할 수 있는 항목에 대해서는 어느 하나도 명시적으로 설정하지 않았다는 것을 알 수 있다.

이 매핑을 수행하고자 MapAction 함수를 호출한다. MapAction의 첫 파라미터는 FUIComm andInfo 오브젝트로, 정적 Get() 메서드를 사용해 FCookbookCommands로부터 인스턴스를 가져올 수 있다.

FCookbookCommands는 싱글톤^{singleton}으로 구현했다. 싱글톤은 애플리케이션 전체에 걸쳐 존재하는 단일한 인스턴스 클래스이며, 여러 곳에서 이 패턴을 볼 수 있다. 싱글톤은 엔진에서 사용할 수 있는 정적 Get() 메서드를 제공한다.

MapAction 함수의 두 번째 파라미터는 명령이 실행될 때 호출되는 함수와 바인딩된 델리게이트다.

Chapter_10EditorModule은 UObject가 아닌 원시 C++ 클래스이며, 정적 함수가 아닌 멤버 함수를 호출하려고 하므로 CreateRaw를 사용해 원시 C++ 멤버 함수에 바인딩된 새 델리게이트를 만든다.

CreateRaw는 오브젝트 인스턴스에 대한 포인터와 해당 포인터에서 호출할 함수에 대한 함수 참조를 필요로 한다.

MapAction의 세 번째 파라미터는 작업을 실행할 수 있는지 테스트하고자 호출하는 델리게이트다. 항상 명령을 실행할 수 있길 바라므로 항상 true를 반환하는 미리 정의된 간단한 델리게이트를 사용할 수 있다.

명령과 호출해야 하는 작업 사이에 연결이 만들어지면 새 명령을 툴바에 추가하도록 실제로 확장 시스템에 알려야 한다.

메뉴나 컨텍스트 메뉴, 툴바를 확장하는 데 사용할 수 있는 FExtender 클래스를 써서 작업을 수행할 수 있다.

처음부터 FExtender의 인스턴스를 공유 포인터로 작성해 모듈이 종료될 때 확장이 초기화되지 않도록 한다.

그런 다음, 새 확장에 AddToolBarExtension을 호출해 결과를 공유 포인터에 저장하고 모듈 초기화 해제 시점에 이를 제거할 수 있도록 한다.

AddToolBarExtension의 첫 번째 파라미터는 확장을 추가하려는 확장 포인트의 이름이다.

확장을 배치할 위치를 찾으려면 우선 편집기 UI 내에서 확장 포인트 표시를 켜야 한다.

이를 위해 편집기 내의 Edit 메뉴에서 Editor Preferences를 연다.

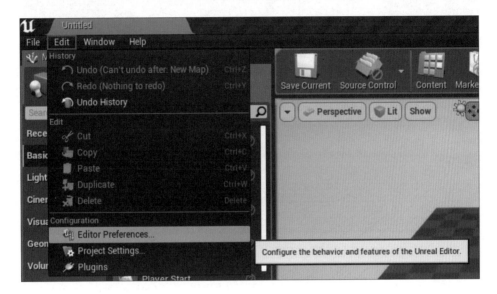

General › Miscellaneous를 열고 Display UIExtension Points를 선택한다.

편집기를 재시작하면, 다음 스크린샷처럼 편집기 UI상에 녹색 텍스트가 겹쳐져 나오는 모습을 확인할 수 있다.

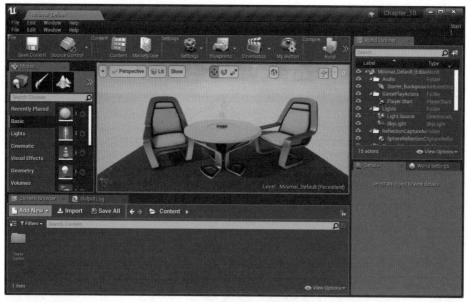

편집기 UI에 겹쳐져 나오는 녹색 텍스트

녹색 텍스트는 UIExtensionPoint를 의미하고, 텍스트의 값은 AddToolBarExtension 함수에 전달해야 하는 문자열이다.

이번 레시피에서는 Compile 확장 포인트에 확장을 추가할 것이다. 물론 원하는 다른 확장 포인트를 사용할 수도 있다.

메뉴 확장 포인트에 도구 모음 확장을 추가하면 자동으로 실패하고 그 반대도 마찬가지라는 점에 유의해야 한다.

AddToolBarExtension의 두 번째 파라미터는 지정된 확장 포인트를 기준으로 한 상대적 위치 앵커anchor다. FExtensionHook::Before를 선택했으므로 컴파일 지점 앞에 아이콘이 표시된다.

다음 파라미터는 매핑된 동작을 담고 있는 명령 목록이다.

끝으로, 마지막 파라미터는 이전에 지정한 확장 지점과 앵커의 도구 모음에 UI 컨트롤을 실제로 추가하는 델리게이트다.

델리게이트는 void (*func) (FToolBarBuilder and builder) 형식을 갖는 함수에 바인딩된다. 이번 경우에는 AddToolbarExtension이라는 함수이며, 모듈 클래스에 정의돼 있다.

함수가 호출되면 UI 요소를 추가하는 builder에서 명령을 호출해 해당 요소를 지정된 UI의 위치에 적용한다.

마지막으로, 확장을 레벨 편집기 내의 메인 툴바에 추가할 수 있도록 이 함수에서 레벨 편집기 모듈을 불러야 한다.

평소처럼 ModuleManager를 사용해 모듈을 불러오고 참조를 반환할 수 있다.

이 참조를 통해 모듈의 툴바 확장성 관리자^{Toolbar Extensibility Manager}를 가져와서 확장을 추가하도록 지시할 수 있다.

처음에는 이것이 번거롭게 보일 수 있지만, 다른 편집기 창들 사이에서 일관된 UI 레이아웃을 만들려면 다른 모듈의 여러 도구 모음에 동일한 도구 모음 확장을 적용해야 한다.

이 과정의 반대는 모듈이 언로드될 때 확장을 제거하는 일이다. 이를 위해 익스텐더^{extender}에서 확장을 제거한 다음, 익스텐더와 확장의 공유 포인터를 널^{null}로 지정해 메모리 할당을 회수한다.

편집기 모듈 내의 AddToolBarExtension 함수는 명령을 호출할 수 있는 UI 요소를 툴바에 실제로 추가하는 함수다.

함수 파라미터로 전달된 FToolBarBuilder 인스턴스에서 함수를 호출해 이를 수행한다.

먼저 FSlateIcon 생성자를 사용해 새 도구 모음 버튼에 적합한 아이콘을 찾는다. 그런 다음, 아이콘을 불러온 상태에서 builder 인스턴스의 AddToolBarButton을 호출한다.

AddToolbarButton은 다수의 파라미터를 갖는다. 첫 번째 파라미터는 바인딩할 명령이다. 액션을 명령에 바인딩할 때 이전에 접근한 것과 동일한 MyButton 멤버라는 것을 알수 있다. 두 번째 파라미터는 앞에서 지정한 확장 후크$^{extension\ hook}$의 재정의이지만, 이를 재정의하는 것을 원하지 않으므로 NAME_None을 사용할 수 있다. 세 번째 파라미터는 우리가 만든 새 버튼에 대한 레이블 재정의다. 네 번째 파라미터는 새 버튼의 툴팁이다. 두 번째부터 마지막 파라미터까지는 버튼 아이콘이며, 마지막 파리미디는 편집기내 튜토리얼 프레임워크를 사용하려는 경우에 표시를 강조하고자 할 때 버튼을 참조하기 위해 사용하는 이름이다.

새 메뉴 항목 생성

새 메뉴 항목을 작성하는 작업 순서는 새 도구 모음 버튼을 작성하는 작업 순서와 거의 동일하므로, 레시피는 이전 메뉴를 기반으로 작성하며 명령을 도구 모음이 아닌 메뉴에 추가하는 방법을 보여준다.

예제 구현

1. Chapter10_Editor.h 파일의 FChapter_10EditorModule 클래스 내에 새 함수를 생성한다.

```cpp
void AddMenuExtension(FMenuBuilder &builder)
{
  FSlateIcon IconBrush =
    FSlateIcon(FEditorStyle::GetStyleSetName(),
    "LevelEditor.ViewOptions",
    "LevelEditor.ViewOptions.Small");

  builder.AddMenuEntry(FCookbookCommands::Get().MyButton);
```

```
};
```

2. 구현 파일(Chapter_10Editor.cpp) 내의 **StartupModule** 함수에서 다음 코드를 찾는다.

```
EExtension = ToolbarExtender->AddToolBarExtension("Compile",
EExtensionHook::Before, CommandList,
FToolBarExtensionDelegate::CreateRaw(this, &
FChapter_10EditorModule::AddToolbarExtension));
LevelEditorModule.GetToolBarExtensibilityManager()
->AddExtender(ToolbarExtender);
```

3. 이 코드를 다음과 같이 교체한다.

```
Extension = ToolbarExtender->AddMenuExtension("LevelEditor",
EExtensionHook::Before, CommandList,
FMenuExtensionDelegate::CreateRaw(this,
&FChapter_10EditorModule::AddMenuExtension));
LevelEditorModule.GetMenuExtensibilityManager()
->AddExtender(T oolbarExtender);
```

4. 코드를 컴파일하고 편집기를 실행한다.

5. 클릭하면 **Cookbook** 창을 표시하는 메뉴 항목이 **Window** 메뉴 아래에 있는지 확인한다. 이전 레시피를 잘 따랐다면, 이번 레시피에서 사용한 확장 포인트(LevelEditor)를 포함해 UI 확장 포인트가 나열된 녹색 텍스트도 확인할 수 있다.

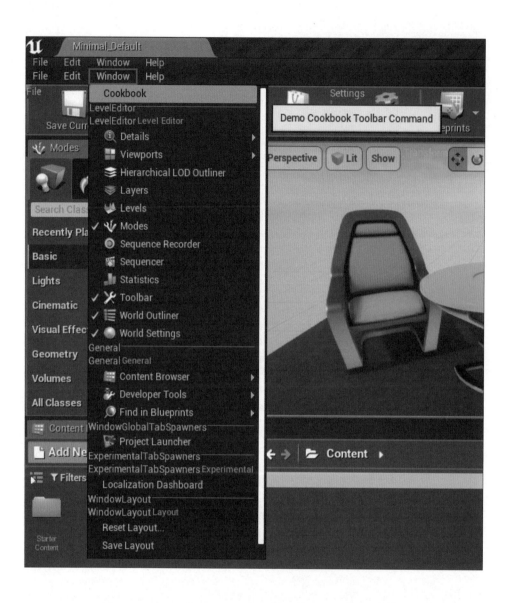

예제 분석

ToolbarExtender는 FToolbarExtender 또는 FMenuExtender가 아닌 FExtender 타입이다.

특정 서브클래스 대신 일반 FExtender 클래스를 사용하면, 프레임워크를 사용해 메뉴나 툴바에서 사용할 수 있는 일련의 명령–함수 매핑을 만들 수 있다. 실제로 UI 컨트롤(이 경우 AddMenuExtension)을 추가하는 델리게이트는 해당 컨트롤을 FExtender의 명령 하위 집합에 연결할 수 있다.

이런 방식으로 확장의 유형마다 서로 다른 TCommands 클래스를 가질 필요가 없으며, 명령을 호출하는 UI의 위치와 무관하게 명령을 단일 중앙 클래스에 배치할 수 있다.

결과적으로 필요한 변경은 다음과 같다.

- AddToolBarExtension 함수 호출을 AddMenuExtension과 교환
- FToolbarExtensionDelegate 대신 FMenuExtensionDelegate로 바인딩할 수 있는 함수 생성
- 툴바 확장성 관리자 대신 메뉴 확장성 관리자Menu Extensibility Manager에 대한 익스텐더 추가

새 편집기 창 생성

사용자 정의 편집기 창은 사용자가 구성할 수 있는 설정이 포함된 새 도구가 있거나 사용자 정의 편집기를 사용해 사람들에게 일부 정보를 표시하려는 경우에 유용하다. 이번 레시피를 시작하기 전에 10장 앞부분의 레시피에 따라 편집기 모듈이 있는지 확인하자. '새 메뉴 항목 생성' 또는 '새 툴바 버튼 생성' 레시피를 읽으면 편집기에서 새 창을 시작할 버튼을 생성할 수 있다.

예제 구현

1. 명령과 바인딩된 함수(이번 경우, Chapter_10Editor.h에 있는 FChapter_10EditorModule 클래스 내의 MyButton_Clicked 함수) 내에 다음 코드를 추가한다.

```
void MyButton_Clicked()
{
  TSharedRef<SWindow> CookbookWindow = SNew(SWindow)
    .Title(FText::FromString(TEXT("Cookbook Window")))
    .ClientSize(FVector2D(800, 400))
    .SupportsMaximize(false)
    .SupportsMinimize(false)
    [
      SNew(SVerticalBox)
      + SVerticalBox::Slot()
      .HAlign(HAlign_Center)
      .VAlign(VAlign_Center)
      [
        SNew(STextBlock)
        .Text(FText::FromString(TEXT("Hello from Slate")))
      ]
    ];

  IMainFrameModule& MainFrameModule =
    FModuleManager::LoadModuleChecked<IMainFrameModule>
    (TEXT("MainFrame"));

  if (MainFrameModule.GetParentWindow().IsValid())
  {
    FSlateApplication::Get().AddWindowAsNativeChild
    (CookbookWindow, MainFrameModule.GetParentWindow()
      .ToSharedRef());
  }
  else
  {
    FSlateApplication::Get().AddWindow(CookbookWindow);
  }
};
```

.SupportsMinimize(false) 문장의 마지막 부분에서 ;을 제거했다는 사실에 유의한다.

2. 코드를 컴파일하고 편집기를 실행한다.

3. 추가한 커스텀 메뉴 옵션 또는 툴바 옵션 중 하나를 선택해 생성한 명령을 활성화하면, 화면 중앙에 텍스트가 표시되는 창을 볼 수 있다.

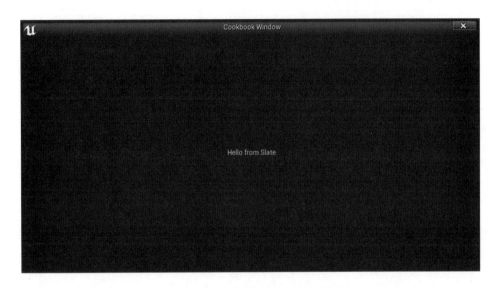

예제 분석

새 편집기 창 자체가 표시되지 않으므로, 이번 레시피를 시작할 때 새 창의 표시를 트리거하는 데 사용할 수 있는 커스텀 메뉴나 툴바 버튼 또는 콘솔 명령을 구현해야 한다.

모든 슬레이트 위젯Slate Widget은 일반적으로 TSharedRef< > 또는 TSharedPtr< > 형식으로 상호작용한다.

SNew() 함수는 요청받은 위젯 클래스에서 템플릿화된 TSharedRef를 반환한다.

앞에서 언급했듯이 슬레이트 위젯에는 여러 가지 기능이 구현돼 있으며, 모두 함수가 호출된 오브젝트를 반환한다. 이렇게 하면 생성 시점에 오브젝트를 구성하는 데 메소드 체인method chain을 사용할 수 있다.

슬레이트 문법은 <Widget>.Property(Value).Property(Value)를 허용한다.

이번 레시피에서 위젯에 설정하는 속성은 창 제목, 창 크기, 최대화 및 최소화 여부다.

위젯의 모든 필수 속성을 설정하면 대괄호 연산자([])를 사용해 위젯 내에 배치할 콘텐츠(예: 버튼 내의 그림이나 레이블)를 지정할 수 있다.

SWindow는 최상위 레벨의 위젯으로 자식을 위한 하나의 슬롯slot을 갖고 있으므로, 직접 슬롯을 추가할 필요는 없다. 한 쌍의 괄호 안에 콘텐츠를 작성해서 해당 슬롯에 콘텐츠를 배치한다.

생성하는 콘텐츠는 SVerticalBox로, 세로 목록으로 표시되는 자식 위젯을 위한 임의의 수의 슬롯을 가질 수 있는 위젯이다.

세로 목록에 배치하고 싶은 각 위젯을 위해 슬롯을 생성해야 한다.

이를 수행하는 가장 쉬운 방법은 재정의한 + 연산자와 SVerticalBox::Slot() 함수를 사용하는 것이다.

Slot()은 다른 위젯과 마찬가지로 위젯을 반환하므로 SWindow에서와 마찬가지로 속성을 설정할 수 있다.

이번 레시피는 HAlign과 VAlign을 사용해 슬롯의 콘텐츠를 수직과 수평으로 중앙 정렬한다.

슬롯은 하나의 자식 위젯을 가지며, SWindow와 마찬가지로 [] 연산자 내에서 생성된다.

슬롯 콘텐츠 내에서 커스텀 텍스트를 갖는 텍스트 블록을 생성한다.

새 SWindow는 이제 자식 위젯들을 갖고 있지만, 아직 윈도우 계층 구조에 추가하지 않았으므로 아무것도 출력되지는 않는다.

최상위 편집기 창이 존재하는지 검사하고자 메인 프레임 모듈main frame module을 사용했다. 만일 최상위 편집기 창이 존재하면 새 창은 자식으로 추가된다.

자식으로 추가할 최상위 창이 존재하지 않는다면, 부모를 갖지 않는 창을 추가하기 위해 슬레이트 애플리케이션Slate Application 싱글톤을 사용한다.

생성한 창의 계층 구조를 보고 싶다면, 슬레이트 위젯 리플렉터Slate Widget Reflector를 사용할 수 있다. Window ➤ Developer Tools ➤ Widget Reflector를 통해 접근할 수 있다.

만일 Pick Painted Widget을 선택하고 커서를 커스텀 창의 중앙에 있는 텍스트 위로 가져가면, 계층에 추가된 커스텀 위젯을 갖는 SWindow를 볼 수 있다.

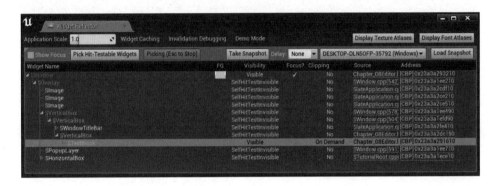

참고 사항

- 11장, 'UE4 API 사용하기'는 UI에 관한 모든 것을 다루며, 새 커스텀 창에 추가적인 요소를 더하는 방법을 보여줄 것이다.

새 애셋 타입 생성

때로는 RPG 게임에서 대화 자료를 저장하는 데 사용하는 커스텀 애셋 클래스를 만들어야 할 수도 있다. 이를 콘텐츠 브라우저와 잘 통합하려면 새로운 애셋 타입을 만들어야 한다.

1. UObject 기반의 새 C++ 클래스 MyCustomAsset을 생성한다.

2. 스크립트를 열고 .h 파일의 코드를 다음과 같이 수정한다.

```
#pragma once

#include "CoreMinimal.h"
#include "UObject/NoExportTypes.h"
#include "MyCustomAsset.generated.h"

/**
 *
 */
UCLASS()
class CHAPTER_10_API UMyCustomAsset : public UObject
{
  GENERATED_BODY()

public:
  UPROPERTY(EditAnywhere, Category = "Custom Asset")
  FString Name;
};
```

3. 다음으로 UFactory 기반의 클래스를 생성한다.

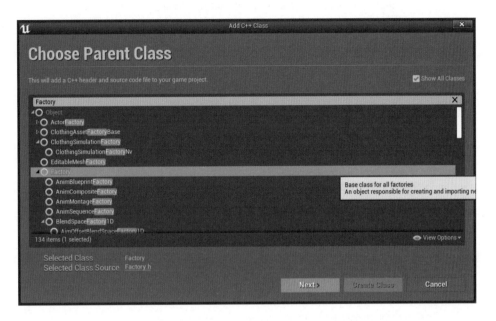

4. 스크립트의 이름을 CustomAssetFactory로 정하고 **Create Class** 버튼을 누른다.

5. 비주얼 스튜디오에서 스크립트를 열고 CustomAssetFactory.h 파일을 다음과 같이 수정한다.

```
#pragma once

#include "CoreMinimal.h"
#include "Factories/Factory.h"
#include "CustomAssetFactory.generated.h"

UCLASS()
class CHAPTER_10_API UCustomAssetFactory : public UFactory
{
  GENERATED_BODY()
public:
  UCustomAssetFactory();

  virtual UObject* FactoryCreateNew(UClass* InClass,
```

```
    UObject* InParent, FName InName, EObjectFlags Flags,
    UObject* Context, FFeedbackContext* Warn, FName
    CallingContext) override;
};
```

6. 그런 다음, CustomAssetFactory.cpp 파일로 이동해 클래스를 구현한다.

```cpp
#include "CustomAssetFactory.h"
#include "Chapter_10.h"
#include "MyCustomAsset.h"

UCustomAssetFactory::UCustomAssetFactory()
  :Super()
{
  bCreateNew = true;
  bEditAfterNew = true;
  SupportedClass = UMyCustomAsset::StaticClass();
}

UObject* UCustomAssetFactory::FactoryCreateNew(UClass*
  InClass, UObject* InParent, FName InName, EObjectFlags Flags,
  UObject* Context, FFeedbackContext* Warn, FName
  CallingContext)
{
  auto NewObjectAsset =
    NewObject<UMyCustomAsset>(InParent,
      InClass, InName, Flags);
  return NewObjectAsset;
}
```

7. 코드를 컴파일하고 편집기를 연다.

8. 콘텐츠 브라우저에서 마우스 오른쪽 버튼을 클릭한 후, Content 폴더의 Create Advanced Asset 섹션에 있는 Miscellaneous 탭 아래에서 새 클래스를 확인할 수 있으며 새 커스텀 타입의 인스턴스를 만들 수 있다.

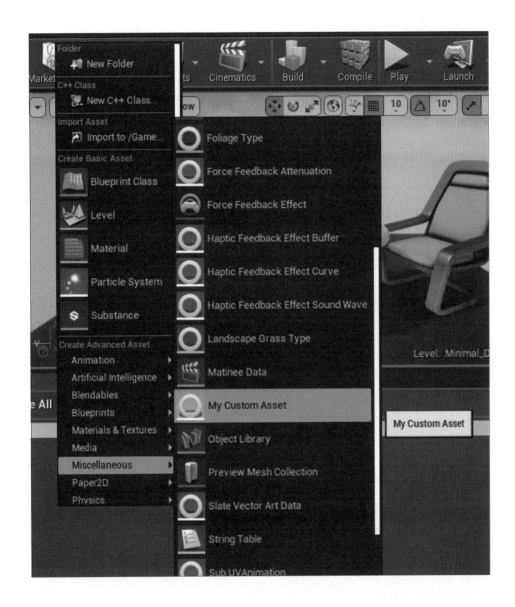

예제 분석

첫 번째 클래스는 런타임에 게임 내 존재 가능한 실제 오브젝트이며 텍스처, 데이터 파일, 커브 데이터 등 필요한 모든 것이 대상이다.

이번 레시피의 목적에 맞는 가장 간단한 예제는 이름을 담는 FString 속성을 갖는 애셋이다.

이 속성은 메모리 내 유지를 위해 UPROPERTY로 표시하며, 추가적으로 기본 오브젝트와 인스턴스 모두에서 수정할 수 있도록 EditAnywhere로 표시한다.

두 번째 클래스는 Factory다. 언리얼은 애셋의 인스턴스를 생성하고자 Factory 디자인 패턴을 사용한다.

이는 오브젝트 생성 인터페이스를 선언하기 위해 가상 메서드를 사용하는 일반 베이스 Factory가 있다는 것을 의미하며, Factory 서브클래스가 실제 오브젝트 생성을 담당한다.

이 방법의 장점은 사용자가 만든 서브클래스가 필요에 따라 자체 서브클래스 중 하나를 인스턴스화할 수 있다는 것이다. 이는 생성을 요청하는 오브젝트에서 생성할 오브젝트를 결정하는 것과 관련된 구현 세부 사항을 숨긴다.

UFactory를 베이스 클래스로 하고, 필요한 헤더를 포함한다.

기본 생성자 실행 이후 새 팩토리에 설정해야 하는 속성이 많으므로 생성자를 재정의했다.

bCreateNew는 현재 팩토리에서 해당 오브젝트의 새 인스턴스를 처음부터 만들 수 있다는 것을 나타낸다.

bEditAfterNew는 새로 만든 오브젝트를 생성 직후 편집하려고 한다는 것을 나타낸다.

SupportedClass 변수는 팩토리가 생성할 오브젝트의 타입에 대한 리플렉션 정보를 포함하는 UClass 인스턴스다.

UFactory 서브클래스에서 가장 중요한 함수는 실제 팩토리 메서드인 FactoryCreateNew다.

FactoryCreateNew는 생성해야 하는 오브젝트의 타입을 결정하고 NewObject를 사용해 해당 타입의 인스턴스를 생성한다. NewObject를 호출할 때 여러 파라미터를 전달한다.

InClass는 생성될 오브젝트의 클래스다. InParent는 생성될 새로운 오브젝트를 포함해야 하는 오브젝트다. 이를 지정하지 않으면, 오브젝트가 임시 패키지로 이동하는 것으로 가정해 자동으로 저장되지 않는다. Name은 생성될 오브젝트의 이름이다. Flags는 생성 플래그의 비트마스크bitmask이며 오브젝트가 포함된 패키지의 외부에서 오브젝트를 볼 수 있는지 등을 제어한다.

FactoryCreateNew 내에서 어떤 서브클래스를 인스턴스로 만들지 결정을 내릴 수 있다. 다른 초기화 작업도 수행할 수 있는데, 예를 들어 수동 인스턴스화 또는 초기화가 필요한 하위 오브젝트가 있다면 여기에 추가할 수 있다.

이 함수에 대한 엔진 코드의 예는 다음과 같다.

```
UObject* UCameraAnimFactory::FactoryCreateNew(UClass*
  Class,UObject* InParent,FName Name,EObjectFlags Flags,
  UObject* Context,FFeedbackContext* Warn)
{
  UCameraAnim* NewCamAnim =
    NewObject<UCameraAnim>(InParent, Class, Name, Flags);
  NewCamAnim->CameraInterpGroup =
    NewObject<UInterpGroupCamera>(NewCamAnim);
  NewCamAnim->CameraInterpGroup->GroupName = Name;
  return NewCamAnim;
}
```

보다시피, NewCamAnim 인스턴스의 CameraInterpGroup 멤버를 채우기 위해 NewObject에 대한 두 번째 호출이 있다.

참고 사항

- 9장 앞부분에서 다룬 '편집기의 여러 위치에서 클래스 속성 편집하기' 레시피는 EditAnywhere 속성 지정자를 좀 더 자세히 다루고 있으니 참고하자.

애셋을 위한 커스텀 컨텍스트 메뉴 항목 생성

커스텀 애셋 타입은 일반적으로 특별한 기능을 갖고 있다. 예를 들어, 이미지를 스프라이트sprite로 변환하는 것은 다른 애셋 타입에 추가하고 싶지 않은 옵션이다. 해당 기능에 사용자가 접근할 수 있도록 특정 애셋 타입을 위한 커스텀 컨텍스트 메뉴 항목을 생성할 수 있다.

예제 구현

1. Chapter_10Editor 폴더에서 두 개의 새로운 파일 MyCustomAssetActions.h 와 MyCustomAssetActions.cpp를 생성한다.
2. 프로젝트 파일로 돌아와서 비주얼 스튜디오 프로젝트를 업데이트하고, 이를 마치면 비주얼 스튜디오에서 프로젝트를 연다.
3. MyCustomAssetActions.h를 열고 다음 코드를 사용한다.

```
#pragma once
#include "AssetTypeActions_Base.h"
#include "Editor/MainFrame/Public/Interfaces/IMainFrameModule.h"

class CHAPTER_10EDITOR_API FMyCustomAssetActions :
  public FAssetTypeActions_Base
{
public:
  virtual bool HasActions(const TArray<UObject*>& InObjects) const override;

  virtual void GetActions(const TArray<UObject*>& InObjects, FMenuBuilder&
MenuBuilder) override;

  virtual FText GetName() const override;

  virtual UClass* GetSupportedClass() const override;

  virtual FColor GetTypeColor() const override;
```

```
virtual uint32 GetCategories() override;

void MyCustomAssetContext_Clicked()
{
  TSharedRef<SWindow> CookbookWindow = SNew(SWindow)
    .Title(FText::FromString(TEXT("Cookbook Window")))
    .ClientSize(FVector2D(800, 400))
    .SupportsMaximize(false)
    .SupportsMinimize(false);

  IMainFrameModule& MainFrameModule =
  FModuleManager::LoadModuleChecked<IMainFrameModule>
  (TEXT("MainFrame"));

  if (MainFrameModule.GetParentWindow().IsValid())
  {
    FSlateApplication::Get().AddWindowAsNativeChild
    (CookbookWindow, MainFrameModule.GetParentWindow()
    .ToSharedRef());
  }
  else
  {
    FSlateApplication::Get().AddWindow(CookbookWindow);
  }
};
};
```

4. MyCustomAssetActions.cpp를 열고 다음 코드를 추가한다.

```
#include "MyCustomAssetActions.h"
#include "Chapter_10Editor.h"
#include "MyCustomAsset.h"

bool FMyCustomAssetActions::HasActions(
  const TArray<UObject*>& InObjects) const
{
  return true;
}

void FMyCustomAssetActions::GetActions(const TArray<UObject*>&
```

```
    InObjects, FMenuBuilder& MenuBuilder)
{
  MenuBuilder.AddMenuEntry(
    FText::FromString("CustomAssetAction"),
    FText::FromString("Action from Cookbook Recipe"),
    FSlateIcon(FEditorStyle::GetStyleSetName(),
    "LevelEditor.ViewOptions"),
    FUIAction( FExecuteAction::CreateRaw(this,
    &FMyCustomAssetActions::MyCustomAssetContext_Clicked),
    FCanExecuteAction()
    ));
}

uint32 FMyCustomAssetActions::GetCategories()
{
  return EAssetTypeCategories::Misc;
}

FText FMyCustomAssetActions::GetName() const
{
  return FText::FromString(TEXT("My Custom Asset"));
}

UClass* FMyCustomAssetActions::GetSupportedClass() const
{
  return UMyCustomAsset::StaticClass();
}

FColor FMyCustomAssetActions::GetTypeColor() const
{
  return FColor::Emerald;
}
```

5. Chapter_10Editor.h 파일을 열고 다음 속성을 클래스에 추가한다.

```
#pragma once

#include "Engine.h"
#include "Modules/ModuleInterface.h"
#include "Modules/ModuleManager.h"
```

```
#include "UnrealEd.h"
#include "CookbookCommands.h"
#include "Editor/MainFrame/Public/Interfaces/IMainFrameModule.h"
#include "Developer/AssetTools/Public/IAssetTypeActions.h"

class FChapter_10EditorModule: public IModuleInterface
{
  virtual void StartupModule() override;
  virtual void ShutdownModule() override;

  TArray< TSharedPtr<IAssetTypeActions> >
  CreatedAssetTypeActions;

  TSharedPtr<FExtender> ToolbarExtender;
  TSharedPtr<const FExtensionBase> Extension;
```

 IAssetTypeActions.h를 잊지 말고 #include한다.

6. 편집기 모듈(Chapter_10Editor.cpp) 내에서 다음 코드를 StartupModule() 함수에 추가한다.

```
#include "Developer/AssetTools/Public/IAssetTools.h"
#include "Developer/AssetTools/Public/AssetToolsModule.h"
#include "MyCustomAssetActions.h"
// ...

void FChapter_10EditorModule::StartupModule()
{
  FCookbookCommands::Register();
  TSharedPtr<FUICommandList> CommandList =
    MakeShareable(new FUICommandList());
  CommandList->MapAction(FCookbookCommands::Get().MyButton,
  FExecuteAction::CreateRaw(this, &
  FChapter_10EditorModule::MyButton_Clicked),
  FCanExecuteAction());
```

```
ToolbarExtender = MakeShareable(new FExtender());

FLevelEditorModule& LevelEditorModule =
  FModuleManager::LoadModuleChecked<FLevelEditorModule>
  ("LevelEd itor");

IAssetTools& AssetTools =
  FModuleManager::LoadModuleChecked<FAssetToolsModule>
  ("AssetTools").Get();

auto Actions =
  MakeShareable(new FMyCustomAssetActions);
AssetTools.RegisterAssetTypeActions(Actions);
CreatedAssetTypeActions.Add(Actions);
}
```

7. 다음 코드를 모듈의 ShutdownModule() 함수에 추가한다.

```
void FChapter_10EditorModule::ShutdownModule()
{
  ToolbarExtender->RemoveExtension(Extension.ToSharedRef());
  Extension.Reset();
  ToolbarExtender.Reset();

  IAssetTools& AssetTools =
    FModuleManager::LoadModuleChecked<FAssetToolsModule>
    ("Asset Tools").Get();

  for (auto Action : CreatedAssetTypeActions)
  {
    AssetTools.UnregisterAssetTypeActions(
      Action.ToSharedRef());
  }
}
```

8. 프로젝트를 컴파일하고 편집기를 실행한다.

9. 콘텐츠 브라우저 내에서 마우스 오른쪽 버튼을 클릭한 후 Miscellaneous ➤ My
   Custom Asset을 선택해 커스텀 애셋의 인스턴스를 생성한다.

10. 컨텍스트 메뉴에서 커스텀 명령을 확인하려면 새 애셋에서 마우스 오른쪽 버튼을 클릭한다.

11. 새로운 빈 편집기 창을 표시하려면 CustomAssetAction 명령을 선택한다.

예제 분석

모든 애셋 타입에 맞는 컨텍스트 메뉴 명령을 위한 베이스 클래스는 FAssetTypeActions _Base이므로, 이 클래스를 상속해야 한다.

FAssetTypeActions_Base는 컨텍스트 메뉴를 확장할 수 있는 여러 가상 함수를 정의하는 추상 클래스다. 이들 가상 함수에 대한 원래 정보를 담고 있는 인터페이스는 IAsset TypeActions.h에 있다.

또한 커스텀 컨텍스트 메뉴 항목에 바인딩하는 함수를 선언한다.

IAssetTypeActions::HasActions(const TArray<UObject*>& InObjects)는 우리의 AssetTy peActions 클래스가 선택된 오브젝트에 적용할 수 있는 액션을 갖고 있는지 확인하고자 엔진 코드가 호출하는 함수다.

IAssetTypeActions::GetActions(const TArray<UObject*>& InObjects, class FMenuBuil der& MenuBuilder)는 HasActions 함수가 true를 반환하면 호출된다. 우리가 제공하는 액션에 대한 메뉴 옵션을 생성하기 위해 MenuBuilder에서 함수를 호출한다.

IAssetTypeActions::GetName()은 이 클래스의 이름을 반환한다.

IAssetTypeActions::GetSupportedClass()는 우리의 액션 클래스가 지원하는 UClass의 인스턴스를 반환한다.

IAssetTypeActions::GetTypeColor()는 이 클래스와 액션에 관련된 색상을 반환한다.

IAssetTypeActions::GetCategories()는 애셋에 맞는 카테고리를 반환한다. 이는 컨텍스트 메뉴에서 액션이 표시되는 카테고리를 변경하는 데 사용된다.

재정의된 HasActions의 구현은 모든 상황에서 단순히 true를 반환하며, GetSupportedCl ass의 결과에 기반한 필터링에 의존한다.

GetActions 구현에서 함수 파라미터로 제공되는 MenuBuilder 오브젝트의 일부 함수를 호출할 수 있다. MenuBuilder는 참조로 전달되므로 함수에서 변경한 내용은 반환 후에도 유지된다.

AddMenuEntry는 다수의 파라미터를 갖는다. 첫 번째 파라미터는 액션 자체의 이름으로 컨텍스트 메뉴에 노출된다. 이름은 FText이므로 원하는 경우에 현지화할 수 있다. 간단하게 하기 위해 문자열 리터럴에서 FText를 생성하고, 여러 언어 지원에 대해서는 신경 쓰지 않는다.

두 번째 파라미터도 FText이며, FText::FromString을 호출해 생성한다. 이 파라미터는 사용자가 일정 시간 이상 동안 명령 위에 마우스를 올리면 툴팁에 표시되는 텍스트다.

다음 파라미터는 명령의 FSlateIcon이며, 편집기 스타일 세트 내의 LevelEditor.ViewOptions 아이콘으로 만들어진다.

이 함수의 마지막 파라미터는 FUIAction 인스턴스다. FUIAction은 델리게이트 바인딩을 둘러싼 래퍼^{wrapper}이므로, FExecuteAction::CreateRaw를 사용해 FMyCustomAssetActions 인스턴스에서 MyCustomAsset_Clicked 함수에 명령을 바인딩한다.

이는 메뉴 엔트리를 클릭했을 때 MyCustomAssetContext_Clicked 함수가 실행될 것임을 의미한다.

GetName의 구현은 애셋 타입의 이름을 반환한다. 이 문자열은 커스텀 애셋이 배치될 메뉴 섹션의 제목에서 사용되는 것과 별도로 직접 설정하지 않으면 해당 애셋에 대한 썸네일^{thumbnail}에 사용된다.

예상하는 것처럼, GetSupportedClass의 구현은 UMyCustomAsset::StaticClass()를 반환한다. 이는 우리 액션이 실행되길 원하는 애셋 타입이다.

GetTypeColor()는 콘텐츠 브라우저에서 사용될 컬러 코딩용 색상을 반환한다. 해당 색상은 애셋 썸네일의 하단에 있는 막대에 사용된다. 여기서는 에메랄드를 사용했지만, 다른 색상도 무관하다.

이번 레시피의 핵심은 `MyCustomAssetContext_Clicked()` 함수다.

이 함수가 수행하는 첫 번째 작업은 새 `SWindow` 인스턴스를 생성하는 것이다.

`SWindow`는 슬레이트 UI 프레임워크의 클래스인 슬레이트 윈도우^{Slate Window}다.

슬레이트 위젯은 `SNew` 함수를 사용해 생성되며, 요청된 위젯의 인스턴스를 반환한다.

슬레이트는 `builder` 디자인 패턴을 사용한다. 이는 `SNew` 이후 연결된 모든 함수가 작동 중인 오브젝트에 대한 참조를 반환한다는 것을 의미한다.

이 함수에서 새로운 `SWindow`를 생성한 후 창 제목, 클라이언트 크기 또는 영역, 최대화 또는 최소화 지원 여부 등을 설정한다.

새 창이 준비되면, 해당 창을 계층에 추가하고 표시할 수 있도록 편집기의 최상위 창 에 대한 참조를 얻어야 한다.

`IMainFrameModule` 클래스를 사용해 작업을 수행한다. 모듈이므로 모듈 관리자^{Module Manager}를 사용해 불러온다.

`LoadModuleChecked`는 모듈을 불러올 수 없을 때 경고하므로 검사할 필요가 없다.

모듈을 불러온 경우에는 유효한 부모 창이 있는지 확인한다. 해당 창이 유효하면 `FSlateApplication::AddWindowAsNativeChild`를 사용해 최상위 부모 창의 자식으로 창을 추가한다.

최상위 부모가 없는 경우, 이 함수는 `AddWindow`를 사용해 새 창을 계층 내에 부모가 없는 상태로 추가한다.

이제 커스텀 애셋 타입에 커스텀 액션을 표시하는 클래스가 있지만, 실제로 해야 할 일은 엔진에 타입에 대한 커스텀 액션을 처리하도록 요청하는 것이다. 이를 위해서는 Asset Tools 모듈에 등록해야 한다.

이를 위한 최선의 방법은 편집기 모듈을 불러올 때 클래스를 등록하고 종료 시 클래스를 등록 해제하는 것이다.

결과적으로, 코드를 StartupModule과 ShutdownModule 함수에 추가한다.

StartupModule 내부에서는 모듈 관리자를 사용해 Asset Tools 모듈을 불러온다.

모듈을 불러오면, 커스텀 애셋 액션 클래스의 인스턴스를 참조하는 새로운 공유 포인터를 만든다.

그런 다음, AssetModule.RegisterAssetTypeActions를 호출하고 액션 클래스의 인스턴스를 전달하기만 하면 된다.

나중에 등록을 해제해야 하므로 해당 액션 인스턴스에 대한 참조를 저장해야 한다.

이번 레시피의 예제 코드는 다른 클래스에 대한 커스텀 액션을 추가하려는 경우 생성된 모든 애셋 액션의 배열을 사용한다.

ShutdownModule 내에서 Asset Tools 모듈의 인스턴스를 다시 얻는다.

범위 기반 for 루프를 사용해 이전에 채운 Actions 인스턴스 배열을 순회하며 UnregisterAssetTypeActions를 호출해 등록을 해제하도록 Actions 클래스를 전달한다.

클래스가 등록되면, 편집기는 등록된 클래스가 마우스 오른쪽 버튼으로 클릭한 애셋을 처리할 수 있는지 묻는다.

애셋이 커스텀 애셋 클래스인 경우 해당 StaticClass는 GetSupportedClass가 반환한 것과 일치한다. 그런 다음, 편집기는 GetActions를 호출하고 해당 기능을 구현해 변경한 메뉴를 표시한다.

CustomAssetAction 버튼을 클릭하면, 우리가 생성한 델리게이트를 통해 커스텀 MyCustomAssetContext_Clicked 함수가 호출된다.

새 콘솔 명령 생성

개발 과정에서 콘솔 명령은 개발자나 테스터가 콘텐츠를 쉽게 우회하거나 현재 실행 중인 테스트와 관련 없는 메커니즘을 비활성화해 매우 유용하게 사용할 수 있다. 이를 구현하는 가장 일반적인 방법은 콘솔 명령을 사용하는 것이며, 런타임 중에 함수를 호출할 수 있다. 콘솔은 물결표(~) 키(또는 키보드의 영숫자 영역 왼쪽 상단에 있는 해당 항목)를 사용해 접근할 수 있다.

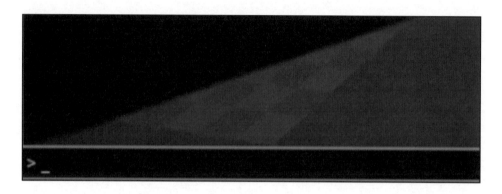

준비

'새 편집기 모듈 생성' 레시피를 아직 진행하지 않았다면, 이번 레시피에서 콘솔 명령을 초기화하고 등록할 곳이 필요하므로 우선적으로 진행해야 한다.

예제 구현

1. 편집기 모듈의 헤더 파일(Chapter_10Editor.h)을 열고 다음 코드를 추가한다.

```
class FChapter_10EditorModule: public IModuleInterface
{
  virtual void StartupModule() override;
  virtual void ShutdownModule() override;
```

```
TArray< TSharedPtr<IAssetTypeActions> >
  CreatedAssetTypeActions;

TSharedPtr<FExtender> ToolbarExtender;
TSharedPtr<const FExtensionBase> Extension;

IConsoleCommand* DisplayTestCommand;
IConsoleCommand* DisplayUserSpecifiedWindow;
```

2. 다음 코드를 StartupModule의 구현 내에 추가한다.

```
DisplayTestCommand =
  IConsoleManager::Get().RegisterConsoleCommand(TEXT
  ("DisplayTes tCommandWindow"), TEXT("test"),
  FConsoleCommandDelegate::CreateRaw(this, &
  FChapter_10EditorModule::DisplayWindow, FString(TEXT("Test
  Command Window"))), ECVF_Default);

DisplayUserSpecifiedWindow =
  IConsoleManager::Get().RegisterConsoleCommand(TEXT
  ("DisplayWin dow"), TEXT("test"),
  FConsoleCommandWithArgsDelegate::CreateLambda( [&](const
  TArray< FString >& Args)
{
  FString WindowTitle; for
  (FString Arg : Args)
  {
    WindowTitle += Arg;
    WindowTitle.AppendChar(' ');
  }
  this->DisplayWindow(WindowTitle);
}

), ECVF_Default);
```

3. ShutdownModule 내에서 다음 코드를 추가한다.

```
if(DisplayTestCommand)
{
```

```
  IConsoleManager::Get().UnregisterConsoleObject
  (DisplayTestComm and);
  DisplayTestCommand = nullptr;
}

if(DisplayUserSpecifiedWindow)
{
  IConsoleManager::Get()
    .UnregisterConsoleObject(DisplayUserSpec ifiedWindow);
  DisplayUserSpecifiedWindow = nullptr;
}
```

4. 다음 함수를 편집기 모듈(Chapter_10Editor.h)에 구현한다.

```
void DisplayWindow(FString WindowTitle)
{
  TSharedRef<SWindow> CookbookWindow = SNew(SWindow)
  .Title(FText::FromString(WindowTitle))
  .ClientSize(FVector2D(800, 400))
  .SupportsMaximize(false)
  .SupportsMinimize(false);

  IMainFrameModule& MainFrameModule =
    FModuleManager::LoadModuleChecked<IMainFrameModule>
    (TEXT("MainFrame"));

  if (MainFrameModule.GetParentWindow().IsValid())
  {
    FSlateApplication::Get().AddWindowAsNativeChild
      (CookbookWindow, MainFrameModule.GetParentWindow()
      .ToSharedRef());
  }
  else
  {
    FSlateApplication::Get().AddWindow(CookbookWindow);
  }
}
```

5. 코드를 컴파일하고 편집기를 실행한다.

6. 레벨을 플레이한 후 물결표 키를 눌러 콘솔을 불러온다.

7. DisplayTestCommandWindow를 입력하고 **Enter** 키를 누른다.

8. 튜토리얼 창이 열리는 모습을 확인할 수 있다.

콘솔 명령은 일반적으로 모듈이 제공한다. 모듈을 불러올 때 명령을 생성하도록 하는 가장 좋은 방법은 코드를 StartupModule 메서드에 배치하는 것이다.

IConsoleManager는 엔진의 콘솔 기능을 포함하는 모듈이다.

핵심 모듈의 하위 모듈이므로 추가 모듈에서 링크하기 위해 빌드 스크립트에 추가 정보를 넣지 않아도 된다.

콘솔 관리자 내에서 함수를 호출하려면 엔진에서 사용 중인 IConsoleManager의 현재 인스턴스에 대한 참조를 가져와야 한다. 이를 위해 정적 Get 함수를 호출한다. 이 함수는 싱글톤과 비슷한 방식으로 모듈에 대한 참조를 반환한다.

RegisterConsoleCommand는 새 콘솔 명령을 추가하고 이를 콘솔에서 사용할 수 있도록 할 때 사용 가능한 함수다.

```
virtual IConsoleCommand* RegisterConsoleCommand(const
  TCHAR* Name, const TCHAR* Help, const
  FConsoleCommandDelegate& Command, uint32 Flags);
```

이 함수의 파라미터는 다음과 같다.

- Name: 사용자가 입력하는 실제 콘솔 명령. 공백은 포함할 수 없다.
- Help: 사용자가 콘솔에서 명령을 볼 때 표시되는 툴팁이다. 콘솔 명령이 인수를 사용하는 경우, 사용 정보를 사용자에게 표시하기에 좋은 곳이다.
- Command: 이는 사용자가 명령을 입력할 때 실행될 실제 함수 델리게이트다.
- Flags: 이 플래그는 배포 빌드에서 명령의 가시성을 제어하며 콘솔 변수에도 사용된다. ECVF_Default는 명령이 표시되는 기본 동작을 지정하며, 배포 빌드에서도 제약 없이 사용할 수 있다.

적절한 델리게이트의 인스턴스를 만들기 위해 FConsoleCommand 델리게이트 타입에 CreateRaw 정적 함수를 사용한다. 이를 통해 원시 C++ 함수를 델리게이트에 바인딩할 수 있다. 함수 참조 다음에 제공되는 추가 인수인 FString"Test Command Window"는 최종 사용자가 창 이름을 지정할 필요가 없도록 델리게이트에 전달되는 컴파일 시점 정의 파라미터다.

두 번째 콘솔 명령인 DisplayUserSpecifiedWindow는 콘솔 명령에서 인수를 사용하는 방법을 보여준다.

이 콘솔 명령의 주요 차이점으로는 사용자가 다른 이름으로 호출하는 것 외에 FConsoleCommandWithArgsDelegate 및 CreateLambda 함수를 사용한다는 것도 꼽을 수 있다.

이 함수를 사용하면 익명 함수를 델리게이트에 바인딩할 수 있다. 시그니처가 특정 델리게이트의 시그니처와 일치하도록 함수를 감싸거나 조정하려는 경우에 특히 유용하다.

우리의 특정 사용 사례에서 FConsoleCommandWithArgsDelegate 타입은 함수가 FString의 const TArray를 가져야 한다는 것을 지정한다. DisplayWindow 함수는 창 제목을 지정하기 위해 단일 FString을 사용하므로, 창 제목으로 사용하려면 콘솔 명령의 모든 인수를 단일 FString으로 연결해야 한다.

람다^{lambda} 함수를 사용하면 FString을 실제 DisplayWindow 함수에 전달하기 전에 처리할 수 있다.

함수의 첫 번째 줄인 [&](const TArray <FString> & Args)는 이 람다 또는 익명 함수가 캡처 옵션에 앰퍼샌드 [&]를 포함해 선언 함수의 컨텍스트를 참조하도록 지정한다.

두 번째 부분은 일반 함수 선언과 동일하며, 람다는 Args라는 파라미터로 FString을 포함하는 const Tarray를 사용하도록 지정한다.

람다 본문 내에서 새 FString을 만들고 인수를 구성하는 문자열을 공백으로 구분해 연결하도록 인수 사이에 공백을 추가한다.

간결성을 위해 범위 기반 for 루프를 사용해 모든 루프를 반복하고 연결을 수행한다.

모두 연결되면 this 포인터(앞에서 언급한 & 연산자로 캡처)를 사용해 새 제목으로 Display Window를 호출한다.

모듈이 언로드될 때 콘솔 명령을 제거하려면 콘솔 명령 오브젝트에 대한 참조를 유지해야 한다.

이를 위해 IConsoleCommand* 타입의 모듈에 DisplayTestCommand라는 멤버 변수를 만든다. RegisterConsoleCommand 함수를 실행하면 나중에 핸들로 사용할 수 있는 콘솔 명령 오브젝트에 대한 포인터를 반환한다.

이를 통해 게임플레이 또는 기타 요인에 따라 런타임에 콘솔 명령을 활성화하거나 비활성화할 수 있다.

ShutdownModule 내에서 DisplayTestCommand가 유효한 콘솔 명령 오브젝트를 참조하는지 확인한다. 만일 그렇다면, IConsoleManager 오브젝트에 대한 참조를 얻고 Unregister ConsoleCommand를 호출해 RegisterConsoleCommand에 대한 호출에서 이전에 저장한 포인터를 전달한다.

UnregisterConsoleCommand를 호출하면 전달된 포인터를 통해 IConsoleCommand 인스턴스가 삭제되므로 직접 메모리 deallocate를 하지 않아도 된다. 단지 DisplayTestCommand를 nullptr로 재설정해 이전 포인터가 무효한 곳을 가리키지 않도록 해주기만 하면 된다.

DisplayWindow 함수는 창 타이틀을 FString 파라미터로 받는다. 이를 통해, 인수를 사용해 타이틀을 지정하는 콘솔 명령이나 페이로드 파라미터를 사용해 다른 명령의 제목을 하드코딩하는 콘솔 명령을 사용할 수 있다.

함수 자체는 SNew()라는 함수를 사용해 SWindow 오브젝트를 할당하고 생성한다.

SWindow는 슬레이트 윈도우로, 슬레이트 UI 프레임워크를 사용하는 최상위 창이다.

슬레이트는 Builder 디자인 패턴을 사용해 새로운 창에 대한 설정을 쉽게 하도록 한다.

여기서 사용되는 Title, ClientSize, SupportsMaximize, SupportsMinimize 함수는 SWindow의 모든 멤버 함수이며 SWindow에 대한 참조를 반환한다(보통 호출된 메서드와 동일한 오브젝트지만 때로는 새로운 구성으로 새 오브젝트가 생성됨).

모든 멤버 메서드가 구성된 오브젝트에 대한 참조를 반환한다는 사실을 통해 이러한 메서드 호출을 함께 연결해서 올바른 구성으로 원하는 오브젝트를 생성할 수 있다.

DisplayWindow에 사용된 함수는 함수 파라미터를 기반으로 제목이 있는 새로운 최상위 창을 만든다. 크기는 800×400픽셀이며 최대화하거나 최소화할 수 없다.

새 창이 생성되면, 기본 애플리케이션 프레임 모듈에 대한 참조를 찾는다. 편집기의 최상위 창이 존재하고 유효한 경우, 새 창의 인스턴스를 최상위 창의 자식으로 추가한다.

이를 위해 슬레이트 인터페이스에 대한 참조를 검색하고 AddWindowAsNativeChild를 호출해 계층에 창을 삽입한다.

유효한 최상위 창이 없으면, 새 창을 자식으로 추가할 필요가 없으므로 AddWindow를 호출하고 새 창 인스턴스를 전달하면 된다.

참고 사항

- 델리게이트에 대한 추가적인 내용은 5장, '이벤트와 델리게이트 처리'를 참고하길 바란다. 5장에서는 페이로드 변수와 관련해 자세한 내용을 다룬다.
- 슬레이트와 관련한 추가 정보는 11장, 'UE4 API 사용하기'를 참고하자.

블루프린트를 위한 새 그래프 핀 시각화 생성

블루프린트 시스템 내에서 MyCustomAsset 클래스의 인스턴스를 변수로 사용할 수 있다. 그렇게 하려면, 해당 클래스를 UCLASS 매크로에서 BlueprintType으로 표시하면 된다. 하지만 기본적으로 새 애셋은 단순히 UObject로 취급되며, 해당 멤버에 접근할 수 없다.

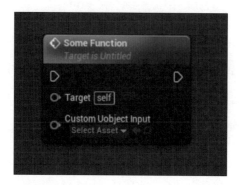

일부 애셋 타입에 대해서는 다음의 FVector와 동일한 방법으로 리터럴 값$^{literal\ value}$을 인라인$^{in-line}$ 편집하길 원할 수도 있을 것이다.

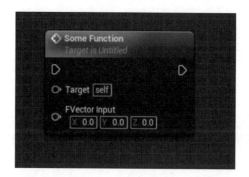

이를 지원하려면 Graph Pin 시각화를 사용해야 한다. 이번 레시피에서는 사용자가 정의한 커스텀 위젯을 사용해 임의 타입의 인라인 편집을 활성화하는 방법을 설명한다.

예제 구현

1. 먼저 블루프린트에서 편집할 수 있도록 MyCustomAsset 클래스를 업데이트하고 이번 레시피에서 수행할 작업을 반영한다. MyCustomAsset.h로 이동해 코드

를 다음과 같이 업데이트한다.

```
#pragma once

#include "CoreMinimal.h"
#include "UObject/NoExportTypes.h"
#include "MyCustomAsset.generated.h"

UCLASS(BlueprintType, EditInlineNew)

class CHAPTER_10_API UMyCustomAsset : public UObject
{
  GENERATED_BODY()

public:
  UPROPERTY(BlueprintReadWrite, EditAnywhere, Category =
  "Custom Asset")
  FString ColorName;
};
```

2. Chapter_10Editor 폴더에서 새 파일 MyCustomAssetPinFactory.h를 생성한다.

3. 헤더 파일 내에 다음 코드를 추가한다.

```
#pragma once
#include "EdGraphUtilities.h"
#include "MyCustomAsset.h"
#include "SGraphPinCustomAsset.h"

struct CHAPTER_10EDITOR_API FMyCustomAssetPinFactory :
  public FGraphPanelPinFactory
{
public:
  virtual TSharedPtr<class SGraphPin> CreatePin(class
    UEdGraphPin* Pin) const override
  {
    if (Pin->PinType.PinSubCategoryObject ==
      UMyCustomAsset::StaticClass())
```

```
      {
        return SNew(SGraphPinCustomAsset, Pin);
      }
      else
      {
        return nullptr;
      }
    };
};
```

4. 헤더 파일을 하나 더 만들고 이름을 SGraphPinCustomAsset.h로 정한다.

```
#pragma once
#include "SGraphPin.h"

class CHAPTER_10EDITOR_API SGraphPinCustomAsset :
    public SGraphPin
{
    SLATE_BEGIN_ARGS(SGraphPinCustomAsset) {}
    SLATE_END_ARGS()

    void Construct(const FArguments& InArgs,
        UEdGraphPin* InPin);
protected:
    virtual FSlateColor GetPinColor() const override
    {
        return FSlateColor(FColor::Black);
    };

    virtual TSharedRef<SWidget> GetDefaultValueWidget()
        override;
    void ColorPicked(FLinearColor SelectedColor);
};
```

5. 코드 파일 .cpp를 생성하고 SGraphPinCustomAsset을 구현한다.

```
#include "SGraphPinCustomAsset.h"
#include "Chapter_10Editor.h"
#include "SColorPicker.h"
```

```
#include "MyCustomAsset.h"

void SGraphPinCustomAsset::Construct(
    const FArguments& InArgs, UEdGraphPin* InPin)
{
  SGraphPin::Construct(SGraphPin::FArguments(), InPin);
}

TSharedRef<SWidget>
SGraphPinCustomAsset::GetDefaultValueWidget()
{
  return SNew(SColorPicker)
    .OnColorCommitted(this,
    &SGraphPinCustomAsset::ColorPicked);
}

void SGraphPinCustomAsset::ColorPicked(FLinearColor
SelectedColor)
{
  UMyCustomAsset* NewValue = NewObject<UMyCustomAsset>();
  NewValue->ColorName = SelectedColor.ToFColor(false).ToHex();
  GraphPinObj->GetSchema()->TrySetDefaultObject(*GraphPinObj,
    NewValue);
}
```

6. 비주얼 스튜디오 프로젝트를 다시 생성한다.

7. Chapter_10Editor.h 모듈 구현 파일에 #include "MyCustomAssetPinFactory.h"
를 추가한다.

8. 편집기 모듈 클래스(FChapter_10EditorModule)에 다음 멤버를 추가한다.

```
TSharedPtr<FMyCustomAssetPinFactory> PinFactory;
```

9. Chapter_10Editor.cpp를 열고 다음을 StartupModule()에 추가한다.

```
PinFactory = MakeShareable(new FMyCustomAssetPinFactory());
FEdGraphUtilities::RegisterVisualPinFactory(PinFactory);
```

10. 또한 다음 코드를 ShutdownModule()에 추가한다.

```
FEdGraphUtilities::UnregisterVisualPinFactory(PinFactory);
PinFactory.Reset();
```

11. 코드를 컴파일하고 편집기를 실행한다.

12. My Blueprint 패널 내의 Functions 옆에 있는 더하기(+) 기호를 클릭해 레벨 블루프린트 내에 새 Function을 생성한다.

13. 입력 파라미터를 추가한다.

14. 타입을 **MyCustomAsset**(Object Reference)으로 설정한다.

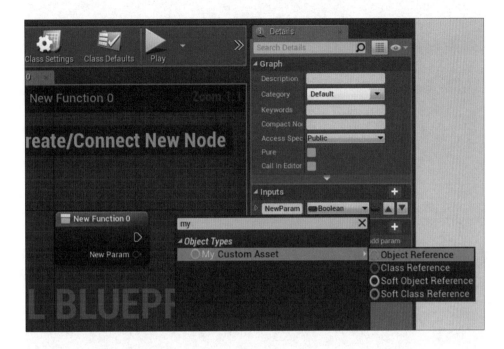

15. 레벨 블루프린트의 이벤트 그래프에 새 함수의 인스턴스를 배치하고, 입력 핀에 색상 선택기 형태의 사용자 정의 비주얼라이저^{visualizer}가 있는지 확인한다.

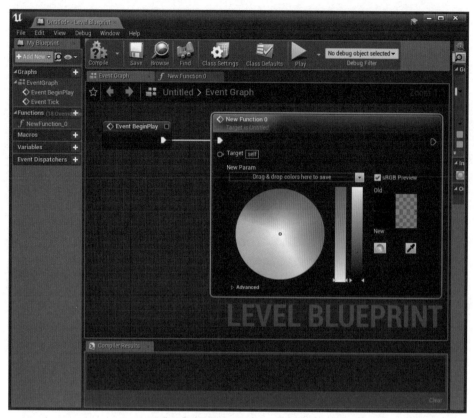

새로 추가된 색상 선택기 비주얼라이저

예제 분석

FGraphPanelPinFactory 클래스를 사용하면 블루프린트 핀에서 오브젝트를 리터럴 값으로 표시하는 방식으로 사용자 정의할 수 있다.

이 클래스는 단일 가상 함수를 정의한다.

```
virtual TSharedPtr<class SGraphPin> CreatePin(class
  UEdGraphPin* Pin) const
```

이름에서 알 수 있듯이, CreatePin의 기능은 그래프 핀의 새로운 시각적 표현을 만드는 것이다. 이 함수는 인수로 UEdGraphPin 인스턴스를 받는다. UEdGraphPin에는 핀이 나타내는 오브젝트에 대한 정보가 포함돼 있으므로, 팩토리 클래스는 표시해야 할 시각적 표현에 대한 정보에 근거해 결정을 내릴 수 있다.

함수 구현에서 핀 타입이 사용자 정의 클래스인지 확인한다.

이 작업은 UClass가 포함된 PinSubCategoryObject 속성을 확인하고 이를 커스텀 애셋 클래스와 연결된 UClass와 비교해 수행한다.

만일 핀의 타입이 조건을 충족하면, 오브젝트의 시각적 표현인 슬레이트 위젯에 대한 새로운 공유 포인터를 반환한다.

핀의 타입이 잘못된 경우에는 실패한 상태를 나타내는 널 포인터를 반환한다.

다음 클래스인 SGraphPinCustomAsset은 슬레이트 위젯 클래스이며, 문자 그대로 오브젝트의 시각적 표현이다. 이는 모든 그래프 핀의 베이스 클래스인 SGraphPin을 상속받는다.

SGraphPinCustomAsset 클래스는 위젯이 생성될 때 호출되는 Construct 함수를 갖는다. 또한 부모 클래스의 몇 가지 함수 GetPinColor()와 GetDefaultValueWidget() 등을 구현한다.

마지막으로 정의한 함수는 사용자가 커스텀 핀에서 색상을 선택할 때 이를 처리하는 ColorPicked다.

커스텀 클래스를 구현할 때 Constructor의 기본 구현을 호출해 커스텀 핀을 초기화한다.

GetDefaultValueWidget의 역할은 실제로 클래스의 커스텀 표현인 위젯을 작성해 엔진 코드로 반환하는 것이다.

이번 구현에서는 새 SColorPicker 인스턴스를 만든다. 사용자가 색상을 선택하고 해당 색상의 16진수 기반 표현을 커스텀 클래스의 FString 속성에 저장할 수 있길 원한다.

SColorPicker 인스턴스에는 OnColorCommitted라는 속성이 있다. 이는 오브젝트 인스턴스의 함수에 할당할 수 있는 슬레이트 이벤트다.

새로운 SColorPicker를 반환하기 전에 OnColorCommitted를 현재 오브젝트의 ColorPicked 함수에 연결해 사용자가 새 색상을 선택하면 호출되도록 한다.

ColorPicked 함수는 입력 파라미터로 선택된 색상을 받는다.

이 위젯은 연결된 핀에 연결된 오브젝트가 없을 때 사용되므로 연결된 오브젝트의 속성을 원하는 색상 문자열로 간단히 설정할 수 없다.

우리는 커스텀 애셋 클래스의 새 인스턴스를 생성해야 하며, NewObject 템플릿 함수를 사용해 이를 수행한다.

이 함수는 다른 장에서 설명한 SpawnActor 함수와 비슷하게 동작하며, 지정된 클래스의 새 인스턴스를 초기화해 포인터를 반환한다.

새로운 인스턴스가 있으면 ColorName 속성을 설정할 수 있다. FLinearColors는 FColor 오브젝트로 변환될 수 있으며, 새 위젯에서 선택한 색상의 16진수 표현으로 FString을 반환하는 ToHex() 함수를 정의한다.

그래프가 실행될 때 참조되도록 새 오브젝트 인스턴스를 그래프에 실제로 배치해야 한다.

그렇게 하려면 표현하는 그래프 핀 오브젝트에 접근해야 하며, GetSchema 함수를 사용해야 한다. 이 함수는 핀을 포함하는 노드를 보유한 그래프의 스키마를 반환한다.

스키마에는 그래프 핀에 해당하는 실제 값이 포함되며, 이는 그래프 평가 시 핵심 요소다.

이제 스키마에 접근할 수 있으므로 위젯이 나타내는 핀의 기본값을 설정할 수 있다. 이 값은 핀이 다른 핀에 연결돼 있지 않다면 그래프 평가 중에 사용되며, C++에서 함수 정의 중에 제공되는 기본값처럼 동작한다.

10장에서 만든 모든 익스텐션과 마찬가지로, 기본 내장 표현을 사용하기 전에 엔진이 커스텀 구현을 연기하도록 알리고자 일종의 초기화 또는 등록이 필요하다.

이를 위해, 편집기 모듈에 새로운 멤버를 추가해 PinFactory 클래스 인스턴스를 저장해야 한다.

StartupModule에서 PinFactory 클래스의 인스턴스를 참조하는 새로운 공유 포인터를 생성한다.

나중에 등록을 해제할 수 있도록 편집기 모듈의 멤버 내에 저장해야 한다. 그런 다음, 엔진이 PinFactory를 사용해 시각적 표현을 생성하도록 FEdGraphUtilities::RegisterVisualPinFactory(PinFactory)를 호출한다.

ShutdownModule에서는 UnregisterVisualPinFactory를 사용해 핀 팩토리의 등록을 해제한다.

마지막으로, 이전 PinFactory 인스턴스를 포함하는 공유 포인터에서 Reset()을 호출해 이전 PinFactory 인스턴스를 삭제한다.

커스텀 Details 패널로 타입 분석

기본적으로 UObject 파생 UAssets는 일반 속성 편집기에서 다음과 같이 열린다.

하지만 때로는 클래스의 속성을 편집할 수 있도록 커스텀 위젯을 원할 수도 있다. 이를 위해 언리얼은 이번 레시피의 핵심 내용인 Details 사용자 정의를 지원한다.

예제 구현

1. Chapter_10Editor 폴더에서 두 개의 새로운 파일 MyCustomAssetDetailsCustomization.h와 MyCustomAssetDetailsCustomization.cpp를 생성한다.

2. 프로젝트 파일로 돌아가서 비주얼 스튜디오 프로젝트를 업데이트하고, 이를 비주얼 스튜디오에서 연다.

3. 다음 #pragma와 #include를 헤더(MyCustomAssetDetailsCustomization.h)에 추가한다.

```
#pragma once

#include "MyCustomAsset.h"
#include "DetailLayoutBuilder.h"
#include "IDetailCustomization.h"
#include "IPropertyTypeCustomization.h"
```

4. 다음과 같이 사용자 정의 클래스를 정의한다.

```
class FMyCustomAssetDetailsCustomization : public
IDetailCustomization
{

public:
  virtual void CustomizeDetails(IDetailLayoutBuilder&
    DetailBuilder) override;

  void ColorPicked(FLinearColor SelectedColor);
  static TSharedRef<IDetailCustomization> MakeInstance()
  {
    return MakeShareable(new
      FMyCustomAssetDetailsCustomization);
```

```
  }
  TWeakObjectPtr<class UMyCustomAsset> MyAsset;
};
```

5. 그 아래에 다음과 같이 추가 클래스를 정의한다.

```
class FMyCustomAssetPropertyDetails : public
  IPropertyTypeCustomization
{
public:
  void ColorPicked(FLinearColor SelectedColor);
  static TSharedRef<IPropertyTypeCustomization> MakeInstance()
  {
    return MakeShareable(new FMyCustomAssetPropertyDetails);
  }

  UMyCustomAsset* MyAsset;
  virtual void CustomizeChildren(TSharedRef<IPropertyHandle>
  PropertyHandle, IDetailChildrenBuilder& ChildBuilder,
  IPropertyTypeCustomizationUtils& CustomizationUtils) override;

  virtual void CustomizeHeader(TSharedRef<IPropertyHandle>
  PropertyHandle, FDetailWidgetRow& HeaderRow,
  IPropertyTypeCustomizationUtils& CustomizationUtils) override;
};
```

6. 구현 파일 내에서 다음과 같이 파일 상단에 헤더 파일을 포함한다.

```
#include "MyCustomAssetDetailsCustomization.h"
#include "Chapter_10Editor.h"
#include "IDetailsView.h"
#include "DetailLayoutBuilder.h"
#include "DetailCategoryBuilder.h"
#include "SColorPicker.h"
#include "SBoxPanel.h"
#include "DetailWidgetRow.h"
```

7. 그런 다음, CustomizeDetails를 다음과 같이 구현한다.

```cpp
void FMyCustomAssetDetailsCustomization::
  CustomizeDetails(IDetailLa youtBuilder& DetailBuilder)
{
  const TArray< TWeakObjectPtr<UObject> >& SelectedObjects =
  DetailBuilder.GetDetailsView()->GetSelectedObjects();

  for (int32 ObjectIndex = 0; !MyAsset.IsValid() &&
    ObjectIndex < SelectedObjects.Num(); ++ObjectIndex)
  {
    const TWeakObjectPtr<UObject>& CurrentObject =
    SelectedObjects[ObjectIndex]; if (CurrentObject.IsValid())
    {
      MyAsset = Cast<UMyCustomAsset>(CurrentObject.Get());
    }
  }

  DetailBuilder.EditCategory("CustomCategory",
    FText::GetEmpty(), ECategoryPriority::Important)
    .AddCustomRow(FText::GetEmpty())
    [
      SNew(SVerticalBox) + SVerticalBox::Slot()
      .VAlign(VAlign_Center)
      [
        SNew(SColorPicker)
        .OnColorCommitted(this,
        &FMyCustomAssetDetailsCustomization::ColorPicked)
      ]
    ];
}
```

8. 또한 ColorPicked도 구현한다.

```cpp
void FMyCustomAssetDetailsCustomization::ColorPicked(
  FLinearColor SelectedColor)
{
  if (MyAsset.IsValid())
  {
```

```
    MyAsset.Get()->ColorName =
      SelectedColor.ToFColor(false).ToHex();
  }
}
```

9. MyCustomAssetDetailsCustomization.cpp의 스크립트 맨 아래에 다음 코
   드를 추가한다.

```
void FMyCustomAssetPropertyDetails::CustomizeChildren
(TSharedRef<IP ropertyHandle> PropertyHandle,
IDetailChildrenBuilder& ChildBuilder,
IPropertyTypeCustomizationUtils& CustomizationUtils)
{
}

void FMyCustomAssetPropertyDetails::CustomizeHeader
(TSharedRef<IPro pertyHandle> PropertyHandle, FDetailWidgetRow&
HeaderRow, IPropertyTypeCustomizationUtils& CustomizationUtils)
{
  UObject* PropertyValue = nullptr;
  auto GetValueResult =
    PropertyHandle->GetValue(PropertyValue);

  HeaderRow.NameContent()
    [
      PropertyHandle->CreatePropertyNameWidget()
    ];
  HeaderRow.ValueContent()
    [
      SNew(SVerticalBox) + SVerticalBox::Slot() .VAlign
      (VAlign_Center)
      [
        SNew(SColorPicker) .OnColorCommitted
        (this, &FMyCustomAssetPropertyDetails::ColorPicked)
      ]
    ];
}

void FMyCustomAssetPropertyDetails::ColorPicked(
```

```
  FLinearColor SelectedColor)
{
  if (MyAsset)
  {
    MyAsset->ColorName =
      SelectedColor.ToFColor(false).ToHex();
  }
}
```

10. 편집기 모듈 소스 파일(Chapter_10Editor.cpp)에 다음과 같이 헤더 파일을 추가한다.

```
#include "PropertyEditorModule.h"
#include "MyCustomAssetDetailsCustomization.h"
#include "MyCustomAssetPinFactory.h"
```

11. 다음 코드를 StartupModule의 구현부에 추가한다.

```
FPropertyEditorModule& PropertyModule =
FModuleManager::LoadModuleChecked<FPropertyEditorModule>("Prop
ertyEditor");
PropertyModule.RegisterCustomClassLayout
(UMyCustomAsset::Stati cClass()->GetFName(),
FOnGetDetailCustomizationInstance::CreateStatic(&FMyCustomAsse
tDetailsCustomization::MakeInstance));
PropertyModule.RegisterCustomPropertyTypeLayout(UMyCustomAsset
::StaticClass()->GetFName(),
FOnGetPropertyTypeCustomizationInstance::CreateStatic(&FMyCust
omAssetPropertyDetails::MakeInstance));
```

12. 다음 코드를 ShutdownModule에 추가한다.

```
FPropertyEditorModule& PropertyModule =
FModuleManager::LoadModuleChecked<FPropertyEditorModule>("Prop
ertyEditor"); PropertyModule.UnregisterCustomClassLayout
(UMyCustomAsset::Sta ticClass()->GetFName());
```

13. 코드를 컴파일하고 편집기를 실행한다. 콘텐츠 브라우저를 사용해 MyCustom Asset의 인스턴스를 새로 만든다.

14. 더블 클릭해서 기본 편집기에 사용자 정의 레이아웃이 표시되는지 확인한다.

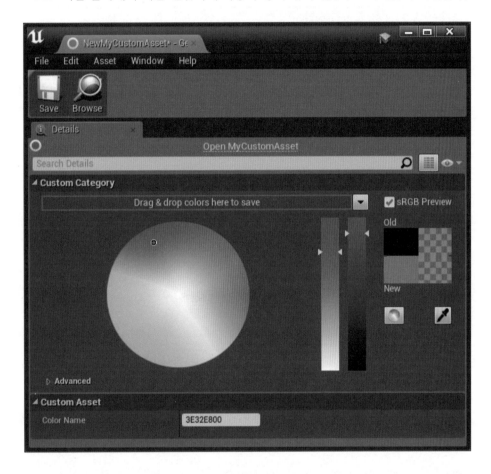

예제 분석

Details 사용자 정의는 IDetailCustomization 인터페이스를 사용해 이뤄지며, 특정 클래스의 애셋을 표시하는 방식을 사용자 정의하려는 클래스를 정의할 때 이 인터페이스를 상속할 수 있다.

IDetailCustomization이 이 처리를 수행하고자 사용하는 주요 함수는 다음과 같다.

```
virtual void CustomizeDetails(IDetailLayoutBuilder&
  DetailBuilder) override;
```

이 함수를 구현할 때, DetailBuilder에서 파라미터로 전달된 메소드를 사용해 선택한 모든 오브젝트의 배열을 가져온다. 이어서 루프는 해낭 오브젝트를 스캔해 선택된 하나 이상의 오브젝트가 올바른 타입인지 확인한다.

클래스의 표시에 대한 사용자 정의는 DetailBuilder 오브젝트의 메소드를 호출해 처리한다. EditCategory 함수를 사용해 세부 사항 보기에 대한 새 카테고리를 만든다.

EditCategory 함수의 첫 번째 파라미터는 조작하려는 카테고리의 이름이다.

두 번째 파라미터는 선택 사항이며 카테고리에 대해 지역화된 표시 이름을 포함한다.

세 번째 파라미터는 카테고리의 우선순위다. 우선순위가 더 높을수록 목록 상단에 표시된다.

EditCategory는 카테고리 자체에 대한 참조를 CategoryBuilder로 반환하므로 추가 메서드 호출을 EditCategory 호출에 연결할 수 있다.

결과적으로 CategoryBuilder에서 AddCustomRow()를 호출하면 카테고리에 표시할 새 키-값 쌍이 추가된다.

슬레이트 구문을 사용해 행에 단일 중앙 정렬 슬롯이 있는 세로 상자가 포함되도록 지정한다.

슬롯 내부에서 색상 선택기 컨트롤을 만들고 해당 OnColorCommitted 델리게이트를 로컬 ColorPicked 이벤트 핸들러에 연결한다.

물론 그렇게 하려면 ColourPicked를 정의하고 구현해야 한다. 함수 형태는 다음과 같다.

```
void FMyCustomAssetDetailsCustomization::ColorPicked(
  FLinearColor SelectedColor)
```

ColorPicked 구현 내에서 선택된 애셋 중 하나가 올바른 타입인지 확인한다. 이는 선택된 애셋이 하나 이상 올바른 경우 MyAsset이 유효한 값으로 채워지기 때문이다.

유효한 애셋이 있다고 가정하면, ColorName 속성을 사용자가 선택한 색상에 해당하는 16진수 문자열 값으로 설정한다.

UE4 API 사용하기

애플리케이션 프로그래밍 인터페이스Application Programming Interface(API)는 프로그래머가 엔진과 PC에 무엇을 해야 하는지 지시하는 방법이다. 11장의 레시피에서 살펴볼 흥미로운 API 중 일부는 다음과 같다.

- Core/Logging API: 커스텀 로그 카테고리 정의
- Core/Logging API: Message Log에 메시지를 쓰는 FMessageLog
- Core/Math API: FRotator를 이용한 회전
- Core/Math API: FQuat를 이용한 회전
- Core/Math API: 한 오브젝트가 다른 오브젝트를 향하도록 FRotationMatrix를 사용해 회전
- Landscape API: 펄린Perlin 노이즈로 풍경 생성
- Foliage API: 레벨에 절차적으로 트리 추가

- Landscape와 Foliage API: Landscape와 Foliage API를 사용한 맵 생성

- GameplayAbility API: 게임 컨트롤을 사용해 액터의 게임플레이 능력을 트리거링

- GameplayAbility API: AttributeSet으로 능력치 구현

- GameplayAbility API: GameplayEffect로 버프 구현

- GameplayTasks API: GameplayTasks로 사건 만들기

- HTTP API: 웹 요청으로 웹 페이지 다운로드

- HTTP API: 다운로드한 진행률 표시하기

소개

UE4의 모든 기능은 기본 및 핵심 기능을 포함해 모듈로 캡슐화된다. 각 모듈에는 API
가 있다. API를 사용하려면 솔루션 탐색기 창에 있는 ProjectName.Build.cs 파일에
빌드에서 사용할 모든 API를 나열해야 한다.

 UE4 프로젝트 이름을 UE4 API 이름 중 하나와 동일하게 지정하면 안 된다.

UE4 엔진 내부에는 다양한 필수 기능을 제공하는 다양한 API가 있다.

편집기에서 사용 가능한 UE4 엔진의 기본 기능은 매우 다양하다. C++ 코드의 기능은
실제로 API라는 작은 섹션으로 그룹화된다. UE4 코드베이스에는 중요한 기능마다 별
도의 API 모듈이 있는데, 이는 코드베이스를 체계적으로 구성하고 모듈화하기 위해
서다.

 다른 API를 사용하려면 Build.cs 파일에 특별한 연결이 필요할 수 있다. 빌드 오류가 발생하
면 API 연결이 제대로 됐는지 확인해야 한다.

전체 API 목록은 https://docs.unrealengine.com/latest/INT/API/ 문서에 있다.

기술적 요구 사항

11장에서는 언리얼 엔진 4를 사용하며 비주얼 스튜디오 2017을 통합 개발 환경(IDE)으로 사용한다. 이 두 소프트웨어를 설치하는 방법은 1장, 'UE4 개발 도구'에서 다뤘다.

Core/Logging API – 커스텀 로그 카테고리 정의

UE4 자체는 액터 클래스 관련 로그 메시지를 포함하는 LogActor와 애니메이션 관련 로그 메시지를 포함하는 LogAnimation 같은 카테고리를 포함해 다양한 로그 카테고리를 정의한다. 일반적으로 UE4는 각 모듈마다 별도의 로그 카테고리를 정의한다. 이를 통해 개발자는 로그 메시지를 다른 로그 스트림으로 출력할 수 있다. 다음의 엔진 로그 메시지처럼 로그 스트림의 이름이 출력 메시지 앞에 붙는다.

```
LogContentBrowser: Native class hierarchy updated for
 'HierarchicalLODOutliner' in 0.0011 seconds. Added 1 classes and 2
 folders.
LogLoad: Full Startup: 8.88 seconds (BP compile: 0.07 seconds)
LogStreaming:Warning: Failed to read file
 '../../../Engine/Content/Editor/Slate/Common/Selection_16x.png'
 error.
LogExternalProfiler: Found external profiler: VSPerf
```

이 로그 메시지는 엔진에서 얻은 샘플이며, 각 메시지 앞에는 카테고리가 붙어 있다. 경고 메시지는 노란색으로 표시되며 Warning이라는 키워드가 앞에 붙는다.

인터넷에서 쉽게 찾을 수 있는 예제 코드는 주로 UE4 프로젝트의 자체 메시지에 LogTemp를 사용하는 경향이 있다.

```
UE_LOG( LogTemp, Warning, TEXT( "Message %d" ), 1 );
```

직접 커스텀 LogCategory를 정의함으로써 이런 부분은 개선할 수 있다.

준비

커스텀 로그를 정의하려는 UE4 프로젝트를 준비한다. 이 로그를 사용할 거의 모든 파일에 포함할 헤더 파일을 연다.

예제 구현

1. 프로젝트의 메인 헤더 파일을 연다. 예를 들어, 프로젝트의 이름이 Chapter_11이라면 Chapter_11.h를 열고 다음 코드를 추가하자.

```
#pragma once

#include "CoreMinimal.h"

DECLARE_LOG_CATEGORY_EXTERN(LogCh11, Log, All);
```

AssertionMacros.h에 정의된 것처럼, 이 선언에는 다음과 같이 세 개의 인수가 있다.

   ○ CategoryName: 이것은 정의되는 로그 카테고리 이름이다(여기서는 LogCh11).
   ○ DefaultVerbosity: 이것은 로그 메시지에 사용할 기본 상세 정보다.
   ○ CompileTimeVerbosity: 이것은 컴파일 코드로 작성되는 상세 정보다.

2. 프로젝트의 메인 .cpp 파일(이번 경우에는 Chapter_11.cpp) 내에 다음 코드를 추가한다.

```
#include "Chapter_11.h"
#include "Modules/ModuleManager.h"
```

```
IMPLEMENT_PRIMARY_GAME_MODULE( FDefaultGameModuleImpl,
Chapter_11, "Chapter_11" );

DEFINE_LOG_CATEGORY(LogCh11);
```

3. 이제 스크립트에서 이 로그 카테고리를 사용할 수 있다. 예를 들어, 프로젝트
   의 GameModeBase 파일(이번 경우에는 Chapter_11GameModeBase.h)을 열고 다
   음 함수 선언을 추가해보자.

```
UCLASS()
class CHAPTER_11_API AChapter_11GameModeBase : public
AGameModeBase
{
  GENERATED_BODY()
  void BeginPlay();
};
```

4. 구현 파일(Chapter_11GameModeBase.cpp)로 이동해 다음 코드를 다양한 카테
   고리 표시의 예로 사용해보자.

```
#include "Chapter_11GameModeBase.h"
#include "Chapter_11.h"

void AChapter_11GameModeBase::BeginPlay()
{
  // 기존 로그 타입
  UE_LOG(LogTemp, Warning, TEXT("Message %d"), 1);

  // 커스텀 로그 타입
  UE_LOG(LogCh11, Display, TEXT("A display message, log is working")); // 회색
으로 출력됨
  UE_LOG(LogCh11, Warning, TEXT("A warning message"));
  UE_LOG(LogCh11, Error, TEXT("An error message "));
}
```

5. 스크립트를 컴파일한 다음, **World Settings** 메뉴를 열고 **GameMode Override** 속성을 Chapter_11GameModeBase로 설정한 후 게임을 실행한다.

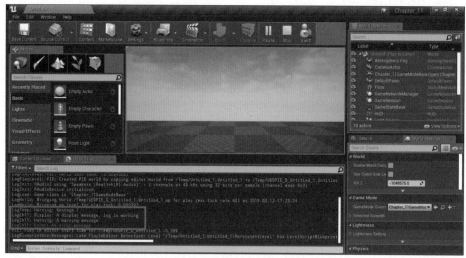

출력 로그창에서 로그 메시지의 위치

보다시피, 커스텀 로그 메시지가 출력되는 모습을 확인할 수 있다.

예제 분석

로그는 출력 로그(Window ➤ Developer Tools ➤ Output Log)뿐만 아니라 파일로도 기록한다. 출력 로그에 출력한 모든 정보는 프로젝트의 /Saved/Logs 폴더에 있는 간단한 텍스트 파일에도 저장된다. 로그 파일의 확장자는 .log이며 가장 최근 이름은 YourProjectName.log다.

부연 설명

다음 콘솔 명령을 사용해 편집기 내에서 특정 로그 채널에 대한 로그 메시지를 활성화하거나 사용하지 않을 수 있다.

```
Log LogName off // LogName 출력을 끈다
Log LogName Log // LogName 출력을 켠다
```

내장 로그 타입의 출력 레벨 초깃값을 편집하고 싶다면 C++ 클래스를 사용해 engine
.ini 설정 파일을 변경할 수 있다(engine.ini 설정 파일의 초깃값을 변경할 수 있다).

 좀 더 자세히 알고 싶다면 https://wiki.unrealengine.com/Logs,_Printing_Messages_
To_Yourself_During_ Runtime을 참고하자.

UE_LOG는 출력을 Output Window로 보낸다. 좀 더 전문화된 Message Log 창을 사용하
려면 FMessageLog 오브젝트를 사용해 출력 메시지를 작성할 수 있다. FMessageLog는
Message Log와 Output Window 양쪽에 로그를 작성한다. 자세한 내용은 다음 레시피를
참고하자.

Core/Logging API
– Message Log에 메시지를 쓰는 FMessageLog

FMessageLog는 출력 메시지를 Message Log(Window > Developer Tools > Message Log)와
Output Log(Window > Developer Tools > Output Log)에 동시에 작성할 때 사용하는 오브젝트다.

준비

프로젝트를 준비하고 Message Log에 기록할 정보를 준비한 후, UE4 편집기에서
Message Log(Window > Developer Tools > Message Log)를 표시한다.

1. 코드베이스에 LOCTEXT_NAMESPACE를 고유한 값으로 정의한 후 메인 헤더 파일 (ProjectName.h)에 #define을 추가한다.

```
#define LOCTEXT_NAMESPACE "Chapter11Namespace"
```

이 #define은 LOCTEXT() 매크로에서 사용하며 FText 오브젝트를 생성하는 데 사용되지만, 출력 메시지에는 표시되지 않는다.

2. 전역으로 FMessageLog를 선언한다. ProjectName.h 파일에 extern을 사용할 수 있다. 다음 예제 코드를 참고하자.

```
#define LOCTEXT_NAMESPACE "Chapter11Namespace"
#define FTEXT(x) LOCTEXT(x, x)

extern FName LoggerName;

void CreateLog(FName logName);
```

3. 이어서 .cpp 파일에 FMessageLog를 정의하고 MessageLogModule에 등록해 FMessageLog를 생성한다. 생성 시점에 로거에게 명확하고 고유한 이름을 지정한다. 이는 Output Log에서 로그 메시지의 왼쪽에 표시되는 로그 카테고리다. 예를 들면 ProjectName.cpp도 카테고리가 될 수 있다.

```
#include "Chapter_11.h"
#include "Modules/ModuleManager.h"
#include "MessageLog/Public/MessageLogModule.h"
#include "MessageLog.h"

// ...

FName LoggerName("MessageLogChapter11");

void CreateLog(FName logName)
```

```
{
    FMessageLogModule& MessageLogModule =
        FModuleManager::LoadModuleChecked<FMessageLogModule>("MessageLog");
    FMessageLogInitializationOptions InitOptions;
    InitOptions.bShowPages = true;
    InitOptions.bShowFilters = true;
    FText LogListingName = FTEXT("Chapter 11's Log Listing");
    MessageLogModule.RegisterLogListing(logName, LogListingName, InitOptions);
}
```

4. 그런 다음, 코드에서 실제로 로그를 만들어 사용한다. 예를 들어, 다음 GameMo
deBase 클래스의 BeginPlay 메서드에 로그를 추가할 수 있다.

```
void AChapter_11GameModeBase::BeginPlay()
{
    // 11-01 - Core/Logging API - 커스텀 로그 카테고리 정의
    // 기존 로그
    UE_LOG(LogTemp, Warning, TEXT("Message %d"), 1);

    // 커스텀 로그 타입
    UE_LOG(LogCh11, Display, TEXT("A display message, log is working")); // 회색
으로 출력됨
    UE_LOG(LogCh11, Warning, TEXT("A warning message"));
    UE_LOG(LogCh11, Error, TEXT("An error message "));

    // 11-02 - Core/Logging API - Message Log에 메시지를
    // 작성하기 위한 FMessageLog
    CreateLog(LoggerName);
    // LoggerName을 사용해 로그 가져오기
    FMessageLog logger(LoggerName);
    logger.Warning(FTEXT("A warning message from gamemode"));
}
```

> LOCTEXT(첫 번째 인수)에 대한 KEY는 반드시 고유해야 하며, 그렇지 않은 경우 이전에 해시된 문자열을 다시 가져오게 된다. 원한다면, 앞에서와 마찬가지로 LOCTEXT의 인수를 두 번 반복하는 #define을 포함할 수 있다.
>
> ```
> #define FTEXT(x) LOCTEXT(x, x)
> ```

5. 다음 코드를 사용해 메시지를 남긴다.

```
logger.Info( FTEXT( "Info to log" ) );
logger.Warning( FTEXT( "Warning text to log" ) );
logger.Error( FTEXT( "Error text to log" ) );
```

이 코드는 앞서 정의한 FTEXT() 매크로를 사용하므로, 코드베이스에 있는지 확인하자.

예제 분석

이번 레시피는 Message Log에 메시지를 출력한다. 앞서 논의한 것처럼, **Message Log**(Window ➤ Developer Tools ➤ Message Log)와 **Output Log**(Window ➤ Developer Tools ➤ Output Log)에서 로그 정보를 확인할 수 있다.

> 초기화 후 메시지 로그를 다시 구성하면 원래 메시지 로그의 사본을 가져온다. 예를 들어 코드 어느 위치에서나 다음 코드를 작성할 수 있다.
>
> ```
> FMessageLog( LoggerName ).Info(FTEXT( "An info message"));
> ```

Core/Math API – FRotator를 이용한 회전

UE4에서는 오브젝트를 회전시킬 때 선택할 수 있는 세 가지 주요 방법인 FRotator, FQuat, FRotationMatrix를 제공한다. 이번 레시피에서는 오브젝트 회전을 위한 세 가지 방법 중 첫 번째인 FRotator를 구성하고 사용하는 방법을 설명한다. 이후 두 개의 추가 레시피를 통해 나머지 방법을 다룬다.

준비

C++ 인터페이스를 얻을 수 있는 오브젝트를 가진 UE4 프로젝트를 연다. 예를 들어, 회전 테스트를 위해 Actor에서 파생된 C++ 클래스 Coin을 만들 수 있다. Coin::Tick() 메서드를 재정의해 C++ 코드로 회전을 적용한다. 또는 블루프린트의 Tick 이벤트에서 회전 함수를 호출할 수도 있다.

이번 예제에서는 액터 컴포넌트를 사용해 초당 1도의 속도로 오브젝트를 회전시킬 것이다. 실제 회전량은 오브젝트가 생성된 후 누적된 시간이 될 것이다. 이 값을 얻으려면 간단히 GetWorld()->TimeSeconds를 호출하면 된다.

예제 구현

1. Modes 탭의 Place 섹션과 Basic 아래에서 Cube 오브젝트를 씬에 끌어다 놓는다.
2. Details 탭에서 Transform 컴포넌트로 이동한 후 Mobility 속성을 Movable로 변경한다.
3. 그런 다음, Add Component 버튼을 클릭하고 New C++ Component를 선택한다.
4. 이후 열리는 메뉴에서 Actor Component를 선택하고 Next를 클릭한다.

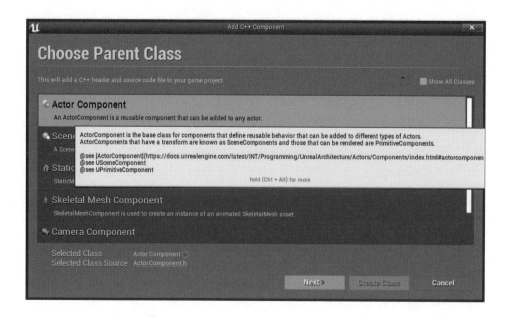

5. 여기서 컴포넌트 이름(예: RotateActorComponent)을 입력하고 **Create Class** 버튼을 누른다.

6. FRotator를 구성한다. FRotator는 다음 예제처럼 스톡 피치^{stock pitch}, 요^{yaw}, 롤^{roll}을 사용해 구성할 수 있다.

```
FRotator (float InPitch, float InYaw, float InRoll);
```

7. FRotator 구성은 다음과 같다.

```
FRotator rotator( 0, GetWorld()->TimeSeconds, 0 );
```

8. UE4에서 오브젝트의 표준 방향은 전방^{Forward}이 +X축, 오른쪽^{Right}이 +Y축, 위쪽^{Up}이 +Z축이다.

9. 피치는 Y축을 중심으로 한 회전이고, 요는 Z축을 중심으로 한 회전이며, 롤은 X축을 중심으로 한 회전이다. 다음 설명을 통해 이 부분을 이해하고 넘어가자.

   ○ **피치**: UE4 표준 좌표계에 놓인 비행기를 생각하면 Y축이 날개 길이 방향

이다(피칭^{pitching}은 앞뒤로의 기울어짐을 의미함).

- ○ **요**: Z축은 수직으로의 상하 방향이다(요잉^{yawing}은 왼쪽과 오른쪽으로의 움직임을 의미함).

- ○ **롤**: X축은 평면의 동체를 따라 직선 방향이다(롤링^{rolling}은 배럴 롤$^{barrel\ roll}$을 의미함).

 TIP 다른 규칙에서는 X축을 피치, Y축을 요, Z축을 롤로 사용하기도 한다.

10. 다음과 같이 SetActorRotation 멤버 함수를 사용해 액터에 FRotator를 적용한다.

```
// 프레임마다 호출됨
void URotateActorComponent::TickComponent(float DeltaTime,
ELevelTick TickType, FActorComponentTickFunction*
ThisTickFunction)
{
  Super::TickComponent(DeltaTime, TickType, ThisTickFunction);

  FRotator rotator(0, GetWorld()->TimeSeconds, 0);
  GetOwner()->SetActorRotation(rotator);
}
```

Core/Math API – FQuat를 이용한 회전

쿼터니언^{quaternion}(사원법)은 다소 복잡하다고 느껴질 수도 있겠지만, 실제로는 사용하기 매우 쉽다. 다음 영상을 보면 수학적인 이론의 배경을 참고할 수 있다.

- **넘버필**^{Numberphile}의 'Fantastic Quaternions': https://www.youtube.com/watch?v=3BR8tK-LuB0
- **짐 반 버스**$^{Jim\ Van\ Verth}$의 'Understanding Quaternions': http://gdcvault.com/play/1017653/Math-for-Game-Programmers-Understanding

하지만 여기서는 수학적인 내용을 다루지 않을 것이며, 사실 쿼터니언에 대한 수학적인 배경을 모르더라도 사용하는 데 큰 지장은 없다.

준비

프로젝트를 준비하고 액터의 ::Tick() 함수를 재정의해 C++ 코드를 추가해보자.

예제 구현

1. 쿼터니언을 구성할 때 가장 적합한 생성자는 다음과 같다.

```
FQuat( FVector Axis, float AngleRad );
```

 쿼터니언은 쿼터니언 덧셈, 쿼터니언 뺄셈, 스칼라 곱하기, 스칼라 나누기 함수를 지원한다. 이 함수들은 임의의 각도로 물체를 회전시키거나 서로 가리키도록 할 때 매우 유용하다.

2. 예를 들어 RotateActorComponent.cpp 파일 내에서 FQuat를 사용하려면 다음과 같이 할 수 있다.

```
void URotateActorComponent::TickComponent(float DeltaTime,
ELevelTick TickType, FActorComponentTickFunction*
ThisTickFunction)
{
  Super::TickComponent(DeltaTime, TickType, ThisTickFunction);

  // 11-04 - FQuat를 사용한 회전
  FQuat quat = FQuat(FVector(0, 1, 0),
    GetWorld()->TimeSeconds * PI / 4.f);
  GetOwner()->SetActorRotation(quat);
}
```

코드를 컴파일하고 게임을 다시 실행하면, 일정한 속도로 큐브가 회전하는 모습을 볼수 있다.

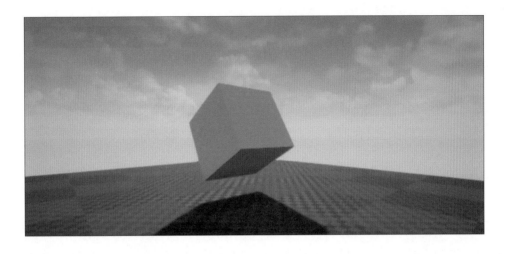

예제 분석

쿼터니언이 다소 낯설지도 모르지만, 사용 방법은 매우 간단하다. 만일 v가 회전 축이라면, θ는 회전 각도의 크기다. 따라서 쿼터니언 컴포넌트의 공식은 다음과 같다.

$$
\begin{aligned}
x &= v_x \sin\left(\frac{\theta}{2}\right) \\[1.2em]
y &= v_y \sin\left(\frac{\theta}{2}\right) \\[1.2em]
z &= v_z \sin\left(\frac{\theta}{2}\right) \\[1.2em]
w &= \cos\left(\frac{\theta}{2}\right)
\end{aligned}
$$

그러므로 예를 들어 회전 축 $v = (1, 2, 1) = \left(\frac{1}{\sqrt{5}}, \frac{2}{\sqrt{5}}, \frac{1}{\sqrt{5}} \right)$을 $\frac{\pi}{2}$의 각도로 회전하는 쿼터니언 컴포넌트는 다음과 같아진다.

$$(x, y, z, w) = \left(\frac{1}{\sqrt{10}}, \frac{2}{\sqrt{10}}, \frac{1}{\sqrt{10}}, \frac{1}{\sqrt{2}} \right)$$

쿼터니언의 네 가지 컴포넌트 중 세 가지 컴포넌트(x, y, z)는 회전 축으로 정의하고, 네 번째 컴포넌트(w)는 회전할 각도 절반의 코사인^{cosine}만을 갖는다.

부연 설명

쿼터니언은 그 자체로 벡터이므로 회전할 수 있다. 쿼터니언의 (x, y, z) 컴포넌트를 추출하고 정규화한 다음 해당 벡터를 회전시키면 된다. 원하는 회전 각도로 새 단위 벡터에서 새 쿼터니언을 구성하면 된다.

쿼터니언을 곱하면 연속적으로 발생하는 일련의 회전이 된다. 예를 들어, X축을 기준으로 $45º$ 회전한 다음 Y축을 기준으로 $45º$ 회전하면 다음과 같이 구성된다.

```
FQuat( FVector( 1, 0, 0 ), PI/4.f ) *
FQuat( FVector( 0, 1, 0 ), PI/4.f );
```

그 결과는 다음과 비슷한 모습을 보여준다.

API – 한 오브젝트가 다른 오브젝트를 향하도록 FRotationMatrix를 사용해 회전

FRotationMatrix는 일련의 ::Make* 루틴을 통한 매트릭스 구성을 제공한다. 이는 사용하기 쉽고 한 오브젝트가 다른 오브젝트를 향하도록 하는 데 유용하다. 두 오브젝트 중 하나가 다른 오브젝트를 따르고 있다고 가정해보자. 우리는 뒤따르는 오브젝트가 앞선 오브젝트를 늘 바라보길 희망한다. FRotationMatrix가 제공하는 구성 방식을 사용하면 이를 쉽게 처리할 수 있다.

준비

씬에 두 개의 액터가 있고, 그중 하나는 다른 하나를 향해야 한다.

1. 추격자 역할을 할 새로운 C++ 액터 컴포넌트 FollowActorComponent를 추가한다. 도움이 필요하다면 'Core/Math API – FRotator를 이용한 회전' 레시피를 참고하자.

2. FollowActorComponent.h 파일에서 따라가려는 오브젝트에 대한 참조가 필요하므로 다음 코드를 추가한다.

```cpp
UCLASS( ClassGroup=(Custom),
meta=(BlueprintSpawnableComponent) )
class CHAPTER_11_API UFollowActorComponent : public
UActorComponent
{
  GENERATED_BODY()

public:
  // 이 컴포넌트 속성의 기본값 설정
  UFollowActorComponent();

protected:
  // 게임이 시작될 때 호출됨
  virtual void BeginPlay() override;

public:
  // 프레임마다 호출됨
  virtual void TickComponent(float DeltaTime, ELevelTick
    TickType, FActorComponentTickFunction* ThisTickFunction)
    override;
  UPROPERTY(EditAnywhere)
  AActor * target;
};
```

3. 그런 다음, FollowActorComponent.cpp 파일의 TickComponent 함수 내에서 FRotationMatrix 클래스하에서 사용할 수 있는 생성자를 찾는다. FRotationMatrix::Make*() 패턴의 이름을 가진 다양한 생성자가 있는데, 그중에서 적당한 생성자를 골라 *X*, *Y*, *Z*축 중 하나 이상을 변경해 오브젝트의 회전을 지정할 수 있다.

4. 액터의 기본 방향이 있다고 가정하면(앞으로 +*X*축을 향하고, 위로 +*Z*축을 향함), 다음 코드와 같이 팔로어follower에서 따라가려는 오브젝트로의 벡터를 찾는다.

```cpp
// 프레임마다 호출됨
void UFollowActorComponent::TickComponent(float DeltaTime,
ELevelTick TickType, FActorComponentTickFunction*
ThisTickFunction)
{
  Super::TickComponent(DeltaTime, TickType,
    ThisTickFunction);

  FVector toFollow = target->GetActorLocation() -
    GetOwner()->GetActorLocation();

  FMatrix rotationMatrix =
    FRotationMatrix::MakeFromXZ(toFollow,
    GetOwner()->GetActorUpVector());

  GetOwner()->SetActorRotation(rotationMatrix.Rotator());
}
```

5. 스크립트를 컴파일하고 Details 탭에서 Follow Actor Component 내부의 Target
   속성을 할당한다. 속성 오른쪽의 스포이드 버튼을 사용하거나 드롭다운 목록
   을 사용하면 된다.

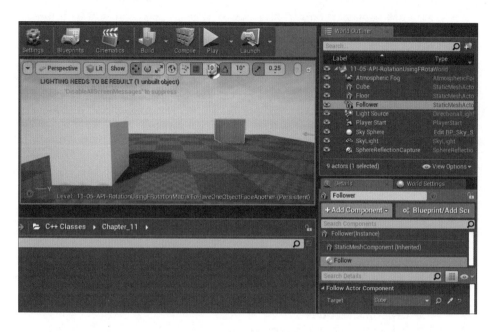

모두 잘 진행되면, 액터가 목표물을 제대로 바라보는 것을 확인할 수 있다.

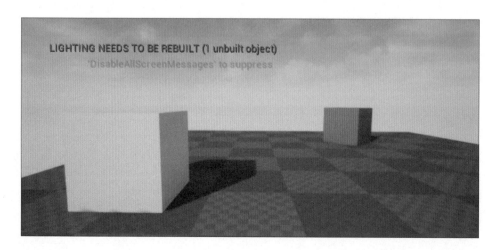

오브젝트의 스톡 방향^{stock orientation}에 따라 그에 맞는 함수를 호출해 원하는 업 벡터를 사용하면 한 오브젝트에서 다른 오브젝트를 바라보게 할 수 있다. 일반적으로 Y축(오른쪽) 또는 Z축(위쪽) 벡터(FRotationMatrix::MakeFromXY())를 지정하는 동안 X축(전방)의 방향을 바꾸려고 한다. 예를 들어, 액터가 lookAlong 벡터에 맞춰 방향을 설정하게 하려면 다음과 같이 FRotationMatrix를 구성하고 설정한다.

```
FRotationMatrix rotationMatrix = FRotationMatrix::MakeFromXY(
  lookAlong, right );
actor->SetActorRotation( rotationMatrix.Rotator() );
```

GameplayAbility API
– 게임 컨트롤을 사용해 액터의 게임플레이 능력을 트리거링

GameplayAbility API를 사용하면 특정 버튼을 눌렀을 때 호출할 C++ 함수를 연결해 키 입력 이벤트에 반응함으로써 게임 유닛이 플레이 중에 능력을 사용하도록 할 수 있다. 이번 레시피에서는 이를 처리하는 방법을 보여준다.

준비

게임 캐릭터가 갖고 있는 능력을 열거하고 설명한다. 캐릭터가 키 이벤트에 반응해 무엇을 할 수 있는지 알 필요가 있다.

이번에 사용할 오브젝트는 다음과 같다.

- UGameplayAbility 클래스: 이 클래스를 파생해 각 기능을 담당할 개별 파생 클래스의 인스턴스를 만든다.

○ 다음과 같은 함수를 재정의해 .h와 .cpp에 각 기능을 정의한다.

```
UGameplayAbility::ActivateAbility,
UGameplayAbility::InputPressed,
UGameplayAbility::CheckCost,
UGameplayAbility::ApplyCost,
UGameplayAbility::ApplyCooldown 등
```

● GameplayAbilitiesSet은 일련의 열거된 명령 값과 특정 입력 명령의 동작을 정의하는 해당 UGameplayAbility 파생 클래스의 블루프린트를 포함하는 DataAsset 파생 오브젝트다. 각 GameplayAbility는 DefaultInput.ini에서 설정한 키 입력 또는 마우스 클릭으로 시작된다.

예제 구현

다음 코드에서 Warrior 클래스 오브젝트를 위한 UGameplayAbility_Attack이라는 UGameplayAbility 파생 클래스를 구현해본다. 이 게임플레이 기능을 마우스 왼쪽 버튼이 눌렸을 때 활성화할 입력 명령 문자열 Ability1에 연결할 것이다.

1. Build.cs 파일(여기서는 Chapter_11.Build.cs)을 열고 다음 내용을 추가한다.

```
using UnrealBuildTool;

public class Chapter_11 : ModuleRules
{
  public Chapter_11(ReadOnlyTargetRules Target) :
  base(Target)
  {
    PCHUsage = PCHUsageMode.UseExplicitOrSharedPCHs;
    PublicDependencyModuleNames.AddRange(new string[] {
    "Core", "CoreUObject", "Engine", "InputCore" });
    PublicDependencyModuleNames.AddRange(new string[] {
    "GameplayAbilities", "GameplayTags", "GameplayTasks"
    });
    PrivateDependencyModuleNames.AddRange(new string[] {
```

```
        });
    }
}
```

2. 코드를 컴파일한다.

3. 언리얼 편집기에서 Settings > Plugins로 이동한다.

4. 팝업 메뉴에서 GameplayAbility를 찾아 활성화한다. 확실한지 묻는 메시지가
   나타나는데, Yes 버튼을 선택하면 된다.

5. 이후 Restart Now 버튼을 클릭하면 프로젝트에 클래스가 제대로 추가될 것이다.

6. 콘텐츠 브라우저에서 Add New ➤ New C++ Class...를 선택하고 Show All Classes 옵션을 체크해 Add C++ Class 마법사에 접근한다. 여기서 gameplayability를 입력한 후 GameplayAbility 클래스를 새로운 클래스의 베이스 클래스로 선택한다.

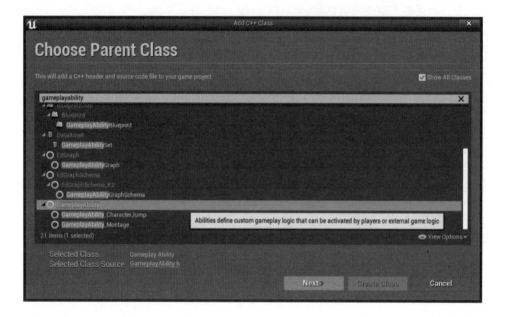

7. 새로운 게임플레이 기능의 이름을 GameplayAbility_Attack으로 정하고 Create Class를 누른다.

8. 적어도 다음은 재정의해야 한다.
   ○ UGameplayAbility_Attack::CanActivateAbility 멤버 함수는 액터가 능력을 호출할 수 있는 시기를 나타낸다.
   ○ UGameplayAbility_Attack::CheckCost 함수는 플레이어가 능력을 사용할 여유가 있는지 나타낸다. 이 함수가 false를 반환하면 능력 호출이 실패해야 하므로 매우 중요하다.
   ○ UGameplayAbility_Attack::ActivateAbility 멤버 함수는 Attack 능력이 활성화될 때 Warrior가 실행할 코드를 작성한다.

○ UGameplayAbility_Attack::InputPressed 멤버 함수는 능력에 지정된 키 입력 이벤트에 응답한다.

```cpp
#pragma once

#include "CoreMinimal.h"
#include "Abilities/GameplayAbility.h"
#include "GameplayAbility_Attack.generated.h"

UCLASS()
class CHAPTER_11_API UGameplayAbility_Attack : public
UGameplayAbility
{
  GENERATED_BODY()

  /** 능력을 바로 활성화할 수 있으면 true를 반환한다.
  사이드 이펙트는 없다 */
  virtual bool CanActivateAbility(const
    FGameplayAbilitySpecHandle Handle, const
    FGameplayAbilityActorInfo* ActorInfo, const
    FGameplayTagContainer* SourceTags = nullptr, const
FGameplayTagContainer* TargetTags = nullptr, OUT
    FGameplayTagContainer* OptionalRelevantTags = nullptr) const {
      UE_LOG(LogTemp, Warning, TEXT("ability_attack
      CanActivateAbility!"));
      return true;
    }
  /** 비용을 검사한다. 만일 능력에 대한 비용을 치를 수 있다면
  true를 반환한다. 그렇지 않다면 false를 반환한다 */
  virtual bool CheckCost(const FGameplayAbilitySpecHandle
    Handle, const FGameplayAbilityActorInfo* ActorInfo, OUT
    FGameplayTagContainer* OptionalRelevantTags = nullptr)
  const {
    UE_LOG(LogTemp, Warning, TEXT("ability_attack
      CheckCost!"));
    return true;
    //return Super::CheckCost( Handle, ActorInfo,
    //OptionalRelevantTags );
  }
```

```cpp
virtual void ActivateAbility(const FGameplayAbilitySpecHandle
  Handle, const FGameplayAbilityActorInfo* ActorInfo, const
  FGameplayAbilityActivationInfo ActivationInfo,
  const FGameplayEventData* TriggerEventData)
{
  UE_LOG(LogTemp, Warning, TEXT("Activating
  ugameplayability_attack().. swings weapon!"));
  Super::ActivateAbility(Handle, ActorInfo,
    ActivationInfo,
  TriggerEventData);
}

/** 입력 바인딩 스텁 */
virtual void InputPressed(const FGameplayAbilitySpecHandle
Handle, const FGameplayAbilityActorInfo* ActorInfo, const
FGameplayAbilityActivationInfo ActivationInfo) {
  UE_LOG(LogTemp, Warning, TEXT("ability_attack
  inputpressed!"));
  Super::InputPressed(Handle, ActorInfo,
    ActivationInfo);
}
};
```

9. UE4 편집기 내의 UGameplayAbility_Attack 오브젝트에서 블루프린트 클래스
   를 파생시킨다.

10. 편집기 내에서 콘텐츠 브라우저로 이동한 후 다음 과정을 수행해 `GameplayAbil`
    `itiesSet` 오브젝트를 생성한다.

    ○ 콘텐츠 브라우저에서 마우스 오른쪽 버튼을 클릭한 후 Miscellaneous >
       Data Asset을 선택한다.

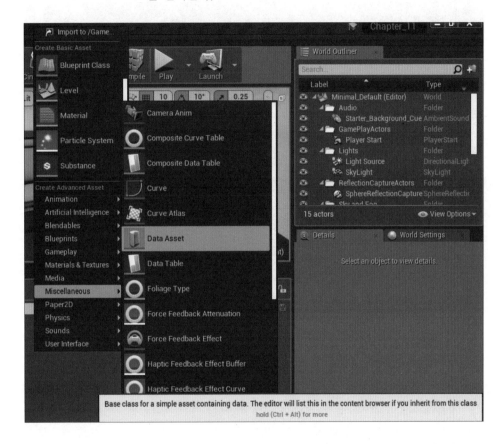

    ○ 다음 대화상자에서 Data Asset Class를 위한 `GameplayAbilitySet`을 선택
       한다.

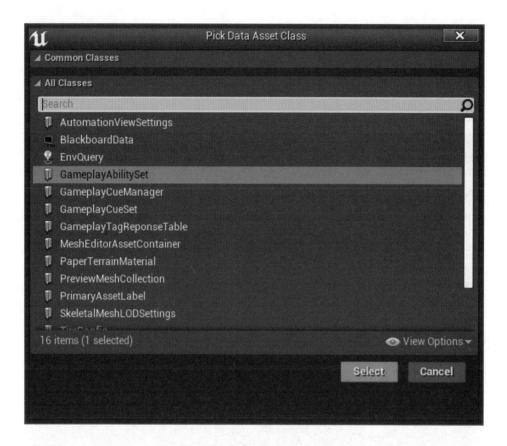

 실제로 GameplayAbilitySet 오브젝트는 UDataAsset에서 파생된 것으로, GameplayAbil
itySet.h에 있으며 하나의 멤버 함수 GameplayAbilitySet::GiveAbilities()를 포함하고 있
다. 다만 이 오브젝트는 사용하지 않는 것이 좋은데, 그 이유는 다음 단계에서 살펴본다.

11. GameplayAbilitySet 데이터 애셋의 이름을 WarriorAbilitySet 오브젝트와 관련
    된 것으로 정해서 이를 Warrior 클래스(예: WarriorAbilitySet)에 넣어야 한다는
    사실을 알 수 있도록 한다.

12. 새로운 WarriorAbilitySet 데이터 애셋을 열고 편집하기 위해 더블 클릭을 하
    고, 내부의 TArray 오브젝트에서 +를 클릭해 GameplayAbility 클래스 파생 블

루프린트 목록에 쌓는다. UGameplayAbility_Attack 오브젝트가 드롭다운에 나
타나야 한다.

13. 이제 이 기능 세트를 포함할 수 있도록 Character 클래스 파생 오브젝트를 만
    들어야 한다. 이 예제에서는 이 클래스를 Warrior라고 부르자.

14. UPROPERTY UGameplayAbilitySet* gameplayAbilitySet 멤버를 Warrior 클래스에
    추가한다.

```
#pragma once

#include "CoreMinimal.h"
#include "GameFramework/Character.h"
#include "GameplayAbilitySet.h"
#include "AbilitySystemInterface.h"
```

```cpp
#include "Warrior.generated.h"

#define FS(x,...) FString::Printf( TEXT( x ), __VA_ARGS__ )

UCLASS()
class CHAPTER_11_API AWarrior : public ACharacter, public
IAbilitySystemInterface
{
  GENERATED_BODY()

public:
  // 캐릭터 속성에 대한 기본값을 설정한다
  AWarrior();

protected:
  // 게임이 시작되거나 소환될 때 호출됨
  virtual void BeginPlay() override;

public:
  // 프레임마다 호출됨
  virtual void Tick(float DeltaTime) override;

  // 기능과 입력을 연결할 때 호출됨
  virtual void SetupPlayerInputComponent(class
    UInputComponent* PlayerInputComponent) override;

  // 플레이어의 다양한 능력에 대한 키 트리거를 나열한다
  // UGameplayAbilitySet의 인스턴스를 선택한다
  // 이는 콘텐츠 브라우저에서 구성한 UDataAsset 파생이다
  UPROPERTY(EditAnywhere, BlueprintReadWrite, Category = Stats)
  UGameplayAbilitySet* gameplayAbilitySet;

  // AbilitySystemComponent 자체
  UPROPERTY(EditAnywhere, BlueprintReadWrite, Category = Stats)
  UAbilitySystemComponent* AbilitySystemComponent;

  // IAbilitySystemInterface 구현
  virtual UAbilitySystemComponent*
    GetAbilitySystemComponent() const { return
    AbilitySystemComponent; }
```

```
};
```

Actor 클래스 파생이 UAbilitySystemInterface 인터페이스도 상속하는지 확인
하자. (Cast<IAbilitySystemInterface>(yourActor))->GetAbilitySys temCompone
nt() 호출이 성공하려면 이 부분이 매우 중요하다.

15. Warrior 클래스의 블루프린트를 생성하고 Gameplay Ability Set을 앞서 생성한
Warrior Ability Set으로 설정한 후, Ability System Component를 Ability System
Component로 설정한다.

16. 설정을 마치면, MyWarrior를 게임 모드의 **Default Pawn Class**로 지정한다.

17. WarriorAbilitySet을 컴파일하고, 실행하고, 선택해 Warrior가 사용할 수 있는 능력을 콘텐츠 브라우저(단계 5~7에서 생성)에 배치한다.

18. 액터 생성이 끝나면 잠시 후, gameplayAbilitySet->GiveAbilities(abilitySyste mComponent);를 호출하거나 다음 단계처럼 abilitySystemComponent->GiveAbili ty()를 호출한 지점에서 gameplayAbilitySet에 나열된 각 능력에 대해 반복문 을 수행한다.

19. 입력 컨트롤러를 Warrior의 GameplayAbility 활성화에 연결하고자 AWarrior:: SetupPlayerInputComponent(UInputComponent* Input)을 재정의한다. 그러고 나 서, GameplayAbilitySet의 Abilities 그룹에 나열된 각 GameplayAbility를 순회 한다.

```
#include "AbilitySystemComponent.h"

// ...

// 기능을 입력에 바인딩하기 위해 호출됨
void AWarrior::SetupPlayerInputComponent(UInputComponent* Input)
{
  Super::SetupPlayerInputComponent(Input);

  // 클래스의 AbilitySystemComponent를
  // 액터의 입력 컴포넌트에 연결
  AbilitySystemComponent->BindToInputComponent(Input);

  // gameplayAbilitySet의 각 BindInfo를 순회함
  // AbilitySystemComponent에서 각각을 제공하고 활성화한다
  for (const FGameplayAbilityBindInfo& BindInfo :
    gameplayAbilitySet->Abilities)
  {
```

```cpp
FGameplayAbilitySpec spec(
  // UClass의 인스턴스를 얻는다
  BindInfo.GameplayAbilityClass->
  GetDefaultObject<UGameplayAbility>(),
  1, (int32)BindInfo.Command);

// 능력을 나중에 호출하기 위해 능력 핸들을 저장한다
FGameplayAbilitySpecHandle abilityHandle =
  AbilitySystemComponent->GiveAbility(spec);

// 능력을 호출하는 정수 id
// (열거형 목록 내의 i번째 값)
int32 AbilityID = (int32)BindInfo.Command;

// 입력 이벤트를 GameplayAbility의
// InputPressed() / InputReleased() 이벤트에
// 연결하기 위해 inputBinds 오브젝트를 구성한다
FGameplayAbilityInputBinds inputBinds(

  // 액터 인스턴스의 기능 시작을 정의하는
  // 고유한 문자열이어야 한다
  // 문자열 형식은 다음과 같다
  // "ConfirmTargetting_Player0_AbilityClass"
  FS("ConfirmTargetting_%s_%s", *GetName(),
    *BindInfo.GameplayAbilityClass->GetName()),
  FS("CancelTargetting_%s_%s", *GetName(),
    *BindInfo.GameplayAbilityClass->GetName()),
  "EGameplayAbilityInputBinds", // The name of the
  // 능력 목록을 가진 열거형
  // (GameplayAbilitySet.h)
  AbilityID, AbilityID
);
// 각 능력을 입력 컴포넌트에 연결해야 한다
// 그렇지 않으면, 해당 능력은 입력 이벤트를 받지 못한다
// InputPressed () / InputReleased () 이벤트 트리거를
// 활성화해 원하는 경우 TryActivateAbility()를
// 호출하는 데 사용할 수 있다
AbilitySystemComponent->BindAbilityActivationToInputComponent(
  Input, inputBinds
);
```

```
// 상태를 활성화하기 위해 능력을 테스트한다
// 이 Warrior 클래스에서 키가 눌린 것처럼
// 직접 수동으로 능력을 호출할 수 있다
// TryActivateAbility()는 현재 Ability의 클래스 내부 규칙에 따라
// 능력이 실제 호출되지 않는 경우 ActivateAbility()를 호출한다
// (예: 재사용 대기 시간 준비 및 비용 충족)
AbilitySystemComponent->TryActivateAbility(
    abilityHandle, 1);
    }
}
```

20. 코드를 컴파일하고 게임을 플레이한다.

예제 분석

적절하게 구성된 FGameplayAbilitySpec 오브젝트를 사용해 UAbilitySystemComponent::GiveAbility(spec)에 대한 일련의 호출을 통해 일련의 UGameplayAbility 오브젝트에서 액터의 UAbilitySystemComponent 오브젝트로 서브클래싱하고 연결해야 한다. 이를 통해 액터에 다양한 GameplayAbility를 제공할 수 있다. 비용, 쿨다운cooldown, 활성화 등 각 UGameplayAbility의 모든 기능은 UGameplayAbility 파생 클래스에 잘 담겨 있다.

GameplayAbilitySet::GiveAbilities() 멤버 함수는 나중에 입력 컴포넌트와 관련된 기능을 바인딩하고 호출하는 데 실제로 필요한 일련의 FGameplayAbilitySpecHandle 오브젝트 세트에 접근할 수 없으므로 사용하지 말아야 한다.

다음의 구현을 포함해 GameplayAbility.h 헤더 파일에서 사용할 수 있는 다른 여러 함수를 신중하게 작성해야 한다.

- SendGameplayEvent: 일반적인 게임플레이 이벤트가 발생했음을 GameplayAbility 에 알리는 함수
- CancelAbility: 능력의 사용을 도중에 멈추고 사용 중지 상태로 만드는 함수
- UGameplayAbility 클래스 선언의 맨 아래에는 특정 GameplayTag를 추가하거나 제거할 때 기능을 활성화하거나 취소하는 기존 UPROPERTY 지정자가 많이 있다.
- 그 외에도 많은 내용이 있으니 API를 살펴본 후 유용하다고 생각하는 기능을 구현하면 된다.

- GameplayAbility API는 풍부하고 훌륭하게 짜여진 일련의 오브젝트와 함수다. GameplayEffects, GameplayTags, GameplayTasks를 UGameplayAbility 클래스와 어떤 형태로 통합하는지 살펴보고, 이를 통해 라이브러리가 제공하는 기능을 완전히 살펴보자. API에 대한 자세한 내용은 https://api.unrealengine. com/INT/API/Plugins/GameplayAbilities/index.html을 참조하자.

GameplayAbility API – AttributeSet으로 능력치 구현

GameplayAbility API를 사용하면 일련의 속성, 즉 UAttributeSet을 액터에 연결할 수 있다. UAttributeSet은 Hp, Mana, Speed, Armor, AttackDamage 등과 같은 해당 액터의 게임 내 속성에 적합한 속성을 표현한다. 모든 액터에 공통인 단일한 게임 전체 속성 세트를 정의하거나 종족을 대표하는 속성 세트를 정의할 수도 있다.

준비

AbilitySystemComponent는 GameplayAbility API와 UAttributeSet 클래스를 사용하기 위해 액터에 가장 먼저 추가해야 하는 액터다. 커스텀 UAttributeSet을 정의하려면 간단히 UAttributeSet 베이스 클래스를 상속받은 후 UPROPERTY 멤버를 사용해 클래스를 확장하면 된다. 그런 다음, Actor 클래스의 AbilitySystemComponent에 커스텀 Attribute Set을 등록하면 된다.

예제 구현

1. 아직까지 'GameplayAbility API – 게임 컨트롤을 사용해 액터의 게임플레이 능력을 트리거링' 레시피의 단계 1~4를 진행하지 않았다면 먼저 진행하자. 이는 ProjectName.Build.cs 파일에서 GameplayAbility API에 연결하고 기능을 활성화하는 데 필요하다.
2. 콘텐츠 브라우저로 이동해 Add New > Add C++ Class를 선택함으로써 새로운 C++ 클래스를 생성한다. Add C++ Class 메뉴에서 Show All Classes 옵션을 선택한다. 입력창에 attr을 입력하고 AttributeSet을 부모 클래스로 선택한 후 Next 버튼을 누른다.

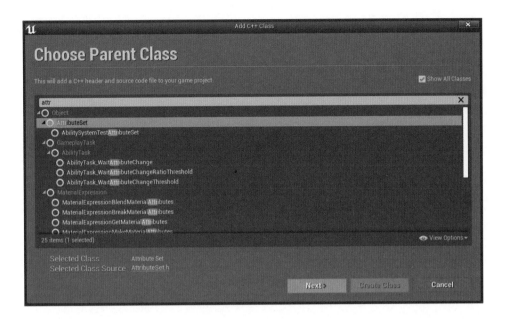

3. 클래스 이름을 GameUnitAttributeSet으로 정하고 **Create Class**를 클릭한다.

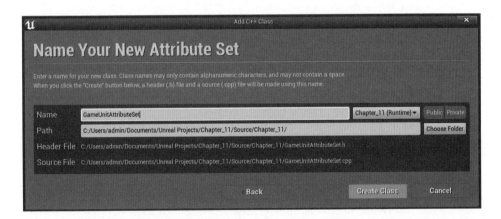

클래스가 생성되면, 각 액터가 속성으로 가지길 원하는 UPROPERTY 지정자 세트로 클래스를 구성한다.

4. 예를 들어, 다음 코드와 유사한 UAttributeSet 파생 클래스를 선언할 수 있다.

```cpp
#pragma once

#include "CoreMinimal.h"
#include "AttributeSet.h"
#include "GameUnitAttributeSet.generated.h"

/**
 *
 */

UCLASS(Blueprintable, BlueprintType)
class CHAPTER_11_API UGameUnitAttributeSet : public
UAttributeSet
{
  GENERATED_BODY()
public:
  UPROPERTY(EditAnywhere, BlueprintReadWrite, Category =
    GameUnitAttributes)
  float Hp;

  UPROPERTY(EditAnywhere, BlueprintReadWrite, Category =
    GameUnitAttributes)

  float Mana;

  UPROPERTY(EditAnywhere, BlueprintReadWrite, Category =
    GameUnitAttributes)
  float Speed;
};
```

 코드가 네트워크로 연결돼 있는 경우, UPROPERTY 매크로의 복제된 선언으로 각 UPROP
ERTY 지정자에서 복제를 사용하도록 설정할 수 있다.

5. GameUnitAttributeSet을 액터 클래스 내의 AbilitySystemComponent와 연결한다. Warrior 클래스에 이를 적용하려면, 앞서 생성한 Warrior.h 파일을 열고다음 함수 선언을 추가하면 된다.

```
virtual void PostInitializeComponents() override;
```

6. 그런 다음, Warrior.cpp를 열고 다음 #include를 추가한다.

```
#include "GameUnitAttributeSet.h"
```

7. 함수를 구현한다.

```
void AWarrior::PostInitializeComponents()
{
  Super::PostInitializeComponents();

  if(AbilitySystemComponent)
  {
    AbilitySystemComponent->InitStats(
      UGameUnitAttributeSet::StaticClass(), NULL);
  }
}
```

 TIP 이 호출을 PostInitializeComponents() 어딘가에 넣거나 나중에 호출되는 코드에 넣을 수있다.

8. UAttributeSet을 등록하면 다음 레시피로 넘어가서 속성 세트의 일부 요소에GameplayEffect를 적용할 수 있다.

9. Actor 클래스 오브젝트는 IAbilitySystemInterface를 상속받아 구현해야 한다.이는 UAbilitySet 오브젝트가 GetAbilitySystemComponent()를 호출하기 위해IAbilitySystemInterface로 캐스팅을 시도하기 때문에 매우 중요하다.

예제 분석

UAttributeSet을 사용하면 다양한 액터의 속성을 열거하고 정의할 수 있다. 특정 액터의 속성을 변경할 때는 GameplayEffects를 도구로 사용할 수 있다.

부연 설명

AbilitySystemComponent의 AttributeSet 컬렉션에서 동작하는 GameplayEffects의 정의를 코딩할 수 있다. 특정 시간에 실행되거나 특정 이벤트를 따르거나 태그 추가(GameplayTagResponseTable.cpp)에 대한 응답으로 실행되는 일반 함수를 위한 GameplayTasks를 작성할 수도 있다. GameplayTag를 정의해 GameplayAbility 동작을 수정하고, 플레이 중 게임플레이 유닛을 선택하고 매칭할 수 있다.

GameplayAbility API – GameplayEffect로 버프 구현

버프는 AttributeSet에서 게임 유닛의 속성을 일시적, 영구적 또는 반복적으로 변경하는 효과를 말한다. 버프는 좋을 수도 있고 나쁠 수도 있으며, 보너스가 될 수도 있고 페널티가 될 수도 있다. 예를 들어, 유닛의 속도를 절반으로 낮추는 버프, 속도를 두 배로 증가시키는 버프, 3분 동안 5초마다 5 HP를 회복하는 버프가 있을 수 있다. GameplayEffect는 액터의 AbilitySystemComponent에 연결된 UAttributeSet의 개별 게임플레이 속성에 영향을 준다.

준비

게임 내에서 만들고 싶은 게임 유닛의 효과에 대한 아이디어를 고민해보자. 이전 레시피에서 본 것처럼 적용하려는 게임플레이 속성으로 AttributeSet을 생성했는지 확인한다. 구현할 효과를 선택하고 예제의 다음 단계를 따라가보자.

출력 로그로 이동해 '를 입력한 다음 LogAbilitySystem All을 입력해 LogAbilitySystem을 VeryVerbose 설정으로 전환할 수 있다. 그러면 출력 로그에 AbilitySystem의 더 많은 정보 가 표시돼 시스템 내에서 진행 중인 작업을 좀 더 쉽게 확인할 수 있다.

예제 구현

다음 단계에서는 선택된 유닛의 AttributeSet에 50 HP를 올려주는 간단한 GameplayEff ect를 만들어본다.

1. 앞에서 생성한 Warrior.h 파일을 열고 다음 함수 정의를 추가한다.

```
void TestGameplayEffect();
```

2. 이어서 Warrior.cpp를 열고 다음 메서드를 추가한다.

```
inline UGameplayEffect* ConstructGameplayEffect(FString name)
{
    return NewObject<UGameplayEffect>(GetTransientPackage(), FName(*name));
}

inline FGameplayModifierInfo& AddModifier(
    UGameplayEffect* Effect, UProperty* Property,
    EGameplayModOp::Type Op,
    const FGameplayEffectModifierMagnitude& Magnitude)
{
    int32 index = Effect->Modifiers.Num();
    Effect->Modifiers.SetNum(index + 1);
    FGameplayModifierInfo& Info = Effect->Modifiers[index];
    Info.ModifierMagnitude = Magnitude;
    Info.ModifierOp = Op;
    Info.Attribute.SetUProperty(Property);
    return Info;
}
```

3. 다음 코드 구현을 추가한다.

```cpp
void AWarrior::TestGameplayEffect()
{
  // 적용할 UProperty를 생성하고 가져온다
  UGameplayEffect* RecoverHP =
    ConstructGameplayEffect("RecoverHP");

  // UGameUnitAttributeSet 클래스에서
  // Hp UPROPERTY()를 컴파일 시점에 검사하고 획득함
  // (UGameUnitAttributeSet.h 내의 목록)
  UProperty* hpProperty = FindFieldChecked<UProperty>(
    UGameUnitAttributeSet::StaticClass(),
    GET_MEMBER_NAME_CHECKED(UGameUnitAttributeSet, Hp));
}
```

4. 다음과 같이 GameUnitAttributeSet의 Hp 필드를 변경하기 위해 AddModifier 함수를 사용한다.

```cpp
// hpProperty에 +5 HP를 추가
AddModifier(RecoverHP, hpProperty, EGameplayModOp::Additive,
  FScalableFloat(50.f));
```

5. DurationPolicy와 ChanceToApplyToTarget 같은 필드나 수정하려는 다른 필드를 포함해 GameplayEffect의 나머지 속성을 다음과 같이 채운다.

```cpp
// .. 고정 시간 10초 동안 ..
RecoverHP->DurationPolicy =
EGameplayEffectDurationType::HasDuration;
RecoverHP->DurationMagnitude = FScalableFloat(10.f);

// .. 100%의 성공 확률로 ..
RecoverHP->ChanceToApplyToTarget = 1.f;

// .. 반복 주기는 0.5초
RecoverHP->Period = 0.5f;
```

6. 선택한 AbilitySystemComponent에 효과를 적용한다. 다음과 같이 함수를 호출하면 기본 UAttributeSet은 영향을 받아 수정된다.

```
FActiveGameplayEffectHandle recoverHpEffectHandle =
  AbilitySystemComponent->ApplyGameplayEffectToTarget(
    RecoverHP, AbilitySystemComponent, 1.f);
```

예제 분석

GameplayEffects는 액터의 AttributeSet에 영향을 주는 작은 오브젝트다. GameplayEffects는 일정 기간 동안 한 번 또는 반복적으로 발생할 수 있다. 이펙트 프로그래밍은 간단하며, GameplayEffect 클래스는 인라인으로 생성한다.

부연 설명

일단 GameplayEffect가 활성화되면 FActiveGameplayEffectHandle을 얻을 수 있다. 이 핸들을 사용하면, FActiveGameplayEffectHandle의 OnRemovedDelegate 멤버를 사용해 이펙트가 끝났을 때 실행할 함수 델리게이트를 연결할 수 있다. 예를 들어 다음 코드처럼 호출할 수 있다.

```
FOnActiveGameplayEffectRemoved* ep = AbilitySystemComponent->
  OnGameplayEffectRemovedDelegate(recoverHpEffectHandle);

if (ep)
{
  ep->AddLambda([]()
  {
    UE_LOG(LogTemp, Warning, TEXT("Recover effect has been removed."), 1);
  });
}
```

GameplayTasks API – GameplayTasks로 사건 만들기

GameplayTasks는 일부 게임플레이 기능을 재사용 가능한 오브젝트로 만들 때 사용한다. 이를 위해서는 UGameplayTask 베이스 클래스를 상속한 후 구현하고 싶은 멤버 함수를 재정의하면 된다.

준비

혹시 아직 끝내지 못했다면, 'GameplayAbility API – 게임 컨트롤을 사용해 액터의 게임플레이 능력을 트리거링' 레시피의 단계 1~4를 우선 마무리한 후 ProjectName. Build.cs 파일 내의 GameplayTasks API에 연결하고 기능을 활성화하자.

그런 다음, UE4 편집기로 이동하고 나서 Filters 아래의 Window ＞ Developer Tools ＞ Class Viewer로 이동해 Class Viewer를 찾은 후 Actors Only와 Placeable Only 옵션의 선택을 해제한다.

GameplayTask 오브젝트 타입이 존재하는지 확인한다.

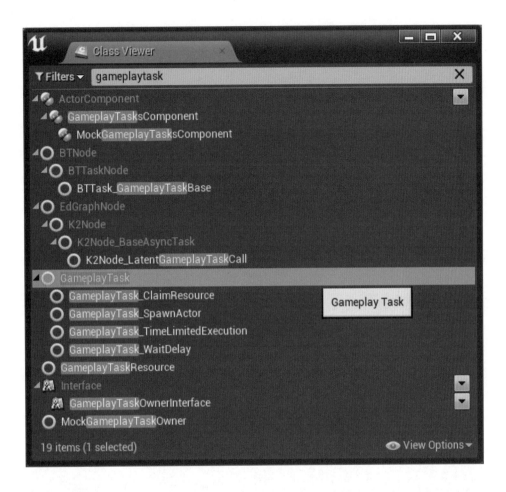

1. File ➤ Add C++ Class...를 클릭해 GameplayTask를 상속받도록 한다. 그렇게 하려면, 일단 Show All Classes를 선택해야 한다. 그런 다음, 필터 상자에 gameplaytask를 입력한 후 Next를 클릭한다.

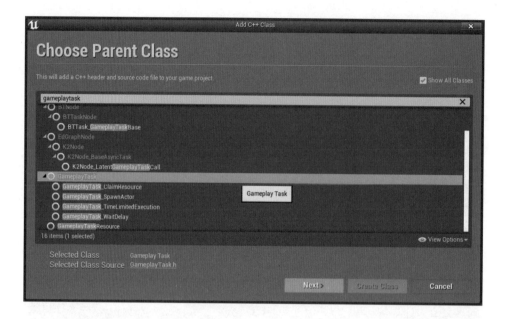

2. C++ 클래스의 이름을 정하고(예를 들면, `GameplayTask_TaskName`) 프로젝트에 클래스를 추가한다. 이 예제는 파티클 이미터 `GameplayTask_CreateParticles`를 생성한다.

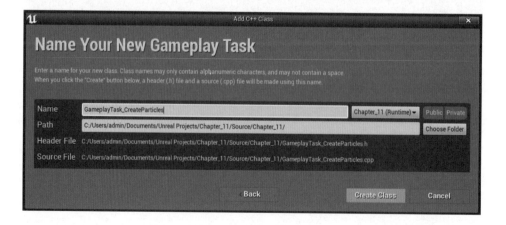

3. 일단 GameplayTask_CreateParticles.h와 .cpp 쌍이 생성되면 .h 파일로 이동해 클래스를 다음과 같이 수정한다.

```
#pragma once

#include "CoreMinimal.h"
#include "GameplayTask.h"
#include "Particles/ParticleSystem.h"
#include "GameplayTask_CreateParticles.generated.h"

/**
*
*/
UCLASS()
class CHAPTER_11_API UGameplayTask_CreateParticles : public UGameplayTask
{
  GENERATED_BODY()
public:
  virtual void Activate();

  // 이미터 클래스, 생성 위치 등의 인수를 포함하는
  // UGameplayTask_CreateEmitter 인스턴스의
  // 인스턴스에 대한 정적 생성자
  UFUNCTION(BlueprintCallable, Category = "GameplayTasks",
    meta = (AdvancedDisplay = "TaskOwner", DefaultToSelf =
    "TaskOwner", BlueprintInternalUseOnly = "TRUE"))
    static UGameplayTask_CreateParticles* ConstructTask(
      TScriptInterface<IGameplayTaskOwnerInterface>
      TaskOwner,
      UParticleSystem* particleSystem,
      FVector location);

  UParticleSystem* ParticleSystem;
  FVector Location;
};
```

4. 그러고 나서 다음과 같이 GameplayTask_CreateParticles.cpp 파일을 구현한다.

```
#include "GameplayTask_CreateParticles.h"
#include "Kismet/GameplayStatics.h"
```

```cpp
// 생성자처럼
UGameplayTask_CreateParticles*
UGameplayTask_CreateParticles::ConstructTask(
  TScriptInterface<IGameplayTaskOwnerInterface> TaskOwner,
  UParticleSystem* particleSystem,
  FVector location)
{
  UGameplayTask_CreateParticles* task =
  NewTask<UGameplayTask_CreateParticles>(TaskOwner);
  // 필드를 채움
  if (task)
  {
    task->ParticleSystem = particleSystem;
    task->Location = location;
  }
  return task;
}

void UGameplayTask_CreateParticles::Activate()
{
  Super::Activate();

  UGameplayStatics::SpawnEmitterAtLocation(GetWorld(),
  ParticleSystem, Location);
}
```

5. Warrior.h 파일을 열고 다음 인터페이스를 클래스 정의에 추가한다.

```cpp
UCLASS()
class CHAPTER_11_API AWarrior : public ACharacter, public
IAbilitySystemInterface, public IGameplayTaskOwnerInterface
{
  GENERATED_BODY()
```

6. 이어서 다음의 새 속성을 추가한다.

```cpp
UPROPERTY(EditAnywhere, BlueprintReadWrite, Category = Stats)
UGameplayTasksComponent* GameplayTasksComponent;
```

```
// 이는 GameplayTask_CreateParticles 오브젝트로
// 생성한 particleSystem이다
UPROPERTY(EditAnywhere, BlueprintReadWrite, Category = Stats)
UParticleSystem* particleSystem;
```

7. 그 아래에 다음과 같이 GameplayTaskOwnerInterface의 함수 정의를 추가한다.

```
// <GameplayTaskOwnerInterface>

virtual UGameplayTasksComponent* GetGameplayTasksComponent(const
UGameplayTask& Task) const { return GameplayTasksComponent; }

// 이는 작업이 시작될 때와 재개될 때 모두 호출된다
// Check Task.GetStatus() if you want to differentiate.
virtual void OnTaskActivated(UGameplayTask& Task) { }
virtual void OnTaskDeactivated(UGameplayTask& Task) { }

virtual AActor* GetOwnerActor(const UGameplayTask* Task) const {
  return Task->GetOwnerActor(); // 이는 작업에 대한 정확한 답을 줄 것이다
}
// </End GameplayTaskOwnerInterface>
```

8. 그런 다음, Warrior.cpp 파일로 이동해 클래스 생성자를 다음과 같이 수정한다.

```
AWarrior::AWarrior()
{
  // 이 캐릭터가 프레임마다 Tick()을 호출하도록 설정한다
  // 성능을 개선하기 위해 이 기능이 필요하지 않다면 끌 수도 있다
  PrimaryActorTick.bCanEverTick = true;

  AbilitySystemComponent =
    CreateDefaultSubobject<UAbilitySystemComponent>
    ("UAbilitySystemComponent");
  GameplayTasksComponent =
    CreateDefaultSubobject<UGameplayTasksComponent>
    ("UGameplayTasksComponent");
}
```

9. 스크립트를 저장하고 언리얼 편집기로 돌아와 코드를 컴파일한다. 컴파일을 마치면, 액터 파생 클래스(MyWarrior)를 열고 아래의 **Stats** 섹션까지 스크롤해 **Particle System** 속성을 보고 싶은 것으로 설정한다. 예를 들어, 프로젝트를 생성할 때 샘플 콘텐츠를 포함했다면 P_Fire 옵션을 사용한다.

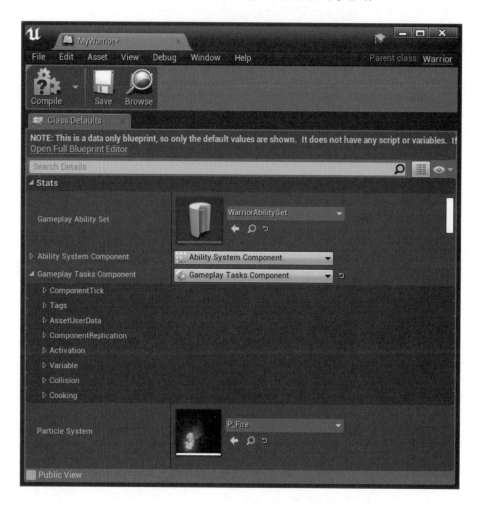

10. 블루프린트 편집기 내 Components 탭의 Components 드롭다운에 있는 Full Blueprint Editor에서 사용할 수 있다. GameplayTasksComponent를 추가한다.

11. 다음 코드를 사용해 액터 파생 인스턴스(MyWarrior) 내에 GameplayTask 인스턴스를 생성하고 추가한다.

```
UGameplayTask_CreateParticles* task =
  UGameplayTask_CreateParticles::ConstructTask(this,
  particleSystem, FVector(200.f, 0.f, 200.f));

if (GameplayTasksComponent && task)
{
  GameplayTasksComponent->AddTaskReadyForActivation(*task);
}
```

이 코드는 GameplayTasksComponent가 초기화된 후(PostInitializeComponents() 이후)에는 언제든 모든 액터 파생 클래스에서 실행된다.

12. 코드를 컴파일한다. 레벨에 MyWarrior를 Default Pawn Type으로 설정하고 게임을 시작하면, 파티클이 재생되는 모습을 볼 수 있다.

GameplayTasks는 원하는 파생 액터 클래스 내의 GameplayTasksComponent에 등록하기만 하면 되고, 게임플레이 중에 언제든지 활성화해 효과를 트리거할 수 있다.

원하는 경우 GameplayTasks는 GameplayEffects를 시작해 AbilitySystemsComponents의 속성을 변경할 수도 있다.

부연 설명

게임의 여러 이벤트에 대해 GameplayTasks를 파생시킬 수 있다. 또한 몇 가지 가상 기능을 더 재정의해서 추가 기능에 연결할 수 있다.

HTTP API – 웹 요청으로 웹 페이지 다운로드

스코어보드^{scoreboard}나 주기적인 HTTP 요청이 필요한 서비스를 유지하려는 경우 HTTP API를 사용하면 이러한 웹 요청 작업을 처리할 수 있다.

준비

HTTP를 통해 데이터를 요청할 수 있는 서버가 있어야 한다. 원한다면, 공용 서버를 사용해 HTTP 요청을 시도할 수도 있다.

예제 구현

1. ProjectName.Build.cs 파일에서 HTTP API에 연결한다.

```
using UnrealBuildTool;

public class Chapter_11 : ModuleRules
{
  public Chapter_11(ReadOnlyTargetRules Target) : base(Target)
  {
    PCHUsage = PCHUsageMode.UseExplicitOrSharedPCHs;
    PublicDependencyModuleNames.AddRange(new string[] {
    "Core", "CoreUObject", "Engine", "InputCore" });
    PublicDependencyModuleNames.AddRange(new string[] {
    "GameplayAbilities", "GameplayTags", "GameplayTasks"
    });

    PublicDependencyModuleNames.AddRange(new string[] {
    "HTTP" });

    PrivateDependencyModuleNames.AddRange(new string[] {
    });

    // 슬레이트 UI를 사용한다면 주석을 제거한다
    // PrivateDependencyModuleNames.AddRange(new string[]
    // { "Slate", "SlateCore" });
    // 온라인 기능을 사용한다면 주석을 제거한다
    // PrivateDependencyModuleNames.Add("OnlineSubsystem");

    // OnlineSubsystemSteam을 포함하려면
    // 이를 uproject 파일의 plugins 섹션에 추가한다
    // Enabled 속성은 true로 한다
  }
}
```

2. 웹 요청을 보낼 파일(여기서는 Chapter_11GameModeBase 클래스)에 다음과 같이 코드
   를 추가한다.

```
#pragma once

#include "CoreMinimal.h"
#include "GameFramework/GameModeBase.h"
```

```
#include "Runtime/Online/HTTP/Public/HttpManager.h"
#include "Runtime/Online/HTTP/Public/HttpModule.h"
#include "Runtime/Online/HTTP/Public/HttpRetrySystem.h"
#include "Runtime/Online/HTTP/Public/Interfaces/IHttpResponse.h"
using namespace FHttpRetrySystem;
#include "Chapter_11GameModeBase.generated.h"
```

3. 다음 코드를 사용해 FHttpModule에서 IHttpRequest를 생성한다.

```
TSharedRef<IHttpRequest>
http=FHttpModule::Get().CreateRequest();
```

 FHttpModule은 싱글톤 오브젝트다. 이는 전체 프로그램에 걸쳐 FHttpModule 클래스의 사본은 단 하나라는 의미다.

4. 실행할 함수를 IHttpRequest 오브젝트의 FHttpRequestCompleteDelegate에 연결한다. 시그니처는 다음과 같다.

```
void HttpRequestComplete( FHttpRequestPtr request,
   FHttpResponsePtr response, bool success );
```

5. 델리게이트는 IHttpRequest 오브젝트 내부에서 http->OnProcessRequestComplete()로 찾을 수 있다.

```
FHttpRequestCompleteDelegate& delegate = http-
   >OnProcessRequestComplete();
```

델리게이트에 콜백callback 함수를 연결하는 몇 가지 방법이 존재하는데 다음과 같은 방법을 사용할 수 있다.

○ delegate.BindLambda()를 사용한 람다

```
delegate.BindLambda(
```

```
// 익명, 인라인 코드 함수(람다)
[]( FHttpRequestPtr request, FHttpResponsePtr response, bool
success ) -> void
{
UE_LOG( LogTemp, Warning, TEXT( "Http Response: %d, %s" ),
request->GetResponse()->GetResponseCode(),
*request->GetResponse()->GetContentAsString() );
});
```

6. 접속하려는 사이트의 URL을 지정한다.

```
http->SetURL( TEXT( "http://unrealengine.com" ) );
```

7. ProcessRequest를 호출해 요청을 처리한다.

```
http->ProcessRequest();
```

코드를 실행하면, 다음과 같이 접속하려는 URL의 내용을 확인할 수 있다.

unrealengine.com의 HTML 내용이 표시됨

물론 이번 예제는 웹 페이지이지만 CSV 파일, 텍스트 문서 등 프로젝트에서 얻을 수
있는 모든 것이 대상이 될 수 있다.

HTTP 오브젝트만 있으면 HTTP 요청을 보내고 응답을 받을 수 있으며, 원하는 모든 곳에 HTTP 요청과 응답을 받을 수 있다. 예를 들면, 랭킹 목록에 점수를 제출하거나 서버로부터 랭킹 정보를 받아 출력할 수 있다.

동작은 방문할 URL과 요청 완료 시 호출될 함수 콜백으로 구성되며, FManager를 통해 전송된다. 웹 서버가 응답하면 대기 중인 콜백 함수가 호출되고 HTTP 응답의 결과를 표시할 수 있다.

부연 설명

또한 델리게이트에 콜백 함수를 연결하는 다른 방법도 있다.

- 모든 UObject의 멤버 함수 사용

```
delegate.BindUObject(this,
&AChapter_11GameModeBase::HttpRequestComplete);
```

 TIP UFunction을 바로 연결할 수는 없는데, 이는 .BindUFunction() 명령이 UCLASS 또는 USTRUCT, UENUM을 인수로 요구하기 때문이다.

- 일반적인 기존의 C++ 오브젝트의 멤버 함수를 .BindRaw에 사용

```
PlainObject* plainObject = new PlainObject();
delegate.BindRaw( plainObject, &PlainObject::httpHandler );
// plainObject는 httpHandler가 호출될 때까지 지워지지 않는다
```

> **TIP**
>
> HTTP 요청이 완료되는 시점에 plainObject가 메모리상에서 유효한 오브젝트를 참조하고 있어야 한다. 이는 plainObject의 TAutoPtr을 사용할 수 없다는 의미다. TAutoPtr을 사용하면 블록이 끝나는 시점에 자동으로 메모리에서 plainObject를 해제하는데, 이는 HTTP 요청이 완료되기 전일 수 있기 때문이다.

- 전역 C 스타일 정적 함수 사용

```
// HTTP 응답을 처리하는 C 스타일 함수
void httpHandler( FHttpRequestPtr request,
FHttpResponsePtr response, bool success )
{
  Info( "static: Http req handled" );
}
delegate.BindStatic( &httpHandler );
```

오브젝트에서 델리게이트 콜백을 사용하는 경우, 최소한 HTTPResponse가 서버로부터 다시 도착할 때까지는 다시 호출하는 오브젝트 인스턴스가 계속 유지되도록 해야 한다. HttpRequest는 실행에 물리적인 시간을 필요로 한다. 웹 페이지에 요청하고 응답을 기다리는 상황을 생각해보면 쉽게 이해할 수 있다.

콜백 함수를 호출하는 오브젝트 인스턴스가 최초 호출 시점과 HttpHandler 함수 호출 시점 사이에 혹시 할당이 해제되지는 않았는지 확인해야 한다. HTTP 요청이 완료된 후 콜백이 리턴될 때 오브젝트는 여전히 메모리에 있어야 한다.

콜백 함수를 연결하고 ProcessRequest()를 호출한 직후, HttpResponse 함수가 실행될 것이라고 쉽게 예상하면 안 된다. 참조 카운트를 사용하는 UObject 인스턴스를 사용해 HttpHandler 멤버 함수를 연결하면 HTTP 요청이 완료될 때까지 오브젝트가 메모리에 유지될 수 있도록 하는 것은 좋은 접근 방법이다.

11장의 예제 코드 내에서 Chapter_11GameModeBase.cpp 파일에서 사용할 수 있는 일곱 가지 방법의 예를 모두 확인할 수 있다.

다음 멤버 함수를 통해 추가적인 HTTP 요청 파라미터를 설정할 수 있다.

- SetVerb(): HTTP 요청 방식을 GET 또는 POST로 변경할 때 사용
- SetHeaders(): 원하는 일반 헤더 설정을 수정할 때 사용

HTTP API – 다운로드 진행률 표시

HTTP API의 IHttpRequest 오브젝트는 FHttpRequestProgressDelegate의 콜백을 통해 HTTP 다운로드 진행률을 알려주며, OnRequestProgress()를 통해 접근할 수 있다. OnRequestProgress() 델리게이트에 연결할 수 있는 함수의 시그니처는 다음과 같다.

```
HandleRequestProgress( FHttpRequestPtr request, int32
  sentBytes, int32 receivedBytes )
```

세 가지 파라미터는 IHttpRequest 오브젝트, 송신 바이트, 수신 바이트를 포함한다. 이 함수는 IHttpRequest 오브젝트가 완료될 때까지 주기적으로 다시 호출된다. 이 함수는 호출될 때 OnProcessRequestComplete()에 연결하는 함수다. HandleRequestProgress 함수에 전달된 값을 사용해 진행률을 알아낼 수 있다.

준비

이번 레시피를 진행할 때는 인터넷 연결이 필요하며, 공개 서버에서 HTTP 요청을 사용해 파일을 받아올 것이다. 원한다면, 개인적으로 알고 있는 사설 서버를 사용해도 된다.

이번 레시피에서는 OnRequestProgress() 델리게이트에만 콜백 함수를 바인딩해 서버로부터 다운로드하는 파일의 다운로드 진행률을 표시할 것이다. IHttpRequest를 수행하고 멋진 UI로 진행률을 표시하는 데 사용할 프로젝트를 준비하자.

1. ProjectName.Build.cs 파일에서 HTTP API에 연결한다.
2. 다음 코드를 사용해 IHttpRequest 오브젝트를 생성한다.

```
TSharedRef<IHttpRequest> http =
  HttpModule::Get().CreateRequest();
```

3. 요청이 진행되는 동안 진행률을 갱신하는 데 필요한 콜백 함수를 제공한다.

```
http->OnRequestProgress().BindLambda(
  [this](FHttpRequestPtr request, int32 sentBytes, int32
  receivedBytes)
  -> void
  {
    int32 contentLen =
    request->GetResponse()->GetContentLength();
    float percentComplete = 100.f * receivedBytes /
    contentLen;

    UE_LOG(LogTemp, Warning, TEXT("Progress sent=%d bytes
    /
    received=%d/%d bytes [%.0f%%]"), sentBytes,
    receivedBytes,
    contentLen, percentComplete);
  });
```

4. http->ProcessRequest()를 통해 요청을 수행한다.

OnRequestProgress() 콜백은 송수신되는 HTTP 진행률에 따라 자주 호출된다.
totalLen이 HTTP 응답의 바이트 단위 총길이라고 할 때, 전체 다운로드 진행률은 수
식 (float)receivedBytes/totalLen을 통해 계산할 수 있다. OnRequestProgress() 델리게

이트 콜백에 연결한 람다 함수를 사용하면 텍스트로 정보를 출력할 수 있다.

 앞의 '예제 구현' 절에 있는 코드를 기반으로 하면, 프로그레스바를 위한 UMG 위젯을 생성할 수 있으며 .SetPercent() 멤버 함수를 호출해 다운로드 진행률을 표시할 수 있다.

12

UE4에서의
멀티플레이어 네트워킹

다음은 12장에서 다룰 내용이다.

- 클라이언트와 서버 게임 동시에 테스트하기
- 네트워크를 통한 속성 복제
- 네트워크를 통한 기능 복제
- UI 네트워크 이벤트 처리

소개

네트워킹은 프로그래머에게는 비교적 복잡한 작업 중 하나다. 다행히도 언리얼 엔진은 최초 배포 시점인 1998년부터 네트워크를 기본적으로 지원하고 있다. 언리얼은 다수의 컴퓨터 간 통신에 클라이언트-서버 모델을 사용한다. 이 경우에 서버는 게임을 처음 시작한 사람이고, 클라이언트는 1인칭 슈팅 게임에 참여하는 사람이다. 모든 사람의 게임이 제대로 동작하려면 특정 시점에 특정 사람들의 특정 코드를 호출해야 한다.

예를 들어 클라이언트가 총을 쏘면 서버로 메시지를 보내고, 서버는 총알이 어떤 물체와 충돌했는지 판단한 후에 모든 클라이언트에게 발생한 상황을 복제해 전달한다. 이는 게임 모드 등과 같이 서버에만 존재하는 내용이 있을 수 있으므로 중요하다.

 클라이언트-서버 모델과 관련한 추가 정보는 https://en.wikipedia.org/wiki/Client%E2% 80%93server_model을 참고하길 바란다.

화면상에서 다수의 캐릭터를 볼 수 있도록 12장에서는 Third Person C++ 템플릿을 기반으로 하는 베이스 프로젝트를 사용할 것이다.

기술적 요구 사항

12장에서는 언리얼 엔진 4를 사용하며 비주얼 스튜디오 2017을 통합 개발 환경(IDE) 으로 사용한다. 이 두 소프트웨어를 설치하는 방법은 1장, 'UE4 개발 도구'에서 다뤘다.

클라이언트와 서버 게임 동시에 테스트하기

네트워크 게임을 개발할 때는 가능한 한 자주 프로젝트를 테스트하는 것이 바람직하다. 언리얼은 두 대의 컴퓨터를 따로 사용하지 않고도 동시에 다수의 플레이어가 게임을 진행하도록 지원하는 쉬운 방법을 제공한다.

예제 구현

일반적으로 게임을 플레이할 때는 화면상에 한 명의 플레이어만 존재하는데, Play 설정을 변경하면 이 부분을 수정할 수 있다.

1. 언리얼 편집기에서 ThirdPersonExampleMap을 연 상태로, Play 버튼 옆의 화살표 드롭다운을 클릭한 후 그 아래에서 Number of Players 속성을 2로 변경한다.

2. 그런 다음, Play 버튼을 클릭한다.

604

보다시피 화면상에 두 개의 창이 나타난다.

 TIP Shift + F1을 누르면 창에서 마우스 제어권을 가져올 수 있다는 사실을 기억해두자.

예제 분석

씬에 배치된 캐릭터 외에 월드 내에는 NetworkPlayerStart라는 추가적인 오브젝트도
존재하는데, 여기서 네트워크 플레이어가 등장한다.

 만일 씬에 Player Start 오브젝트를 더 추가하면, 기본적으로 사용 가능한 오브젝트 중에서
TIP 무작위로 'Player Start'를 선택한다. Alt 키를 누른 상태에서 새로운 방향으로 오브젝트를 드
래그하면 빠르게 새 오브젝트를 생성할 수 있다.

네트워크를 통한 속성 복제

클라이언트와 서버 간의 값을 확실히 동일하게 만들려면 복제 과정을 사용해야 한다.
이번 레시피를 통해 이 작업이 얼마나 쉽게 이뤄지는지 확인할 수 있다.

예제 구현

이번 예제를 진행하기 위해 각 플레이어가 몇 회의 점프를 뛸 수 있는지를 저장하는
변수를 생성한다.

1. 비주얼 스튜디오를 열고 프로젝트의 캐릭터 정의(나의 경우는 Chapter_12Character.h)를 연다. 파일에 다음의 속성과 함수 선언을 추가한다.

```
UPROPERTY(Replicated, EditAnywhere)
uint32 JumpCount;

void Jump() override;
```

2. 그런 다음, 구현 파일로 이동해 다음 #include를 추가한다.

```
#include "UnrealNetwork.h" // DOREPLIFETIME
```

3. 이어서 SetupPlayerInputComponent 메서드가 부모 클래스 대신 직접 만든 버전의 Jump를 사용하도록 알려줘야 한다.

```
void AChapter_12Character::SetupPlayerInputComponent(class
UInputComponent* PlayerInputComponent)
{
  // 게임플레이 키 바인딩 설정
  check(PlayerInputComponent);
  PlayerInputComponent->BindAction("Jump", IE_Pressed, this,
    &AChapter_12Character::Jump);
  PlayerInputComponent->BindAction("Jump", IE_Released, this,
    &ACharacter::StopJumping);
  ...
```

4. 그리고 나서 다음 함수를 추가한다.

```
void AChapter_12Character::Jump()
{
  Super::Jump();

  JumpCount++;

  if (Role == ROLE_Authority)
  {
    // 함수는 한 번만 출력한다
```

```
    GEngine->AddOnScreenDebugMessage(-1, 5.0f,
      FColor::Green,
      FString::Printf(TEXT("%s called Jump %d times!"),
      *GetName(), JumpCount)
    );
  }
}

void
AChapter_12Character::GetLifetimeReplicatedProps(TArray<FLifet
imeProperty>&OutLifetimeProps) const
{
  Super::GetLifetimeReplicatedProps(OutLifetimeProps);
  // 모든 클라이언트에게 복제
  //DOREPLIFETIME(AChapter_12Character, JumpCount);
}
```

5. 스크립트를 저장하고 언리얼 편집기로 돌아온다. 스크립트를 컴파일하고 게
   임을 플레이한다.

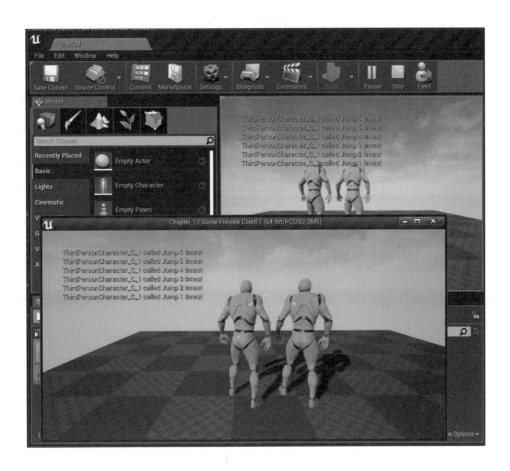

이제 각 플레이어가 스페이스바를 누르면, 이름과 값으로 구성된 메시지가 화면에 출력되는 모습을 확인할 수 있다.

예제 분석

속성 복제의 원리는 간단하다. 변수의 값이 변경될 때마다 네트워크가 모든 클라이언트에게 변경 사항을 알려서 값을 갱신하도록 하는 방식이다. 이는 체력처럼 값이 갖는 의미가 특히 중요한 속성에 대해 자주 사용된다.

이런 용도의 변수를 등록할 때 해당 변수는 서버에서만 수정돼야 하고 각 클라이언트

로 복제돼야 한다. 복제 가능하도록 설정하려면, UPROPERTY 대신 Replicated 지정자를
사용하면 된다.

복제 가능하도록 설정한 후, 새로운 함수 GetLifetimeReplicatedProps를 정의해야 한
다. 이 함수는 헤더 파일에 선언하지 않아도 된다. 이 함수 내부에서 DOREPLIFETIME 매
크로를 사용해 서버에서 JumpCount 변수가 변경될 때마다 모든 클라이언트가 값을 수
정하도록 한다.

Jump 함수 내부에 몇 개의 새 기능을 추가했지만, 먼저 Role 변수를 확인해 어떤 일이
일어나야 하는지를 판단한다. ROLE_Authority는 최상위 레벨이며, 서버라는 것을 의미
한다. 이는 우리의 기능이 단 한 번만 발생한다는 것을 보장한다.

 복제가 작동하려면 클래스 생성자에서 bReplicates 변수를 true로 설정해야 한다.

부연 설명

현재의 DOREPLIFETIME 매크로 대신 추가적인 코드 최적화를 하려면 다음을 사용하면
된다.

```
void
AChapter_12Character::GetLifetimeReplicatedProps(TArray<FLifetimePrope
rty>&OutLifetimeProps) const
{
  Super::GetLifetimeReplicatedProps(OutLifetimeProps);

  // 모든 클라이언트에 복제
  //DOREPLIFETIME(AChapter_12Character, JumpCount);

  // 변수는 이미 로컬에서 갱신됐으므로
  // 소유자를 위한 복제는 생략할 수 있다
```

```
DOREPLIFETIME_CONDITION(AChapter_12Character, JumpCount,
    COND_SkipOwner);
}
```

이렇게 하면 원래 값이 아닌 다른 클라이언트의 값만 복제할 수 있다.

 DOREPLIFETIME_CONDITION에 관한 추가 정보와 네트워킹에 관한 기타 팁 및 트릭을 확인하려면 https://www.unrealengine.com/en-US/blog/network-tips-and-tricks에 방문해보자.

네트워크를 통한 복제 함수들

이번 레시피에서는 플레이어가 간단한 픽업 오브젝트를 추적하는 복제와 관련한 중요한 예를 살펴볼 수 있다.

예제 구현

이번 레시피의 첫 단계는 실제로 사용할 클래스를 만드는 것이다.

1. File > New C++ Class로 이동한 후 Choose Parent Class 창에서 Actor를 선택하고 Next를 클릭한다.

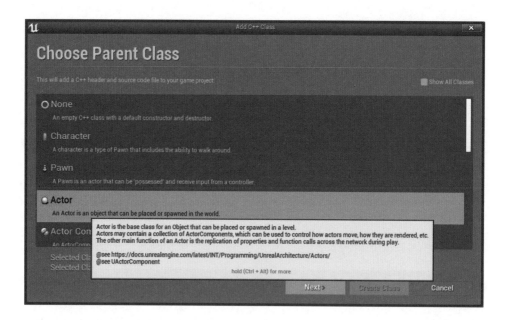

2. 다음 창에서 Name 속성을 CollectibleObject로 설정하고 Create Class 버튼을 클릭해 이를 프로젝트에 추가한 후 베이스 코드를 컴파일한다.

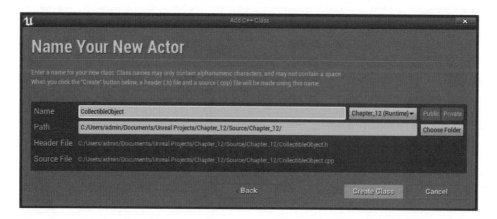

3. 비주얼 스튜디오를 열고 CollectibleObject.h를 다음과 같이 업데이트한다.

```
#pragma once
```

```cpp
#include "CoreMinimal.h"
#include "GameFramework/Actor.h"
#include "CollectibleObject.generated.h"

UCLASS()
class CHAPTER_12_API ACollectibleObject : public AActor
{
  GENERATED_BODY()
public:
  // 이 액터 속성의 기본값을 설정함
  ACollectibleObject();

  // 무언가가 구형 콜라이더와 겹치면 이벤트가 호출됨
  // 주의: 복제 콜백을 위해 UFUNCTION이 필요함
  UFUNCTION()
  void OnBeginOverlap(class UPrimitiveComponent*
    HitComp,
    class AActor* OtherActor,
    class UPrimitiveComponent*
    OtherComp,
    int32 OtherBodyIndex, bool
    bFromSweep,
    const FHitResult& SweepResult);

  // 점수를 갱신하는 서버 함수
  UFUNCTION(Reliable, Server, WithValidation)
  void UpdateScore(int32 Amount);

  void UpdateScore_Implementation(int32 Amount);
  bool UpdateScore_Validate(int32 Amount);

protected:
  // 게임이 시작되거나 소환될 때 호출됨
  virtual void BeginPlay() override;

public:
  // 프레임마다 호출됨
  virtual void Tick(float DeltaTime) override;
};
```

4. 그런 다음, CollectibleObject.cpp 내부에서 클래스 생성자를 다음과 같이 수정한다.

```cpp
#include "ConstructorHelpers.h"
#include "Components/SphereComponent.h"

// ...

// 기본값 설정
ACollectibleObject::ACollectibleObject()
{
    // 이 액터가 프레임마다 Tick()을 호출하도록 한다
    // 필요하지 않다면 이 기능을 꺼서 성능을 개선할 수 있다
    // PrimaryActorTick.bCanEverTick = true;

    // 복제를 위해서는 반드시 true로 설정해야 한다
    bReplicates = true;

    // 플레이어가 충돌할 구형 콜라이더를 생성한다
    USphereComponent * SphereCollider =
      CreateDefaultSubobject<USphereComponent>(TEXT("SphereComponent
      "));

    // 오브젝트의 루트를 구형 콜라이더로 설정한다
    RootComponent = SphereCollider;

    // 콜라이더의 크기를 64 유닛 반지름으로 설정한다
    SphereCollider->InitSphereRadius(64.0f);

    // 무언가 충돌할 때마다 OnBeginOverlap이 호출되도록 한다
    SphereCollider->OnComponentBeginOverlap.AddDynamic(this,
      &ACollectibleObject::OnBeginOverlap);

    // 더 잘 볼 수 있도록 비주얼을 생성한다
    UStaticMeshComponent * SphereVisual =
      CreateDefaultSubobject<UStaticMeshComponent>(TEXT("Static
      Mesh"));

    // 스태틱 메시를 루트에 연결한다
```

```
SphereVisual->SetupAttachment(RootComponent);

// 구형 메시에 대한 참조를 얻는다
auto MeshAsset =
  ConstructorHelpers::FObjectFinder<UStaticMesh>(TEXT("StaticMes
  h'/Engine/BasicShapes/Sphere.Sphere'"));

// 유효하다면 메시를 지정한다
if (MeshAsset.Object != nullptr)
{
  SphereVisual->SetStaticMesh(MeshAsset.Object);
}

// 더 큰 구형 콜라이더보다 작도록 크기를 조절한다
SphereVisual->SetWorldScale3D(FVector(0.5f));
}
```

5. 이어서 OnBeginOverlap 함수를 구현한다.

```
// 무언가 구체 콜라이더와 충돌하면 이벤트가 호출된다
void ACollectibleObject::OnBeginOverlap(
  class UPrimitiveComponent* HitComp,
  class AActor* OtherActor,
  class UPrimitiveComponent* OtherComp,
  int32 OtherBodyIndex,
  bool bFromSweep,
  const FHitResult& SweepResult)
{
  // 만일 내가 서버라면
  if (Role == ROLE_Authority)
  {
    // 코인을 획득한다!
    UpdateScore(1);
    Destroy();
  }
}
```

6. 그런 다음, UpdateScore_Implementation과 UpdateScore_Validate 메서드를 구현한다.

```
// 게임 상태를 변경하는 무언가를 여기서 수행한다
void ACollectibleObject::UpdateScore_Implementation(int32
  Amount)
{
  if (GEngine)
  {
    GEngine->AddOnScreenDebugMessage(-1, 5.0f,
      FColor::Green,
      "Collected!");
  }
}
// 선택적으로 요청을 확인한 후 만일 함수가 실행되지 않아야 한다면
// false를 반환한다
bool ACollectibleObject::UpdateScore_Validate(int32 Amount)
{
  return true;
}
```

7. 스크립트를 저장하고 유니티 편집기로 돌아온다. 스크립트를 컴파일하고 Collectible Object 클래스의 인스턴스를 씬으로 끌어다 놓는다. 레벨을 저장하고 지난 레시피를 참고해 두 명의 플레이어를 사용함으로써 게임을 플레이한다.

8. 오브젝트를 수집할 때, 화면에 메시지가 출력되는 모습을 확인할 수 있다.

이를 통해 메시지가 서버에서 클라이언트로 복제되는 동작을 확인할 수 있다.

예제 분석

CollectibleObject 클래스의 생성자에서 오브젝트가 복제되는지 확인한다. 그런 다음, 리스너를 통해 다른 오브젝트와 충돌할 때 OnBeginOverlap 함수를 호출하도록 지시하는 구형 콜라이더를 만든다. 이를 위해 OnComponentBeginOverlap 함수를 사용한다.

OnComponentBeginOverlap 함수와 관련한 추가 정보는 https://docs.unrealengine.com/latest/INT/API/Runtime/Engine/Components/UPrimitiveComponent/OnComponentBeginOverlap/index.html을 참고하자.

이후 OnBeginOverlap 함수 내에서, 우리가 현재 서버 내에 존재하는지를 먼저 확인한다. 여러 번의 호출이 발생하는 것은 원치 않으며, 점수를 증가시키고 이를 다른 클라이언트에게 알리는 것은 서버만 수행하길 원한다.

또한 UpdateScore 함수를 호출한다. 이 함수에는 다음과 같은 함수 지정자가 추가됐다.

- Reliable: 이 함수는 네트워크를 통해 복제돼 네트워크 오류나 대역폭 문제에 관계없이 데이터가 도달할 수 있도록 보장한다. 추가 지정자로 클라이언트 또는 서버를 선택해야 한다.

- Server: 함수가 서버에서만 호출되도록 지정한다. 마지막이 _Implementation 으로 끝나는 함수를 추가해 내용을 구현해야 한다. 자동으로 생성된 코드는 필요에 따라 이 함수를 사용한다.

- WithValidation: 마지막이 _Validate로 끝나는 함수를 추가한다. 이 함수는 주어진 함수와 동일한 매개변수를 사용하지만, 메인 함수에 대한 호출 발생 여부를 나타내는 부울 값을 반환한다.

Unreliable 등과 같은 다른 함수 지정자를 더 자세히 알고 싶다면 https://docs.unrealengine.com/en-US/Programming/UnrealArchitecture/Reference/Functions#function specifiers를 참고하자.

UpdateScore를 호출하면, 앞에서 만든 UpdateScore_Implementation 함수를 호출하고 기존처럼 일부 텍스트를 출력해 오브젝트를 수집했다는 메시지를 표시한다.

마지막으로 UpdateScore_Validate 함수가 필요하며, 항상 UpdateScore 함수에 대한 구현을 실행해야 한다고 게임에 알려준다.

 복제할 내용이 많은 상황에서 효과적인 성능과 대역폭 설정에 관한 권장 사항은 https://docs.unrealengine.com/en-US/Gameplay/Networking/Actors/ReplicationPerformance를 참고하자.

참고 사항

네트워킹과 복제를 사용하는 또 다른 유용한 예제를 찾고 있다면 https://wiki.unrealengine.com/Networking/Replication을 참고하길 바란다.

추가적으로, 언리얼 엔진 4에 포함돼 있는 Shooter Game 예제를 살펴봐도 좋다. 포함된 파일의 내용을 훑어보면, 완전한 예제에서 어떤 방식으로 네트워킹과 복제를 사용하는지 이해하는 데 도움이 된다. 좀 더 자세한 내용은 https://docs.unrealengine.com/enus/Resources/SampleGames/ShooterGame을 참고하길 바란다.

UI 네트워크 이벤트 처리

플레이어마다 각자의 화면 구성을 가지므로, 각 플레이어와 관련 있는 정보만 UI로 보여주는 것이 자연스럽다. 이번 레시피에서는 UI 네트워크 이벤트의 처리 방법을 다룬다.

준비

12장에서는 '네트워크를 통한 속성 복제' 레시피를 완료하고, 이와 더불어 HUD의 생성에도 익숙해져야 한다. HUD에 관한 내용은 14장, '사용자 인터페이스 - UI와 UMG'에서 자세히 다룬다.

1. 비주얼 스튜디오 프로젝트(File ▸ Open Visual Studio)에서 Source₩〈Module〉 폴더에 있는 〈Module〉.build.cs 파일(나의 경우에는 Source₩Chapter_12₩Chapter_12.build.cs)을 열고, 다음 코드처럼 주석 처리를 해제한 후 코드를 추가한다.

```
using UnrealBuildTool;
public class Chapter_12 : ModuleRules
{
  public Chapter_12(ReadOnlyTargetRules Target) : base(Target)
  {
    PCHUsage = PCHUsageMode.UseExplicitOrSharedPCHs;


    PublicDependencyModuleNames.AddRange(new string[] {
      "Core", "CoreUObject", "Engine", "InputCore",
      "HeadMountedDisplay" });
    PrivateDependencyModuleNames.AddRange(new string[] {
      "Slate", "SlateCore" });
  }
}
```

2. 새로운 HUD 서브클래스를 C++ 클래스 마법사를 사용해 생성한다.

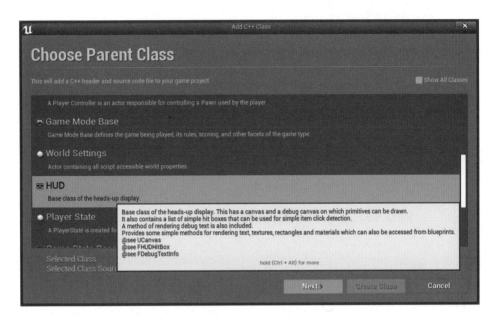

3. 이름을 NetworkHUD로 입력한 후 Create Class 버튼을 클릭한다.

4. 클래스가 생성되면 사용하려는 GameMode(나의 경우에는 Chapter_12GameMode.
   cpp 파일)를 열고, 다음을 생성자 구현부에 추가한다.

```
#include "Chapter_12GameMode.h"
#include "Chapter_12Character.h"
#include "NetworkHUD.h"
#include "UObject/ConstructorHelpers.h"

AChapter_12GameMode::AChapter_12GameMode()
{
  // 기본 폰 클래스를 블루프린트 캐릭터로 설정한다
  static ConstructorHelpers::FClassFinder<APawn>
  PlayerPawnBPClass(TEXT("/Game/ThirdPersonCPP/Blueprints/ThirdP
  ersonCharacter"));
  if (PlayerPawnBPClass.Class != NULL)
  {
    DefaultPawnClass = PlayerPawnBPClass.Class;
  }

  HUDClass = ANetworkHUD::StaticClass();
}
```

5. NetworkHUD.h 내에서 다음 함수를 override 키워드를 사용해 클래스에 추가한다.

```
#pragma once

#include "CoreMinimal.h"
#include "GameFramework/HUD.h"
#include "NetworkHUD.generated.h"

/**
 *
 */
UCLASS()
class CHAPTER_12_API ANetworkHUD : public AHUD
{
  GENERATED_BODY()

public:
  virtual void DrawHUD() override;
};
```

6. 이제 함수를 구현한다.

```cpp
#include "NetworkHUD.h"
#include "Engine/Canvas.h"
#include "Chapter_12Character.h"

void ANetworkHUD::DrawHUD()
{
  Super::DrawHUD();

  AChapter_12Character* PlayerCharacter =
  Cast<AChapter_12Character>(GetOwningPawn());


  if(PlayerCharacter)
  {
    Canvas->DrawText(GEngine->GetMediumFont(),
      FString::Printf(TEXT("Called Jump %d times!"),
      PlayerCharacter->JumpCount), 10, 10);
  }
}
```

7. 마지막으로, HUD가 처리할 예정이므로 원래 디버그 메시지를 주석으로 처리할 수 있다.

```cpp
void AChapter_12Character::Jump()
{
  Super::Jump();

  JumpCount++;

  //if (Role == ROLE_Authority)
  //{
  // // 화면에 메시지를 출력한다
  // GEngine->AddOnScreenDebugMessage(-1, 5.0f,
  // FColor::Green,
  // FString::Printf(TEXT("%s called Jump %d times!"), *GetName(), JumpCount));
  //}
}
```

8. 코드를 컴파일하고 편집기를 실행한다.

9. 편집기 내의 Settings 드롭다운 메뉴에서 World Settings 패널을 연다.

10. World Settings 대화상자 내의 GameMode Override 아래 목록에서 Chapter_12Ga meMode를 선택한다.

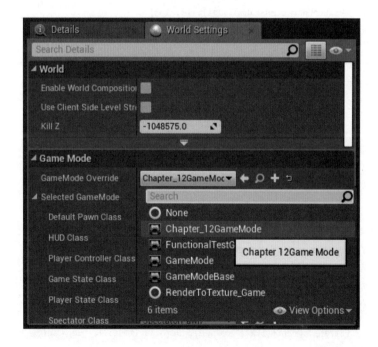

11. 플레이한 후, 커스텀 HUD가 화면에 나타나고 각 캐릭터가 자신의 점프 값^jump ^value을 잘 갖고 있는지 확인하자.

이런 개념을 사용하면 복제하고 있는 속성을 표시할 수 있다.

예제 분석

GetOwningPawn 메소드는 HUD가 연결된 Pawn 클래스에 대한 포인터를 반환한다. 이를 커스텀 캐릭터 파생 클래스로 캐스팅한 후 클래스가 가진 속성에 접근할 수 있다. 이 전에 Replicated 태그를 추가한 변수를 사용하고 있는데, 이 변수는 사용 중인 화면에 따라 HUD에 정보를 갱신할 수 있도록 도와준다.

 복제 사용에 관한 추가적인 정보와 예제를 확인하고 싶다면 https://wiki.unrealengine.
com/Replication을 참고하자.

참고 사항

언리얼 엔진 4를 사용한 네트워킹을 좀 더 배우고 싶다면 세드릭 '6' 네오키르켄이 만든 멋진 가이드를 꼭 읽어보길 바란다. 이 가이드는 http://cedric-neukirchen.net/Downloads/Compendium/UE4_Network_Compendium_by_Cedric_eXi_Neukirchen.pdf에서 받을 수 있다.

13

NPC 제어를 위한 AI

다음은 13장에서 다룰 내용이다.

- 간단한 따라다니기 행동 구현
- 내비게이션 메시^{Navigation Mesh} 배치
- 블랙보드^{Blackboard} 생성
- 행동 트리^{Behavior Tree} 생성
- 행동 트리를 캐릭터^{Character}에 연결
- BTService 생성
- BTTask 생성

소개

AI는 플레이어의 행동뿐만 아니라 게임 NPC의 행동[behavior]도 포함한다. AI가 다루는 일반적인 주제로는 길 찾기와 NPC 동작 등이 있다. 일반적으로는 NPC가 게임 내에서 일정 기간 동안 무엇을 하는지 선택하는 것을 행동이라고 부른다.

UE4는 AI를 잘 지원하고 있다. 편집기 내부에서 기본적인 AI 프로그래밍을 할 수 있도록 여러 구성 요소가 존재하지만, 필요할 때 엔진을 직접 수정하면서 C++를 사용해 프로그램 요소를 만드는 데 주력할 것이다.

AI 캐릭터와 플레이어 간의 상호작용을 좀 더 쉽게 시각화하고자 13장에서는 C++ **Third Person** 템플릿을 사용해본다.

언리얼 엔진 4로 AI 작업을 하는 내용을 제대로 다루고 싶지만, 그 내용만으로도 책 한 권 분량이 나올 수 있다. 13장을 읽은 후에 AI에 더 많은 관심이 생겼다면, 『언리얼 엔진 4 AI 프로그래밍 에센셜Unreal Engine 4 AI Programming Essentials』(에이콘, 2016)을 읽어보길 권한다.

기술적 요구 사항

13장에서는 언리얼 엔진 4를 사용하며 비주얼 스튜디오 2017을 통합 개발 환경(IDE)으로 사용한다. 이 두 소프트웨어를 설치하는 방법은 1장, 'UE4 개발 도구'에서 다뤘다.

간단한 따라다니기 행동 구현

모든 종류의 AI를 구현하는 가장 간단한 방법은 직접 만들어보는 것이다. 언리얼이 제공하는 방법을 통해 신속하게 무언가를 실행해볼 수는 있지만, 기본 시스템을 사용하면 우아함과 정교함이 부족할 수 있다. 이번 레시피에서는 오브젝트가 다른 오브젝트를 따라가도록 하는 매우 간단한 구현을 살펴본다.

준비

AI 이동 기능을 테스트하기 위한 UE4 프로젝트를 준비하자. 지상의 간단한 풍경이나 기하학적 구조를 갖춘 상태여야 하며, 이상적으로는 막다른 골목이 있으면 더욱 좋다. C++ Third Person 템플릿이 제공하는 ThirdPersonExampleMap이 이 작업을 하기에 적당한 대상이다.

예제 구현

1. Add New ➤ New C++ Class로 이동해 Character를 상속받은 새 C++ 클래스를

생성한다. Add C++ Class 메뉴 아래에서 Character를 선택하고 Next 버튼을
누른다.

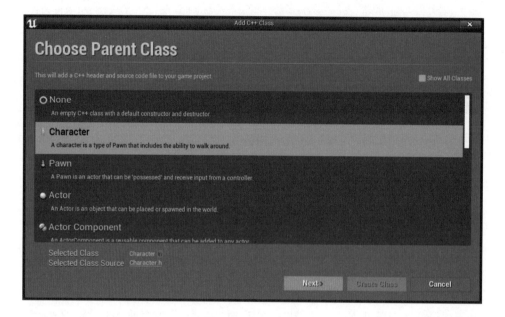

2. 다음 화면에서 클래스의 이름을 FollowingCharacter로 정하고 Create Class 버
튼을 클릭한다.

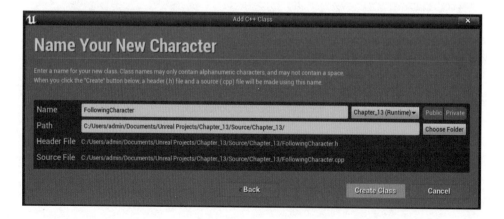

3. FollowingCharacter.cpp 파일에서 Tick 함수를 다음과 같이 업데이트한다.

```cpp
void AFollowingCharacter::Tick(float DeltaTime)
{
  Super::Tick(DeltaTime);

  // 현재 위치 얻기
  auto startPos = GetActorLocation();

  // 플레이어 위치 얻기
  FVector playerPos =
  GetWorld()->GetFirstPlayerController()->GetPawn()->GetActorLoc
    ation();

  // 이동할 위치 얻기
  FVector direction = playerPos - startPos;
  direction.Normalize();

  // 해당 방향으로 플레이어 이동
  SetActorLocation(startPos + direction);
}
```

 컴파일러가 주어진 할당에서 오브젝트의 타입을 추론할 수 있는 경우 auto 키워드를 변수 선언에 사용할 수 있다.

4. 스크립트를 저장하고 코드를 컴파일한다.
5. Following Character를 씬에 끌어다 놓는다. 현재는 캐릭터의 외형이 없으므로 오브젝트를 선택한다. 이후 Details 탭에서 Add Component 버튼을 클릭하고, Cylinder 모양을 선택한다.

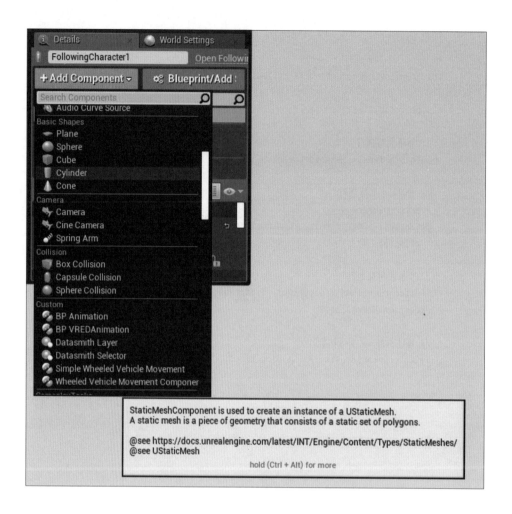

특별한 문제가 없다면 화면에 오브젝트가 표시된다.

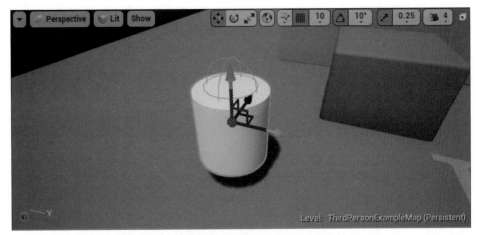

Cylinder 모양이 추가된 Following Character

6. 게임을 실행하고 이동해보자. 실린더는 계속 플레이어의 움직임을 따라다닐
   것이다.

예제 분석

이 예제에서는 간단한 벡터 수학을 사용해 적이 플레이어 캐릭터를 따르도록 효율적
인 하드코딩 방식을 사용했다. 이렇게 하면 기술적으로 동작하기는 하지만, 언리얼의
내장 AI 기능을 사용하지 않는다. 또한 길찾기 기능도 없어서 벽에 도달하면 더 이상
플레이어를 따라다닐 수도 없다. 그리고 AI를 따라잡게 만들면, 이 충돌로 인해 플레
이어는 더 이상 움직일 수도 없게 된다.

13장의 나머지 부분에서는 언리얼의 실제 내장 시스템을 사용하며, 훨씬 강력한 기능
을 구현할 수 있다.

내비게이션 메시 배치

내비게이션 메시^{Navigation Mesh}(Nav Mesh라고도 함)는 기본적으로 AI로 동작하는 오브젝트가 통과할 수 있는 영역(즉, 이동할 수 있는 영역)의 정의다. Nav Mesh는 플레이어가 이동하려고 할 때 플레이어를 차단하는 지오메트리가 포함돼 있지 않다.

준비

UE4에서 씬의 지오메트리를 기반으로 Nav Mesh를 구성하는 것은 매우 쉽다. 주변에 장애물이 있거나 지형을 사용하는 프로젝트로 시작하자. C++ **Third Person** 템플릿에 포함된 `ThirdPersonExampleMap`이 이번 연습의 목적에 적합하다.

예제 구현

Nav Mesh를 구성하기 위해 다음 단계를 따르자.

1. **Modes** ➤ **Volumes**로 이동한다.
2. **Nav Mesh Bounds Volume** 옵션을 뷰포트로 끌어다 놓는다.
3. **Scale** 도구를 사용해 Nav Mesh의 크기를 늘리고, 이를 통해 Nav Mesh를 사용하는 액터가 탐색하고 경로를 찾을 수 있는 영역을 커버하도록 한다. 완성된 Nav Mesh의 가시성을 변경하려면 **P** 키를 누른다.

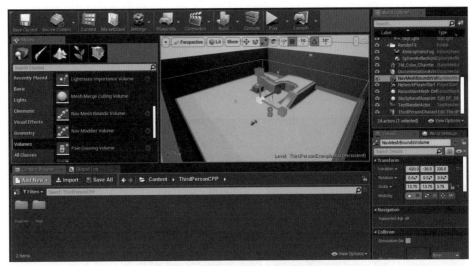

Nav Mesh Bounds Volume의 경계 내에 그려진 Nav Mesh

예제 분석

Nav Mesh는 플레이어 폰(또는 다른 엔티티entity)이 특정 지오메트리를 밟는 것을 차단하지 않지만, AI로 제어되는 엔티티가 어디로 이동할 수 있는지 안내한다.

UE4에서 오브젝트의 스케일을 조절하는 것과 관련해 추가적인 정보가 필요하면, https://docs.unrealengine.com/en-us/Engine/Actors/Transform을 방문해보길 바란다.

블랙보드 생성

블랙보드는 종종 행동 트리와 함께 사용되는 변수의 컨테이너다. 이 데이터는 개별 오브젝트 또는 그룹 전체의 의사 결정 AI에 사용된다. 앞으로 다룰 레시피에서 사용할 목적으로 블랙보드를 생성할 것이다.

1. Content 폴더 아래의 콘텐츠 브라우저에서 Add New > Artificial Intelligence > Blackboard를 선택한다.

2. 이름은 EnemyBlackboard로 입력하고, 파일을 더블 클릭해서 블랙보드 편집기 Blackboard Editor를 연다.

3. Blackboard 탭에서 New Key > Object를 클릭한다.

4. 오브젝트 이름은 Target으로 입력한다. 그런 다음, 이름 왼쪽의 화살표를 클릭해 Key Type 속성을 열고 Base Class 속성을 Actor로 설정한다.

5. 접근하려는 다른 속성을 추가한 다음, Save 버튼을 클릭한다.

예제 분석

이번 레시피에서는 나중에 행동 트리에서 사용할 플레이어의 값을 설정하고 가져오기 위해 코드에서 사용할 블랙보드를 만들었다.

행동 트리 생성

블랙보드가 AI의 공유 메모리라면, 행동 트리는 AI 로직을 포함하는 AI 프로세서다. 결정을 내리고, AI는 그 결정에 따라 게임을 실행하는 동안 실제로 행동한다. 이번 레시피에서는 행동 트리를 생성한 다음 블랙보드를 할당한다.

1. Content 폴더 아래의 콘텐츠 브라우저에서 Add New ➤ Artificial Intelligence ➤ Behavior Tree를 선택한다.

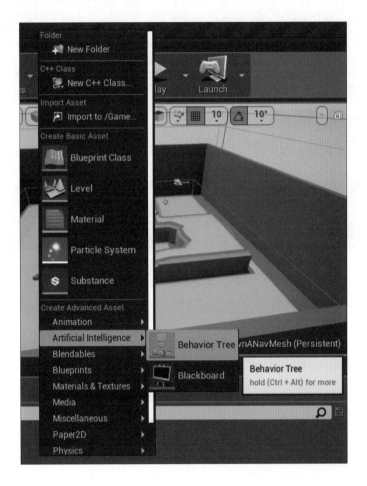

2. 이름은 EnemyBehaviorTree로 정하고, 파일을 더블 클릭해 행동 트리 편집기 Behavior Tree Editor를 연다.

3. 편집기가 열리면, Details 탭 아래에서 AI ➤ Behavior Tree 섹션을 열고 Blackboard Asset 속성이 EnemyBlackboard로 설정된 상태인지 확인한다. 앞서 생성한

Target 속성은 Keys 아래 목록에서 찾을 수 있다. 찾을 수 없다면 편집기를 닫고 다시 연다.

행동 트리 편집기의 모습

4. 작업을 마치면 Save 버튼을 클릭한다.

예제 분석

AI 시스템에 필요한 행동 트리를 만들었으며, 이를 사용하면 필요한 작업이나 기타 여러 기능을 처리할 수 있다. 향후 레시피에서는 이를 사용해 커스텀 Character 클래스를 만들 것이다.

행동 트리를 캐릭터에 연결

행동 트리(BehaviorTree)는 특정 시점에 AI로 제어되는 유닛이 표시할 동작을 선택한다. 행동 트리는 비교적 쉽게 구성할 수 있지만, 하나를 실제로 실행하려면 많은 설정이 필요하다. 또한 행동 트리를 구성하는 데 사용할 수 있는 구성 요소에 대해서도 잘 알고 있어야 한다.

행동 트리는 복잡한 NPC의 동작을 정의하는 데 매우 유용하다. 참고로 이전 레시피에서 다룬 AIMoveTo와 비교해볼 수 있다.

준비

이번 레시피를 시작하기 전에 다음 레시피를 우선적으로 완료해야 한다.

- 내비게이션 메시 배치
- 블랙보드 생성
- 행동 트리 생성

예제 구현

1. 파일 .Build.cs(우리의 경우 Chapter_13.Build.cs)를 열고, 다음 종속성을 추가한다.

```
using UnrealBuildTool;

public class Chapter_13 : ModuleRules
{
  public Chapter_13(ReadOnlyTargetRules Target) : base(Target)
  {
    PCHUsage = PCHUsageMode.UseExplicitOrSharedPCHs;

    PublicDependencyModuleNames.AddRange(new string[] {
      "Core", "CoreUObject", "Engine", "InputCore",
      "HeadMountedDisplay" });
    PublicDependencyModuleNames.AddRange(new string[] {
      "AIModule", "GameplayTasks" });
  }
}
```

2. 코드를 컴파일한다.

3. 콘텐츠 브라우저에서 Add New ➤ New C++ Class를 선택한다. Add C++ Class 메뉴에서 Show All Classes option type in AIController를 체크하고, AIController 클래스를 선택한 다음 Next를 클릭한다.

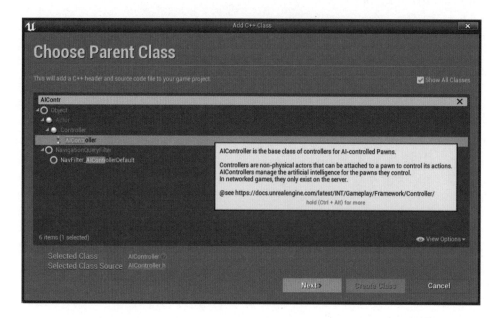

4. 클래스의 이름은 EnemyAIController로 정하고 Create Class 버튼을 클릭한다.

5. 비주얼 스튜디오를 열고 EnemyAIController.h 파일을 다음과 같이 갱신한다.

```
#pragma once

#include "CoreMinimal.h"
#include "AIController.h"
#include "BehaviorTree/BehaviorTreeComponent.h"
#include "BehaviorTree/BlackboardComponent.h"
#include "EnemyAIController.generated.h"

/**
 *
 */
```

```
UCLASS()
class CHAPTER_13_API AEnemyAIController : public AAIController
{
  GENERATED_BODY()
private:
  // AI 컴포넌트 참조들
  UBehaviorTreeComponent* BehaviorComp;
  UBlackboardComponent* BlackboardComp;
public:
  AEnemyAIController();

  // 컨트롤러가 Pawn/Character를 소유할 때 호출됨
  virtual void Possess(APawn* InPawn) override;

  FBlackboard::FKey TargetKeyID;
};
```

6. 함수 선언을 생성한 후, 이를 EnemyAIController.cpp 파일에 선언해야 한다.

```
#include "EnemyAIController.h"

AEnemyAIController::AEnemyAIController()
{
  // 컴포넌트 초기화
  BehaviorComp =
    CreateDefaultSubobject<UBehaviorTreeComponent>(TEXT("BehaviorC
    omp"));
  BlackboardComp =
    CreateDefaultSubobject<UBlackboardComponent>(TEXT("BlackboardC
    omp"));
}

// 컨트롤러가 Pawn/Character를 소유할 때 호출됨
void AEnemyAIController::Possess(APawn* InPawn)
{
  Super::Possess(InPawn);
}
```

AI 컨트롤러^AI Controller와 더불어 캐릭터도 필요하다.

7. Add New > New C++ Class에서 Character를 상속받은 새 C++ 클래스를 생성한다. Add C++ Class 메뉴 아래에서 Character를 선택하고 Next 버튼을 누른다.

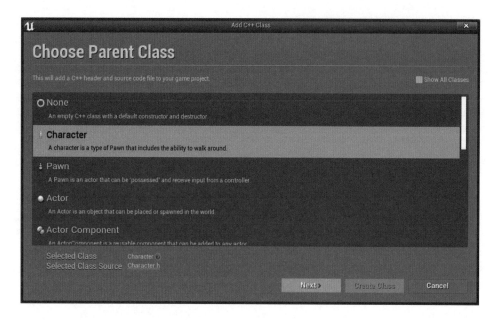

8. 다음 화면에서 클래스 이름을 EnemyCharacter로 정하고 **Create Class** 버튼을 클릭한다.

9. 비주얼 스튜디오를 열고, EnemyCharacter.h 파일에 다음 속성을 추가한다.

```
#pragma once

#include "CoreMinimal.h"
#include "GameFramework/Character.h"
#include "EnemyCharacter.generated.h"

UCLASS()
class CHAPTER_13_API AEnemyCharacter : public ACharacter
{
  GENERATED_BODY()
```

```
public:
  // 이 캐릭터 속성의 기본값 설정
  AEnemyCharacter();
  UPROPERTY(EditAnywhere, Category = Behavior)
  class UBehaviorTree *EnemyBehaviorTree;

protected:
  // 게임이 시작되거나 소환될 때 호출됨
  virtual void BeginPlay() override;

public:
  // 프레임마다 호출됨
  virtual void Tick(float DeltaTime) override;
  // 입력에 기능을 연결하기 위해 호출됨
  virtual void SetupPlayerInputComponent(class
    UInputComponent* PlayerInputComponent) override;
};
```

10. 그런 다음, 이제 Character 클래스가 존재하므로 EnemyAIController.cpp 파일로 돌아가서 Possess 함수를 갱신한다.

```
#include "EnemyAIController.h"
#include "EnemyCharacter.h"
#include "BehaviorTree/BehaviorTree.h"

AEnemyAIController::AEnemyAIController()
{
  // 컴포넌트 초기화
  BehaviorComp =
    CreateDefaultSubobject<UBehaviorTreeComponent>(TEXT("BehaviorC
    omp"));
  BlackboardComp =
    CreateDefaultSubobject<UBlackboardComponent>(TEXT("BlackboardC
    omp"));
}

// 컨트롤러가 Pawn/Character를 소유할 때 호출됨
void AEnemyAIController::Possess(APawn* InPawn)
{
```

```
Super::Possess(InPawn);
// InPawn을 EnemyCharacter로 변환
auto Character = Cast<AEnemyCharacter>(InPawn);
// 포인터가 유효한지 검사
if(Character && Character->EnemyBehaviorTree)
{
  BlackboardComp->InitializeBlackboard(*Character->EnemyBehavior
  Tree->BlackboardAsset);
  TargetKeyID = BlackboardComp->GetKeyID("Target");
  BehaviorComp->StartTree(*Character->EnemyBehaviorTree);
}
}
```

11. 스크립트를 저장하고 코드를 컴파일한다.

    이제 방금 생성한 두 개 클래스의 블루프린트 버전을 생성하고 변수를 할당한다.

12. C++ Classes/Chapter_13 폴더의 콘텐츠 브라우저에서 EnemyAIController 오브젝트를 마우스 오른쪽 버튼으로 클릭하고, EnemyAIController를 기반으로 하는 Create Blueprint Class를 선택한다.

13. 마찬가지로 EnemyCharacter 오브젝트에 대해서도 동일한 작업을 수행한다.

14. MyEnemyCharacter 블루프린트를 더블 클릭하고, Details 탭 아래에서 Enemy Behavior Tree 속성을 EnemyBehaviorTree로 설정한다. 그런 다음, AI Controller Class 속성을 MyEnemyAIController로 설정한다.

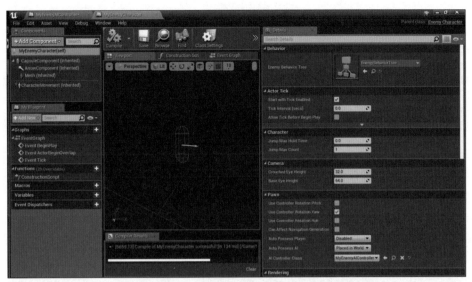

Enemy Behavior Tree와 AI Controller Class 속성을 지정함

15. 캐릭터에 대한 비주얼 컴포넌트도 있으면 좋으므로, Components 탭에서 Add
Component 버튼을 클릭한 후 Cube를 선택한다. 그런 다음, Scale을 (0.5, 0.5,
1.5)로 수정한다.

앞에서 다룬 것처럼, 사용 가능한 모든 옵션을 보려면 Open Full Blueprint
Editor 텍스트를 클릭해야 한다.

16. 그런 다음, Compile을 누르고 모든 애셋을 저장한다.

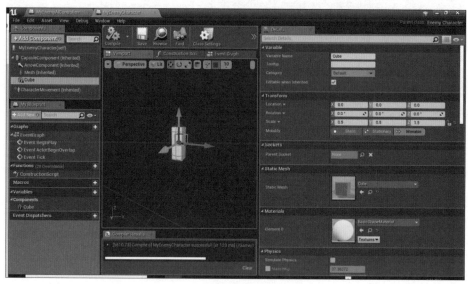

완성된 적 캐릭터

이를 통해 AI 캐릭터, AI 컨트롤러, 행동 트리 사이의 연결을 설정했다!

예제 분석

앞서 생성한 AI 컨트롤러 클래스는 이전 두 개의 레시피에서 생성한 행동 트리와 블랙보드를 모두 추가할 것이다.

행동 트리는 AI 컨트롤러에 연결되고, AI 컨트롤러는 캐릭터에 연결된다. 다이어그램에 Task 및 Service 노드를 입력해 행동 트리를 통해 Character의 동작을 제어한다.

행동 트리는 다음과 같이 여섯 가지 타입의 노드를 제공한다.

1. **Task**: Task 노드는 행동 트리의 보라색 노드이며 실행할 블루프린트 코드를 포함한다. 이는 AI로 제어되는 유닛의 동작(코드 방식)이다. Task는 작업의 성공 여부에 따라 true 또는 false를 반환해야 하며, 마지막에 FinishExecution()

노드를 제공함으로써 처리된다.

2. **Decorator**: 데코레이터는 노드 실행을 위한 부울 조건일 뿐이다. 조건을 확인하며 일반적으로 **Selector** 또는 **Sequence** 블록 내에서 사용된다.

3. **Service**: 틱 단위로 일부 블루프린트 코드가 실행된다. 이런 노드의 틱 간격은 조정 가능하다. 예를 들어, 10초마다 틱을 발생시킬 수도 있다. 이 기능을 사용하면 씬에 업데이트를 요청하거나 새로운 상태를 추적하는 처리 등을 할 수 있다. 블랙보드는 쿼리 정보를 저장하는 데 사용할 수 있다. 서비스 노드의 끝에는 `FinishExecute()` 호출이 없다.

4. **Selector**: 성공할 때까지 모든 하위 트리를 왼쪽에서 오른쪽으로 실행한다. 성공하면 상위 트리로 실행이 돌아간다.

5. **Sequence**: 실패할 때까지 모든 하위 트리를 왼쪽에서 오른쪽으로 실행한다. 실패하면 실행은 상위 트리로 돌아간다.

6. **Simple Parallel**: 하위 트리(회색)와 병렬로 단일 작업(보라색)을 실행한다.

BTService 생성

서비스는 행동 트리의 노드에 연결되며 분기가 실행되는 한 정의된 빈도로 실행된다. 다른 행동 트리 시스템의 병렬^{Parallel} 노드와 유사하게 이들은 종종 블랙보드를 확인하고 업데이트하는 데 사용되며, 이번 레시피에서는 플레이어 오브젝트를 찾아 블랙보드에 할당하는 데 사용한다.

준비

이전 레시피 '행동 트리를 캐릭터에 연결'을 완료한다.

1. 콘텐츠 브라우저에서 Add New > New C++ Class를 선택한다. Choose Parent Class 메뉴에서 Show All Classes를 체크하고, BTService 클래스를 찾아 선택한 후 Next 버튼을 누른다.

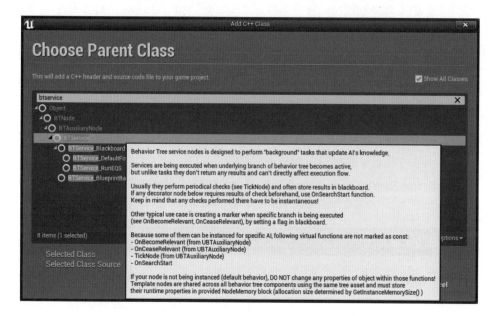

2. 다음 메뉴에서 이름을 BTService_FindPlayer로 정한 후 Create Class 옵션을 클릭한다.

3. BTService_FindPlayer.h 파일에서 다음 코드를 사용한다.

```
#pragma once

#include "CoreMinimal.h"
#include "BehaviorTree/BTService.h"
#include "BehaviorTree/BehaviorTreeComponent.h"
#include "BTService_FindPlayer.generated.h"

/**
```

```
*
*/
UCLASS()
class CHAPTER_13_API UBTService_FindPlayer : public UBTService
{
  GENERATED_BODY()
public:
  UBTService_FindPlayer();
  /** 다음 틱 주기 갱신
  * this function should be considered as const (don't
  modify state of object) if node is not instanced! */
  virtual void TickNode(UBehaviorTreeComponent& OwnerComp,
    uint8* NodeMemory, float DeltaSeconds) override;
};
```

4. BTService_FindPlayer.cpp 파일에서 다음 코드를 사용한다.

```
#include "BTService_FindPlayer.h"
#include "EnemyAIController.h"
#include "BehaviorTree/Blackboard/BlackboardKeyType_Object.h"

UBTService_FindPlayer::UBTService_FindPlayer()
{
  bCreateNodeInstance = true;
}

void UBTService_FindPlayer::TickNode(UBehaviorTreeComponent&
  OwnerComp, uint8* NodeMemory, float DeltaSeconds)
{
  Super::TickNode(OwnerComp, NodeMemory, DeltaSeconds);

  auto EnemyAIController =
    Cast<AEnemyAIController>(OwnerComp.GetAIOwner());

  if(EnemyAIController)
  {
    auto PlayerPawn =
      GetWorld()->GetFirstPlayerController()->GetPawn();
    OwnerComp.GetBlackboardComponent()->SetValue<UBlackboardKeyTyp
```

```
    e_Object>(EnemyAIController->TargetKeyID, PlayerPawn);
  UE_LOG(LogTemp, Warning, TEXT("Target has been
    set!"));
  }
}
```

5. 스크립트를 저장하고 컴파일한다.

6. 콘텐츠 브라우저에서 이전에 생성한 EnemyBehaviorTree가 있는 Content 폴더로 이동한 후 더블 클릭을 사용해 행동 트리 편집기를 연다.

7. 행동 트리 편집기에서는 ROOT에서 아래로 선을 드래그하고 Selector를 선택한다.

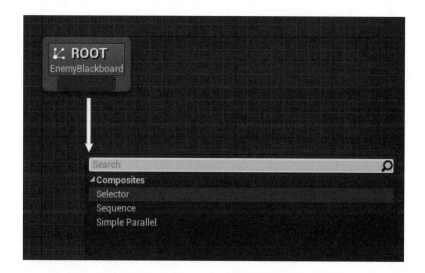

하단의 어두운 회색 사각형에서 드래그해야 한다는 점에 유의한다. ROOT의 중간에서 드래그를 시도하면 노드만 이동된다.

8. Selector 노드에서 마우스 오른쪽 버튼을 클릭한 후 Add Service ➤ FindPlayer를 선택한다.

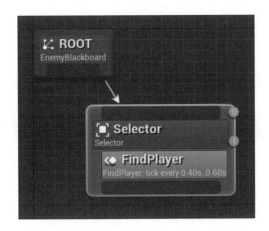

9. 이제 MyEnemyCharacter 오브젝트의 인스턴스를 씬에 끌어다 놓고 게임을 실행
   한다.

보다시피 값이 설정됐다!

예제 분석

행동 트리는 전환할 다른 노드가 없으므로 Selector를 계속 호출한다.

BTTask 생성

Service들 외에도 행동 트리의 리프 노드인 Task들이 있으며, 이들이 실제로 행동을 수행한다. 우리 예제에서는 직접 만든 AI가 목표물인 플레이어를 따라다니게 할 것이다.

준비

이전 레시피 'BTService 생성'을 완료한다.

예제 구현

1. 콘텐츠 브라우저에서 Add New ➤ New C++ Class를 선택한다. Choose Parent Class 메뉴에서 Show All Classes 옵션을 체크하고, BTTask_BlackboardBase 클래스를 찾아 선택한 후 Next 버튼을 누른다.

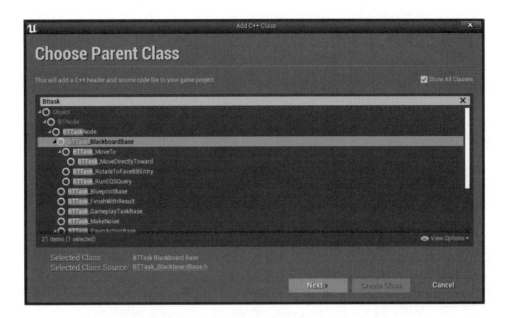

2. 다음 메뉴에서 이름을 BTTask_MoveToPlayer로 정한 후 Create Class 옵션을 클릭한다.

3. 비주얼 스튜디오를 열고 다음 함수를 BTTask_MoveToPlayer.h에 추가한다.

```
#pragma once

#include "CoreMinimal.h"
#include "BehaviorTree/Tasks/BTTask_BlackboardBase.h"
#include "BTTask_MoveToPlayer.generated.h"

/**
 *
 */
UCLASS()
class CHAPTER_13_API UBTTask_MoveToPlayer : public
UBTTask_BlackboardBase
{
  GENERATED_BODY()
public:
  /** 이 작업을 시작한다. Succeeded, Failed 또는 InProgress를 반환해야 한다.
  * (use FinishLatentTask() when returning InProgress)
  * this function should be considered as const (don't
  modify state of object) if node is not instanced! */
  virtual EBTNodeResult::Type
    ExecuteTask(UBehaviorTreeComponent& OwnerComp, uint8*
    NodeMemory) override;
};
```

4. 이어서 BTTask_MoveToPlayer.cpp 파일을 열고 다음과 같이 업데이트한다.

```
#include "BTTask_MoveToPlayer.h"
#include "EnemyAIController.h"
#include "GameFramework/Character.h"
#include "BehaviorTree/Blackboard/BlackboardKeyType_Object.h"

EBTNodeResult::Type
UBTTask_MoveToPlayer::ExecuteTask(UBehaviorTreeComponent&
OwnerComp, uint8* NodeMemory)
{
  auto EnemyController =
    Cast<AEnemyAIController>(OwnerComp.GetAIOwner());
```

```
auto Blackboard = OwnerComp.GetBlackboardComponent();

ACharacter * Target =
  Cast<ACharacter>(Blackboard->GetValue<UBlackboardKeyType_Objec
  t>(EnemyController->TargetKeyID));

if(Target)
{
  EnemyController->MoveToActor(Target, 50.0f);
  return EBTNodeResult::Succeeded;
}

return EBTNodeResult::Failed;
}
```

5. 파일을 저장하고 언리얼 편집기로 돌아와 코드를 컴파일한다.

6. 콘텐츠 브라우저에서 이전에 생성한 EnemyBehaviorTree가 있는 Content 폴더로 이동한 후, 더블 클릭해 행동 트리 편집기를 연다.

7. 이를 Selector 노드 아래로 드래그하고 Tasks ❯ Move to Player를 선택한다.

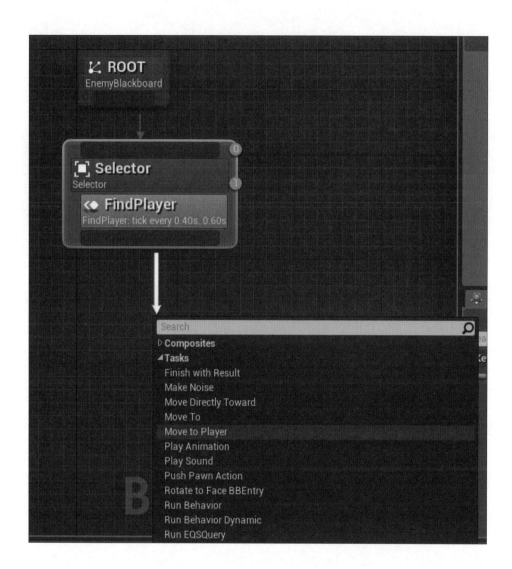

8. 행동 트리를 저장하고 언리얼 편집기로 돌아온다. 아직 MyEnemyCharacter 오브젝트가 씬에 없다면 드래그해서 씬으로 가져다 놓고 게임을 플레이한다.

보다시피 이제 적이 플레이어를 따라가고 있으며, 이는 Nav Mesh가 해당 지역을 커버하는 한 계속된다!

예제 분석

이번 레시피에서는 지금까지 다룬 모든 내용을 모아 함께 컴파일한다. ExecuteTask 메서드는 BehaviorTree가 이 상태 내에 있는 한 계속 호출된다. 이 함수는 EBTNodeResult를 반환하며 Succeeded나 Failed, InProgress 중 하나를 반환해 BehaviorTree에게 상태 변경 가능 여부를 알린다.

우리의 경우에는 먼저 EnemyController와 Target 오브젝트를 가져와서 누구를 어디로 이동시키려는지 파악할 수 있다. 해당 속성이 유효하기만 하다면 MoveToActor 함수를 호출할 수 있다.

MoveToActor 함수는 다양한 속성을 제공하고 있으므로 이동 방식을 다양하게 만들 수 있다. 자세한 내용을 알고 싶다면 https://api.unrealengine.com/INT/API/Runtime/AIModule/AAIController/MoveToActor/index.html을 확인하자.

UE4가 제공하는 추가적인 AI 콘셉트에 관심이 있다면, 오르페아스 엘레프테리우(Orfeas Eleftheriou)의 'UE4 AI 튜토리얼'을 강력하게 추천한다. https://orfeasel.com/category/ue_tuts/ai-programming/에서 관련 내용을 찾을 수 있다.

사용자 인터페이스 – UI와 UMG

다음은 14장에서 다룰 내용이다.

- 캔버스Canvas를 사용해 그리기
- 화면에 슬레이트 위젯 추가
- UI를 위한 화면 크기 인식 스케일링 생성
- 게임 내 UMG 요소 시트 표시 및 숨기기
- 슬레이트 이벤트에 함수 호출 연결
- 언리얼 모션 그래픽과 데이터 바인딩Data Binding 사용
- 스타일Style을 사용해 위젯 모양 제어
- 커스텀 SWidget/UWidget 생성

플레이어에게 피드백을 표시하는 것은 게임 디자인에서 가장 중요한 요소 중 하나이며, 일반적으로 게임 내에서는 일종의 HUD(또는 적어도 메뉴)가 필요하다.

이전 버전의 언리얼에서는 간단한 HUD 지원이 있어서 단순한 모양과 텍스트를 화면에 그릴 수 있었다. 하지만 미적 측면에서는 다소 제한적이므로 Scaleform과 같은 솔루션을 사용해 이런 제한을 해결한다. Scaleform은 어도비^{Adobe}의 플래시^{Flash} 파일 형식을 활용해 벡터 이미지와 UI 스크립트를 저장한다. 그럼에도 불구하고 무료이며 기능 제약도 없다. 참고로, 과거에는 고가의 라이선스가 필요했던 제품이다.

결과적으로 에픽은 언리얼 4 편집기를 위한 슬레이트^{Slate}와 인게임$^{in-game}$ UI 프레임워크를 개발했다. 슬레이트는 위젯(UI 요소)의 모음이며 편집기의 크로스 플랫폼 인터페이스를 지원하는 프레임워크다. 메뉴나 HUD에서 사용하는 슬라이더나 버튼을 위한 인게임 위젯을 그릴 때도 사용할 수 있다.

슬레이트는 선언적 구문을 사용해 네이티브 C++의 계층 구조에서 사용자 인터페이스 요소의 XML 스타일 표현을 허용하며, 다수의 매크로 연산자와 오버로드를 사용해 이를 지원한다.

모든 경우에 프로그래머가 게임의 HUD를 설계하는 것은 아니다. 언리얼 3에서 Scaleform을 사용함으로써 얻을 수 있는 주요 장점 중 하나는 비주얼 디자이너가 프로그래밍 언어를 배우지 않고도 플래시 비주얼 편집기를 사용해 게임 UI의 시각화를 개발할 수 있다는 점이다. 그런 다음, 프로그래머는 논리와 데이터를 별도로 추가할 수 있다. 이는 WPF$^{Windows\ Presentation\ Framework}$에서 지원하는 패러다임과 동일하다.

비슷한 방식으로 언리얼은 UMG$^{Unreal\ Motion\ Graphics}$를 제공한다. UMG는 사용자 인터페이스에 시각적으로 스타일을 지정하고 배치하며 애니메이션을 적용할 수 있는 슬레이트 위젯용 시각적 편집기다. UI 위젯(Win32 환경이라면 컨트롤)은 블루프린트 코드(UMG 창의 그래프 보기로 작성)나 C++로 속성을 제어할 수 있다. 14장에서는 주로 UI 요소 표시, 위젯 계층 작성, UMG 내에서 스타일을 지정하고 사용할 수 있는 베이스 SWidget 클래스의 생성 방법 등을 다룬다.

기술적 요구 사항

14장에서는 언리얼 엔진 4를 사용하며 비주얼 스튜디오 2017을 통합 개발 환경(IDE)으로 사용한다. 이 두 소프트웨어를 설치하는 방법은 1장, 'UE4 개발 도구'에서 다뤘다.

캔버스를 사용해 그리기

캔버스는 언리얼 3 내에서 구현되는 간단한 HUD다. 상업적으로 출시하는 게임에서는 주로 슬레이트/UMG를 사용하지만, 간단한 텍스트나 모양을 그릴 때는 캔버스를 쉽게 활용할 수 있다. 게임의 상태를 확인하기 위한 디버깅과 성능 분석에 사용하는 콘솔 명령에서는 여전히 캔버스를 광범위하게 사용한다.

준비

C++ 코드 마법사에 대한 내용이 잘 기억나지 않는다면 4장, '액터와 컴포넌트'를 참고하자.

예제 구현

1. 비주얼 스튜디오 프로젝트(File ❯ Open Visual Studio)에서 Source₩〈Module〉 폴더를 열고, 〈Module〉.build.cs 파일(나의 경우에는 Source₩Chapter_14₩Chapter_14.build.cs)을 연다. 다음 코드처럼 주석을 지우고 코드를 추가한다.

```
using UnrealBuildTool;

public class Chapter_14 : ModuleRules
{
  public Chapter_14(ReadOnlyTargetRules Target) : base(Target)
  {
    PCHUsage = PCHUsageMode.UseExplicitOrSharedPCHs;
    PublicDependencyModuleNames.AddRange(new string[] {
      "Core", "CoreUObject", "Engine", "InputCore" });

    PrivateDependencyModuleNames.AddRange(new string[] { });

    // 슬레이트 UI를 사용한다면 주석을 해제한다
    PrivateDependencyModuleNames.AddRange(new string[] {
      "Slate",
      "SlateCore" });
    // 온라인 기능을 사용한다면 주석을 해제한다
    // PrivateDependencyModuleNames.Add("OnlineSubsystem");
    // OnlineSubsystemSteam을 포함하려면, Enabled 속성을 true로 설정해
    // uproject 파일의 플러그인 섹션에 추가한다
  }
}
```

2. 새로운 GameModeBase인 CustomHUDGameMode를 편집기 클래스 마법사를 사용해
   추가한다.

3. 생성자를 클래스에 추가한다.

```
#pragma once

#include "CoreMinimal.h"
#include "GameFramework/GameModeBase.h"
#include "CustomHUDGameMode.generated.h"

/**
 *
 */
UCLASS()
class CHAPTER_14_API ACustomHUDGameMode : public AGameModeBase
```

```
{
  GENERATED_BODY()

  ACustomHUDGameMode();
};
```

4. 다음을 생성자 구현에 추가한다.

```
#include "CustomHUDGameMode.h"
#include "CustomHUD.h"

ACustomHUDGameMode::ACustomHUDGameMode() : AGameModeBase()
{
  HUDClass = ACustomHUD::StaticClass();
}
```

이때 CustomHUD 클래스가 없으므로 컴파일 오류가 발생한다. 이 클래스는 곧
만들 것이다.

5. Add C++ Class 마법사를 사용해 새로운 HUD 서브클래스를 생성한다.

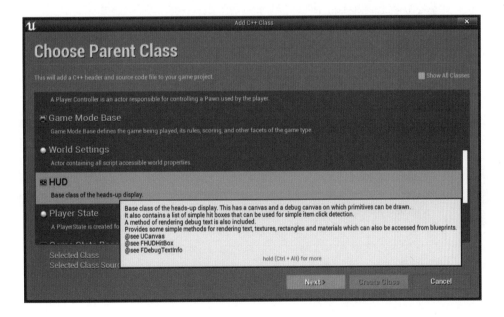

6. 이름은 CustomHUD로 입력하고 Create Class 버튼을 클릭한다.

7. CustomHUD.h 내에서 다음 함수를 override 키워드를 사용해 클래스에 추가
한다.

```
#pragma once

#include "CoreMinimal.h"
#include "GameFramework/HUD.h"
#include "CustomHUD.generated.h"

/**
 *
 */
UCLASS()
class CHAPTER_14_API ACustomHUD : public AHUD
{
  GENERATED_BODY()
public:
  virtual void DrawHUD() override;
};
```

8. 이제 함수를 구현한다.

```cpp
#include "CustomHUD.h"
#include "Engine/Canvas.h"

void ACustomHUD::DrawHUD()
{
  Super::DrawHUD();
  Canvas->DrawText(GEngine->GetSmallFont(), TEXT("Test
    string to be printed to screen"), 10, 10);
  FCanvasBoxItem ProgressBar(FVector2D(5, 25),
    FVector2D(100, 5));
  Canvas->DrawItem(ProgressBar);
  DrawRect(FLinearColor::Blue, 5, 25, 100, 5);
}
```

9. 코드를 컴파일하고 편집기를 실행한다.

10. 편집기 내의 Settings 드롭다운 메뉴에서 World Settings 패널을 연다.

11. World Settings 대화상자의 GameMode Override 아래 목록에서 CustomHUDGame Mode를 선택한다.

12. 게임을 플레이하고 커스텀 HUD가 화면에 그려지는지 확인한다.

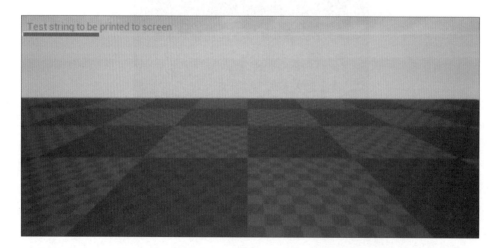

이번 레시피에서 다룰 모든 UI 레시피는 슬레이트를 사용해 그릴 것이므로 우리 모듈과 슬레이트 프레임워크 사이의 종속성을 추가해야 해당 모듈에 선언된 클래스에 접근할 수 있다. 게임 HUD를 위한 커스텀 캔버스 그리기 호출을 배치할 최적의 장소는 AHUD의 서브클래스 내부다.

엔진이 커스텀 서브클래스를 사용하도록 하려면, 새로운 GameMode를 생성하고 커스텀 클래스의 타입을 지정해야 한다.

커스텀 Game Mode의 생성자 내부에서 새로운 HUD 타입에 대한 UClass를 HUDClass 변수에 할당한다. 이 UClass는 플레이어가 생성될 때 각 플레이어의 컨트롤러로 전달되며, 컨트롤러는 생성한 AHUD 인스턴스를 담당한다.

커스텀 HUD를 불러오는 커스텀 GameMode를 사용함에 따라, 실제로 커스텀 HUD 클래스를 만들어야 한다. AHUD는 DrawHUD()라는 가상 함수를 정의한다. 이 함수는 프레임마다 호출돼 화면에 요소를 그릴 수 있도록 한다. 결과적으로 이 기능을 재정의해 직접 그리기를 구현한다.

처음 사용한 메서드는 다음과 같다.

```
float DrawText(constUFont* InFont, constFString&InText,
  float X, float Y, float XScale = 1.f, float YScale = 1.f,
  constFFontRenderInfo&RenderInfo = FFontRenderInfo());
```

DrawText는 그릴 폰트를 필요로 한다. 스탯[stat]과 기타 HUD 그리기 명령에 사용되는 기본 폰트는 실제로 GEngine 클래스에 저장되며, GetSmallFont 함수를 사용해 접근할 수 있다. 이 함수는 UFont의 인스턴스를 포인터로 반환한다.

남아있는 인수는 렌더링할 실제 텍스트와 텍스트가 그려질 픽셀 단위의 오프셋이다.

DrawText는 그릴 데이터를 직접 전달할 수 있는 함수다. 일반적인 DrawItem 함수는 방문자 패턴 구현으로, 그릴 오브젝트에 대한 정보를 캡슐화하는 오브젝트를 생성하고 다수의 그리기 호출에서 해당 오브젝트를 재사용할 수 있도록 한다.

이번 레시피에서는 프로그레스바를 표현하는 데 사용할 수 있는 요소를 생성한다. 상자의 너비와 높이에 대한 필수 정보를 FCanvasBoxItem으로 캡슐화한 다음, 캔버스의 DrawItem 함수로 전달한다.

우리가 그리는 세 번째 항목은 채워진 사각형이다. 이 함수는 캔버스 자체가 아닌 HUD 클래스에 정의된 편의 메서드를 사용한다. 채워진 사각형은 FCanvasBox와 동일한 위치에 배치돼 프로그레스바 내의 현재 값을 표현할 수 있다.

참고 사항

- 10장, 'C++와 언리얼 편집기 연동: 파트 2'와 '새 콘솔 명령 생성' 레시피를 참고해 자신만의 콘솔 명령을 생성하는 방법을 배우자.

화면에 슬레이트 위젯 추가

이전 레시피는 FCanvas API를 사용해 화면을 그렸다. 하지만 FCanvas는 애니메이션을 구현하기 어렵고 화면에 그래픽을 그리려면 텍스처나 재질을 만들어야 하는 등 여러 가지 제약이 있다. 또한 FCanvas는 위젯 또는 윈도우 컨트롤 방식을 지원하지 않으므로 데이터 입력이나 다른 형태의 사용자 입력이 필요 이상으로 복잡해진다.

또한 FCanvas는 위젯이나 창 컨트롤에 관련한 어떤 것도 구현하지 않으므로 데이터 입력이나 다른 형태의 사용자 입력을 필요 이상으로 복잡하게 만든다. 이번 레시피에서는 다양한 내장 컨트롤을 제공하는 슬레이트를 사용해 화면에 HUD 요소를 만드는 방법을 보여준다.

아직 Slate와 SlateCore를 모듈 종속성에 추가하지 않았다면 추가한다. 방법을 잘 모르
겠다면 '캔버스를 사용해 그리기' 레시피를 참고한다.

예제 구현

1. Add C++ Class 마법사를 사용해 새로운 PlayerController 서브클래스를 생성
   한다.

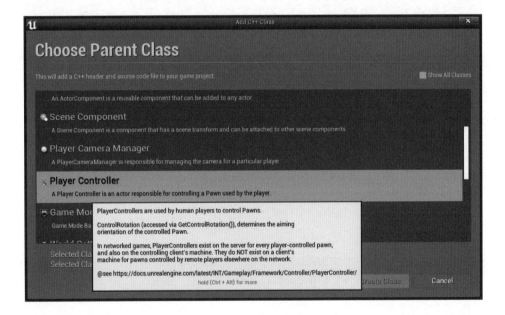

2. 클래스의 이름은 CustomHUDPlayerController로 입력하고 Create Class 버튼을 누른다.

3. 새 서브클래스 내에서 BeginPlay 가상 메서드를 재정의한다.

```
#pragma once

#include "CoreMinimal.h"
#include "GameFramework/PlayerController.h"
#include "CustomHUDPlayerController.generated.h"

/**
 *
 */
UCLASS()
class CHAPTER_14_API ACustomHUDPlayerController : public
APlayerController
{
  GENERATED_BODY()
public:
  virtual void BeginPlay() override;
};
```

4. 서브클래스 구현 내에서 재정의된 BeginPlay() 가상 메서드를 위한 다음 코드를 추가한다.

```cpp
#include "CustomHUDPlayerController.h"
#include "SlateBasics.h"

void ACustomHUDPlayerController::BeginPlay()
{
  Super::BeginPlay();

  TSharedRef<SVerticalBox> widget = SNew(SVerticalBox)
    + SVerticalBox::Slot()
    .HAlign(HAlign_Center)
    .VAlign(VAlign_Center)
    [
      SNew(SButton)
      .Content()
    [
      SNew(STextBlock)
      .Text(FText::FromString(TEXT("Test button")))
    ]
    ];

  GEngine->GameViewport->AddViewportWidgetForPlayer(GetLocalPlay
    er(), widget, 1);
}
```

5. GameModeBase 기반의 새로운 클래스 SlateHUDGameMode를 생성한다.

6. Game Mode 내에 생성자를 추가한다.

```cpp
#pragma once

#include "CoreMinimal.h"
#include "GameFramework/GameModeBase.h"
#include "SlateHUDGameMode.generated.h"

/**
*
```

```
*/
UCLASS()
class CHAPTER_14_API ASlateHUDGameMode : public AGameModeBase
{
  GENERATED_BODY()
  ASlateHUDGameMode();
};
```

7. 다음과 같이 생성자를 구현한다.

```
#include "SlateHUDGameMode.h"
#include "CustomHUDPlayerController.h"

ASlateHUDGameMode::ASlateHUDGameMode() : Super()
{
  PlayerControllerClass =
    ACustomHUDPlayerController::StaticClass();
}
```

8. 편집기 내에서 Settings ➤ World Settings로 이동해 툴바의 World Settings 메뉴를 연다.

9. World Settings 내부에서 레벨의 Game Mode가 우리의 SlateHUDGameMode가 되도록 재정의한다.

10. 레벨을 플레이하면 화면에서 새로운 UI를 확인할 수 있다.

게임 화면상에 배치된 버튼

코드에서 슬레이트 클래스나 함수를 참조하기 위해 우리 모듈은 Slate와 SlateCore 모듈과 반드시 연결돼야 하므로 이들을 모듈 종속성에 추가한다.

게임이 실행될 때 로드되는 클래스 중 하나로 UI를 인스턴스화해야 하므로, 이번 레시피에서는 BeginPlay 함수에 있는 커스텀 PlayerController를 UI를 만드는 데 사용한다.

BeginPlay 구현 내부에서는 SNeew 함수를 사용해 새로운 SVerticalBox를 생성한다. 우리의 박스에 위젯을 위한 슬롯을 추가하고, 그 슬롯을 수평 및 수직 모두 중심이 되도록 설정한다.

사각형 대괄호를 사용해 접근하는 슬롯 안에 Textblock이 있는 버튼을 만든다. Textblock에서는 Text 속성을 문자열 리터럴 값으로 설정한다.

UI가 생성된 상태에서 AddViewportWidgetForPlayer를 호출해 이 위젯을 로컬 플레이어의 화면에 표시한다.

커스텀 PlayerController를 준비했다면, 이제는 새로운 PlayerController를 사용하도록 지정하기 위해 커스텀 GameMode를 만들어야 한다. 게임 시작 시 커스텀 PlayerController가 로드된 상태에서 BeginPlay가 호출되면 UI가 표시된다.

이 화면에서 UI는 매우 작은 상태다. 게임 창의 해상도에 맞게 스케일을 조정하는 방법은 다음 레시피에서 다룬다.

UI를 위한 화면 크기 인식 스케일링 생성

이전 레시피를 따랐다면, Play In Editor를 사용할 경우 버튼이 매우 작은 모습을 확인할 수 있다.

이유는 UI 스케일링 때문이다. 이 시스템은 화면 크기에 기반해 UI의 스케일을 조절하도록 해준다. 사용자 인터페이스 요소는 절대적 단위인 픽셀로 표시된다. 예를 들면, 버튼은 10픽셀의 높이를 갖는다는 식이다.

이런 방식에서는 해상도가 높은 패널을 사용할 경우 10픽셀에 대응되는 물리적 크기가 훨씬 더 작아지는 문제가 있다. 일정한 크기에서 해상도가 높아지면 픽셀 크기가 작아지기 때문이다.

준비

언리얼의 UI 스케일링 시스템을 사용하면 글로벌 스케일로 제어할 수 있으며, 이는 화면 해상도에 따라 스크린의 모든 컨트롤을 스케일링한다. 앞의 예에서는 작은 화면에서 UI를 볼 때 겉보기 크기가 변경되지 않도록 버튼의 크기를 조정할 수 있다. 이번 레시피는 스케일링 비율을 변경하는 두 가지 방법을 보여준다.

예제 구현

1. 커스텀 PlayerController 서브클래스를 생성하고, 이름은 ScalingUIPlayerController로 정한다.
2. 클래스 내에서 BeginPlay를 재정의한다.

```
#pragma once

#include "CoreMinimal.h"
#include "GameFramework/PlayerController.h"
#include "ScalingUIPlayerController.generated.h"

/**
 *
 */
UCLASS()
class CHAPTER_14_API AScalingUIPlayerController : public
APlayerController
```

```
{
  GENERATED_BODY()
public:
  virtual void BeginPlay() override;
};
```

3. ScalingUIPlayerController.cpp 파일 내의 해당 함수 구현부에 다음 코드를 추가한다.

```
#include "ScalingUIPlayerController.h"
#include "SlateBasics.h"

void AScalingUIPlayerController::BeginPlay()
{
  Super::BeginPlay();
  TSharedRef<SVerticalBox> widget = SNew(SVerticalBox)
    + SVerticalBox::Slot()
    .HAlign(HAlign_Center)
    .VAlign(VAlign_Center)
    [
      SNew(SButton)
      .Content()
    [
      SNew(STextBlock)
      .Text(FText::FromString(TEXT("Test button")))
    ]
    ];
  GEngine->GameViewport->AddViewportWidgetForPlayer(GetLocalPlay
    er(), widget, 1);
}
```

4. 새 GameModeBase 서브클래스 ScalingUIGameMode를 생성하고 기본 생성자를 추가한다.

```
#pragma once

#include "CoreMinimal.h"
#include "GameFramework/GameModeBase.h"
```

```
#include "ScalingUIGameMode.generated.h"

/**
 *
 */
UCLASS()
class CHAPTER_14_API AScalingUIGameMode : public AGameModeBase
{
  GENERATED_BODY()
  AScalingUIGameMode();
};
```

5. 기본 생성자 내에서 기본 플레이어 컨트롤러 클래스를 ScalingUIPlayerControl
   ler로 설정한다.

```
#include "ScalingUIGameMode.h"
#include "CustomHUDPlayerController.h"

AScalingUIGameMode::AScalingUIGameMode() : AGameModeBase()
{
  PlayerControllerClass =
    ACustomHUDPlayerController::StaticClass();
}
```

6. 새로운 클래스를 저장하고 컴파일한다.

7. 편집기 내에서 Settings > World Settings로 이동한 후 툴바에서 World Settings
   메뉴를 연다.

8. World Settings 내에서 레벨의 Game Mode를 우리의 ScalingUIGameMode로 재정의한다.

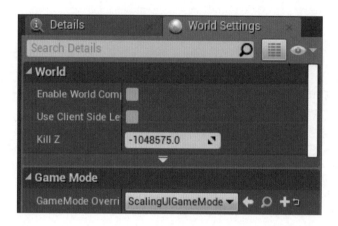

사용자 인터페이스는 이전 레시피와 비슷할 것이다. Play In Editor를 사용하면 UI가 매우 작아진다는 점을 알아두자.

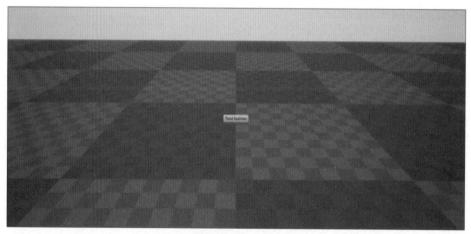

게임 화면상의 작은 버튼

UI가 축소되거나 확대되는 속도를 변경하려면 크기 조정 곡선을 변경해야 한다. 두 가지 방법이 존재한다.

편집기 방식 사용

1. 언리얼을 실행한 후 Edit 메뉴를 통해 Project Settings 대화상자를 연다.

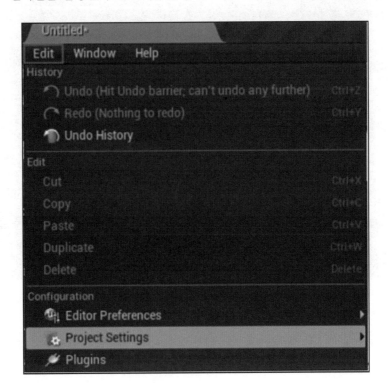

2. Engine – User Interface 섹션 아래에 DPI 커브가 존재한다. 이를 활용하면 화면의 짧은 길이를 기준으로 UI 스케일 수치를 변경할 수 있다.

3. 그래프상에서 두 번째 키 또는 키 포인트를 클릭한다.

4. Scale 값을 1로 변경한 후, 첫 번째 키에 대해서도 동일한 처리를 하고 Scale 값도 1로 설정한다.

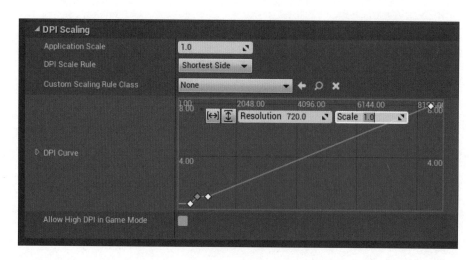

5. 메인 편집기로 돌아와서 게임을 다시 실행하면 기존보다 버튼이 커진 모습을
   확인할 수 있다.

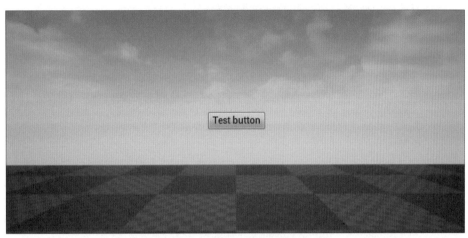

게임 화면에서 버튼을 더 쉽게 인지할 수 있음

Config 파일 방식 사용

1. 프로젝트 디렉터리를 탐색해 Config 폴더를 살펴본다.

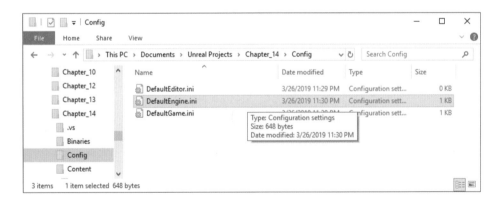

2. 프로젝트의 Config 폴더 내에 위치한 DefaultEngine.ini를 각자 사용하는 텍스트 편집기에서 연다.

3. [/Script/Engine.UserInterfaceSettings] 섹션을 찾는다.

```
[/Script/Engine.UserInterfaceSettings]
UIScaleCurve=(EditorCurveData=(PreInfinityExtrap=RCCE_Constant
,PostInfinityExtrap=RCCE_Constant,DefaultValue=340282346638528
859811704183484516925440.000000,Keys=((Time=480.000000,Value=1
.000000),(Time=720.000000,Value=1.000000),(Time=1080.000000,Va
lue=1.000000),(Time=8640.000000,Value=8.000000))),ExternalCurv
e=None)
```

4. 해당 섹션에서 UIScaleCurve라는 키를 찾는다.

5. 키의 값을 보면, (Time=x,Value=y) 쌍의 형태라는 사실을 알 수 있다. Time 값이 720.000000, Value가 1.000000이 되도록 두 번째 쌍을 편집한다.

6. 편집기가 열려 있다면 다시 시작한다.

7. Play In Editor 화면의 해상도에서 UI가 적절한 크기로 표시되는지 확인하고자 Play In Editor 미리보기를 시작한다. Play In Editor 창이 720p 이상에서 실행되도록 1080p 모니터를 사용한다고 가정한다.

8. 또한 게임 미리보기를 위해 New Editor Window를 사용하면 스케일링 동작을 확인할 수 있다.

9. 이를 위해 툴바의 Play 오른쪽에 있는 화살표를 클릭한다.

10. New Editor Window를 선택한다.

11. 이 창 안에서 콘솔 명령 r.SetRes 폭×높이를 사용해 해상도를 변경할 수 있다. 예를 들면 r.SetRes 200x200과 같은 식이다. 그리고 결과를 지켜보면 된다.

평소처럼, 커스텀 PlayerController를 사용하려면 사용할 PlayerController를 지정하기 위해 커스텀 GameMode가 필요하다.

커스텀 PlayerController와 GameMode를 모두 생성한 다음, 일부 UI 요소가 그려지도록 PlayerController의 BeginPlay 메서드에 일부 슬레이트 코드를 추가한다.

메인 게임 뷰포트는 일반적으로 언리얼 편집기 내에서 매우 작기 때문에 UI는 처음에 축소된 형태로 표시된다. 이는 게임 UI가 더 작은 해상도 디스플레이에서 더 적은 공간을 차지하도록 하기 위한 것이지만, 창을 전체 화면에 맞게 늘이지 않으면 텍스트를 읽기가 매우 어려워질 수 있다.

언리얼은 세션 간에 유지돼야 하지만, 실행 파일에 하드코딩될 필요가 없는 데이터를 설정 파일에 저장한다. 설정 파일은 윈도우 소프트웨어에서 흔히 사용하는 .ini의 확장된 버전을 사용한다.

설정 파일은 다음 구문을 사용해 데이터를 저장한다.

```
[Section Name]
Key=Value
```

언리얼에는 UIScaleCurve라는 속성을 가진 UserInterfaceSettings 클래스가 있다. 해당 UPROPERTY는 설정^{config}으로 표시되므로 언리얼은 값을 .ini 파일로 직렬화한다.

결과적으로, UIScale 데이터를 Engine.UserInterfaceSettings 섹션의 DefaultEngine.ini 파일에 저장한다.

데이터는 텍스트 형식으로 저장되며, 키 포인트의 리스트를 담는다. Time, Value 쌍을 수정하면 커브를 변경하거나 새로운 키 포인트를 추가할 수 있다.

Project Settings 대화상자는 .ini 파일을 직접 편집하는 간단한 프런트엔드^{frontend}이며,

디자이너에게는 커브를 편집하는 직관적인 방법이다. 하지만 데이터를 텍스트로 저장하면 프로그래머가 게임을 다시 컴파일하지 않고도 UIScale과 같은 속성을 수정하는 빌드 도구를 개발할 수 있다.

Time은 입력 값을 참조한다. 이 경우에 입력 값은 화면의 짧은 치수(일반적으로 높이)를 의미한다.

Value는 화면의 짧은 치수가 대략 Time 필드에 있는 높이 값일 때, UI에 적용되는 범용적인 배율을 의미한다.

따라서 1280×720 해상도에서 보통 크기로 UI를 유지하려면 time/input 계수를 720으로, 배율을 1로 설정하면 된다.

참고 사항

- 설정 파일과 관련한 추가 정보는 UE4 문서 https://docs.unrealengine.com/en-US/Programming/Basics/ConfigurationFiles를 참고하길 바란다.

게임 내 UMG 요소 시트 표시 및 숨기기

뷰포트에 위젯을 추가하는 방법은 이미 설명했다. 위젯이 추가된다는 말은 플레이어의 화면에 위젯이 렌더링된다는 것을 의미한다.

하지만 특정 액터와의 거리나 사용자가 키를 누르고 있는지 여부 등과 같은 다양한 요인에 따라 토글되는 UI 요소를 만들고 싶거나 지정된 시간이 지난 후 사라지는 UI를 만들고 싶다면 어떻게 해야 할까?

1. 새로운 GameModeBase 클래스 ToggleHUDGameMode를 생성한다.

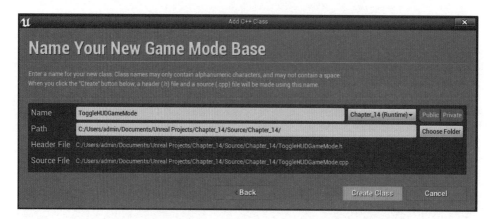

2. 다음 UPROPERTY와 함수를 ToggleHUDGameMode.h 파일에 추가한다.

```
#pragma once

#include "CoreMinimal.h"
#include "GameFramework/GameModeBase.h"
#include "SlateBasics.h"
#include "ToggleHUDGameMode.generated.h"

UCLASS()
class CHAPTER_14_API AToggleHUDGameMode : public AGameModeBase
{
  GENERATED_BODY()
public:
  UPROPERTY()
  FTimerHandle HUDToggleTimer;
  TSharedPtr<SVerticalBox> widget;
  virtual void BeginPlay() override;
  virtual void EndPlay(const EEndPlayReason::Type
    EndPlayReason) override;
};
```

3. 다음 코드를 참조해 BeginPlay를 구현한다.

```
void AToggleHUDGameMode::BeginPlay()
{
  Super::BeginPlay();
  widget = SNew(SVerticalBox)
    + SVerticalBox::Slot()
    .HAlign(HAlign_Center)
    .VAlign(VAlign_Center)
    [
      SNew(SButton)
      .Content()
    [
      SNew(STextBlock)
      .Text(FText::FromString(TEXT("Test button")))
    ]
    ];

  auto player =
    GetWorld()->GetFirstLocalPlayerFromController();

  GEngine->GameViewport->AddViewportWidgetForPlayer(player,
    widget.ToSharedRef(), 1);

  auto lambda = FTimerDelegate::CreateLambda
  ([this]
  {
    if (this->widget->GetVisibility().IsVisible())
    {
      this->widget->SetVisibility(EVisibility::Hidden);
    }
    else
    {
      this->widget->SetVisibility(EVisibility::Visible);
    }
  });

  GetWorld()->GetTimerManager().SetTimer(HUDToggleTimer,
    lambda, 5, true);
}
```

4. EndPlay를 구현한다.

```
void AToggleHUDGameMode::EndPlay(const EEndPlayReason::Type
EndPlayReason)
{
  Super::EndPlay(EndPlayReason);
  GetWorld()->GetTimerManager().ClearTimer(HUDToggleTimer);
}
```

5. 코드를 컴파일하고 편집기를 시작한다.
6. 편집기 내에서 툴바의 World Settings를 연다.

7. World Settings 내부에서 레벨의 Game Mode를 우리의 AToggleHUDGameMode로 재정의한다.

8. 레벨을 플레이하고 5초 간격으로 UI의 가시성이 토글되는지 확인한다.

예제 분석

14장에서 다루는 대부분의 레시피와 마찬가지로, 커스텀 GameMode 클래스를 사용해 단일 플레이어의 UI를 플레이어의 뷰포트에 표시한다.

UI를 켜고 끄는 타이머를 올바르게 처리할 수 있도록 BeginPlay와 EndPlay를 재정의한다. 이를 가능하게 하려면, 가비지 컬렉션에 의해 제거되지 않도록 타이머에 대한 참조를 UPROPERTY로 저장해야 한다.

BeginPlay에서 SNew 매크로를 사용해 새 VerticalBox를 만들고, 첫 번째 슬롯에 버튼을 배치한다. 버튼은 Content를 가지며, 이는 그 안에 SImage 또는 STextBlock 등을 갖는 위젯일 수도 있다.

이 경우에는 STextBlock을 Content 슬롯에 배치한다. 텍스트 블록의 내용은 관련이 없다. 즉, 버튼을 제대로 볼 수 있을 만큼 길기만 하면 된다.

위젯 계층 구조를 초기화한 후, 플레이어가 볼 수 있도록 루트 위젯을 플레이어의 뷰포트에 추가한다.

이제 위젯의 가시성이 토글되도록 타이머를 설정했다. 사용자 입력과 입력 바인딩을 구현하는 대신 타이머를 사용해 레시피를 간단하게 구현했지만 원리는 동일하다. 이 처리를 위해 게임 월드와 관련 타이머 관리자timer manager의 참조를 얻는다.

타이머 관리자가 있으면 새 타이머를 만들 수 있다. 하지만 실제로 타이머가 만료될 때 실행할 코드를 지정해야 한다. 이를 수행하는 간단한 방법 중 하나는 HUD 함수를 토글하기 위해 람다 함수를 사용하는 것이다.

람다는 익명 함수이며, 리터럴 함수로 생각하면 된다. 람다 함수를 타이머에 연결하려면 타이머 델리게이트를 생성해야 한다.

FTimerDelegate::CreateLambda 함수는 람다 함수를 델리게이트로 변환해 타이머가 지정된 간격으로 호출되도록 한다.

람다는 포함된 오브젝트인 GameMode에서 this 포인터에 접근해야 생성한 위젯 인스턴스의 속성을 변경할 수 있다. 필요한 접근 권한을 부여하기 위해 람다로 캡처하고 그 안에서 접근할 수 있는 변수를 포함하는 [] 연산자로 람다 선언을 시작한다. 중괄호는 일반적인 함수 선언과 동일한 방식으로 함수를 묶는다.

함수 안에서 위젯이 보이는 상태인지 확인한다. 만일 보이는 상태라면, SWidget::SetVisibility를 사용해 숨긴다. 위젯이 보이지 않는 상태라면, 동일한 함수 호출로 위젯을 보이게 만든다.

SetTimer에 대한 나머지 호출에서 타이머를 호출하는 간격(초)을 지정하고 타이머를 루프로 설정한다.

하지만 조심해야 할 한 가지 문제점은 두 타이머 호출 사이에서 오브젝트가 사라져 참조할 대상이 없어지면 문제가 발생할 수 있다는 것이다. 이를 해결하려면 타이머를 제거해야 한다.

BeginPlay에서 타이머를 설정했다면, EndPlay에서 타이머를 지우는 것이 좋다. EndPlay는 GameMode가 플레이를 마치거나 소멸될 때마다 호출되므로 타이머를 안전하게 취소할 수 있다.

GameMode를 기본 게임 모드로 설정하면 게임이 시작될 때 UI가 생성되고 타이머 델리게이트가 5초마다 실행돼 위젯의 가시성을 true와 false 사이에서 전환한다.

게임을 마치면, EndPlay는 타이머 참조를 제거해 문제가 생기지 않도록 한다.

슬레이트 이벤트에 함수 호출 연결

버튼은 잘 만들었지만, 현재는 사용자가 클릭하더라도 플레이어 화면에 추가한 UI 요소는 아무런 반응도 하지 않는다. 현재 슬레이트 요소에 이벤트 핸들러가 연결되지 않았으므로, 마우스 클릭과 같은 이벤트가 발생해도 아무런 반응도 하지 않는다.

준비

이번 레시피는 이런 이벤트에 함수를 연결해 이벤트가 발생할 때 사용자가 정의한 코드가 실행되도록 만드는 방법을 보여준다.

예제 구현

1. 새로운 GameModeBase 서브클래스인 ClickEventGameMode를 생성한다.

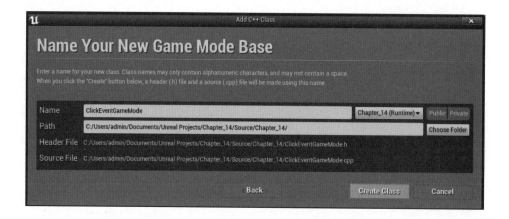

2. ClickEventGameMode.h 파일의 클래스에 다음 함수와 프라이빗private 멤버를 추가한다.

```
#pragma once

#include "CoreMinimal.h"
#include "GameFramework/GameModeBase.h"
#include "SlateBasics.h"
#include "ClickEventGameMode.generated.h"

UCLASS()
class CHAPTER_14_API AClickEventGameMode : public
AGameModeBase
{
  GENERATED_BODY()
private:
  TSharedPtr<SVerticalBox> Widget;
  TSharedPtr<STextBlock> ButtonLabel;
public:
  virtual void BeginPlay() override;
  FReply ButtonClicked();
};
```

3. .cpp 파일 내에 BeginPlay 구현을 추가한다.

```
void AClickEventGameMode::BeginPlay()
{
  Super::BeginPlay();

  Widget = SNew(SVerticalBox)
    + SVerticalBox::Slot()
    .HAlign(HAlign_Center)
    .VAlign(VAlign_Center)
    [
      SNew(SButton)
        .OnClicked(FOnClicked::CreateUObject(this,
        &AClickEventGameMode::ButtonClicked))
        .Content()
    [
      SAssignNew(ButtonLabel, STextBlock)
        .Text(FText::FromString(TEXT("Click me!")))
    ]
    ];

  auto player =
    GetWorld()->GetFirstLocalPlayerFromController();

  GEngine->GameViewport->AddViewportWidgetForPlayer(player,
    Widget.ToSharedRef(), 1);

  GetWorld()->GetFirstPlayerController()->bShowMouseCursor =
    true;

  auto pc =
    GEngine->GetFirstLocalPlayerController(GetWorld());

  EMouseLockMode lockMode = EMouseLockMode::DoNotLock;

  auto inputMode =
    FInputModeUIOnly().SetLockMouseToViewportBehavior(lockMode).Se
    tWidgetToFocus(Widget);

  pc->SetInputMode(inputMode);
}
```

4. 또한 `ButtonClicked()`에 대한 구현을 추가한다.

```
FReply AClickEventGameMode::ButtonClicked()
{
  ButtonLabel->SetText(FString(TEXT("Clicked!")));
  return FReply::Handled();
}
```

5. 코드를 컴파일하고 편집기를 실행한다.

6. World Settings의 게임 노드를 `ClickEventGameMode`로 재정의한다.

7. 마우스 커서를 사용해 버튼을 클릭할 때 버튼의 내용이 Click Me!에서 Clicked!
로 변경되는지 편집기 내 미리보기에서 확인한다.

클릭 후 버튼이 Clicked!로 변경됨

예제 분석

14장에서 다루는 대부분의 레시피와 마찬가지로, `GameMode`를 사용해 UI를 생성하고
표시함으로써 레시피의 내용과 직접 관련이 없는 클래스의 생성을 최소화한다.

새로운 게임 모드 내에서 생성한 슬레이트 위젯에 대한 참조를 유지해 생성 후 상호작용할 수 있도록 해야 한다.

결과적으로 GameMode 내에서 두 개의 공유 포인터를 멤버 데이터로 생성한다. 하나는 UI의 전체 부모 또는 루트 위젯에 대한 것이고, 다른 하나는 버튼의 레이블에 대한 것이다. 이는 나중에 런타임에서 버튼의 레이블 텍스트를 변경할 예정이므로 필요하다.

게임을 시작한 후 UI를 생성하기에 적당한 지점이 BeginPlay이므로, 이를 재정의하면 플레이어 컨트롤러에 대한 유효한 참조를 얻을 수 있다.

ButtonClicked라는 함수도 생성한다. 이 함수는 이벤트 처리 여부를 나타내는 구조체인 FReply를 반환한다. ButtonClicked 함수의 시그니처는 곧 사용할 델리게이트인 FOnClicked의 시그니처에 따라 결정된다.

BeginPlay 구현 내부에서 가장 먼저 하는 일은 클래스가 제대로 초기화되도록 재정의하는 구현을 호출하는 것이다.

그런 다음, 평소처럼 SNew 함수를 사용해 VerticalBox를 만들고 가운데에 슬롯을 추가한다.

슬롯 내에 새로운 Button을 생성하고, 버튼이 포함하는 OnClicked 속성의 값을 추가한다.

OnClicked는 델리게이트 속성이다. 이는 Button이 클릭될 때, 이름이 의미하는 것처럼 버튼이 OnClicked 델리게이트를 브로드캐스트한다는 것을 의미한다.

델리게이트를 구독하거나 수신하려면, 그리고 참조하는 이벤트를 인지하려면 델리게이트 인스턴스를 해당 속성에 지정해야 한다.

CreateUObject, CreateStatic, CreateLambda와 같은 표준 델리게이트 함수를 사용해 이를 수행한다. UObject 멤버 함수, 정적 함수, 람다, 기타 함수를 바인딩할 수 있다.

델리게이트를 좀 더 자세히 알고 싶거나 델리게이트에 바인딩할 수 있는 다른 종류의 함수를 좀 더 살펴보고 싶다면 5장, '이벤트와 델리게이트 처리'를 참고하자.

CreateUObject는 클래스 인스턴스에 대한 포인터와 해당 클래스에 정의된 멤버 함수를 호출할 포인터가 필요하다. 함수는 델리게이트의 시그니처로 변환할 수 있는 시그니처가 있어야 한다.

```
/** 버튼이 클릭될 때 실행할 델리게이트 */
FOnClickedOnClicked;
```

보다시피 OnClicked 델리게이트 타입은 FOnClicked다. 이는 선언한 ButtonClicked 함수가 FOnClicked와 동일한 시그니처를 갖는 이유다.

이에 대한 포인터와 호출할 함수에 대한 포인터를 전달하면, 버튼을 클릭할 때 엔진이 이 특정 오브젝트 인스턴스의 해당 함수를 호출한다.

델리게이트를 설정한 후에는 Content() 함수를 사용한다. 이 함수는 버튼에 포함된 모든 콘텐츠에 대해 단일 슬롯에 대한 참조를 반환한다.

그런 다음, TextBlock 위젯을 사용해 버튼의 레이블을 생성하기 위해 SAssignNew를 사용한다. SAssignNew는 슬레이트의 선언적 구문을 사용할 수 있게 해주면서도 계층의 특정 하위 위젯을 가리키도록 변수를 할당하기 때문에 중요하다. SAssignNew의 첫 번째 인수는 위젯을 저장하려는 변수이고, 두 번째 인수는 해당 위젯의 타입이다.

ButtonLabel이 이제 버튼의 TextBlock을 가리키므로, 버튼의 Text 속성을 정적 문자열로 설정할 수 있다.

마지막으로, AddViewportWidgetForPlayer를 사용해 플레이어의 뷰포트에 위젯을 추가한다. 이 함수는 파라미터로 위젯을 추가할 LocalPlayer, 위젯 자체, 깊이 값(앞쪽이 더 큰 값)을 필요로 한다.

LocalPlayer 인스턴스를 얻기 위해 분할 화면 없이 실행한다고 가정한다. 따라서 첫 번째 플레이어 컨트롤러는 유일한 플레이어의 컨트롤러가 된다. GetFirstLocalPlayerFromController 함수는 단순히 첫 번째 플레이어의 컨트롤러를 가져오고 로컬 플레이어 오브젝트를 반환하는 편의 기능이다.

또한 위젯에 포커스focus를 둬서 플레이어가 화면에서 마우스가 어디에 있는지 알 수 있도록 커서를 표시하고 클릭할 수 있도록 해야 한다.

이전 단계에서 이미 첫 번째 로컬 플레이어 컨트롤러가 우리가 제어하려는 것임을 알고 있으므로, 이에 접근해 ShowMouseCursor 변수를 true로 변경할 수 있다. 그러면 화면에 커서가 등장한다.

SetInputMode는 위젯에 포커스를 둘 수 있도록 해준다. 이를 통해 플레이어는 위젯과 다양한 UI 관련 기능에 대해 상호작용할 수 있다. 예를 들면, 마우스를 게임 뷰포트 내로 한정하는 것이 가능하다. 유일한 파라미터로 FInputMode 오브젝트를 사용하는데, 이 오브젝트는 빌더 패턴을 사용해 포함하고자 하는 특정 요소로 구성할 수 있다.

FInputModeUIOnly 클래스는 모든 입력 이벤트를 플레이어 컨트롤러와 기타 입력 처리 대신 UI 계층으로 리디렉션redirection하도록 지정하는 FInputMode 서브클래스다.

빌더 패턴은 메서드 호출을 연결시켜 오브젝트 인스턴스를 파라미터로 보내기 전에 사용자 지정할 수 있도록 한다.

SetLockMouseToViewport(false)를 체인chain으로 묶어 플레이어의 마우스가 게임 화면의 경계를 벗어날 수 있도록 SetWidgetToFocus(Widget)을 지정하는데, 이는 최상위 위젯을 플레이어가 직접 입력해야 하는 위젯으로 지정한다.

SetWidgetToFocus(Widget)을 사용해 플레이어의 마우스가 게임 화면의 경계를 벗어날 수 있도록 SetLockMouseToViewport(false)를 연결해야 한다. SetWidgetToFocus(Widget)은 플레이어가 직접 입력해야 하는 위젯으로 최상위 위젯을 지정한다.

마지막으로 이벤트 핸들러인 ButtonClicked에 대한 구현이 있다. 버튼을 클릭해 함수가 실행되면 버튼 레이블을 변경해 클릭됐다는 것을 나타낸다. 그런 다음, 호출자에게 FReply 인스턴스를 반환해 이벤트가 처리됐다는 것을 UI 프레임워크에 알리고 이벤트를 계층 구조에 계속 전파하지 않도록 한다.

FReply::Handled()는 프레임워크에 이를 표시하도록 설정된 FReply를 반환한다. FReply::Unhandled()를 사용할 수 있었지만, 이는 클릭 이벤트가 실제로 관심 있는 것이 아니라고 프레임워크에 알려줬다. 그 대신 이벤트에 관심이 있을 수 있는 다른 오브젝트를 찾아야 한다.

언리얼 모션 그래픽과 데이터 바인딩 사용

지금까지는 UI 위젯의 속성에 정적인 값을 할당했다. 하지만 위젯 콘텐츠 또는 테두리 색상과 같은 매개변수를 좀 더 동적으로 사용하려면 어떻게 해야 할까? 데이터 바인딩이라는 원칙을 사용해 UI의 속성을 더 넓은 프로그램의 변수와 동적으로 연결할 수 있다.

언리얼은 속성 시스템을 사용해 속성 값을 함수의 반환 값에 바인딩할 수 있다. 즉, 변수를 변경하면 원하는 대로 UI가 자동으로 변경된다.

예제 구현

1. 새 GameModeBase 서브클래스인 AttributeGameMode를 생성한다.
2. AttributeGameMode.h 파일을 다음과 같이 수정한다.

```
#pragma once

#include "CoreMinimal.h"
#include "GameFramework/GameStateBase.h"
#include "SlateBasics.h"
#include "AttributeGameMode.generated.h"
```

```
/**
 *
 */
UCLASS()
class CHAPTER_14_API AAttributeGameMode : public AGameModeBase
{
    GENERATED_BODY()

    TSharedPtr<SVerticalBox> Widget;
    FText GetButtonLabel() const;
public:
    virtual void BeginPlay() override;
};
```

3. .cpp 파일의 BeginPlay를 다음과 같이 구현한다.

```
void AAttributeGameMode::BeginPlay()
{
    Super::BeginPlay();

    Widget = SNew(SVerticalBox)
        + SVerticalBox::Slot()
        .HAlign(HAlign_Center)
        .VAlign(VAlign_Center)
        [
            SNew(SButton)
            .Content()
        [
            SNew(STextBlock)
            .Text(TAttribute<FText>::Create(TAttribute<FText>::FGetter::Cr
            eateUObject(this, &AAttributeGameMode::GetButtonLabel)))
        ]
        ];
    GEngine->GameViewport->AddViewportWidgetForPlayer(GetWorld()->
    GetFirstLocalPlayerFromController(), Widget.ToSharedRef(), 1);
}
```

4. 또한 GetButtonLabel() 구현을 추가한다.

```
FText AAttributeGameMode::GetButtonLabel() const
{
  FVector ActorLocation =
    GetWorld()->GetFirstPlayerController()->GetPawn()->GetActorLocation();
    return FText::FromString(FString::Printf(TEXT("%f, %f,
      %f"), ActorLocation.X, ActorLocation.Y, ActorLocation.Z));
}
```

5. 코드를 컴파일하고 편집기를 실행한다.

6. World Settings의 게임 모드를 AAttributeGameMode로 재정의한다.

7. Play In Editor 섹션에서 플레이어가 장면을 이동함에 따라 UI 버튼의 값이 변경되는 모습을 확인한다.

예제 분석

이 장의 다른 모든 레시피와 마찬가지로, 가장 먼저 해야 할 일은 UI를 위한 편리한 호스트로 게임 모드를 만드는 것이다. 다른 레시피와 동일한 방식으로 UI를 만든다. 즉,

게임 모드의 BeginPlay() 메서드 안에 슬레이트 코드를 배치한다.

이번 레시피의 흥미로운 특징은 버튼의 레이블 텍스트 값을 어떻게 설정하는지와 관련 있다.

```
.Text(
TAttribute<FText>::Create(TAttribute<FText>::FGetter::Creat
eUObject(this, &AAttributeGameMode::GetButtonLabel)))
```

앞의 구문은 유별나게 장황하지만, 실제 처리하는 내용은 비교적 간단하다. 우리는 FText 타입을 Text 속성에 할당한다. 이 속성에 TAttribute<FText>를 할당할 수 있고, TAttribute::Get() 메서드는 UI에서 Text의 값을 최신으로 유지하고 싶을 때 호출할 수 있다.

TAttribute를 생성하려면 정적 메서드인 TAttribute<VariableType>::Create()를 호출해야 한다. 이 함수는 일부 설명의 델리게이트를 필요로 한다. TAttribute::Create에 전달되는 델리게이트의 타입에 따라, TAttribute::Get()은 서로 다른 타입의 함수를 호출해 실제 값을 가져온다.

이번 레시피 코드에서는 UObject의 멤버 함수를 호출한다. 이는 어떤 델리게이트 타입에서 CreateUObject 함수를 호출할 것이라는 점을 의미한다.

 CreateLambda, CreateStatic 또는 CreateRaw를 사용해 각각 람다, 스태틱 또는 C++ 클래스의 멤버 함수를 호출할 수 있다. 이는 속성의 현재 값을 전달해준다.

하지만 어떤 델리게이트 타입의 인스턴스를 만들고 싶은가? 속성이 연결될 실제 변수 타입에 대해 TAttribute 클래스를 템플릿화하고 있으므로 변수 타입에 대한 반환 값으로 템플릿화되는 델리게이트가 필요하다.

즉, TAttribute<FText>가 있으면 연결된 델리게이트가 FText를 반환해야 한다.

TAttribute 내에 다음 코드가 있다.

```
template<typenameObjectType>
  classTAttribute
  {
    public:
    /**
    * 속성 'getter' 델리게이트
    *
    * ObjectTypeGetValue() const
    *
    * @return 속성의 값
    */
    DECLARE_DELEGATE_RetVal(ObjectType, FGetter);
    (...)
  }
```

FGetter 델리게이트 타입은 TAttribute 클래스 내에서 선언되므로 TAttribute 템플릿의 ObjectType 파라미터에서 반환 값을 템플릿화할 수 있다.

이는 TAttribute<Typename>::FGetter가 자동으로 올바른 반환 타입의 Typename으로 델리게이트를 정의한다는 것을 의미한다. 따라서 TAttribute<FText>::FGetter에 대한 타입과 시그니처의 UObjectbound 델리게이트를 만들어야 한다.

델리게이트가 있으면, 델리게이트에서 TAttribute::Create를 호출해 델리게이트의 반환 값을 TextBlock 멤버 변수 Text에 연결할 수 있다. UI를 정의하고 Text 속성과 TAttribute<FText>를 바인딩하고 델리게이트가 FText를 반환하면, 이제 UI를 플레이어의 화면에 보이도록 표시할 수 있다.

프레임마다 게임 엔진은 모든 속성을 확인해 TAttribute에 연결 여부를 확인한다. 연결이 있는 경우 TAttributeGet() 함수가 호출되고, 델리게이트를 호출해 델리게이트가 반환한 값을 반환함으로써 슬레이트가 이를 위젯의 관련 멤버 변수에 저장하도록 한다.

이 과정을 시연하고자 GetButtonLabel은 게임 월드에서 첫 번째 플레이어 폰pawn의 위치를 검색한다. 그런 다음, FString::Printf를 사용해 위치 데이터를 사람이 읽을 수 있는 문자열로 형식화하고 TextBlock 텍스트 값으로 저장할 수 있도록 FText로 감싼다.

스타일을 사용해 위젯 모양 제어

지금까지는 기본 시각적 표현을 사용하는 UI 요소를 만들었다. 이번 레시피에서는 전체 프로젝트에서 공통된 룩앤필look and feel로 사용할 수 있도록 C++를 사용해 스타일을 작성하는 방법을 설명한다.

예제 구현

1. Add C++ Class 마법사를 사용해 프로젝트에 새 클래스를 생성하고, 부모 클래스는 None을 선택한다.

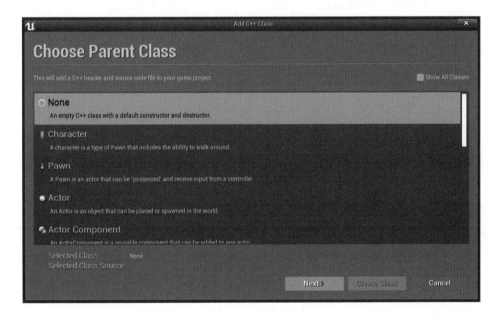

2. 이름 옵션에서 CookbookStyle을 사용하고 **Create Class** 버튼을 클릭한다.

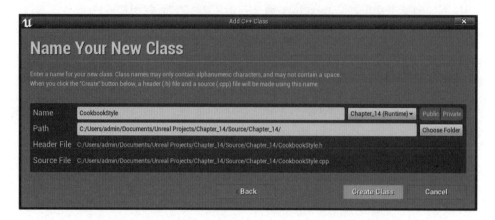

3. CookbookStyle.h 파일의 코드를 다음 코드로 교체한다.

```cpp
#pragma once
#include "SlateBasics.h"
#include "SlateExtras.h"

class FCookbookStyle
{
  public:
    static void Initialize();
    static void Shutdown();
    static void ReloadTextures();
    static const ISlateStyle& Get();
    static FName GetStyleSetName();
  private:
    static TSharedRef< class FSlateStyleSet > Create();
  private:
    static TSharedPtr< class FSlateStyleSet >
    CookbookStyleInstance;
};
```

4. CookbookStyle.cpp 파일을 열고 다음과 같이 코드를 작성한다.

```cpp
#include "CookbookStyle.h"
#include "SlateGameResources.h"

TSharedPtr< FSlateStyleSet >
FCookbookStyle::CookbookStyleInstance = NULL;

void FCookbookStyle::Initialize()
{
  if (!CookbookStyleInstance.IsValid())
  {
    CookbookStyleInstance = Create();
    FSlateStyleRegistry::RegisterSlateStyle(*CookbookStyleInstance);
  }
}

void FCookbookStyle::Shutdown()
{
  FSlateStyleRegistry::UnRegisterSlateStyle(*CookbookStyleInstance);
  ensure(CookbookStyleInstance.IsUnique());
  CookbookStyleInstance.Reset();
}

FName FCookbookStyle::GetStyleSetName()
{
  static FName StyleSetName(TEXT("CookbookStyle"));
  return StyleSetName;
}
```

5. CookbookStyle.cpp 파일에서 이전에 만든 스크립트 아래에 다음의 내용을 추가해 화면을 그리는 방법을 기술한다.

```cpp
#define IMAGE_BRUSH( RelativePath, ... ) FSlateImageBrush(
FPaths::GameContentDir() / "Slate"/ RelativePath +
TEXT(".png"), __VA_ARGS__ )
#define BOX_BRUSH( RelativePath, ... ) FSlateBoxBrush(
FPaths::GameContentDir() / "Slate"/ RelativePath +
TEXT(".png"), __VA_ARGS__ )
#define BORDER_BRUSH( RelativePath, ... ) FSlateBorderBrush(
```

```
    FPaths::GameContentDir() / "Slate"/ RelativePath +
    TEXT(".png"), __VA_ARGS__ )
#define TTF_FONT( RelativePath, ... ) FSlateFontInfo(
    FPaths::GameContentDir() / "Slate"/ RelativePath +
    TEXT(".ttf"), __VA_ARGS__ )
#define OTF_FONT( RelativePath, ... ) FSlateFontInfo(
    FPaths::GameContentDir() / "Slate"/ RelativePath +
    TEXT(".otf"), __VA_ARGS__ )

TSharedRef< FSlateStyleSet > FCookbookStyle::Create()
{
  TSharedRef<FSlateStyleSet> StyleRef =
    FSlateGameResources::New(FCookbookStyle::GetStyleSetName(),
    "/Game/Slate", "/Game/Slate");
  FSlateStyleSet& Style = StyleRef.Get();

  Style.Set("NormalButtonBrush",
    FButtonStyle().
    SetNormal(BOX_BRUSH("Button", FVector2D(54, 54),
    FMargin(14.0f / 54.0f))));

  Style.Set("NormalButtonText",
    FTextBlockStyle(FTextBlockStyle::GetDefault())
    .SetColorAndOpacity(FSlateColor(FLinearColor(1, 1, 1,
    1))));

  return StyleRef;
}

#undef IMAGE_BRUSH
#undef BOX_BRUSH
#undef BORDER_BRUSH
#undef TTF_FONT
#undef OTF_FONT

void FCookbookStyle::ReloadTextures()
{
  FSlateApplication::Get().GetRenderer()->ReloadTextureResources();
}
const ISlateStyle& FCookbookStyle::Get()
```

```
{
  return *CookbookStyleInstance;
}
```

6. 새로운 GameModeBase 서브클래스인 StyledHUDGameMode를 생성한다.

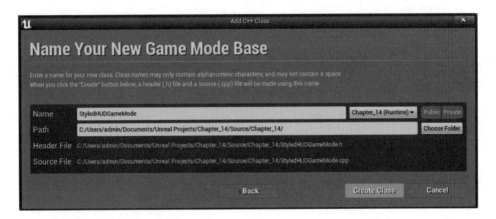

7. 비주얼 스튜디오가 열리면 다음 코드를 선언에 추가한다.

```
#pragma once

#include "CoreMinimal.h"
#include "GameFramework/GameModeBase.h"
#include "SlateBasics.h"
#include "StyledHUDGameMode.generated.h"

/**
 *
 */
UCLASS()
class CHAPTER_14_API AStyledHUDGameMode : public AGameModeBase
{
  GENERATED_BODY()
  TSharedPtr<SVerticalBox> Widget;
public:
  virtual void BeginPlay() override;
};
```

8. 마찬가지로 GameMode를 구현한다.

```cpp
#include "StyledHUDGameMode.h"
#include "CookbookStyle.h"

void AStyledHUDGameMode::BeginPlay()
{
  Super::BeginPlay();

  Widget = SNew(SVerticalBox)
    + SVerticalBox::Slot()
    .HAlign(HAlign_Center)
    .VAlign(VAlign_Center)
    [
      SNew(SButton)
      .ButtonStyle(FCookbookStyle::Get(),
      "NormalButtonBrush")
      .ContentPadding(FMargin(16))
      .Content()
    [
      SNew(STextBlock)
      .TextStyle(FCookbookStyle::Get(),
      "NormalButtonText")
      .Text(FText::FromString("Styled Button"))
    ]
    ];
  GEngine->GameViewport->AddViewportWidgetForPlayer(GetWorld()->
  GetFirstLocalPlayerFromController(), Widget.ToSharedRef(), 1);
}
```

9. 마지막으로 버튼 주위에 테두리가 있는 54×54픽셀 PNG 파일을 만든다.

10. 이미지를 Button.png라는 이름으로 Content ➤ Slate 폴더에 저장한다. 필요하

면 폴더를 만든다.

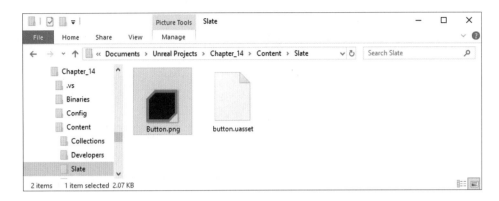

11. 이미지를 프로젝트로 가져올지 묻는 메시지가 표시될 수 있는데, '예YES'를 선택하면 된다.

12. 마지막으로, 게임 모듈이 로드될 때 스타일을 제대로 초기화하도록 게임 모듈을 설정해야 한다. 게임 모듈의 구현 파일(Chapter_14.h)이 다음과 같은지 확인한다.

```
#pragma once

#include "CoreMinimal.h"
#include "CookbookStyle.h"

class Chapter_14Module : public FDefaultGameModuleImpl
{
  virtual void StartupModule() override
  {
    FCookbookStyle::Initialize();
  };
  virtual void ShutdownModule() override
  {
    FCookbookStyle::Shutdown();
  };
};
```

13. 이어서 Chapter_14.cpp 파일로 이동해 코드를 다음과 같이 수정한다.

```cpp
#include "Chapter_14.h"
#include "Modules/ModuleManager.h"

IMPLEMENT_PRIMARY_GAME_MODULE(Chapter_14Module, Chapter_14,
"Chapter_14");
```

14. 14장의 다른 레시피에서와 마찬가지로, 코드를 컴파일하고 게임 모드 재정의를 새로운 게임 모드로 설정한다.

15. 게임을 할 때, 사용자 지정 테두리가 주위에 있고 텍스트가 검은색이 아닌 흰색이라는 것을 알 수 있다.

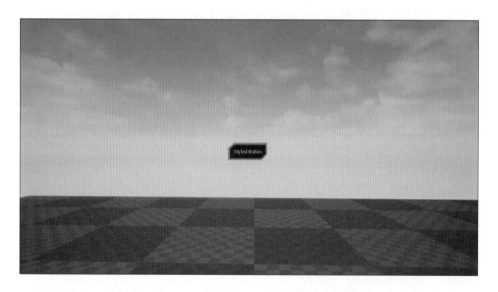

예제 분석

여러 슬레이트 위젯에서 공유할 수 있는 스타일을 만들려면, 스타일을 포함하고 범위를 유지하는 오브젝트를 만들어야 한다.

에픽은 이런 목적을 위해 FSlateStyleSet 클래스를 제공한다. FSlateStyleSet에는 슬레이트의 선언적 구문 내에서 스킨 위젯에 접근할 수 있는 여러 스타일이 포함돼 있다.

하지만 StyleSet 오브젝트의 여러 사본이 프로그램 내에 흩어져 있는 것은 비효율적이며, 실제로는 이런 오브젝트 중 하나만 필요하다.

FSlateStyleSet 자체는 싱글톤, 즉 하나의 인스턴스만 가질 수 있는 오브젝트가 아니므로 StyleSet 오브젝트를 관리하고 싱글톤 인스턴스만 갖도록 하는 클래스를 만들어야 한다.

이런 이유로 FCookbookStyle 클래스가 필요하다. 이 클래스는 모듈의 시작 코드에서 호출할 Initialize() 함수를 포함하며, Initialize() 함수에서 StyleSet의 인스턴스가 있는지 확인한다. 유효한 인스턴스가 없으면 프라이빗 Create() 함수를 호출해 인스턴스를 하나 생성한다.

그러고 나서 FSlateStyleRegistry 클래스에 스타일을 등록한다.

모듈이 언로드되면, 등록 프로세스와 반대 방식으로 포인터가 잘못된 곳을 가리키지 않도록 지워야 한다.

이제 모듈 초기화 과정 중에 Create()를 호출해 생성된 클래스의 인스턴스가 생겼다. Create는 모두 비슷한 형식의 여러 매크로로 둘러싸여 있다. 이 매크로는 함수 앞에서 정의했고, 함수 뒤에서 정의를 해제했다.

이런 매크로를 사용하면 스타일에서 사용하려는 모든 이미지 리소스에 대한 경로와 확장명을 지정하지 않아도 되므로 Create 함수에 필요한 코드를 더 쉽게 단순화할 수 있다.

Create 함수 내에서 FSlateGameResources::New() 함수를 사용해 새로운 FSlateStyleSet 오브젝트를 만든다. New()는 스타일의 이름과 이 스타일 세트에서 검색할 폴더 경로가 필요하다.

이를 통해 서로 다른 디렉터리를 가리키면서도 동일한 이미지 이름을 사용하는 다수의 스타일 세트를 선언할 수 있다. 또한 기본 디렉터리 중 하나로 스타일 세트를 전환해 전체 UI의 스킨이나 스타일을 변경할 수 있다.

New()는 공유 참조 오브젝트를 반환하므로 Get() 함수를 사용해 실제 FStyleSet 인스턴스를 가져온다.

이 참조를 사용하면, 이 세트에 포함할 스타일을 만들 수 있다. 세트에 스타일을 추가하기 위해 Set() 메서드를 사용한다. 세트는 스타일의 이름과 스타일 오브젝트를 필요로 한다. 스타일 오브젝트는 빌더 패턴을 사용해 커스터마이즈할 수 있다.

먼저 'NormalButtonBrush'라는 스타일을 추가한다. 이름은 임의로 정할 수 있다. 이 스타일을 사용해 버튼 모양을 변경하려고 하므로, 두 번째 파라미터에 FButtonStyle을 사용해야 한다.

요구 사항에 맞춰 스타일을 커스터마이즈하고자 슬레이트 빌드 구문을 사용해 스타일에 속성을 설정하는 데 필요한 모든 메서드 호출을 연결한다.

이 세트의 첫 번째 스타일에 대해, 버튼이 클릭되지 않거나 기본 상태가 아닌 경우 버튼의 시각적 모양을 변경하기만 하면 된다. 이는 버튼이 정상 상태일 때 사용하는 브러시를 변경하고자 하는 것을 의미하며, 이때 사용하는 함수는 SetNormal()이다.

BOX_BRUSE 매크로를 사용해 슬레이트에 54×54픽셀 크기의 이미지인 Button.png를 사용한다고 알린다. 나인 슬라이스nine-slice 스케일링을 위해 각 모서리에 있는 14픽셀을 분할되지 않은 상태로 유지한다고 알린다.

 나인 슬라이스 스케일링 기능을 시각적으로 자세히 설명한 내용을 확인하려면 엔진 소스에서 SlateBoxBrush.h를 살펴보자.

스타일 세트의 두 번째 스타일을 위해 'NormalButtonText'라는 스타일을 만든다. 이 스타일에 대해서는 기본 스타일을 유지하려고 하며 하나의 속성만 변경하길 원한다. 결과적으로 기본 텍스트 스타일에 접근한 후 복사 생성자를 사용해 복제한다.

기본 스타일의 새로운 사본을 사용해 텍스트의 색상을 흰색으로 변경하고, 우선 R=1 G=1 B=1 A=1의 선형 색상을 생성한 후 이를 슬레이트 색상 오브젝트로 변환한다.

스타일 세트를 두 가지 새로운 스타일로 구성하면, 이를 호출 함수인 Initialize로 반환할 수 있다. Initialize는 스타일 세트 참조를 저장해 추가적인 인스턴스를 생성하지 않아도 되게 해준다.

또한 스타일 컨테이너 클래스는 Get() 함수를 지원하는데, 이는 슬레이트에서 사용할 실제 StyleSet을 가져오는 데 사용된다. 모듈 시작 시점에 이미 Initialize()가 호출됐기 때문에 Get()은 해당 함수 내에서 생성된 StyleSet 인스턴스를 반환하기만 하면 된다.

게임 모듈 내에서 실제로 Initialize와 Shutdown을 호출하는 코드를 추가한다. 이렇게 하면, 모듈을 로드하는 과정에서 항상 유효한 슬레이트 스타일의 참조를 가질 수 있다.

기존과 마찬가지로, **Game Mode**를 UI의 호스트로 생성하고 BeginPlay를 재정의해 게임을 시작할 때 UI를 생성할 수 있도록 한다.

UI를 생성하는 구문은 기존의 레시피와 동일하다. SNew를 사용해 VerticalBox를 생성한 후, 슬레이트의 선언적 구문을 사용해 여러 위젯으로 내용을 채우면 된다.

다음은 알아둬야 하는 중요한 두 개의 코드 라인이다.

```
.ButtonStyle(FCookbookStyle::Get(), "NormalButtonBrush")
.TextStyle(FCookbookStyle::Get(), "NormalButtonText")
```

이 두 개의 라인은 버튼에 대한 선언적 구문과 그 레이블을 만드는 텍스트의 일부분이다. <Class>Style() 메서드를 사용해 위젯의 스타일을 설정할 때 이 두 개의 파라미터를 전달한다.

첫 번째 파라미터는 실제 스타일 세트이며 FCookbookStyle::Get()을 사용해 얻을 수 있다. 두 번째 파라미터는 문자열 파라미터이며 사용하길 원하는 스타일의 이름이다.

이런 간단한 변경으로, 새로운 위젯을 플레이어의 뷰포트에 배치할 때 사용자 정의를 표시할 수 있도록 해주는 커스텀 스타일을 사용하고자 위젯의 스타일링을 재정의한다.

커스텀 SWidget/UWidget 생성

지금까지 14장에서 다룬 레시피들은 기존의 프리미티브 위젯을 사용해 UI를 생성하는 방법을 다뤘다.

때로는 선언할 때마다 계층 구조를 수동으로 매번 지정하는 것보다 컴포지션을 사용해 여러 UI 요소를 수집함으로써 TextBlock을 레이블로 자동 포함하는 버튼 클래스를 정의하는 것이 더 편리할 수도 있다.

또한 서브위젯으로 구성된 복합 오브젝트를 선언하지 않고 C++에서 계층 구조를 수동으로 지정하는 경우, UMG를 사용해 해당 위젯을 그룹으로 인스턴스화할 수 없다.

준비

이번 레시피에서는 위젯 그룹을 포함하고 해당 서브위젯의 요소를 제어하기 위해 새 특성을 노출하는 복합 SWidget을 작성하는 방법을 보여준다. 또한 UWidget 래퍼를 작성하는 방법도 살펴본다. 그러면 새 복합 SWidget 클래스가 UMG에 노출돼 디자이너가 사용할 수 있다.

1. 모듈 종속성에 UMG 모듈을 추가해야 한다.
2. 〈YourModule〉.build.cs를 연다. 우리의 경우에는 Chapter_14.Build.cs다. 그리고 UMG에 다음 코드를 추가한다.

```
using UnrealBuildTool;

public class Chapter_14 : ModuleRules
{
  public Chapter_14(ReadOnlyTargetRules Target) : base(Target)
  {
    PCHUsage = PCHUsageMode.UseExplicitOrSharedPCHs;
    PublicDependencyModuleNames.AddRange(new string[] {
      "Core", "CoreUObject", "Engine", "InputCore" });

    PrivateDependencyModuleNames.AddRange(new string[] { });

    // 슬레이트 UI를 사용한다면 주석을 제거한다
    PrivateDependencyModuleNames.AddRange(new string[] {
      "Slate",
      "SlateCore", "UMG" });
    // 온라인 기능을 사용한다면 주석을 제거한다
    // PrivateDependencyModuleNames.Add("OnlineSubsystem");

    // OnlineSubsystemSteam을 포함하기 위해
    // 이를 uproject 파일의 플러그인 섹션에
    // Enabled 속성이 true인 상태로 추가한다
  }
}
```

3. 슬레이트 위젯 부모 클래스(SCompoundWidget)에 기반한 새 클래스를 생성한다.

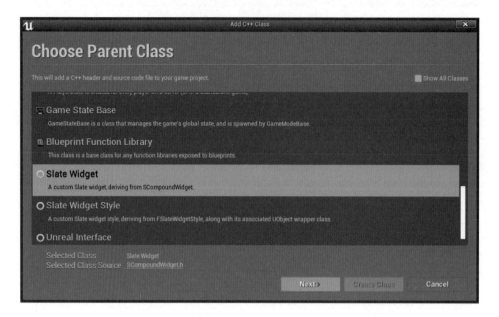

4. 이름은 CustomButton으로 입력한다.

5. 일단 생성되면, 다음 코드를 선언에 추가한다.

```
#pragma once

#include "CoreMinimal.h"
#include "Widgets/SCompoundWidget.h"

class CHAPTER_14_API SCustomButton : public SCompoundWidget
{
  SLATE_BEGIN_ARGS(SCustomButton)
    : _Label(TEXT("Default Value"))
    , _ButtonClicked()
    {}
  SLATE_ATTRIBUTE(FString, Label)
    SLATE_EVENT(FOnClicked, ButtonClicked)
    SLATE_END_ARGS()
public:
```

```
    void Construct(const FArguments& InArgs);
    TAttribute<FString> Label;
    FOnClicked ButtonClicked;
};
```

6. 해당 .cpp 파일에 다음 코드와 같이 클래스를 구현한다.

```
#include "CustomButton.h"
#include "SlateOptMacros.h"
#include "Chapter_14.h"

void SCustomButton::Construct(const FArguments& InArgs)
{
    Label = InArgs._Label;
    ButtonClicked = InArgs._ButtonClicked;
    ChildSlot.VAlign(VAlign_Center)
      .HAlign(HAlign_Center)
      [SNew(SButton)
      .OnClicked(ButtonClicked)
      .Content()
      [
        SNew(STextBlock)
          .Text_Lambda([this] {
            return FText::FromString(Label.Get());
          })
      ]
      ];
}
```

7. Widget 기반의 두 번째 클래스를 생성한다.

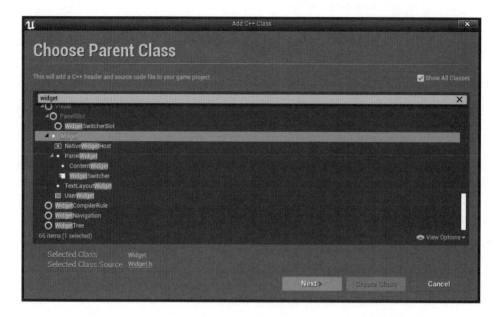

8. 이 새 클래스의 이름은 CustomButtonWidget으로 정하고 **Create Class**를 누른다.
9. 다음 코드에서 볼드체 부분을 CustomButtonWidget.h 파일에 추가한다.

```
#pragma once

#include "CoreMinimal.h"
#include "Components/Widget.h"
#include "CustomButton.h"
#include "SlateDelegates.h"
#include "CustomButtonWidget.generated.h"

DECLARE_DYNAMIC_DELEGATE_RetVal(FString, FGetString);
DECLARE_DYNAMIC_MULTICAST_DELEGATE(FButtonClicked);

UCLASS()
class CHAPTER_14_API UCustomButtonWidget : public UWidget
{
  GENERATED_BODY()
```

```
protected:
  TSharedPtr<SCustomButton> MyButton;
  virtual TSharedRef<SWidget> RebuildWidget() override;
public:
  UCustomButtonWidget();
  // 멀티캐스트
  UPROPERTY(BlueprintAssignable)
  FButtonClicked ButtonClicked;

  FReply OnButtonClicked();

  UPROPERTY(BlueprintReadWrite, EditAnywhere)
  FString Label;

  // 반드시 varnameDelegate 형태여야 한다
  UPROPERTY()
    FGetString LabelDelegate;

  virtual void SynchronizeProperties() override;
};
```

10. 이제 UCustomButtonWidget의 구현을 생성한다.

```
#include "CustomButtonWidget.h"
#include "Chapter_14.h"

TSharedRef<SWidget> UCustomButtonWidget::RebuildWidget()
{
  MyButton = SNew(SCustomButton)
    .ButtonClicked(BIND_UOBJECT_DELEGATE(FOnClicked,
  OnButtonClicked));
  return MyButton.ToSharedRef();
}
UCustomButtonWidget::UCustomButtonWidget()
  :Label(TEXT("Default Value"))
{
}
FReply UCustomButtonWidget::OnButtonClicked()
{
  ButtonClicked.Broadcast();
```

```
    return FReply::Handled();
}
void UCustomButtonWidget::SynchronizeProperties()
{
  Super::SynchronizeProperties();
  TAttribute<FString> LabelBinding =
    OPTIONAL_BINDING(FString, Label);
  MyButton->Label = LabelBinding;
}
```

11. 스크립트를 저장하고 코드를 컴파일한다.

12. 콘텐츠 브라우저에서 마우스 오른쪽 버튼을 클릭하고, User Interface를 선택한 후 Widget Blueprint를 선택해 새로운 위젯 블루프린트를 생성한다.

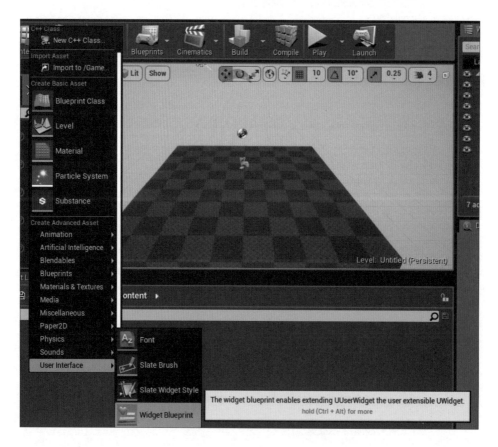

13. 더블 클릭을 통해 새로운 위젯 블루프린트를 연다.

14. 위젯 팔레트^{Widget Palette}에서 Custom Button Widget을 찾는다.

15. 인스턴스를 메인 영역으로 드래그한다.

16. 인스턴스를 선택한 상태에서 Details 패널의 Label 속성을 변경한다.

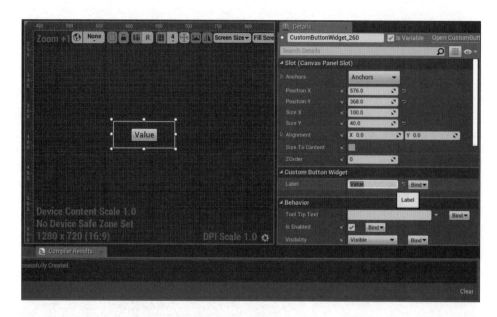

버튼의 레이블이 변경됐는지 확인한다.

17. 이제 임의의 블루프린트 함수를 위젯의 Label 속성에 연결해 위젯의 텍스트 블록 레이블을 다룰 수 있음을 보여주는 바인딩을 만들 것이다.

18. Label 속성의 오른쪽에 있는 Bind를 클릭하고 Create Binding을 선택한다.

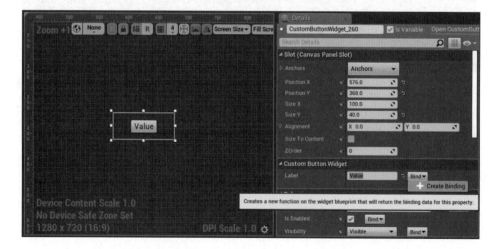

19. 출력되는 그래프의 메인 영역 내에서 마우스 오른쪽 버튼을 클릭해 Get Game Time in Seconds 노드를 배치한다.

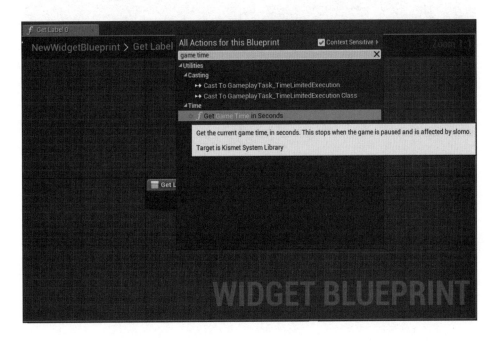

20. Get Game Time 노드의 반환 값을 함수의 Return Value 핀에 연결한다.

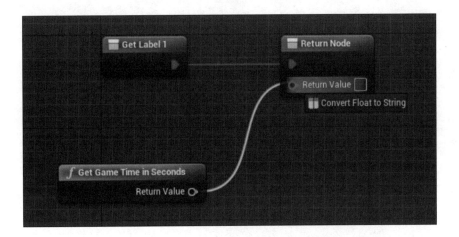

21. Convert Float to String 노드는 자동으로 추가된다.

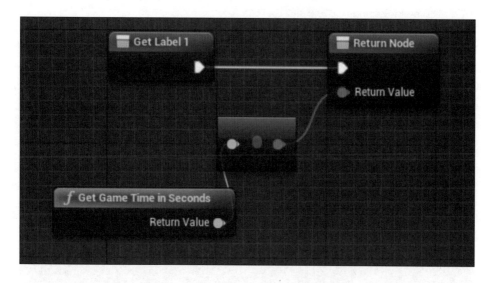

22. 블루프린트를 컴파일하고 제대로 동작하는지 확인한다.

23. 툴바의 Blueprints 버튼을 클릭해 레벨 블루프린트를 열고 Open Level Blueprint 를 선택한다.

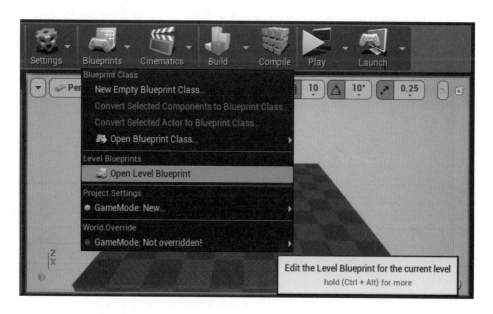

24. 그래프에서 Event BeginPlay 노드의 오른쪽에 Create Widget 노드를 배치한다.

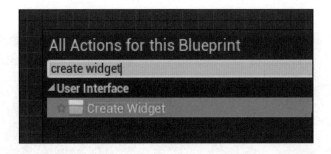

25. 위젯의 Class를 선택해 편집기에서 조금 전에 생성한 새 위젯 블루프린트로 생성한다.

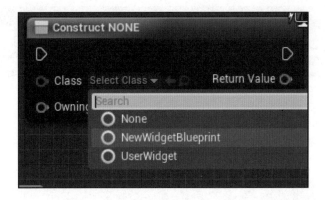

26. 위젯 생성 노드의 Owning Player 핀을 클릭한 후 드래그해 Get Player Controller 노드를 배치한다.

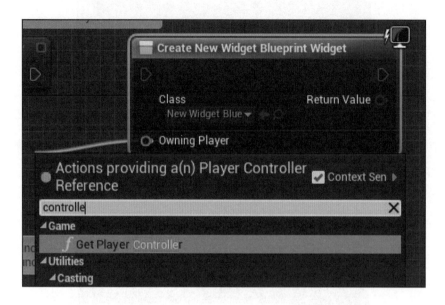

27. 마찬가지 방법으로, Create Widget 노드의 반환 값에서 드래그해 Add to Viewport 노드를 배치한다.

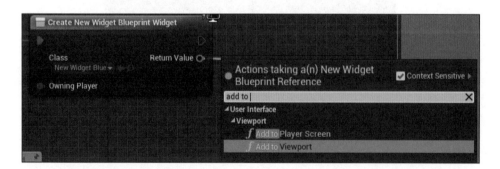

28. 마지막으로 BeginPlay 노드를 위젯 생성 노드의 실행 핀에 연결한다.

29. 미리보기를 통해 화면에 표시된 위젯이 우리의 새로운 커스텀 버튼인지 확인하고, 이 버튼이 게임 시작 후 경과한 시간을 표시하는 레이블과 함께 표시되는지 확인한다.

경과한 시간을 보여주는 버튼

예제 분석

UWidget 클래스를 사용하려면, UMG 모듈 내에 UWidget이 정의돼 있기 때문에 UMG 모듈을 종속성 중 하나로 포함시켜야 한다.

하지만 처음으로 생성해야 하는 클래스는 실제 SWidget 클래스다.

복합 구조로 두 위젯을 통합하고 싶으므로 CompoundWidget 서브클래스로 새로운 위젯을 생성한다. CompoundWidget을 사용하면 위젯 계층 구조를 위젯 자체로 캡슐화할 수 있다.

클래스 내에서는 SLATE_BEGIN_ARGS와 SLATE_END_ARGS 매크로를 사용해 새로운 SWIDGet에 FARgents라는 내부 구조를 선언한다. SLATE_BEGIN_ARGS와 SLATE_END_ARGS 내에서는 SLATE_ATTRIBUTE와 SLATE_EVENT 매크로가 사용된다. SLATE_ATTRIBUTE는 우리가 제공한 타입에 대한 TAttribute를 생성한다. 이 클래스에서는 _Label이라는 TAttribute를 선언하며, 이는 구체적으로 TAttribute<FString>이다.

SLATE_EVENT를 사용하면 위젯에 내부적으로 이벤트가 발생할 때 브로드캐스트할 멤버 델리게이트를 만들 수 있다.

SCustomButton에서는 시그니처가 FOnClicked인 ButtonClicked라는 델리게이트를 선언한다.

SLATE_ARGUMENT는 이번 레시피에서 사용하지 않은 별도의 매크로이며, 제공한 타입과 이름으로 내부 변수를 생성하고 변수 이름 시작부에 언더스코어를 추가한다.

Construct()는 인스턴스 생성 시점에 스스로를 초기화하고자 위젯이 구현하는 함수다. 언더스코어 없이 TAttribute와 FOnClicked 인스턴스를 직접 생성하기도 했으며, 이것은 앞서 선언한 인수가 복사될 오브젝트의 실제 속성이다.

Construct의 구현 내에서 FArgumentsstruct로 전달된 인수를 가져와서 이 인스턴스에 대한 실제 멤버 변수에 저장한다.

전달된 내용에 따라 Label과 ButtonClicked를 할당한 다음, 실제로 위젯 계층을 생성한다. 평소와 동일한 구문을 사용하지만 한 가지 유의할 사항이 있다. Text_Lambda를 사용해 내부 텍스트 블록의 문자열 값을 설정한다는 점이다. Get()을 사용해 Label TAttribute의 값을 가져오고자 람다 함수를 사용하며, 이를 FText로 변환하고 텍스트 블록의 Text 속성에 저장한다.

이제 SWidget을 선언했으므로 디자이너가 WYSIWYG 편집기 내에서 위젯을 사용할 수 있도록 이 위젯을 UMG 시스템에 노출하는 래퍼 UWidget 오브젝트를 만들어야 한다. 이 클래스는 UCustomButtonWidget이라고 하며 SWidget이 아닌 UWidget에서 상속된다.

UWidget 오브젝트는 소유하고 있는 실제 SWidget에 대한 참조가 필요하므로, 공유 포인터로 저장할 클래스에 protected 멤버가 필요하다.

블루프린트에서 설정할 수 있는 ButtonClicked 델리게이트와 더불어 생성자를 선언한다. 또한 BlueprintReadWrite로 표시된 Label 속성을 미러링해 UMG 편집기에서 설정할 수 있다.

버튼의 레이블을 델리게이트에 바인딩하고자 하므로, String을 반환하는 델리게이트인 마지막 멤버 변수를 추가한다.

SynchronizeProperties 함수는 UWidget 클래스에 미러링된 속성을 연결된 SWidget에 적용한다.

RebuildWidget은 UWidget과 연결된 기본 위젯을 재구성한다. SNew를 사용해 SCustomButton 위젯의 인스턴스를 구성하고, 슬레이트 선언 구문을 사용해 UWidget의 OnButtonClicked 메서드를 기본 위젯 내부의 ButtonClicked 델리게이트에 바인딩한다. 즉, 기본 위젯을 클릭하면 OnButtonClicked 호출로 UWidget에 알린다.

OnButtonClicked는 클릭된 이벤트를 UWidget의 ButtonClicked 델리게이트를 통해 네이티브 버튼으로부터 다시 브로드캐스트한다. 이는 UObject와 UMG 시스템이 버튼 클릭에 대해 네이티브 버튼 위젯 자체에 대한 참조 없이 알림을 받을 수 있다는 것을 의미한다. UCustomButtonWidget::ButtonClicked에 바인딩해 알림을 받을 수 있다.

OnButtonClicked는 FReply::Handled()를 반환해 이벤트를 더 이상 전파하지 않아도 된다는 사실을 알린다. SynchronizeProperties 내에서 부모 메서드를 호출해 부모의 모든 속성도 제대로 동기화되도록 한다.

OPTIONAL_BINDING 매크로를 사용해 UWidget 클래스의 LabelDelegate 델리게이트를 TAttribute에 연결한 다음, 네이티브 버튼의 레이블을 연결한다. OPTIONAL_BINDING 매크로는 델리게이트가 매크로에 대한 두 번째 파라미터를 기반으로 NameDelegate로 호출될 것으로 예상한다는 점에 유의해야 한다.

OPTIONAL_BINDING을 사용하면 UMG를 통해 만들어진 바인딩으로 값을 재정의할 수 있지만, 이는 UMG 바인딩이 유효한 경우에만 가능하다.

즉 UWidget이 자체적으로 업데이트하라는 지시를 받을 때, 예를 들어 사용자가 UMG 내의 Details 패널에서 값을 사용자 지정하기 때문에 필요한 경우 네이티브 SWidget을 다시 생성한 다음 SynchronizeProperties를 통해 블루프린트/UMG에 설정된 값을 복사해 모든 것이 예상대로 계속 동작하도록 한다.

찾아보기

C++를 사용한 언리얼 엔진 4 개발 2/e

100여 개의 레시피를 통해 배우는 언리얼 4 게임 개발 가이드

발 행 | 2021년 1월 4일

지은이 | 존 도란 · 윌리엄 셰리프 · 스테판 화이틀
옮긴이 | 조 경 빈

펴낸이 | 권 성 준
편집장 | 황 영 주
편 집 | 조 유 나
디자인 | 윤 서 빈

에이콘출판주식회사
서울특별시 양천구 국회대로 287 (목동)
전화 02-2653-7600, 팩스 02ㅍ-2653-0433
www.acornpub.co.kr / editor@acornpub.co.kr

한국어판 ⓒ 에이콘출판주식회사, 2021, Printed in Korea.
ISBN 979-11-6175-465-9
http://www.acornpub.co.kr/book/unreal4-cookbook2

이 도서의 국립중앙도서관 출판시도서목록(CIP)은 서지정보유통지원시스템 홈페이지(http://seoji.nl.go.kr)와
국가자료공동목록시스템(http://www.nl.go.kr/kolisnet)에서 이용하실 수 있습니다.(CIP제어번호: CIP2020050818)

책값은 뒤표지에 있습니다.